汉语国际教育本科专业系列教材

汉语课堂教学示例集

（语言技能篇）

《汉语课堂教学示例集》编写组　编

北京体育大学出版社

策划编辑 佟 晖
责任编辑 佟 晖
责任校对 田 露
版式设计 佟 晖 博文宏图

图书在版编目（CIP）数据

汉语课堂教学示例集. 语言技能篇/《汉语课堂教学示例集》编写组编. - -北京：北京体育大学出版社，2019. 4

ISBN 978 - 7 - 5644 - 3166 - 2

Ⅰ. ①汉… Ⅱ. ①汉… Ⅲ. ①汉语 - 对外汉语教学 - 教学研究 Ⅳ. ①H195. 3

中国版本图书馆 CIP 数据核字（2019）第 055057 号

汉语课堂教学示例集（语言技能篇）

《汉语课堂教学示例集》编写组 编

出版发行：北京体育大学出版社
地　　址：北京市海淀区农大南路 1 号院 2 号楼 4 层办公 B - 421
邮　　编：100084
网　　址：http：//cbs. bsu. edu. cn
发 行 部：010 - 62989320
邮 购 部：北京体育大学出版社读者服务部 010 - 62989432
印　　刷：北京虎彩文化传播有限公司
开　　本：787mm × 1092mm 1/16
成品尺寸：260mm × 185mm
印　　张：25
字　　数：640 千字
版　　次：2019 年 9 月第 1 版
印　　次：2019 年 9 月第 1 次印刷
定　　价：60. 00 元

编写组

主　编： 程　红

编　委：（署名按章节排序）

匡　昕　王　辰　乔东鑫

项　英　杜　丽　程　红

序

汉语国际教育，无论本科专业或硕士专业的教材建设，都大大滞后于该专业的发展。尤其是有关教学实践课程，更缺乏当前教学实际所需要的、公认的权威性的教材。由北京体育大学国际文化学院牵头编写的《汉语课堂教学示例集（语言要素篇）》和《汉语课堂教学示例集（语言技能篇）》，正是一套很及时、很有现实意义的教材。该研制项目提出“教学理论实践化，教学实践理论化”，并把它作为这一教材的“编写原则和指导思路”，是很有见地的。与同类教材相比，《汉语课堂教学示例集》系列，体现了以下三个特点。

一是专业知识和教学方法的结合。一般教材大都是属知识课程的专门讲解语言知识，属教学实践课程的则专门讲解教学方法和技巧，两者是分离的。本教材在侧重讲教学方法的同时，注意联系（语言）知识，使教学能力得以正确运用，让已学知识在教学实践中得到印证和深化。

二是传统教学法和现代教学法的结合。从对外汉语教学的特点出发，本教材在编写理念上体现了继承而不是抛弃我国半个多世纪以来积累的、行之有效的传统教学法，如重视汉语结构的教学，重视语言知识的讲解和规则的操练；同时也汲取了当前西方第二语言教学所重视的课堂活动、游戏、任务等新的教学方法。

三是指导备课与提供资源的结合。本教材在如何进行语言要素和语言技能的课堂教学、帮助教师备课方面用了大量的篇幅，介绍得非常详细，汇集了编者多年来在国内外丰富的教学经验，给新教师的教学提供了很大的方便和质量保证。本教材还通过注释、资料拓展、本章参考文献等部分，为教师备课发挥自主性和创造性，提供了更大的空间。

以上三个方面是本教材的特色，也是本教材的创新之处。当然，要精确地评价一部教材，需要结合教材在教学中的使用情况和各方面的反馈全面考量。但，读了本教材书稿，我相信这是一部值得向大家推荐的汉语国际教育本科专业有关教学实践课程的好教材。

刘　珣

2016 年 8 月于北京语言大学

2018 年 6 月修订

前 言

近年来，汉语国际传播越来越受到关注。在国家汉办/孔子学院总部汉语及文化传播政策引导下，北京体育大学充分发掘利用丰厚的传统文化资源和鲜明的武术文化特色，在2007年与挪威卑尔根大学、卑尔根联合大学合作创办了挪威卑尔根孔子学院，2014年又成立了汉语国际推广武术师资培训基地。在此背景下，经国家教育部批准，2014年北京体育大学开办了汉语国际教育本科专业。

为推进我校学科建设与专业良性发展，专业教材建设既急切又很必要。这将会带动本专业青年教师更好地把教学与科研紧密融合起来，进一步提升专业水准和教学质量，适应汉语国际教育教学发展趋势。在学校各级领导的支持下，由国际文化学院牵头，教研室组织教师团队策划编写了北京体育大学汉语国际教育本科专业的系列教材。其中，老师们精心耕耘的第一份成果《汉语课堂教学示例集（语言要素篇）》于2016年已完稿，2017年出版并投入使用，受到该专业学生的欢迎。于是，我们一鼓作气继续申报了“北京体育大学2017年度校级立项教材”——《汉语课堂教学示例集（语言技能篇）》，也是“语言要素篇”的姊妹篇，该教材通过评审并获批立项。

《汉语课堂教学示例集（语言技能篇）》秉承“教学理论实践化，教学实践理论化”的编写原则和指导思路，既要借鉴国内外先进的语言教学理论，又要汲取汉语国际教育专业教材编写的新经验，更要融入编者亲身的教学体验。在今天的“后方法”时代的国际汉语教学，要求教师不仅是理论的消费者，也要成为理论的探索者，至少要能根据所面对教学对象的实际情况，确定适合的教学内容和教学方法，因此课堂教学实践极为重要。

本教材编写模式为“教学理论＋教学技法＋教案示例＋分析点评”，也就是围绕汉语学习者听、说、读、写等语言技能，精选课文，设计出有针对性的教学示例讲练过程和完整的教学设计方案，选例有代表性且实用，释文简要，尝试做到篇幅小，内容精，既博采众长，务实节约，又要应用性广，可操作性强。最重要的是这一编写模式将教学理论实践化，将教学实践理论化，对汉语国际教育专业学生，特别是在体育院校背景下学习成长的本科生来说，教材理论难度降低，教学实践理论层次提升，难易度适中，能更好地实现课程理论结合实践、理论运用于实践的良好设想，力求让本专业学生“看得懂、学得会、用得上”。

教材内容：采用“综合课打头，按技能设课”。

综合课打头，就是首先设一门综合课，进行语言要素的教学。给学生输入一定量的语言要素，并结合相关的文化知识，作为经验成分储存在学生大脑中，对听、说、读、写等语言技能和语言交际技能进行综合训练。

按技能设课，学习语言要完成的第一次转化是把语言要素转化为听、说、读、写等语言技能。第二次转化是由语言技能到语言交际技能。其实，如同篮球、排球、足球等是不同的运动项目，而培养篮球、排球、足球等运动员的共同之处，是先进行体能和速度的训练，这是基础，好比综合课。不同的运动员又有不同的运动技能，训练方法也有区别，要进行专项技能的训练，好比听、说、读、写等技能课。

教材共分六章。第一章综合课教学技能，第二章听力课教学技能，第三章口语课教学技能，第四章阅读课教学技能，第五章写作课教学技能，第六章特色课程教学（体育汉语、中国概况、汉语视听说课程等）。前五章开篇都设计一个知识结构图，力求全面而清楚地展示出该章语言技能的概貌，前五章第三节都是一份完整的教案，教案是我们多年来汉语作为第二语言教学经验的积累，边探索边总结，从教学实践中来，贴近学生实际，鲜活生动，包括课堂教学全程及其分析和点评，可供新手教师学习参考和借鉴。每节设计1~5个典型示例，示例分别由示例实施（教学过程）、示例小结（教学反思、教学理论与方法）、任务（为专业学生而设计的思考练习题）几部分组成，具体内容可分初级、中高级两个层级。课文示例虽不面面俱到，但能以小见大，以点带面，使复杂问题简单化，同时也结合新媒体拓展教学手段，突出教材的实用性、针对性、指导性、趣味性及一定的创新性。每章都有思考练习题，还附有资料拓展和参考文献，学习者可以从中受到启发，拓宽学术视野与学习空间。

本教材对专业培养目标和培养要求的实现有重要作用。可以说，教材的编写与使用对学生理论知识的学习、教学实践技能的提高有极其重要的奠基意义和转折作用。

教材各章节分工如下：第一章综合课教学由匡昕老师执笔，第二章听力课教学由王辰老师执笔，第三章口语课教学由乔东鑫老师执笔，第四章阅读课教学由项英老师执笔，第五章写作课教学由杜丽老师执笔，第六章特色课程教学由程红老师执笔。

本教材是集体劳动和智慧的结晶。全体编委根据教材编写方案和工作分工，统筹协作，各负其责，每个人都倾注了大量心血。初稿完成后，又协同作战，互相校对，互提意见，加班加点，放弃了节假日，充分体现出高度负责、分工合作的团队精神。程红教授对全书进行了认真的串编、审校和补充修改。

感谢北京体育大学校领导和国际文化学院领导的大力支持，感谢教务处和出版社同志的悉心指导。特别感谢汉语教学界前辈、著名学者刘珣教授，他既审阅了教材书稿，还不辞辛劳地为教材作序，我们深感荣幸也衷心地表示感谢！这既是对我校教师的鼓励和肯定，更表达出对我校具有特色的汉语国际教育专业建设和发展的美好期望。

总之，《汉语课堂教学示例集（语言技能篇）》是北京体育大学汉语国际教育专业本科系列教材的又一成果。由于时间仓促，水平有限，不妥之处敬请专家、学者和一线教师及广大学生批评指正，以使这部年轻的教材日臻完善。

程　红

2018 年 5 月 31 日

目　录 Content

第一章

综合课教学

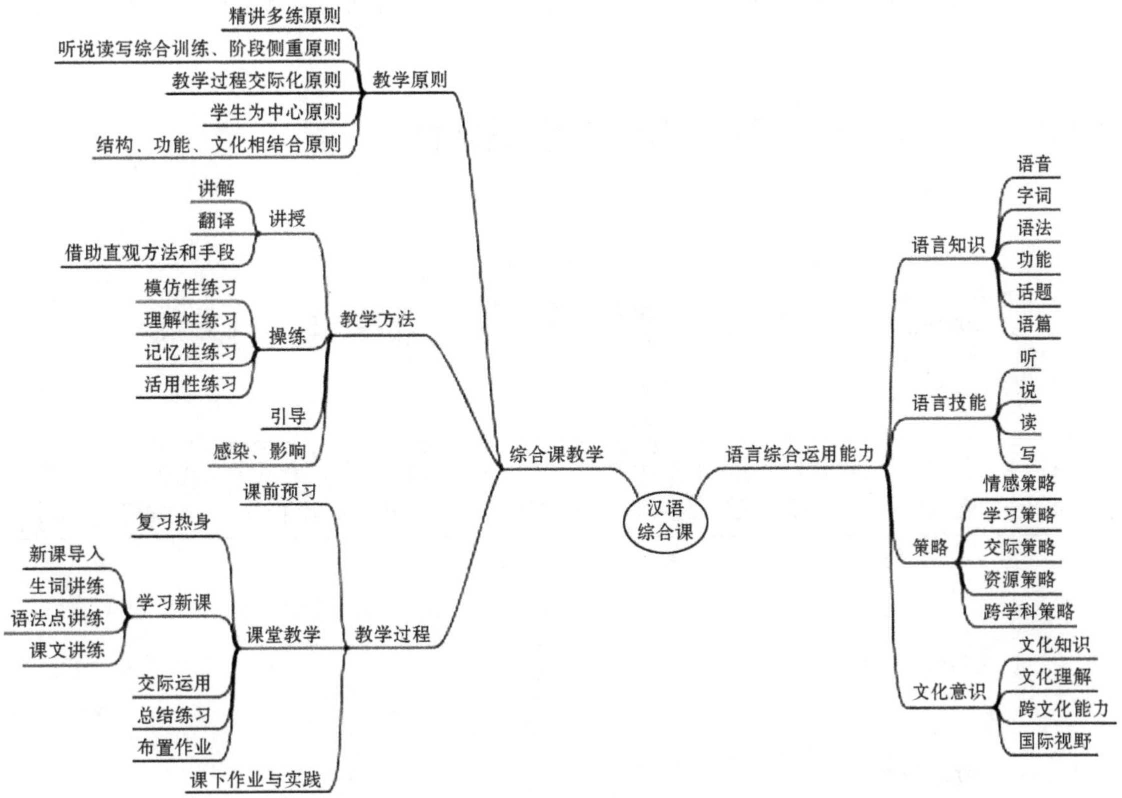

图 1－1　综合课技能及教学知识结构图

综合课是汉语教学的核心课程，承担着学习者汉语综合运用能力培养的重要任务。《国际汉语教学通用课程大纲》中明确指出：“语言综合运用能力由语言知识、语言技能、策略、文化意识四方面内容组成。其中语言知识和语言技能是语言综合运用能力的基础；策略是提高效率、促进学习者自主学习和发展自我能力的重要条件；文化意识则是培养学习者具备国际视野和多元文化意识，更得体地运用语言的必备要素。”① 可见，综合课中的“综合”既是语言要素、语言知识的综合，也是听、说、读、写四个单项技能训练的综

① 国家汉办孔子学院总部．国际汉语教学通用课程大纲［M］．北京：外语教学与研究出版社，2010.

合，更是包括策略、文化意识等多项语言素养的综合培养与训练。在方法上，语言知识教学主要以讲授为主，语言技能教学多以训练为主，语言学习策略要通过引导来培养，语言综合素养教学要以引导、感染、影响、陶冶为主。多样的教学任务需要多种教学方法和手段共同作用、融会贯通。因此，综合课应该在"精讲多练""听说读写综合训练、阶段侧重""教学过程交际化""学生为中心""结构、功能、文化相结合"等重要教学原则指导下，吸收借鉴、调配整合包括交际法、任务型教学法、主题式教学等新型教学法在内的第二语言教学法，结合现代化教育科技手段，系统、科学地设计教学环节，有效提高学习者汉语综合运用能力，最终达成培养学习者运用汉语准确、流利、得体地进行交际的能力。

第一节　初级综合课技能

示例一　听、读、写，齐步走

教材信息：《HSK 标准教程 1》，北京语言大学出版社，主编姜丽萍，2014 年 1 月第 1 版，2014 年 12 月第 3 次印刷。第 4 课《她是我的汉语教师》，拼音部分第 4 项：拼音规则（3）：y、w 的用法。

一、示例实施

（一）教学目标

学习并掌握齐齿呼、合口呼、撮口呼零声母音节的隔音规则，并能够熟练认读和书写。

（二）教学重点、难点

1. 教学重点

齐齿呼、合口呼、撮口呼零声母音节的隔音规则，以"y、w"开头的零声母韵母的认读与书写。

2. 教学难点

熟练认读并书写以"y、w"开头的零声母韵母。

（三）教学前准备

1. 知识准备

学生已完成所有声母、韵母及声调的学习，掌握声、韵母的发音，能够进行声、韵、调拼合。

2. 教学材料准备

汉语拼音韵母表，y、w 用法表，《HSK 标准教程 1》04－7 音频，音频 04－7 练习单，相应 PPT 课件。

（四）教学过程

1. 导　入

教师展示汉语拼音韵母表进行复习。教师先按顺序依次指示韵母，学生集体认读韵母。然后教师请个别学生进行韵母认读，先按顺序读，再打乱顺序点读，速度也逐渐加快。最后教师再次打乱顺序随机指示韵母，学生集体认读。

教师在黑板上写出一行拼音①，请学生思考认读。

dai	panuan	pou	kanin	jiaouo	qinüan

学生讨论后，教师进行提问，这些音节怎么读？引起学生思考和争论后，教师根据学生的不同回答，用彩色粉笔对黑板上的音节进行切分，指出引起认读分歧的原因：普通话的拼音遵循分词书写的规则，音节开头的辅音即声母是音节的分界线。在一个词中，如果后面的音节是零声母音节，音节界限就有可能模糊混乱，在拼读词语时就容易发生误解，到底是一个音节“dai”还是两个音节“da｜i”……词语“qinüan”是划分为双音节“qin｜üan”，还是三音节“qi｜nü｜an”，或者其他方式？遇到这样的情况时，应该如何解决。

dai	pa｜nuan	pou	ka｜nin	ji｜ao｜uo	qi｜nü｜an
da｜i	pan｜uan	po｜u	kan｜in	jiao｜uo	qin｜üan

教师提出、分析问题后，并进行解答：为了避免音节界限发生混淆而误解、误读，汉语拼音方案中制定了隔音规则，现在我们就学习一下以“i、u、ü”开头的零声母音节的

① 教师可根据学生回答进行音节切分，但应注意所列音节可切分的方式较多，标注答案时应综合考虑，选择可行性强且有对应汉字的音节。另外，第二行音节切分方式涉及后续教学活动内容，教师标写时应遵循板书所列答案。

隔音规则。

2. 讲　练

（1）用法讲解

教师展示只有第一行、第一列黑体标题的“y、w”用法表，指示用法表第二行第二列，请学生说出以“i”开头的韵母，随着学生的回答，教师填充表格，注意齐齿呼韵母的内部分类及书写顺序，完成用法表第二列第二行及第三行后，教师进行隔音规则的讲授。以“i”开头的韵母，如果前面没有声母，在拼写时要使用“y”。“i、in、ing”三个韵母是在“i”的前面加“y”，写成“yi、yin、ying”；“ia、ie、iao、iou、ian、iang、iong”七个韵母是将“i”变成“y”，写成“ya、ye、yao、you、yan、yang、yong”。随讲随写，完成用法表第三列第二行及第三行。依此类推，以“u”开头的零声母音节，“u”要前面加“w”，写成“wu”；“ua、uo、uai、uei、uan、uen、uang、ueng”中的“u”变成“w”，写成“wa、wo、wai、wei、wan、wen、wang、weng”。以“ü”开头的韵母，“ü”写成“yu”，即“ü、üe、üan、ün”写成“yu、yue、yuan、yun”。最终，完成齐齿呼、合口呼、撮口呼零声母音节隔音规则的讲授，即表 1－1“y、w”用法表。

表 1－1　“y、w”用法表

	韵母 Final	写法 Written Form
Beginning with i	i、in、ing	yi、yin、ying
	ia、ie、iao、iou、ian、iang、iong	ya、ye、yao、you、yan、yang、yong
Beginning with u	u	wu
	ua、uo、uai、uei、uan、uen、uang、ueng	wa、wo、wai、wei、wan、wen、wang、weng
Beginning with ü	ü、üe、üan、ün	yu、yue、yuan、yun

（2）听读训练

教师继续利用“y、w”用法表进行听读训练。教师说音节，请一个学生上讲台在用法表第三列中找到相应韵母，并标注声调。其他学生在自己的练习本上标写声调。

听读音节为：wǔ（五）、yú（鱼）、wén（文）、yǐng（影）、yè（页）、wǒ（我）、yān（烟）、yuǎn（远）、wài（外）、yī（一）、yáng（羊）、yòng（用）、wēi（危）、wǎn（晚）、yào（要）、wáng（王）、yǒu（有）、wēng（翁）、yīn（音）、yuè（月）、yá（牙）、yún（云）、wá（娃）。

完成后，教师进行评改，注意纠正学生声调调值及声调标写位置的错误。纠正后，教师依次指示韵母，学生集体认读。

（3）读写练习

教师重新展示导入环节中的音节，请学生将以“i、u、ü”开头的双音节进行改写。

改写后，教师在词语上标注声调，依次请学生进行认读，随后纠音正调，然后学生再集体朗读。

dai	pa ｜ nuan	pou	ka ｜ nin	ji ｜ ao ｜ uo	qi ｜ nü ｜ an
da ｜ i	pan ｜ uan	po ｜ u	kan ｜ in	jiao ｜ uo	qin ｜ üan
dayi	panwan	powu	kanyin	jiaowo	qinyuan
dàyí	pánwǎn	pòwū	kānyìn	jiàowǒ	qīnyuán

（4）听读写训练

教师利用 PPT 展示听写练习单，学生听教材音频 04－7，填写音节。教师根据课堂进度及学生情况灵活掌握播放次数。

音频 04－7 练习单

yóu ______	yǒu ______	yīn ______	______ yīn
qīng ______	______ xīng	______ xióng	______ xiǎn
guó ______	______ tiān	______ yán	______ wǎng
______ yàn	yé ______	yíng ______	______ men

听写后，请学生依次读出答案，教师检查并在 PPT 练习单上展示正确答案。待学生自行校改答案后，教师再播放一遍音频，请学生集体听后跟读，强化巩固。

音频 04－7 练习单答案

yóuyǒng	yǒuyì	yīnyuè	yuányīn
qīngwā	yǐngxīng	yīngxióng	wēixiǎn
guówài	yīntiān	yǔyán	wǎngwǎng
wǎnyàn	yéye	yíngyǎng	wǒmen

3. 活动与游戏

活动一：改头换面

教师将“改头换面”游戏单写在黑板上或 PPT 上，请学生将以“i、u、ü”开头的韵母按照隔音规则进行修改重写，为韵母“改头换面”，看谁写得又快又对。

改头换面

iá ī	ióng üǎn	iě uài	ǐn üē	ián ǚ	uǒ iě
ú uā	uǎng iǒu	īn ǐng	iào ù	uéi uǎn	uén ì
iǎng uò	ián uài	iòng uán	üè iá	ǘn uēng	üán iě

答　案

yáyī	yóngyuǎn	yěwài	yǐnyuē	yányǔ	wǒyě
yúwā	wǎngyǒu	yīnyǐng	yàowù	wéiwǎn	wényì
yǎngwò	yánwài	yòngwán	yuèyá	yúnwēng	yuányě

活动二：极速认读

教师准备一系列含有以“i、u、ü”开头的词语卡片，如：“yīngyǔ”“yuányuè”“wǒyěyòng”“yīngyǒujìnyǒu”等，双音节、三音节、四音节均可。教师先将学生分成几组，组员排好顺序并起好组名后，教师快速逐一展示词语卡片，小组成员按照顺序认读词语，每组 5 分钟，规定时间内读对词语卡片最多的小组获胜。

二、示例小结

“综合课是从语音、词汇、语法和汉字等语言要素和语言材料出发，结合相关的文化知识，对听、说、读、写等语言技能和语言交际技能进行综合训练①”。其“综合”的特点体现在语言知识的综合、语言技能的综合、策略及文化教学的综合、教学模式方法的综合等。具体而言就是综合课既要讲解构成语言系统的语音、词汇、语法、汉字等语言知识，也要传授用来表达思想的科学文化知识、社会风俗习惯等和帮助学生进行有效交流的语用知识等；既要训练听、说、读、写等言语单项技能，又要培养学生语言综合运用的能力及言语交际能力；既要完成学习策略、交际策略、情感策略等教学任务，又要培养学生

① 王钟华. 对外汉语教学初级阶段课程规范［M］. 北京：北京语言大学出版社，1999.

具备国际视野和多元文化意识；既要以讲授知识、操练语言为主要的教学方法，又要综合运用交流陶冶等情感策略、现代化教学技术手段及丰富多样的教学技巧。可见，综合课承担着多方面的教学任务，体现了提高学生语言综合运用能力的教学根本目标，是汉语教学的核心课程。

教学示例以齐齿呼、合口呼、撮口呼零声母音节的隔音规则为语音教学内容，详细而系统地讲解了隔音符号“y、w”的用法，更从听（听音、辨音）、读（拼读、认读、朗读）、写（规范书写拼音）三项言语技能入手，有机结合，进行操练，使语言知识的讲授与言语技能的训练相辅相成、融会贯通。在教学环节的设计上，从韵母认读的复习环节导入新课，通过提出问题、分析问题、解决问题的逻辑推理过程，让学生“知其然，更知其所以然”，潜移默化地培养了学生分析求解、演绎推理、记忆监控等学习策略的运用；在听读、读写、听读写的交互训练中，训练内容从单音节过渡到双音节，从听教师慢速读转变为听教学音频，从单项技能训练增加到三项技能综合练习，从运用认知学习策略进而启用监控、调节等元认知学习策略，语言知识、言语技能、学习策略的教学和训练完整、科学、合理地铺排起来，既环环相扣，又螺旋上升，圆满地完成了教学任务，达到了预期的目标。

三、任　务

任务一：开口呼零声母音节的隔音规则是什么？请举例说明。

任务二：复习“不”的变调规则，查阅有关教材相应注释内容，设计教学环节，注意讲练结合，听、说、读、写多项技能综合训练。

示例二　温故学新练汉字

教材信息：《HSK 标准教程 1》，北京语言大学出版社，主编姜丽萍，2014 年 1 月第 1 版，2014 年 12 月第 3 次印刷。第 5 课《她女儿今年二十岁》，课文 2：在办公室。
生词： 1. 家　2. 有　3. 口　4. 女儿　5. 几　6. 岁　7. 了　8. 今年

一、示例实施

（一）教学目标

1. 复习巩固前四课12个笔画，学习并掌握“フ（横撇）”“く（撇点）”两个汉字笔画。

2. 学习并掌握“女儿、几、岁、了、今年”5个生词的汉字构型，并能进行书写。

（二）教学重点、难点

1. 教学重点

掌握汉字笔画“フ（横撇）”“く（撇点）”；掌握“女儿、几、岁、了、今年”5个生词的汉字构型。

2. 教学难点

独体字“女”及“女”字旁的书写及含义。

（三）教学前准备

1. 知识准备

学生已掌握“一（横）”“丨（竖）”“丿（撇）”“丶（点）”“㇏（捺）”“㇕（横折）”“㇄（竖折）”“亅（竖钩）”“𠃌（横折钩）”“㇃（卧钩）”“㇟（竖弯钩）”“乙（横折弯钩）”12个汉字笔画；已初步了解汉字书写的笔顺规则；已掌握并能够书写第1－4课及第5课课文1的生词。

2. 教学材料准备

汉字“女、儿、几、了、年”演变的相关图片及示例涉及的其他图片，PPT课件等。

（四）教学过程

1. 导　入

教师在黑板上或触摸屏幕上展示14个空白田字格，引导学生复习已学过的汉字笔画。“我们已经学过了很多汉字笔画，现在大家举起手来，我说你写”，教师一边说，一边配以动作及表情指示学生开展课堂活动，也可利用英语或其他语言进行指令翻译。教师随机说笔画名称，学生集体书空，待大部分学生都写完所听写的笔画后，教师在黑板或触摸屏幕上书写正确笔画。

2. 讲　练

（1）学习笔画

教师带领学生学习本课两个新的汉字笔画——“フ（横撇）”“く（撇点）”。由于前课已经学过了基本笔画“横、竖、撇、点、捺”，教师可先在黑板或触摸屏幕上的田字格中书写两个新笔画，伴随着书写的动作，让学生猜笔画的名称，然后教师大声朗读笔画名称“横撇”“撇点”，边说边写，并请学生集体书空模仿。

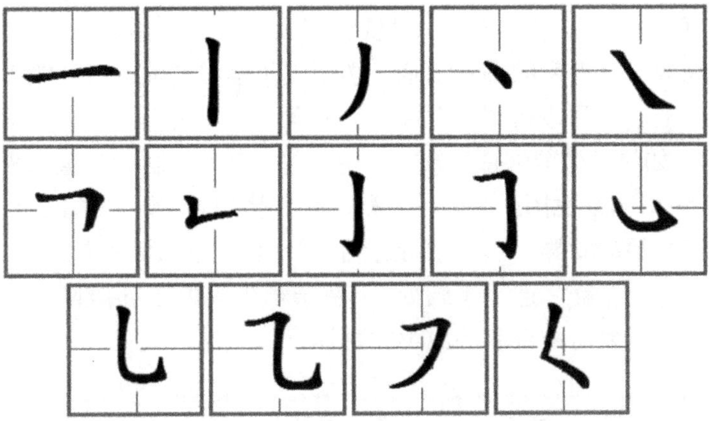

图1－2　汉字笔画复习与学习汇总图

教师提问：“哪些汉字有这两个笔画？”引导学生回忆已学的汉字，温故知新。学生回答后，教师进行小结：“‘对不起’的‘对’，‘不客气’的‘客’，‘没关系’的‘没’，‘名字’的‘名’，‘汉语’的‘汉’，‘朋友’的‘友’有‘フ（横撇）’；‘好’‘她’有‘く（撇点）’，你们说得很好！”根据学生回答情况，教师适当进行提示并肯定和表扬学生的反馈。

（2）字词发音

展示本课学习的生词，教师指示生词拼音，领读生词，学生集体跟读两遍。教师请个别学生朗读生词，纠音正调。教师按顺序指示生词，学生集体朗读一遍；然后教师打乱顺序，随机指示生词，学生集体认读。

（3）查找笔画

认读生词后，请学生观察这些汉字，找出学过的笔画。

图1－3　生词展示图

学生每回答一个笔画，教师便找到该汉字，肯定学生的答案。如：学生：“撇”，教师：“对！‘撇’在哪儿？哪个字？”学生1：“女”；学生2：“儿”；学生3：“年”；学生4：“儿”；教师：“对！还有吗？”学生5：“今”；学生6：“岁”。教师：“非常好！还有什么笔画？”……涉及笔画有：横、竖、点、撇、竖折、竖钩、竖弯钩、横折弯钩、横撇、撇点。

（4）教写汉字

教师指示第一个生词“女儿”领读，学生集体跟读。教师在黑板上或触摸屏幕上慢速一笔一画书写汉字“女”，并解释笔画、笔顺：“女，撇点、撇、横，女。”注意教师应边说，边写，最后完成汉字整字的书写示范。学生模仿学习“女”字的写法，一笔一画写在自己的汉字练习本上。教师边指“女”字，边提问：“（我们以前学过的汉字中）哪个汉字有这个（女）？”如果学生能够回答出：“她、好、妈，”教师应重点表扬，并将三个汉字写在“女”字旁边，然后指示“女”字和“女字旁”提问：“这两个一样吗？”引导学生注意汉字和偏旁书写的差异，然后进行总结：“‘女’字最后一笔‘横’要出来，很长；‘女字旁’的横只写到‘撇’这个笔画处。”由于学生尚处于初级阶段，教师此时的讲解应边讲边写边指示，必要时配合手势或英文翻译。

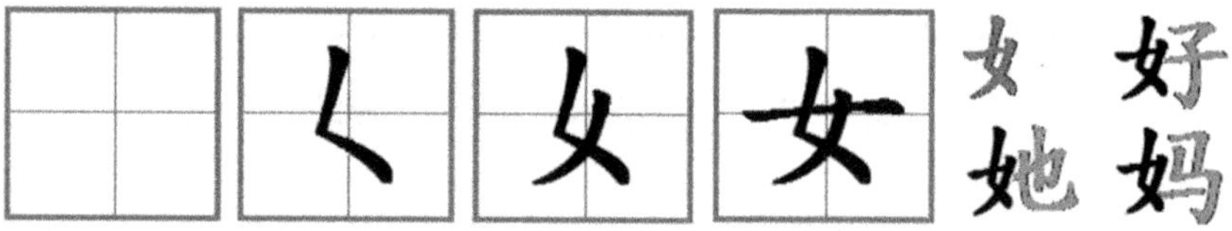

图1-4　“女”字及“女”字旁教学图

（5）汉字释义

展示教材《HSK标准教程1》第37页汉字部分关于“女”字演变过程的内容说明，并配以古代女人跪坐的图片，图文结合，引导学生了解“女”字的字义，即“女人、女性”。然后指示“好、她、妈”三字中的“女字旁”，解释偏旁“女字旁”的含义：和女性有关。带有“女字旁”的汉字，字义一般与女性有关，如：“她”“妈”是女人，“有‘女人’有‘孩子（子）’就（美）好[①]了”。

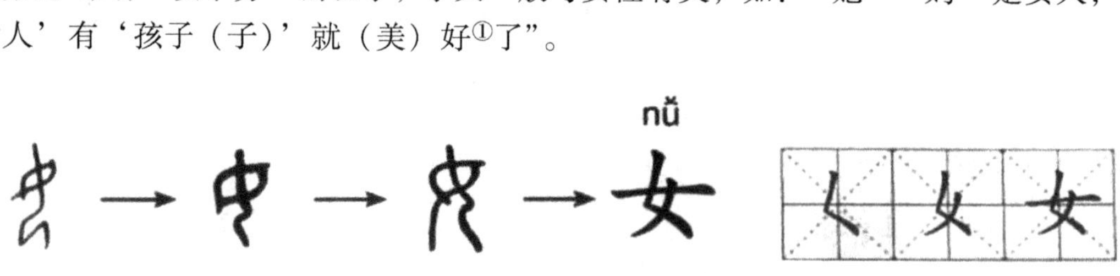

图1-5　“女”字演变及笔画笔顺图

① 此处对“好”的释义源于汉字教学技巧，不代表“好”字的本义。

（6）语素释词

教师指示“女”字，释义：“女人、female”，指示“儿”字，释义：“儿子、孩子、child”，引导学生：“‘女儿’的意思是——”。教师拖长音，引导学生会意并回答：“daughter”。

（7）词语操练

学生了解“女儿”的词义后，教师再次领读生词“女儿”，学生集体朗读，个别学生认读生词。教师展示图片，图片内容为一个小女孩，教师指示图片中的小女孩，示意一个学生说：“女儿”，然后指挥其他学生集体跟读：“女儿”。教师进行提问：“谁的女儿?”学生回答：“他的女儿”“我的女儿”“教师的女儿”等，随后教师扩展句子，继续提问：“她是谁的女儿?”找反应快的学生回答：“她是我的女儿”“她是教师的女儿。”根据学生的水平，教师可提示学生加长句子，如回答：“她是汉语教师的女儿”等。然后再请其他学生重复句子。完成后，再扩展新句子，教师提问引导：“你有女儿吗?”请一个学生重复问题，请另一个学生进行回答，并反复操练。

（8）其他字词教学

其他字词教学仿照“女儿”的教学方法，通过认读、教写、释义、运用操练几个步骤进行词语教学。

教写时应注意笔画及笔顺的正确性。遇到合体字，如：“岁”，可提示学生该字是上下结构，上面是“山”，下面是“夕”，并引导学生回忆含有“夕”这一部件的汉字，如“名（字）”“多（少）”，降低识记难度，加深理解记忆。

释义时，可结合教材中关于汉字演变的图片及说明，以便学生理解记忆。

进行词语运用操练时，操练内容应注意由词到短语，再到小句；句子由简到繁，由短到长，由易到难；尤其应多用本课生词及前课已学词语及句型，加大复现率，巩固提高语言运用能力。

（9）小结检查

完成生词4－8（女儿、几、岁、了、今年）5个词语的汉字书写和词语讲练后，教师擦去词语上方的拼音标注，随机点读词语，学生集体认读。教师指词领读时，注意由简到难，由少到多，最终连词成句，过渡到课文学习。

参考点读字、词、句及其顺序：“女儿、几、岁、了、今年（按顺序读），了、几、女儿、岁、今年（打乱顺序读），几岁、今年几岁、今年几岁了、你女儿几岁了、你女儿今年几岁了（组词成句）。”

教师大声重复最终目标句：“你女儿今年几岁了?”然后要求学生将听到的句子写在练习本上，教师巡视并检查每个学生生词书写的情况，及时进行纠正，以保证学生课下能够模仿正确的汉字进行复习和书写练习。

（10）布置作业

生词4~8个，每个词写10遍，写在汉字练习本上，下次上课前交给教师批阅。

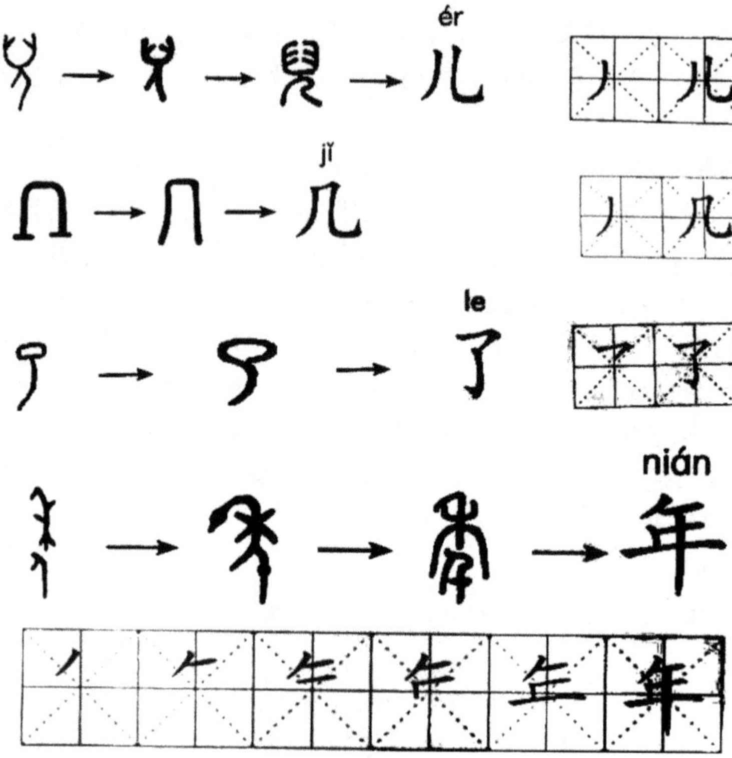

图 1－6　其他汉字演变及笔画笔顺图

3. 活动与游戏

<u>游戏一：字词秒杀</u>

教师收集《HSK 标准教程 1》第 1－5 课生词及生词所含汉字，制作词语卡片、汉字卡片。如“汉语”是一张词语卡片，还要制作“汉”和“语”两张汉字卡片。将所有词语、汉字卡片顺序打乱，每张卡片展示 3 秒（展示停留时长可根据学生熟悉程度及课堂学习情况增加或减少），请学生按照座位顺序认读字词。读对了，卡片便发给该学生；读错了，教师保留该卡片，最后看看谁得到的卡片最多。

<u>活动一：汉字拼起来</u>

教师在黑板上书写或在 PPT 课件上展示图 1－7，请学生用所给汉字偏旁及部件，拼组汉字。参考答案：有、名、字、学、妈、她、好、汉、语、你、您、什、老、对、几、朋、友、吗、叫、那、哪、谁、是、起、了、子、呢、他、同。

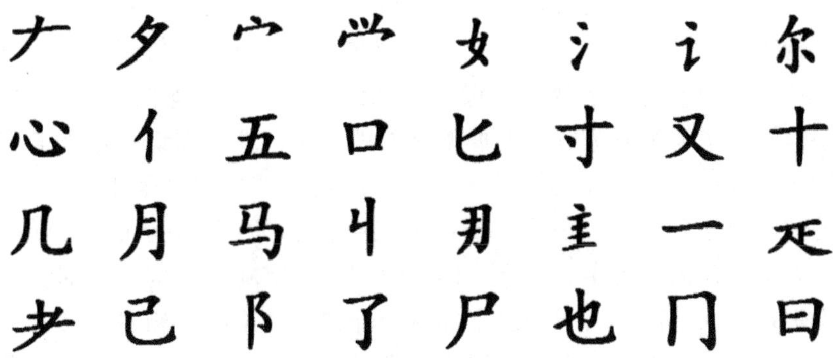

图1－7　“汉字拼起来”活动图

活动二：我也来纠错

教师收集学生作业中汉字书写的错误，将偏误汉字转写至黑板上，请学生指出错误并进行改正。注意汉字的笔画、笔顺及间架结构。

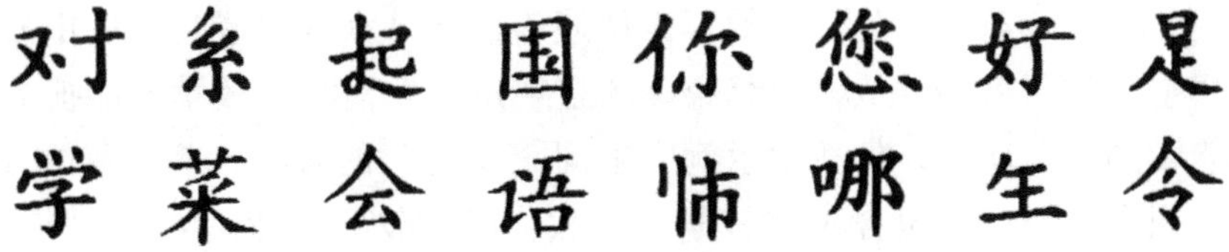

图1－8　“我也来纠错”活动图

二、示例小结

汉字的教学任务一般由综合课来承担。初级阶段的汉字教学一般通过随文识字的方法，介绍汉字的基础知识，教授汉字基本笔画、笔顺，归纳偏旁部首、字体结构等汉字构形理据，结合临摹、抄写、识字、组词等认读、书写训练，培养学生用汉字书写、表达和交际的能力。教学示例尝试运用“四结合”的理念设计教学步骤和教学环节，是初级综合课汉字教学的创新探索。

所谓“四结合”，即音、形、义的结合；汉字笔画、笔顺、偏旁部首、部件、整字的结合；识字、拆字、解字、写字的结合；语音教学、汉字教学、词汇教学的结合。

汉字属于表意文字，但由于汉字造字法的复杂性以及汉字在演变发展过程中发生了笔画简化等诸多变化，我们现在已根本做不到“见字知义”。因此，汉字教学既要读字音、又要释字义，还要解字形，即“音、形、义”三结合讲汉字。以“女”为例，“nǚ”是字音，“女”是字形，“女性，female”是字义，在教学中，均应涉及。从汉字的构形看，汉字是平面型方块体文字，其结构特征表现为笔画、部件（含偏旁部首）、整字三者的层次关系。其中笔画是构成汉字形体的最小单位，笔画之间的不同组合（笔画组合有相离、相接、相交等）形成部件，部件与部件进一步组合（部件组合有左右结构、上下结构、包围结构、框架结构等）构成汉字。而笔顺则是笔画在平面型方块内排列分布的时间顺序。实践表明，“死记硬背”式的汉字教学不仅学生感到负担重，兴趣低，其教学效果也较差，而在体认汉字框架，了解笔画笔顺，掌握偏旁部件等汉字基本知识的基础上识记、书写汉字，则事半功倍、效果斐然。在具体教写汉字的过程中，教师可采用识字、拆字、解字、写字相结合的教学方法和步骤。识字，即认读汉字，根据字形提示的形声信息辨认字形、区别字词义，并准确朗读。拆字、解字，即能够识别汉字间架结构，识别汉字笔画及其数量，拆解并识别常用汉字部件，辨识汉字的偏旁部首，并据此推测字词义。写字指能够按照正确的笔顺书写汉字。因此，在进行汉字教学时，应让学生从体认构成汉字形体最小的单位——笔画学起，如复习、学习汉字笔画，查找汉字的笔画，数出笔画数等，然后利用汉字的间架结构，分解出汉字的各个部件，如提示点拨学生含有这些部件的已学汉字，以旧带新，举一反三：“岁”由“山”和“夕”两个部件组成，“夕”是已学汉字“名（字）”中的一个部件；又如学习独体字“女”，由于它也是形声字中的偏旁“女”字旁，因此，可以让学生回忆有“女”字旁的已学汉字“妈”“好”“她”，并比较独体字“女”和“女”字旁的字形差异，“女”字的释义便迎刃而解、水到渠成；最后由教师按照正确的笔顺示范书空，教写汉字。从整堂综合课的宏观角度看，汉字教学不能孤立存在，它是综合课生词教学的一个环节，如教学示例中生词“女儿”的教学，既涉及语音教学——教读词语读音，纠音正调；又包含汉字教学——教会学生认读、书写汉字“女”和“儿”；还涵盖词汇教学——组词成句，操练“女儿”的用法，语音、汉字、词汇教学三结合。

综上所述，教学示例的整个教学过程涉及了诸如：汉字音、形、义及笔画、偏旁部首、部件、整字等汉字的大部分内涵、外延概念，又关照到汉字教学方式、方法，顺序、步骤，还延伸联系到语音及词汇等综合课语言要素教学，各项内容有机结合、融会贯通，“综合”两字展现无遗。相信如此的汉字教学，将有力提升汉字教学效率和效果，汉语教学中的“文盲型”学习、技能“跛脚”现象也将大大改善。

三、任　务

任务一：回顾汉字基础知识或查阅初级综合课教材关于汉字笔画部分的教学内容，总结归纳汉字笔画的名称及运笔方向，然后为每个笔画收集 10－20 个含有该笔画的汉字，为汉字笔画教学收集素材。

任务二：教学示例只详细展示了生词“女儿”的教学过程，请根据教学示例的相关提示，设计完成“儿、岁、了、今年”的教学过程。

任务三：《HSK 标准教程 1》第 4 课，“她是我的汉语教师”的生词有 10 个，分别是“她、谁、的、汉语、哪、国、呢、他、同学、朋友”，观察并分析这些汉字，设计教学思路。

示例三　板书设计一石三鸟[1]

教材信息：《成功之路·顺利篇（第2册）》，北京语言大学出版社，主编邱军，2008年9月第1版，2011年7月第5次印刷。第16课《我穿着白色T恤》。
课文（二） 大　卫：喂，请问是瑞贝卡吗？ 瑞贝卡：是，您是哪位？ 大　卫：我是安妮的同学大卫，安妮让我来接你。你出来了吗？ 瑞贝卡：出来了，我推着行李车，正往出口走呢。 大　卫：你穿着什么颜色的衣服？ 瑞贝卡：我穿着白色T恤和蓝色牛仔裤。 大　卫：我看见了，上身穿着白色的T恤，头上戴着白色的帽子，手里拿着红色的手机，是不是？ 瑞贝卡：我也看见你了，手里举着一张纸，纸上写着我的名字。 大　卫：你好！我来帮你推行李车吧。 瑞贝卡：谢谢你，大卫！ 大　卫：不客气。哇，你的行李真重啊！ 瑞贝卡：不好意思，两个箱子里都装着我在西安买的工艺品，差点儿就超重了。
生词： 1. 推　2. 行李车　3. 正　4. 出口　5. T恤　6. 身　7. 帽子　8. 举　9. 纸　10. 哇 11. 箱子　12. 装　13. 差点儿　14. 超重

一、示例实施

（一）教学目标

1. 通过生词听写及教师纠错等活动，检验学生生词预习情况，完成生词书写教学；

2. 通过词汇学习，掌握生词中的实物名词、动作动词和副词的实际意义和用法；

3. 通过一系列教学活动，逐步完善教学板书，完成“听写—生词教学—语法点复习巩固—课文预热导入”的教学环节及过程。

① 此示例板书设计参考《对外汉语综合课优秀教案集》，崔希亮主编，北京语言大学出版社，2010年4月出版。第54页中教案3：手里拿着红色的手机，任课教师：王枫。

（二）教学重点、难点

1. 教学重点

14 个生词的词义及用法。

2. 教学难点

14 个生词及语法点存现句“地方 + V 着 + 人/物”的综合运用及表达。

（三）教学前准备

1. 知识准备

学生已完成前 15 课的学习，掌握近 400 个左右的词语，已完成课文（二）14 个生词的预习任务，教师已完成本课重点语法动态助词“着”，存现句“地方 + V 着 + 人/物”的教学。

2. 教学材料准备

教学示例词语及语法操练涉及的相关词语卡片、图片等。

（四）教学过程

1. 导　入

教师完成并小结本课语法动态助词“着”，存现句“地方 + V 着 + 人/物”的学习。

教师询问学生本课 14 个生词的预习情况，并进行课堂听写，检查学生的预习情况。教师应在课前已提前预留出黑板的一片空间，并已在黑板上书写好听写词语的序号（如教学板书 - 1），请一位学生上讲台写，其他学生在自己座位上写。

4.			
3.	5.		6.
1.			7.
2.		8.	9.
17.		10.	11.
16.	15.	12.	13.
14.			

教学板书 - 1

听写完成后，教师带领学生一起查看黑板上的词语听写情况，纠正不规范字和错字，对学生感到难写的汉字进行笔画、笔顺及偏旁部件的提示、解析或书写示范，保证板书的正确性，形成教学板书 - 2，过渡到生词教学。

4. 正			
3. 出口	5.　身		6. T 恤
1. 推			7. 牛仔裤
2. 行李车		8.　戴	9. 帽子
17. 差点儿		10. 举	11. 纸
16. 超重	15. 箱子	12. 装	13. 工艺品
14. 哇			

教学板书 -2

2. 讲　练

（1）生词教学

认读生词，纠音正调。教师指示生词板书，带领学生齐读、分读、点读生词。

第一遍：教师领读，学生集体跟读。

第二遍：教师按顺序指示生词，学生集体朗读。

第三—六遍：教师打乱顺序，随机指示生词，每个学生读 6 - 8 个生词，直至所有学生都朗读过生词为止。

第七—八遍：教师打乱顺序，随机指示生词，学生集体朗读。

生词处理及操练。

教师按照听写生词序号顺序，依次进行生词教学。处理词语时，灵活、综合使用实物演示、动作情境、言语情境、图片情境等教学方式方法。生词板书中，共计 17 个词语。其中牛仔裤、戴、工艺品是前课生词，本课生词为 14 个，其中名词 7 个：身、箱子、出口、行李车、纸、T 恤、帽子；动词 4 个：推、举、装、超重；副词 2 个：正、差点儿；感叹词 1 个：哇。教学时，名词类词语主要给出量词搭配，动词的训练主要是给出动宾短语搭配，副词按照常用句式结合语境进行练习，感叹词给出使用的情境帮助学生体会运用。

【推】教师做“推”的动作，问：“教师做什么？”学生：“推”。教师走到门旁边，做“推门”的动作，问：“教师推什么呢？”学生：“教师推门呢。”（目前学生尚未学习结果补语等，因此，不用操练“推开”“推不开”等补语形式）教师做推桌子的动作，请学生说句子。学生：“教师推桌子。”教师推一位学生的后背，请学生说句子。学生：“教师推玛丽”。教师继续问：“推人好吗？”学生：“推人不好。”教师：“别人推你，你应该说什么？”学生：“不要推我。”

【行李车】教师展示“行李车”的图片，问：“这是什么？”学生：“行李车。”教师肯定学生答案，继续提问：“哪儿有行李车？”学生：“机场有行李车。”教师问：“多吗？怎么说？”引导学生说出完整的长句：“机场有很多行李车。”教师：“行李车上放什么？”

学生："行李车上放行李。"教师："你什么时候要用行李车？"学生："行李很多或行李很重的时候，我要用行李车。"教师："行李车放在哪儿？"以手势提示学生回答生词"出口"，进而过渡到下一个生词的学习。

【出口】学生："出口。"教师肯定学生答案，引导学生说出完整的句子："行李车放在机场出口。"教师提问："还有什么地方有出口？"学生："超市出口""地铁出口""电影院出口"……

【正】教师展示一张动态图片，图片内容为：一个人正往出口走，然后提问："他正往哪儿走呢？"学生："他正往出口走呢。"教师："我们正做什么呢？"学生："我们正上课呢。"（此时，如有学生看手机、走神儿，教师也可就此进行课堂管理，如提问正在看手机的学生："大卫你正干什么呢？"然后提示他注意听讲。）教师再做推车的动作，问学生。学生回答："教师正推车呢。"

【身】教师用手指示自己的身体，说："身体"。手横在腰肚处，向上，引导学生："这是——"学生回答："上身"。教师再将手向下指示，引导学生："这是——"学生："下身"。教师提问："上身的衣服有什么？"学生自由回答："衬衫""毛衣""T 恤"（教师可指示板书"T 恤"进行提示）……教师再提问："下身的衣服有什么？"学生自由回答："裤子""裙子""牛仔裤"（教师可指示板书"牛仔裤"进行提示）。

【T 恤】展示服装的图片，提问："这是——"学生："T 恤。"教师用手势提示数量"1"，引导学生说出"T 恤"的量词，学生："这是一件 T 恤。"教师追问："什么颜色的 T 恤？"学生："这是一件白色的 T 恤。"教师："你喜欢穿什么颜色的 T 恤？"学生："我喜欢穿蓝色的 T 恤。"教师问："你有几件蓝色的 T 恤？"学生："我有四件蓝色的 T 恤。"（同理，简要练习补充词语"牛仔裤"）……

【帽子】教师展示实物"帽子"，与学生进行问答，扩展出"帽子"的搭配量词"顶"，搭配动词"戴"及学生是否喜欢戴帽子，喜欢戴什么颜色的帽子等。如课堂情况恰当，也可扩展出"绿帽子"的文化义及中国人的习俗禁忌。

【举】教师做"举手"的动作，问："这是——"学生："举手。"教师："什么时候举手？"学生："回答问题的时候举手。""有问题的时候举手问教师。"展示"举重"的图片，问："这是什么运动？"学生："这是举重。"教师拿来一本书，并说："这是拿"，将书双手举过头顶，然后说："这是举。"（简要辨析动词"拿"与"举"的差异）

【纸】教师拿起一张纸，问："这是——"学生："纸。"教师运用手势提示学生说量词，学生："一张纸。"教师追问："什么颜色的？"学生："白色的"。教师肯定学生答案，并给出正确说法："这是一张白纸"。教师将白纸举过头顶，一边提示学生说句子："教师——",同时指示之前语法教授时的板书，提示学生用"着"。学生："教师举着一张白纸"。教师随后拿出笔，在白纸上写："你好"，然后再举起白纸，问："纸上写着什么？"学生："写着'你好'。"教师："对！两句一起说。"学生："教师举着一张纸，纸上写着'你好'。"

【装】教师将纸、书、笔、工艺品放进书包里，边做动作边提问："教师正做什么呢?”学生:“教师正装东西呢。”教师:“教师往包里装了什么?”学生:“教师往包里装了纸。”“教师往包里装了书。”“教师还往包里装了很多笔。”……教师提着装好东西的包,佯装很重,提不动的样子,问:“我的包为什么这么重?”学生:“教师的包里装了很多东西。”

【哇】教师将包给一位学生,让他提一提试试,问他:“重吗?”学生:“重!”教师提示,并配以夸张的表情:“真的很重,你可以说‘哇!太重了’。”教师继续给出情境:“你第一次去长城,到了长城,你觉得非常美,你可以说……”学生:“哇!长城太美了!”教师:“你第一次吃中国菜,吃了以后,你说……”学生自由回答:“哇!太辣了”“哇!太好吃了!”“哇!太油了”……

【箱子】教师提问:“来中国的时候,你带了几个箱子?”“你的箱子多少千克?”“坐飞机可以带多少千克的行李?”教师逐一提问,学生逐一回答,操练生词“箱子”。

【超重】教师在黑板上标写箱子的重量“50kg”,提问:“他的箱子超重了吗?”学生:“他的箱子超重了。”教师再在黑板上标写另外一个箱子的重量“15kg”,问:“这个呢?”学生:“这个箱子没超重。”教师再写一个重量“19.9kg”,提问:“这个箱子超重了吗?”学生:“这个箱子也没超重。”

【差点儿】教师在黑板上写:“20kg”,然后一边对比,一边指“50kg”,说:“超重了”;指“15kg”,说:“没超重”;指“19.9kg”,说:“没超重,可是——(拖长音,以示强调)”,然后配合手势,解释:“差一点儿!”并给出句子:“箱子19.9kg,你可以说‘他的箱子没超重,差点儿就超重了’。”教师继续给出语境:“今天大卫7:59到教室(8:00上课),他迟到了吗?”学生:“没迟到,他差点儿就迟到了。”

在生词处理和操练过程中,教师应注意学生回答教师问题时,很可能常常只回答关键词语,教师应要求学生重述句子,进行完整表述。学生每次经提示说出一个句子后,教师都应多找几位学生重复,以便所有学生都能掌握词语的语义及用法。

教师每处理操练完一个生词,即擦去词语前的序号,并将所讲授的重要词语搭配补充在板书上,最终形成教学板书-3。

正……呢				
出口	上身	穿	一件	T恤
推	下身		一条	牛仔裤
行李车		戴	一顶	帽子
		拿		
差点儿　就……了		举	一张	纸
超重	箱子	装	很多	工艺品
哇				

教学板书-3

最后，教师指示教学板书－3，带领学生集体朗读全部生词及扩展短语。

（2）语法巩固

教师展示2－3张人物图片，提示学生观察图片人物衣着、动作，结合教学板书－3及语法动态助词“着”，存现句“地方＋v. 着＋人/物”，描述人物。期间，教师应通过指示教学板书中的生词，表演动作，如：指头顶、指上身下身、比划右手等，引导并指导学生观察图片、进行叙述。完成后，教师结合教学板书－3，带领学生集体朗读目标句，并形成教学板书－4。

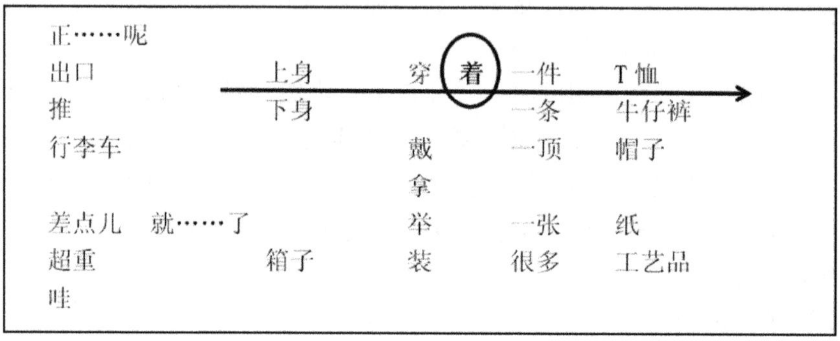

教学板书－4

【目标句】

他上身穿着一件T恤。

他下身穿着一条牛仔裤。

他头上戴着一顶帽子。

他左手拿着一个手机。

他右手举着一张白纸。

箱子里装着很多工艺品。

（3）课文预热

教师展示机场接人的图片，图片内容为一人打着手机，举着纸，在机场接人。另一人推着行李车，正往出口走。教师请学生两人一组，观察并讨论图片，在生词预习、语法巩固基础上，运用本课所学对图片进行描述。小组观察叙述后，教师请2－3组学生描述图片，汇报练习成果。

【参考叙述】

她上身穿着一件红色T恤，下身穿着一条黑色牛仔裤。她左手拿着一个手机，右手举着一张纸，纸上写着“大卫”。大卫正推行李车呢。他正往出口走呢。他上身穿着一件白色T恤。他下身穿着一条蓝色牛仔裤。他戴着一顶红色帽子。他拿着一个箱子。箱子里装着很多工艺品。哇！工艺品太多了！箱子差点儿就超重了。

经过生词教学、语法巩固、课文预热三个教学环节，教师便可顺理成章地开展课文教学了。

3. 活动与游戏

活动一：多多益善

教师提前准备好本课生词卡片，学生3－4人一组，将小组名称写在黑板上，以便后续活动进行计分。教师出示生词卡片，学生以小组为单位，用所给生词造句，进行抢答。教师出示一张卡片“出口”，学生抢答：“我在机场出口等你。”句子正确则该组记一分，错误不得分，其他组可以继续抢答。一组答对，另一组有其他句子，也可以继续造句抢答，也记一分。几次抢答后，教师增加难度，同时出示两张，甚至是三张生词卡片，如：“差点儿”“超重”，学生的答案则必须同时包含这两个词，如：“我的行李差点儿超重了。”句子正确则记两分，三个词同时用，抢答正确，则记三分。造句抢答活动中，如果学生所说句子有误，教师应及时进行纠正，最后根据黑板上的各组得分，评出优胜队，并加以表扬鼓励。

活动二：看图接龙

教师收集一些不同衣着打扮、动作举止的人物图片，请学生结合本课所学词语和句子进行人物描述。每个学生说一个句子，第一个学生说句子，第二个学生重复第一个学生的句子后，接着说自己的句子，依此类推，直至完成图片人物的描述。活动中，教师应注意合理调整学生发言的顺序，学习能力较弱、水平较低的学生先说少说，学习能力较强、水平较高的后说多说。关于接龙的句子，教师应有意识地提示学生要按照汉语人物描述的顺序来说，如衣着从上到下描述等，以培养学生正确的汉语语感及成段表达能力。

二、示例小结

在语言教学中，板书是体现课文内容的“镜子”，是展示教学场面的“屏幕”，是教师教学设计的“思维导图”，学生掌握学习真谛的“显微镜”，是开启学生思路、激活学生记忆的“钥匙”。

教学示例展示了初级汉语综合课生词教学的主要环节。教师以听写导入课程，在充分地讲练生词后，带领学生复习已学的重点语法，并过渡到课文学习。在此教学过程中，板书起到了“拨云见日”之效。教师在听写之初，便已为板书设计埋下了伏笔，黑板上听写的词语用序号标注位置，生词的顺序是词语讲解的顺序，而生词的位置更是词语搭配、语法及课文操练的依据，随着教师生词讲练的推进，词语的语义、用法一一明晰，在删、擦、补、改等一系列板书操作后，生词教学结束，而此时展现的教学板书－3已为复习本课重要语法点完成铺排工作。在提示并标注语法动态助词“着”及存现句“地方＋V着＋人/物”的结构后，一个个语法复习目标句“浮出水面”。将这些小句组句成篇，课文便“顺理成章、不言自明”了。板书将一个个教学环节前后贯穿，教学步骤环环相扣，既导学又导练，具有鲜明的目的性、周密的计划性、高度的精炼性、清晰的逻辑性，“设计”

两字跃然纸上，深入人心，淋漓尽致地展现了板书设计的要义——“书之有用、书之有据、书之有度、书之有条、书之有时、书之有择[①]”。

板书设计形式多样、方法各异，在具体课程及教材中，教师应根据教学目的、教学内容、教学方法及课型特点灵活使用。如：综合课的语法教学，常用排列式、转换式、扩展式、替换式、公式式板书，而在汉字教学中，则常用添加式、对比式；口语教学注重语言表达能力的培养，多用提示式板书；专业知识课以知识讲授为主，板书主要用提纲式、图表式、排列式等方式概括展示授课内容的重点，促进学生理解和掌握。

三、任　务

任务一：查阅相关著述论文，了解板书设计的类型，如：“排列式”“扩展式”“添加式”“图表式”“对比式”“提纲式”等，并进行相应的教学板书设计。

任务二：结成小组，仔细阅读教学示例“生词教学”部分，模拟师生互动，还原教学现场。

任务三：谈谈你对教学示例教学板书设计理念的理解，并简述其优势及设计时的注意事项。

任务四：根据所给生词和课文，设计一个动态教学板书，注意板书内容的布局及利用率。

教材信息：《HSK标准教程1》，北京语言大学出版社，主编姜丽萍，2014年1月第1版，2014年12月第3次印刷。第6课《我会说汉语》。

课文一：在学校

A：你会说汉语吗？　　B：我会说汉语。

A：你妈妈会说汉语吗？　　B：她不会说。

课文二：在厨房

A：中国菜好吃吗？　　B：中国菜很好吃。

A：你妈妈会做中国菜吗？　　B：她不会做。

课文三：在图书馆

A：你会写汉字吗？　　B：我会写汉字。

A：这个字怎么写？　　B：对不起，这个字我会读，不会写。

生词：

1. 会　2. 说　3. 妈妈　4. 菜　5. 很　6. 好吃　7. 做　8. 写　9. 汉字　10. 字
11. 怎么　12. 读

① 王松泉．语文板书教学及板书学研究概述［J］．绍兴文理学院学报（哲学社会科学版），1989（3）：87－92.

示例四　讲透练熟是关键

教材信息：《HSK 标准教程 1》，北京语言大学出版社，主编姜丽萍，2014 年 1 月第 1 版，2014 年 12 月第 3 次印刷。第 14 课《她买了不少衣服》，课文 1：在宿舍。
课文 1：在宿舍 A：昨天上午你去哪儿了？ B：我去商店买东西了。 A：你买什么了？ B：我买了一点儿苹果。
注释：1. “了”表示发生或完成 “了”用于句尾。“了”用于动词后带宾语。动词后的宾语前面一般要有定语，如数量词或形容词、代词。上述两种用法的“了”的否定形式是：没 + 动词（ + 宾语），“了”要去掉。（英文注释及例句表格已略去）

一、示例实施

（一）教学目标

1. 了解并掌握“了”表示发生或完成的语法意义及用法；
2. 能够正确运用“了”进行肯定、否定及疑问的表达；
3. 能够根据不同的句子结构恰当地处理“了”在句中的位置。

（二）教学重点、难点

1. 教学重点

“了”表示发生或完成的语法意义及用法；“了”的肯定、否定及疑问表达形式；“了”在句中的位置。

2. 教学难点

“了”表示发生或完成的语法意义；“了”在句中的位置。

（三）教学前准备

1. 知识准备

学生已完成教程 1 第 1 – 13 课的学习，掌握 125 个左右的词语，已完成课文 1 生词1－3（东西、一点儿、苹果）的学习。

2. 教学材料准备

教学示例语法操练环节涉及的相关地点图片、人物图片、物品图片等。

（四）教学过程

1. 导　入

教师开门见山，直接导入。

教师："我们今天学习第14课，现在我们学习语法。"

教师佯装想起什么，插入问题："我们昨天学习的哪一课？"

学生回答："13课。"

教师若有所悟状，继续提问："学了吗？"教师拉长"了"的字音，以示强调。

学生回答："学了。"

教师举起本课生词卡片"苹果"，再提问："这是什么词？"

学生："苹果。"

教师问："学了吗？"依然拉长"了"的字音，以示强调。

学生："学了。"

通过这两个问题的导入，教师小结"了"的语法意义："今天我们学习'了'，13课，昨天学了，学完了，用'了'；'苹果'，今天学习的生词，学完了，用'了'。一件事做完了，要用'了'。"教师解释时，应配合"事情做完了，过去了，完结了"的手势，以帮助学生理解"了"表示发生或完成的语法意义。

2. 讲　练

（1）重申语法意义

教师一只手拿出一张人物图片，另一只手展示"商店"的词语图片，将人物图片向"商店"图片靠近，然后提示学生"他去——"拖长音，引导学生说出："他去商店"。接着教师提问："他现在在哪儿？"学生："他现在在商店"。教师继续引导："去商店了吗？"学生："去了"。教师："怎么说？他去——"拖长音，等待学生补充完整。学生："他去商店了。"教师给予积极反馈，板书例句："他去商店了。"并配合体态语言、手势等辅助方式，强调、重申"去商店，（这个动作）完成了，现在在商店"，即"了"表示发生或完成的语法意义。在例句上方，用红色粉笔书写"了"的语法教学公式"S＋V＋O＋了"，注意公式字母与例句文字对齐。另外，主语S与谓语动词V之间留出空格，以便后续教学时，添加时间状语。

S＋	V＋	O＋	了
他	去	商店	了。

（2）操练肯定形式“S + V + O + 了”

教师指示黑板上的例句，领读：“他去商店了。”学生集体跟读。然后请学生依次朗读。

教师展示其他表示地点的词语图片，如：“学校、银行、餐厅、邮局、超市、美国、上海、长城、颐和园”等，请学生替换宾语，说句子。如：“他去学校了”“他去银行了”“他去上海了”“他去颐和园了”等。

（3）操练疑问形式“S + V + O + 了 + 吗？”等

教师展示“商店”图片，缓慢清晰地进行提问：“他去商店了吗？”然后板书。请学生集体重复例句，再找个别学生重复，同时教师补充板书语法教学公式及例句。

教师再介绍另外两种疑问形式，即“他去商店了没有？”“他去没去商店？”书写例句并板书教学公式：“S + V + O + 了 + 没有？”“S + V + 没 + V + O？”然后指示板书的三个疑问形式，告诉学生：“三种问法意思一样，用哪个都可以”。

教师将用于操练肯定形式的表示地点的词语图片发给每位学生一张，请学生们逐一举起自己的地点图片，选择一种提问形式，进行提问。如：学生手持“邮局”的词语图片，进行提问：“他去邮局了没有？”注意操练时要保证每位学生均得到一次练习机会。

（4）讲练否定形式“S + 没 + V + O”

教师将“商店”的词语图片展示于胸前，指示图片，更换主语，并一边提问：“教师去没去学校？”一边摆手提示学生进行否定回答。学生根据教师的提示进行回答。如果回答正确，教师给予积极反馈，如：“对！非常好！”然后板书否定形式的语法教学公式。如果学生回答不出来，或用“不”进行了否定，教师则再次提问，提问时重读问句中的“没”，进行提示。待学生回答出正确答案：“教师没去学校”后，教师请学生再齐读一遍，书写例句，并配以表否定的手势，强调：“用‘没’，不用‘不’。”另外，还要指示教学公式的句尾，提问：“有‘了’吗？”，然后强调：“有‘没’，没有‘了’，即在“了”的否定形式中，“了”要去掉。

教师展示“商店”的图片，找一位学习较好、反应较快的学生，请他展示自己的地点图片，然后用手势示意他向教师提问。如：学生手中图片是“银行”，他提问：“教师去银行了吗？”教师晃动手中“商店”的图片，回答：“教师没去银行，教师去商店了。”教师更换主语，继续提问：“你去商店了吗？”学生会意，回答：“我没去商店，我去银行了。”

示范后，教师请学生两两一组，根据手中的地点图片，进行模仿，操练“了”的肯定、否定、疑问形式。教师随机听几组学生的对话，如有问题，进行指导纠正。3 分钟后，请 2 - 3 组学生进行对话。

S	+	V	+	O	+	了				
他		去		商店		了		。		
S	+	V	+	O	+	了	+	吗	？	
他		去		商店		了		吗	？	
S	+	V	+	O	+	了	+	没有	？	
他		去		商店		了		没有	？	
S	+	V	+	没	+	V	+	O	？	
他		去		没		去		商店	？	
S	+	没	+	V	+	O				
他		没		去		商店		。		

（5）扩展讲练

教师再次展示“商店”的图片，指示板书例句：“他去商店了”，介绍：“我们可以问‘他去商店了吗?’‘他去商店了没有?’，也可以问‘他去没去商店?’。”然后指示“商店”并进行引导：“这个（商店）我不知道，我想问这个，怎么问?”根据学生的回答，给出答案：“我们可以问‘他去哪儿了?’”随后请学生集体跟读。

教师指示板书例句中的“他”，提问：“问这个（他），怎么问?”请回答出正确答案的学生再大声说一遍，教师重复其答案：“谁去商店了”，再请其他学生重复句子。

教师给出提示词“什么时候”，再提问：“怎么问?”此时，学生将能够集体回答：“他什么时候去商店了?”教师再请个别学生重复特指问句。然后，给学生提示词“昨天”，请一位学生再问一遍，请另一位学生回答。即学生 1：“他什么时候去商店了?”学生 2：“他昨天去商店了。”回答完毕后，教师给予相应反馈，强调时间状语的位置：“‘了’表示发生了，完成了，一般用以前的时间，Past Time，比如：今天上午、昨天、前天晚上、上个星期、上个月、去年……”边说边指示谓语动词前面的位置，“要放在动词 Verb 前面”。最后，教师补全板书，完善“了”的语法教学公式。

S	+	**Past Time**	+	V	+	O	+	了				
他		昨天		去		商店		了		。		
S	+	**Past Time**	+	V	+	O	+	了	+	吗	？	
他		昨天		去		商店		了		吗	？	
S	+	**Past Time**	+	V	+	O	+	了	+	没有	？	
他		昨天		去		商店		了		没有	？	
S	+	**Past Time**	+	V	+	没	+	V	+	O	？	
他		昨天		去		没		去		商店	？	
S	+	**Past Time**	+	没	+	V	+	O				
他		昨天		没		去		商店		。		

【**Past Time**】今天上午、昨天、前天晚上、上个星期、上个月、去年……

（6）综合操练

教师拿出人物图片“妈妈”，地点图片“商店”，将两张图片贴在黑板上，提问：“妈妈昨天去哪儿了？”

学生根据图片，回答：“妈妈昨天去商店了。”

教师提问：“妈妈昨天买什么了？”随后，将物品图片“杯子”，贴在黑板上，并请一位学生回答。

学生：“妈妈昨天买杯子了。”

教师提示学生尽量说长一点儿的句子，“妈妈昨天去商店买杯子了。”

教师肯定学生答案，然后示意他再重复问题：“妈妈昨天去商店买什么了？”教师逐一出示其他物品图片，如：“苹果、菜、茶、书、衣服、水果、中国菜（这些物品均为前课已学生词）”等，并贴于黑板上，请学生依次进行回答及提问。

完成后，教师同时展示人物图片、地点图片、物品图片，请学生说句子。如：“爸爸今天上午去书店买书了”“姐姐上个月去商店买衣服了”“哥哥昨天去超市买水果了”“教师昨天去饭馆吃中国菜了”等。

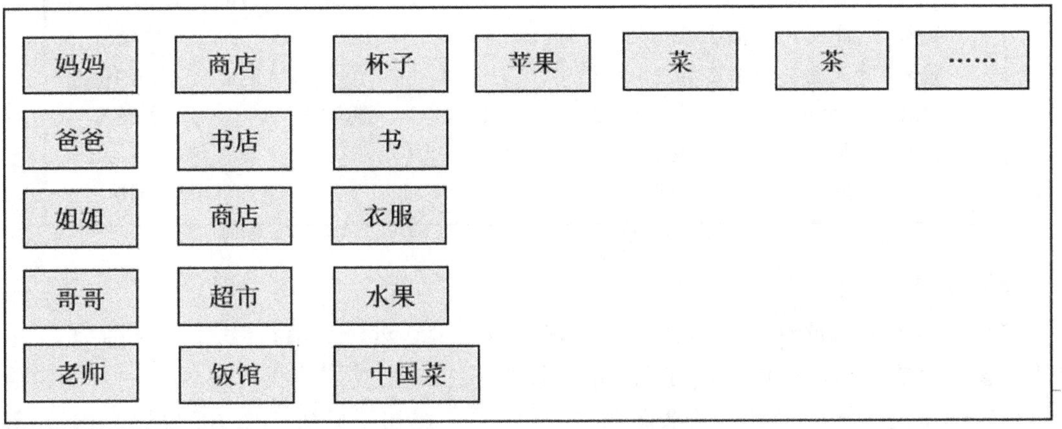

图1－9　词语组句展示图

（7）操练有定语的形式“S + Past Time + V + 了 + No. － M. W. /Adj. /Pron. + O”（Number－Measure Word，简写 No. －M. W.）

教师依次指示黑板上的图片“妈妈”“商店”“苹果”，重复操练的例句“妈妈昨天去商店买苹果了”，然后指示“苹果”，进行提问：“多少？”教师出示本课生词卡片“一点儿”，示意学生用本课生词回答问题，即“一点儿苹果”。教师继续引导，这句话怎么说？学生答案中“了”的位置可能正确，也可能错误，教师等待片刻，给出正确答案：“应该说‘妈妈昨天去商店买了一点儿苹果’”一边说，一边在黑板上板书例句，用红色粉笔书写“了”，突出“了”的位置，进行解释：“没有‘一点儿’，‘了’放在句子后边；有‘一点儿’，‘了’放在动词后边。”讲解以后，教师指示例句，请学生集体朗读，然后个别学生重复，加深记忆。

教师继续利用黑板上的图片及练过的例句，指示图片“书”，提示“一本汉语书”，请学生说句子。学生未说出正确句子，教师应进行提示、帮助，学生说出正确句子后，教师大声重复，板书，再请其他学生重复。然后给提示词：“很多”“漂亮”，请学生说句子，并重复。依此类推，直至练完黑板上已贴出的图片和句子。

教师引导学生根据新板书的例句，总结有定语时“了”的语法教学公式：“S + Past Time + V + 了 + No. – M. W. /Adj. /Pron. + O”。如：教师请学生集体朗读黑板上的几个例句，然后边指示边说“‘妈妈、爸爸、姐姐、大卫、你’是主语 Subject，‘昨天、今天上午、上个月、早上、昨天’是过去的时间 Past Time，‘买、喝、看见’是动词 Verb，……，有数量短语 Number – Measure Word（简写为 No. – M. W.），有形容词 Adj.，或者有代词 Pron.，‘了’都要放在动词 Verb 后边。”由于学生目前水平较低，教师讲解时，可配合英语翻译及手势指示，边说边指，边指边画（即用彩色粉笔在黑板上圈点勾画），以便学生理解。通过归纳法，形成有定语时“了”的语法教学公式及完整板书。

S +	Past Time +	V +	了 +	No.-M.W. /	Adj. /	Pron. +	O
妈妈	昨天	去商店 买	了	一点儿			苹果 。
爸爸	今天上午	去书店 买	了	一 本			汉语书 。
姐姐	上个月	买	了	很 多	漂亮的		衣服 。
大卫	早上	喝	了			这 杯	茶 。
你	昨天	看见	了			几 个	同学 ？

（8）小结与作业

教师指示无定语及有定语的“了”的语法教学公式进行小结：“今天我们学了‘了’，以前的事，完成了，就可以用‘了’。昨天我买苹果，完成了，我可以说——（等学生回答后，教师小结）——‘我昨天买苹果了’，‘了’在句子后边。怎么问呢？——（等学生回答后，教师小结）——‘你昨天买苹果了吗?’‘你昨天买苹果了没有?’，还可以问——（等学生回答后，教师小结）——‘你昨天买没买苹果?’，如果——（教师摇头、摆手，示意否定）——应该说——（等学生回答后，教师小结）——对！‘我昨天没买苹果’，用‘没’，不能用‘不’；有‘没’，不能有‘了’。句子里有数量短语 No. – M. W.、形容词 Adj. 或者有代词 Pron. 的时候，‘了’要放在动词 Verb 后边。”

布置笔头作业。教师给出一些词：“昨天、妈妈、爸爸、姐姐、超市、商店、书店、饭馆、一点儿、苹果、杯子、件、衣服、电脑、本、汉语书、茶、中国菜”，请学生运用给出的词语及本课的语法点“了”，进行介绍，写一篇小短文。

【参考答案】昨天下午妈妈去超市了，她买了两个杯子和一点儿苹果。爸爸去商店了，他买了一台很便宜的电脑。姐姐也去商店了，她买了一件漂亮的衣服。我没去商店，我去书店了，我没买汉语书，我买了一本英语词典。晚上，我们一起去饭馆吃饭了，我们喝了好喝的中国茶，还吃了很多中国菜，我们都很高兴。

3. 活动与游戏

活动一：你“了”，我也“了”

教师准备一些词语卡片，包括已学的名词（人、物、时间、地点等）、动词、形容词、数词等。教师按照动词、名词（主语）、名词（宾语）、数词、形容词、时间名词（状语）、地点名词（状语）的顺序叠加展示词语卡片，学生用“了”进行组句表达。如：教师展示动词“买”，学生1说：“买了”；教师展示作主语的名词“妈妈”，学生2说：“妈妈买了”；教师展示作宾语的名词“衣服”，学生3说：“妈妈买衣服了”；教师展示数词“三”，学生4说：“妈妈买了三件衣服”；教师展示形容词“漂亮”，学生5说：“妈妈买了三件漂亮的衣服”；教师展示时间状语“昨天下午”，学生6说：“妈妈昨天下午买了三件漂亮的衣服”；教师展示地点状语“商店”，学生7说：“妈妈昨天下午在商店买了三件漂亮的衣服”。完成一个句子后，学生集体重复，巩固加深。然后教师再展示下一个动词，学生重新进行组句接龙。活动时应注意“了”的位置，量词与名词的搭配等词汇、语法的正确性。

活动二：看图说话

教师准备一些人物行为图片，如：大卫喝可乐，妈妈买苹果，一个女孩在书店买书，一家人在饭馆吃饭等。教师依次展示图片，然后要求学生用所学语法点“了”向大家介绍图片，如展示“大卫喝可乐”的图片，则请学生说：“大卫喝可乐了。”一般来说，学生第一次表达的句子都比较简单，此时教师应进行词语提示，进一步追问，鼓励学生进行长句表达，如：教师引导提问：“什么时候？”学生回答：“大卫昨天晚上喝可乐了。”教师再提问：“几瓶？”学生回答：“大卫昨天晚上喝了五瓶可乐。”学生回答时，如果出现语法错误，如“了”的位置有误，教师应及时指出并纠正，提醒学生注意。另外，在根据图片的内容进行提问时，教师应只提出关键词，为学生提供更多思考组句的自由空间，让学生自行完成合乎语法的正确句子。

活动三：大家一起来拼凑

教师结合学生已学词汇提前制作一张人物日程表，如表1－2：《大卫的日程表》，然后根据课堂学生数量，制作出相应数量的具有信息差的日程表，如表1－3：《大卫的日程表（学生1）》，每个学生的表格均只显示少部分信息内容，且信息内容应为该学生独有。日程表发给学生后，教师将一张只填写了第一行日期、第一列时间的空白日程表展示在课件上，然后按时间顺序指示日程表中的空白格，请唯一知道该内容的学生进行表达，如教师指示星期一早上的空白格，问：“谁知道大卫星期一早上做什么了？”学生1举手并回答：“大卫星期一早上吃了一个面包。”其他学生根据学生1的回答在自己的表格中填写相应内容。依此类推，直至拼凑完成日程表1-3所有的内容。最后根据课堂时间和进度，教师安排学生以口头表达或书面作业的形式汇报活动的结果，即介绍大卫的日程安排。在活动过程中及活动汇报成果的审阅时，教师应尤其注意学生“了”的使用情况并及时纠正产生的语法偏误。

表1-2 大卫的日程表

	星期一	星期二	星期三	星期四	星期五
早上	一个面包	没吃早饭	三个包子	跑步	两根油条
上午	读写课	打篮球	听力课	口语课	读写课
中午	一碗米饭	一碗面条	吃KFC	一杯咖啡	必胜客
下午	游泳	口语课	踢足球	看电影	吃蛋糕
晚上	打电话	很多作业	做足疗	去超市	唱歌

表1-3 大卫的日程表（学生1）

	星期一	星期二	星期三	星期四	星期五
早上					
上午	读写课				
中午			吃KFC		
下午					吃蛋糕
晚上		很多作业			

二、示例小结

“精讲多练”是汉语课堂教学的一项重要原则，讲是教师讲授，练是学生操练；讲是对基本概念、原理规则的高度概括和重点解析，练是巩固新知、熟练掌握言语技能必不可少的教学环节；精对多，讲对练，此消彼长，互为唇齿，是将获得语言知识转化为驾驭言语技能的必要手段、必经之路。

综合课是“核心课”“打头课”，是各项技能课的“领头羊”。其重要讲授内容——语法也更应深刻贯彻“精讲多练”的原则理念。教学示例以语法点将表示发生或完成的“了”作为主要讲授内容，讲解了“了”的语法意义、结构形式及相关句型的表达，训练了学生正确运用“了”的肯定、疑问及否定等形式进行语言表达的能力。教师利用并创设课堂情境，进行互动提问式的导入后，用精简的课文重点句“他去商店了”解析并重申“了”表示发生或完成的语法意义，而后依次训练简单式“了”的肯定、疑问及否定表达形式。此时的操练有听（听教师说、听同学说）有说，听说结合，有读（认读地点词语卡片、读板书例句等）有说，边读边说。而句子训练的内容则仅仅集中于替换句子“他去商店了”中地点词语的操练。当学生把简单式“S＋V＋O＋了”的形式练熟后，教师展示并操练“了”的疑问及否定表达形式，巩固“了”的语法意义，扩展语法教学内容。随后，引入疑问代词“什么”“哪儿”“谁”等，练习“了”特指问句的表达，通过提问时间，添加时间状语，为句子增加字数、延长句幅，加大表达难度。待语法结构知识深入人心后，综合操练便开始了。主语、状语、宾语纷纷替换，提问、回答交互进行，听、读、说融于一体，学生对简单式“了”的理解和运用都提升到新的高度。基于已有的讲练成果，复杂式“了”的结构形式便迎刃而解，教师便只需在表达习惯上加以点拨和训练。最后，语法点“了”的简单式、复杂式讲练完成，教师小结，并布置笔头作业，将课堂听说为主、听说领先的训练过渡到说写结合、读写跟上，从课堂语法单句训练转化到成段表达练习，进一步拓展了练习的广度、深度及灵活性，将“精讲多练”“螺旋式上升”等教学原则贯彻到底。

可见，语言课堂中“精讲多练”的“精讲”不是少讲、压缩讲，而是精心提炼后的重点讲、优化讲、点拨讲；“多练”也不仅仅是时间上、数量上的增多，更是方法、手段、形式、言语技能上的多样练、多层练、综合练。精不精讲，应由学生的疑惑程度决定；多不多练应由学生的熟悉程度决定。练习题型先易后难、由简到繁，从单向性、控制性过渡到综合性、运用性，随着学生对语言点掌握程度的不断提升，练习的形式、难度不断加大，最终在丰富多样的师生、生生互动操练中，完成语言知识到语言能力的转化。

三、任　务

任务一：谈谈你对“精讲多练”“循序渐进、螺旋式提高”这些汉语作为第二语言教学重要原则的理解，请举例说明。

任务二：杨惠元（2010）提出关于指导学生操练的方法有：模仿性练习、理解性练习、记忆性练习和活用性练习。查阅相关资料，了解这四种练习的含义，并为本教学示例中的语法点“了”设计相关练习。

任务三：关于语法点“是……的”，《HSK 标准教程 1》（姜丽萍主编，北京语言大学出版社 2014 年出版）第 15 课《我是坐飞机来的》中是这样进行释义的：“是……的”句：强调时间、地点、方式。在已经知道事情发生的情况下，可以用“是……的”强调事情发生的时间、地点、方式等。肯定句和疑问句中“是”字可以省略，否定句中不能省略。请参考“是……的”的语法注释，为其设计一个符合精讲多练、循序渐进原则的教学过程。

示例五　有任务，才领悟

教材信息：《中文听说读写》（Integrated Chinese），刘月华等编，波士顿剑桥出版社，2008 年出版。Level1 Part1，第二课《家庭》。
对话 1：看全家福 A：高中文，那是你的照片吗？ B：是。这是我爸爸，这是我妈妈。 A：这个女孩子是谁？ B：她是我姐姐。 A：这个男孩子是你弟弟吗？ B：不是，他是我大哥的儿子。 A：你大哥有女儿吗？ B：他没有女儿。
生词： 1. 那　2. 的　3. 照片　4. 这　5. 爸爸　6. 妈妈　7. 个　8. 女　9. 孩子　10. 谁　11. 她 12. 姐姐　13. 男　14. 弟弟　15. 他　16. 大哥　17. 儿子　18. 有　19. 女儿　20. 没 21. 高中文
对话 2：询问家庭情况 A：白英爱，你家有几口人？ B：我家有六口人。我爸爸、我妈妈、一个哥哥、两个妹妹和我。李友，你家有几口人？ A：我家有五口人。爸爸、妈妈、大姐、二姐和我。你爸爸妈妈做什么工作？ B：我爸爸是律师，妈妈是英文教师，哥哥、妹妹都是大学生。 A：我妈妈也是教师，我爸爸是医生。
生词： 1. 家　2. 几　3. 口　4. 哥哥　5. 两　6. 妹妹　7. 和　8. 大姐　9. 二姐　10. 做　11. 工作 12. 律师　13. 英文　14. 都　15. 大学生　16. 医生　17. 白英爱

一、示例实施

（一）教学目标

1. 能够用汉语说出最常见的亲属称谓及相互关系；
2. 能够用汉语询问职业并进行表达；
3. 能够用汉语与中国人就家庭成员和职业的话题进行简单的交流；
4. 能够用汉语简要介绍一个人的基本情况。

（二）教学重点、难点

1. 教学重点

汉语亲属称谓系统；职业的询问与表达；家庭成员的询问与表达。

2. 教学难点

汉语亲属称谓的理解与运用；综合运用家庭成员及职业的相关词汇及句型介绍个人基本情况。

（三）教学前准备

1. 知识准备

学生已完成并掌握本课对话一，生词 1－21，语法点 1－4（结构助词“的”、量词、疑问代词、表示领属的“有”）；对话二，生词 1－17，语法点 5－7（表示存在的“有”、数词“二”与“两”、副词“都”），并已完成教材语法练习。

2. 教学材料准备

教学示例中涉及的图、表等。

（四）教学过程

1. 导入（任务前准备）

教师按照常规教学模式依次处理讲练生词、语法（句型）、课文、练习后，进入任务教学模式。

（1）词语聚焦

教师给学生提供两个与本次任务活动相关的主题词汇——“家庭”“职业名称”，引导学生结合本课所学，通过“头脑风暴”的方式，运用发散思维，聚焦、回忆、梳理、归纳与该主题相关的词汇，最终形成“思维导图”或“词汇群”。

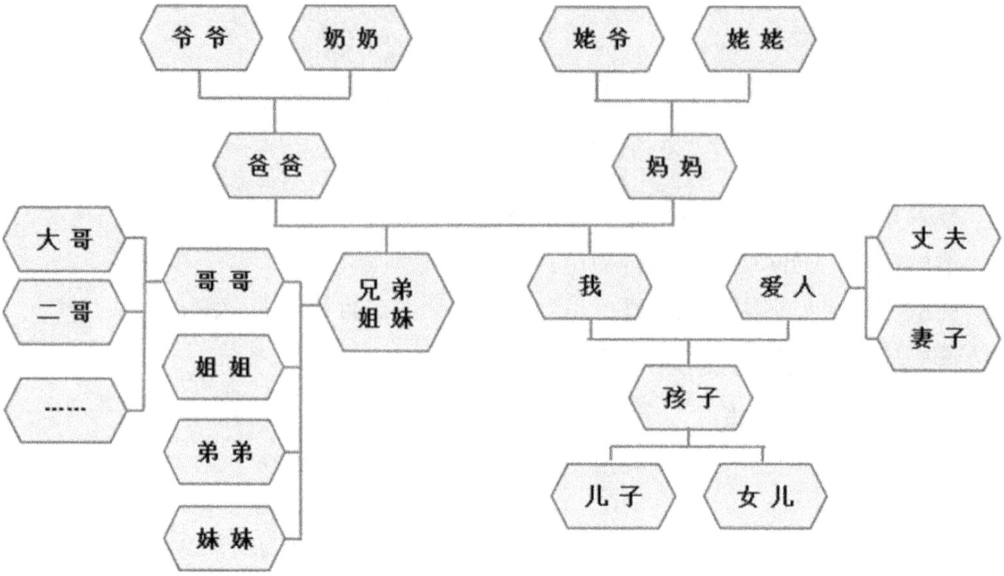

图 1－10　家庭成员称谓图

图 1－11　职业名称词汇群

（2）句子总动员

请学生结合本课语法（句型）和课文，填写表格，然后两人一组，分享答案，查漏补缺，最后每人说一个句子，集体完成关于“家庭”及“职业”的问答句汇总表。

表 1-4　关于“家庭”及“职业”的问答句汇总表

序号	提问家庭成员的句子	介绍家庭成员的句子
1	这是谁？	这是我爸爸。
2	这个女孩子是谁？	她是我姐姐。
3	这个男孩子是你弟弟吗？	不是，他是我大哥的儿子。
4	你大哥有女儿吗？	他没有女儿。
5	你家有几口人？	我家有六口人。
6	你家有什么人？	爸爸、妈妈、大姐、二姐和我。
7	你有兄弟姐妹吗？	我没有兄弟姐妹。
8	你有几个姐姐？	我有两个姐姐。
序号	提问职业的句子	介绍职业的句子
1	你爸爸做什么工作？	我爸爸是律师。
2	你妈妈也是教师吗？	是，我妈妈也是教师。

（3）兄弟姐妹知多少

学生两两一组，先各自根据自身情况，填写表格。随后教师在黑板上展示例句：“我有一个哥哥、一个姐姐，我没有弟弟和妹妹。”学生 A 模仿例句，向学生 B 介绍自己的兄弟姐妹，学生 B 根据学生 A 的介绍，继续填写表格。然后学生 B 介绍，学生 A 听后填写，最后两人核对表格，进行查验。

表 1-5　兄弟姐妹情况表

兄弟姐妹		我		姓名：＿＿＿＿＿＿	
哥哥	gēge	□	（ ）个	□	（ ）个
弟弟	dìdi	□	（ ）个	□	（ ）个
姐姐	jiějie	□	（ ）个	□	（ ）个
妹妹	mèimei	□	（ ）个	□	（ ）个

（4）猜猜我是谁

教师发给每个学生一张配有家庭成员图片的表格。首先，教师进行说明及例句示范。教师指示表格图片中抱孩子的男人及表格“丈夫”处说：“这是我，我应该说：‘这是我爸爸，这是我妈妈，这是我爱人，我们有四个孩子，两个女儿，两个儿子’。”教师边说边指着图片人物进行介绍。然后请学生 2-4 人一组开展活动，每个人选择图中 3 个人物，从其角度出发介绍图片中的家庭成员。

表1－6 家庭成员表

<table>
<tr><td rowspan="9">
一家八口①</td><td>爷爷：</td></tr>
<tr><td>奶奶：</td></tr>
<tr><td>丈夫：这是我爸爸，这是我妈妈，这是我爱人，我们有四个孩子，两个女儿，两个儿子。</td></tr>
<tr><td>妻子：</td></tr>
<tr><td>姐姐：</td></tr>
<tr><td>哥哥：</td></tr>
<tr><td>妹妹：</td></tr>
<tr><td>弟弟：</td></tr>
</table>

工人	gōngchéngshī	worker	大卫
服务员	yīshēng	middle school student	大卫的爸爸
律师	gōngrén	doctor	大卫的妈妈
警察	zhōngxuéshēng	engineer	大卫的大哥
工程师	fúwùyuán	lawyer	大卫的二哥
中学生	jīnglǐ	police	大卫的大姐
医生	lǜshī	teacher	大卫的二姐
老师	jǐngchá	manager	大卫的女朋友
经理	lǎoshī	waitress	大卫的妹妹

图1－12 “职业对对碰”练习单

（5）职业对对碰

教师发给每个学生一张“职业对对碰”练习单，先请学生各自将练习单前三列“职业名称汉字”“拼音”“英文翻译”进行一一对应并连线。然后大家一起听教师说句子，

① 图片引自刘月华等. *Integrated Chinese*（中文听说读写），波士顿：剑桥出版社，2008：60.

教师一句一句说，学生一个一个进行对应连线。完成后，请学生每人说一个答案，教师在黑板上展示正确答案，学生核对查验。另外，本练习单“英文翻译”一列也可根据学生情况替换为其他语言或职业图片。

【答案】 大卫家有八口人，爸爸、妈妈、两个哥哥、两个姐姐、一个妹妹和大卫。大卫的爸爸是工人。大卫的妈妈是教师。大卫的大哥是警察，二哥是工程师。大卫的大姐是律师，二姐是服务员。大卫是经理，他的女朋友是医生。大卫的妹妹是中学生。

2. 讲练（任务实施）

（1）任务示范

教师结合课文，编写一个语言范例，向学生展示，请学生集体朗读任务范例，通过就对话内容提问引起学生注意，在师生互动、生生互动的教学活动中进行关于任务范例语言形式及内容意义的交流讨论，强化任务前的词语、句型准备成果，进入任务实施阶段。

【语言范例】

高中文：白英爱，你家有几口人？

白英爱：我家有六口人，我爸爸、我妈妈、两个哥哥、一个妹妹和我。

高中文：你爸爸妈妈做什么工作？

白英爱：我爸爸是律师，我妈妈是英文教师。

高中文：你的哥哥呢？

白英爱：我大哥是医生，我二哥也是英文教师。

高中文：他们都有孩子吗？

白英爱：不！我大哥有孩子，他有两个孩子，一个儿子，一个女儿。我二哥没有孩子。

高中文：你和你妹妹呢？你们都工作吗？

白英爱：我们都不工作。我们都是学生。我是大学生，我妹妹是中学生。你呢？

高中文：你看，这是我家的照片。我家有七口人，我爸爸、我妈妈、哥哥、姐姐、弟弟、妹妹和我。

白英爱：这个女孩子是谁？

高中文：她是我姐姐。

白英爱：那个男孩子是你弟弟吗？

高中文：不是。他是我大哥的儿子。

白英爱：你们都是美国人吗？

高中文：是，我们都是美国人。

（2）模仿式任务：大卫的一家

学生两人一组，根据教师提供的“大卫的家庭成员表”，模仿任务示范中的对话文本，进行对话，进一步熟练使用本课生词及句型。

表1－7　大卫的家庭成员表

序号	家人	国籍	职业
1	爸爸	美国	医生
2	妈妈	中国	中文教师
3	大卫	美国	大学生
4	姐姐	美国	律师
5	弟弟	美国	小学生

【参考例文】

朋友：大卫，你家有几口人？

大卫：我家有五口人。我爸爸、妈妈、姐姐、弟弟和我。

朋友：你们都是美国人吗？

大卫：不，我们不都是美国人。我妈妈是中国人，我爸爸、姐姐、弟弟和我都是美国人。

朋友：你爸爸妈妈做什么工作？

大卫：我爸爸是医生，我妈妈是中文教师。

朋友：你姐姐呢？

大卫：我姐姐是律师。

朋友：你姐姐有孩子吗？

大卫：她没有孩子。

朋友：你和你弟弟工作吗？

大卫：我们都不工作，我们都是学生。我是大学生，他是小学生。

（3）拓展式任务：这是我家的照片

请学生拿出提前准备好的家庭照片，两人一组，互相介绍家庭成员及其国籍、姓名、职业等情况。学生A介绍时，学生B记录，为其绘制家庭谱系图并标注职业，然后再调换。任务进行中，如有疑问，学生双方应及时沟通纠正。教师进行巡查，答疑解惑，并监督学生只能用汉语进行交流。

（4）核心任务：找到最配的一对

教师向学生介绍中国人将家庭情况作为婚配及介绍对象的重要参考因素这一特殊文化现象，综合考虑学生在语言能力、性格特点、性别、年龄、学习方式、国别文化等方面的差异，按照“组内异质，组间同质”的原则，将学生每4人搭配一组，合作交流，共同完成核心任务。

具体步骤为：①教师给每组4个学生分别发放一张人物情况提示单，提示单中注明了小组活动中人物的国籍、姓名、家庭成员及职业等情况；②每个学生分别按照自己手中提示单的信息进行语言表述及相关问题的准备工作；③小组成员分别介绍自己手中的人物，并互相提问，了解其他组员手中人物的个人及家庭情况；④小组成员根据人物的家庭情况讨论出最配的一对，并说明理由。

（5）核心任务成果展示

各小组就核心任务“找到最配的一对”提交一份书面成果及人物情况简表，内容包括每个学生手中提示单人物的国籍、姓名、家庭成员及职业等情况。

各组进行口头汇报：每组选一位代表，到讲台前，介绍本组评选出的“最配的一对”并说明理由。

3. 活动与游戏（任务后评价巩固）

（1）任务评价

教师发给每个学生一份任务评价表，评价表中主要列举了完成本课任务所需掌握的词汇、语法、句型及表达形式等内容。学生进行自我评估，查漏补缺，记录成长足迹，增强学习成就感。

表1－8　任务评价表

自 我 鉴 定

1. 请在你认识的生词前面画“√”，数一数你认识了多少个生词。

□ 家	□ 儿	□ 口	□ 这	□ 那
□ 爸爸	□ 妈妈	□ 孩子	□ 儿子	□ 女儿
□ 哥哥	□ 大哥	□ 姐姐	□ 大姐	□ 二姐
□ 弟弟	□ 妹妹	□ 他	□ 她	□ 谁
□ 照片	□ 工作	□ 医生	□ 律师	□ 大学生
□ 英文	□ 男	□ 女	□ 两	□ 个
□ 有	□ 做	□ 没	□ 和	□的
□ 都				

2. 请在你能运用的语法/句型前面画“√”，看一看你学会了多少个语法点。

□ 我会用结构助词“的”，如：“教师的名字”“王朋的妈妈”。

□ 我会用量词“个”，如：“一个医生”“那个男孩子”。

□ 我会用疑问代词“谁”“几”“什么”等，如：“谁是李友？”“那个女孩子是谁？”“你家有几口人？”“你的英文教师姓什么？”

□ 我会用“有”表示领属关系，如：“王先生有弟弟吗？”

□ 我会用“有”表示存在状态，如：“小高家有两个大学生。”

□ 我知道“二”和“两”的异同，如：“两个人”“二十二”。

<table>
<tr><td>
□ 我会用副词“都”说句子，如：“王朋和李友都是学生”；了解“不都”和“都不”的不同意思，如：“他们不都是中国人”“他们都不是中国人”。
3. 请在你能完成的语言项目前面画“√”，看一看你掌握了多少表达功能。
□ 我能用汉语听、说、读、写家庭成员的名称。
□ 我能通过照片用汉语指认并介绍家庭成员。
□ 我能用汉语询问并表达家庭人口数及家庭成员。
□ 我能用汉语询问并表达兄弟姐妹的情况。
□ 我能用汉语听、说、读、写常用职业的名称。
□ 我能用汉语询问和表达人物的职业。

您的得分是：（　　　）
（第1题，一个1分，共36分；第2题，一个4分，共28分；第3题一个6分，共36分，总计100分）
</td></tr>
</table>

（2）延续任务：看照片，谈家庭

根据所给图片及提问信息介绍人物个人及家庭情况。教师可根据教学进度、学生兴趣、能力水平等特点，自主决定本课延续任务的实施与否。

表1－9　延续任务表

<table>
<tr>
<td>①</td>
<td></td>
<td>看照片、谈家庭
1. 他叫什么名字？
2. 他是哪国人？
3. 他做什么工作？
4. 他家有……
5. 他有……
6. 他爱人是……
7. 他女儿……
8. …………</td>
</tr>
</table>

（3）文化介绍

与学生分享音频文件“亲属称谓歌”，请学生课后听写歌词并跟唱，下次课找学生进行汇报。如学生感兴趣，教师也可教学生集体跟唱，并进一步进行亲属文化简介及拓展。

【亲属称谓歌歌词】爸爸的爸爸是爷爷，爸爸的妈妈是奶奶，爸爸的哥哥是伯伯，爸

① 照片源自 http：//sports. sohu. com/20110721/n314096081. shtml，新闻原载自荆楚网——楚天金报，2011年7月21日，《姚明宣布退役千余媒体云集 台上泪光闪现伤离别》。

爸的弟弟是叔叔，爸爸的姐妹是姑姑。妈妈的妈妈是姥姥，妈妈的爸爸是姥爷，妈妈的兄弟是舅舅，妈妈的姐妹是姨妈。

（4）课后任务

请学生课后采访3个人，了解他们的姓名、国籍、家庭成员及其职业。下次课进行口头汇报。

表1－10　调查任务表

<table>
<tr><th>序号</th><th>姓名</th><th>国家</th><th>几口人</th><th>家人</th><th>职业</th></tr>
<tr><td rowspan="3">1</td><td rowspan="3"></td><td rowspan="3"></td><td rowspan="3"></td><td></td><td></td></tr>
<tr><td></td><td></td></tr>
<tr><td></td><td></td></tr>
<tr><td rowspan="3">2</td><td rowspan="3"></td><td rowspan="3"></td><td rowspan="3"></td><td></td><td></td></tr>
<tr><td></td><td></td></tr>
<tr><td></td><td></td></tr>
<tr><td rowspan="3">3</td><td rowspan="3"></td><td rowspan="3"></td><td rowspan="3"></td><td></td><td></td></tr>
<tr><td></td><td></td></tr>
<tr><td></td><td></td></tr>
</table>

二、示例小结

很多新手教师在从事一线教学时往往有这样的疑惑和困难——即一堂课讲完了生词、语法、课文，做完了练习是不是就代表圆满完成了教学任务？在教授了本课词汇、语法和课文之后，教师如何帮助学生将这些语言知识转化为言语技能，并提升学生的语言能力、语言交际能力？教学示例以任务型教学法为理论依据，设计了丰富多样的课堂任务，在这一问题上做出了有益的探索。

任务型教学法（Task－based language teaching approach）主张用所学的语言来完成任务，以具体可行的任务为学习动力，以完成任务的过程为学习过程，以展示任务成果的方式而不是以考试与分数来体现学习成就，核心是强调用语言做事，在“做中学”，最终达成培养学生语言交际能力的教学目标。在教学模式上，Prahhu（1987）、Willis（1996）、Skehan（1998）、Ellis（2003）虽表述有异，但均提出任务前、任务中、任务后三阶段的教学过程。

在第一阶段任务前阶段，教学示例通过词语聚焦、句子总动员、兄弟姐妹知多少、猜猜我是谁、职业对对碰五个学习任务，由语义到字词、到句、到话题对话，连接合理，层层推进，明确了任务目标，营造了语言情境，学生在一步步尝试完成任务的过程中进行了热身练习，扫除了语言障碍，为下一阶段核心任务的完成积蓄了“能量”。

任务中阶段，也称任务环，是教学的中心环节。在此教学环节中，以“找到最配的一对”这一具有中国文化特色的语言实践为核心任务，前面通过任务示范、模仿式任务“大卫的一家”、拓展式任务“这是我家的照片”一系列连续性梯度学习活动让学生运用任务前准备的词句、对话，以课文为载体和模板，由机械的朗读到半机械的仿写，再到半自由式模仿、自由拓展式表达，从接受性技能训练转变到产出性技能培养，从预备性任务转换为目标性任务，从结构化的交际训练过渡到交际性的语言表达，学习活动的目标愈加明确凸显，学生熟练掌握了语言知识，获得并运用了听、读、说等言语技能，随着任务链各任务环节的深化推进，整个语言学习过程越来越自动化、自主化，学生体验到了自我成长的过程，更积淀锤炼了完成核心任务的语言表达能力和语言交际能力。随后核心任务便顺理成章地将语言的学习与运用推入“高潮”。最后教师要求学生以小组形式展示核心任务的成果并进行汇报，为任务的完成画上了“句号”。

在任务后阶段，任务评价以学生回顾反思、自我评定的方式聚焦语言知识本身，延续任务“看照片，谈家庭”、文化介绍、课后任务三个环节，分别从语言能力的巩固提高、文化教学及课后作业三个角度对教学活动进行补充拓展，在时间和空间上，进一步为学生创设了互动、交流的机会和平台，开拓了语言学习与习得的深度和广度，保证了预期教学目标的达成。

任务型教学法为学生提供了真实的语言运用情境，引进了大量紧贴生活的言语输入，所设计的一系列任务环环相扣、螺旋式上升，真实性强、趣味性高、可操作性好，学生在完成任务的过程中通过感知、体验、实践、参与、合作与交流，逐步生成、领会、应用并反思语言知识和交际知识，发展听、说、读、写等言语技能、言语交际技能及与他人磋商、协调、合作等社会人际交往能力，使汉语国际教育的课堂焕发出勃勃生机。

三、任　务

任务一：查阅相关资料，学习、研究并综述任务型教学法。

任务二：运用任务型教学法，为“把”字句的教学设计一个完整的课堂教学过程，注意任务前准备、任务实施、任务后的成果展示及评价等环节的处理。

任务三：归纳总结汉语时间的表达方法，为下列课文设计 3 – 5 个任务活动，注意任务的交际性和可行性。

教材信息：《HSK 标准教程 1》，北京语言大学出版社，主编姜丽萍，2014 年 1 月第 1 版，2014 年 12 月第 3 次印刷。第 11 课《现在几点》。

课文 1：在图书馆

A：现在几点？

B：现在十点十分。

A：中午几点吃饭？

B：十二点吃饭。

课文 2：在家

A：爸爸什么时候回家？

B：下午五点。

A：我们什么时候去看电影？

B：六点三十分。

第二节　中高级综合课技能

示例一　生词串讲轻松练

教材信息：《新实用汉语汉语课本（第 4 册）》，北京语言大学出版社，主编刘珣，2004 年 7 月第 1 版，2012 年 9 月第 12 次印刷。第 42 课，课文（一）《洋姑爷在农村过春节》。

洋姑爷在农村过春节

玉兰爸：欢迎杰克和玉兰回家过春节。咱们全家人能在一起吃年夜饭，我跟你妈特别高兴。来，咱们先干一杯！

玉　兰：祝爸爸妈妈身体健康！

杰　克：恭喜发财！

玉兰爸：好，好。恭喜发财！祝你们新年万事如意。杰克，你要是觉得别扭，就还是叫我先生，叫她太太。怎么叫都行，这没什么，我知道你们有你们的习惯。

杰　克：您不会生气吧？

玉兰妈：你说到哪儿去了？我不但不生气，反而挺高兴。我也成“太太”了！吃菜，吃菜，要不，菜就凉了。

玉　兰：你尝尝这个红烧鱼。

玉兰爸：多来点儿。杰克，我们吃年夜饭的时候，除了鸡和肉以外，总要有一条鱼，你知道这是为什么？

杰　克：鸡、鸭、鱼、肉都是好吃的菜啊，难道还有别的意思吗？

玉　兰：有啊。因为“鱼”的发音跟结余的“余”一样，“有鱼”就成了“有余”，意思是希望在新的一年里大家生活得更好，家家都“有余”。

杰　克：哦，我知道了。有的人喜欢手机号码、汽车号码带“8”这个字，不是“188”，就是“518”，可能就是这个想法吧？

玉　兰：对啊。因为有些南方人念“8”跟念“发财”的“发”的声音差不多，念“5”跟念“我”也差不多。所以“188”和“518”就成了“要发发”和“我要发”。他们希望“发”，所以喜欢“8”。后来，别的地方的人也这样做了。

玉兰妈：咱们的洋姑爷还知道不少中国的事儿呢。吃完了年夜饭，咱们一边看电视，一边包饺子。

杰　克：都吃完晚饭了，为什么还包饺子？难道还有客人要来吗？

玉兰爸：这是咱们北方的风俗。今天除夕，旧的一年快要过去，新的一年就要开始，所以家家都睡得很晚，这叫“守岁”。守岁的时候，北方人一般要包很多饺子，好在新年慢慢地吃。

玉　兰：杰克可不会包饺子。杰克，守岁的时候，你干什么呢？

杰　克：我随便，我觉得干什么都很有意思，应该入乡随俗。

玉兰妈：不会包饺子没关系，让他跟孩子们一起到外边去放鞭炮。

玉　兰：那他太高兴了。北京城里是禁止放的，城里人过春节越来越简单，哪儿有农村热闹？

玉兰妈：现在春节放长假，怪不得很多城里人不是到外地去旅游，就是到农村来过节。

玉兰爸：我们这儿不但不禁止放鞭炮，反而放得比以前更多了。今年咱们家就买了不少大鞭炮、小鞭炮，到12点的时候，你们就去放吧。现在我们农村过春节是比城里热闹得多。除了吃年夜饭以外，我们还写春联、贴窗花、扭秧歌，还有各种表演和比赛。你们就在这儿多住几天吧，看看我们村是不是也可以发展旅游事业，尤其是文化旅游。

生词：

1. 洋　2. 农村　3. 年夜饭　4. 健康　5. 发财　6. 万事如意　7. 反而　8. 尝　9. 红烧鱼
10. 肉　11. 难道　12. 发音　13. 结余　14. 手机　15. 饺子　16. 除夕　17. 守岁　18. 随便
19. 放鞭炮　20. 禁止　21. 怪不得　22. 外地　23. 春联　24. 窗花　25. 尤其

一、示例实施

（一）教学目标

1. 理解25个生词的意义，掌握生词用法；
2. 能够灵活运用本课生词介绍或描述中国传统节日——春节的相关习俗等；

3. 通过生词串讲，初步了解课文（一）内容。

（二）教学重点、难点

1. 教学重点

25 个生词的词义与用法。

2. 教学难点

灵活运用生词并就中国传统节日——春节及其习俗这一主题进行描述和表达。

（三）教学前准备

1. 知识准备

学生课前已预习本课课文（一）生词 25 个，了解生词大致词义，能够书写生词。

2. 教学材料准备

课文（一）录音文件，有关中国春节及春节习俗的相关图片等。

（四）教学过程

1. 导 入

教师询问学生生词预习的情况，然后请学生打开教材第 68 页，领读生词。

第一遍，教师领读生词，学生跟读。

第二遍，教师请个别学生朗读生词，其他学生跟读生词。如领读的学生发音不标准，教师及时纠音正调，并请该学生及其他学生重复。

第三遍，教师领读生词及生词表后的范例。如，教师："洋"，学生："洋"；教师："洋姑爷"，学生："洋姑爷"；教师："洋人"，学生："洋人"；教师："洋房"，学生："洋房"……依此类推，完成生词表中的生词拓展部分的学习。

教师提问："这一课有很多生词都和什么有关?"引导学生回答出"与中国的春节有关"。教师给予学生正面反馈，引出本课生词并进行教学："大家说得对！今天这一课我们就说说中国人过春节的事儿。"

2. 讲 练

教师在黑板上板书本课主题"春节"，然后通过一系列提问，引导学生运用本课生词介绍中国人过春节的习俗。注意，教师提问后，应提示学生用本课生词回答，防止学生跑题太远。学生每提到一个生词后，教师均应板书该生词，并进行适当扩展和造句练习。教师提问及引导句如下：

教师："你在中国过过春节吗?""中国人过春节要一起吃一顿饭，这顿饭很重要，叫——"

学生："年夜饭。"

教师："对。"教师板书"年夜饭"，并指示另一位学生："再说一遍。"（即教师进行生词读音及意义的训练）

学生："年夜饭。"（如学生发音有问题，教师及时纠音正调。）

教师："中国人什么时候吃年夜饭？"

学生："除夕。"

教师："好！再说一遍句子。"

学生："中国人在除夕吃年夜饭。"

教师："他们和谁一起吃年夜饭？请再说一遍。"（教师应有意识地扩展句子，进行生词表达训练。）

学生："中国人在除夕和家人一起吃年夜饭。"

教师："你吃过年夜饭吗？""你是什么时候吃的年夜饭？""你是在哪儿吃的年夜饭？""你是和谁一起吃的年夜饭？""年夜饭都有什么菜？""你尝过哪些菜？""你想尝尝哪些菜？"教师展示"红烧鱼""红烧肉"的图片，提问："你尝过这个菜吗？""这个菜叫什么名字？""这个菜好吃不好吃？""这个菜是什么味道的？"（引导学生了解"红烧"的做法和味道。）

学生回答时，教师注意请学生尽量说完整的句段。学生回答并运用生词表达后，教师进行小结："中国人的年夜饭一定要有——"拖长音，等待学生回答。如没有学生知道，教师稍等片刻，再继续介绍："鸡、鸭、鱼、肉。而且年夜饭一定要有鱼。你们知道为什么吗？"

等待学生回答，如学生回答出与"结余"谐音的答案，教师肯定其答案，并板书生词"发音""结余"，同时重复一遍句子，然后请其他学生复述句子。如学生未能回答出答案，教师板书生词并说句子，再请学生重复，"因为'鱼'的发音跟'结余'的'余'一样，'有鱼'就成了'有余'，也就是有结余的钱，有结余的吃的、用的，意思是希望在新的一年里大家生活得更好。"

教师："说完了年夜饭，我们再说说除夕的时候，吃年夜饭的时候应该说什么？"请学生回答，教师总结并板书："对，过春节的时候，吃年夜饭的时候，跟爸爸、妈妈、爷爷、奶奶可以说'身体健康、万事如意'；跟兄弟姐妹、同事、同学、朋友可以说'恭喜发财、万事如意、年年有余……'"

教师："除夕晚上，吃完年夜饭，中国人都做什么？"

学生："守岁。"

教师："对！'守岁'是什么意思？"等待学生反馈后，教师给出答案："这是中国北方的习俗。除夕晚上，旧的一年快要过去，新的一年就要开始，所以大家都睡得很晚，这就叫'守岁'。你们知道中国人'守岁'都干什么吗？"

根据学生答案，教师板书。学生没有提及的，教师可以进行提示。在问答互动中，教师应注意对学生运用生词进行表达的训练。预期内容为："守岁的时候，有的人看电视，有的人放鞭炮。在中国，鞭炮不能随便放，北京城里一般是禁止放鞭炮的，外地和农村可以放鞭炮。除夕晚上还要一家人一起包饺子，晚上 12：00 再一起吃饺子。以前人们打电话给朋友拜年，现在很多人用手机发短信拜年。还有人除夕晚上写春联，贴春联；剪窗花，贴窗花。还有人写‘福’字，然后第二天去别人家拜年时送过去，送去的时候，福字要‘倒着’拿，‘倒着’送，或者‘倒着’贴在门上，为什么呢？因为‘倒’的发音和‘到’一样，意思是‘福到了’。”通过学生回答和教师提示，最终完成课文（一）20 个生词的学习及生词板书（图 1－13）。

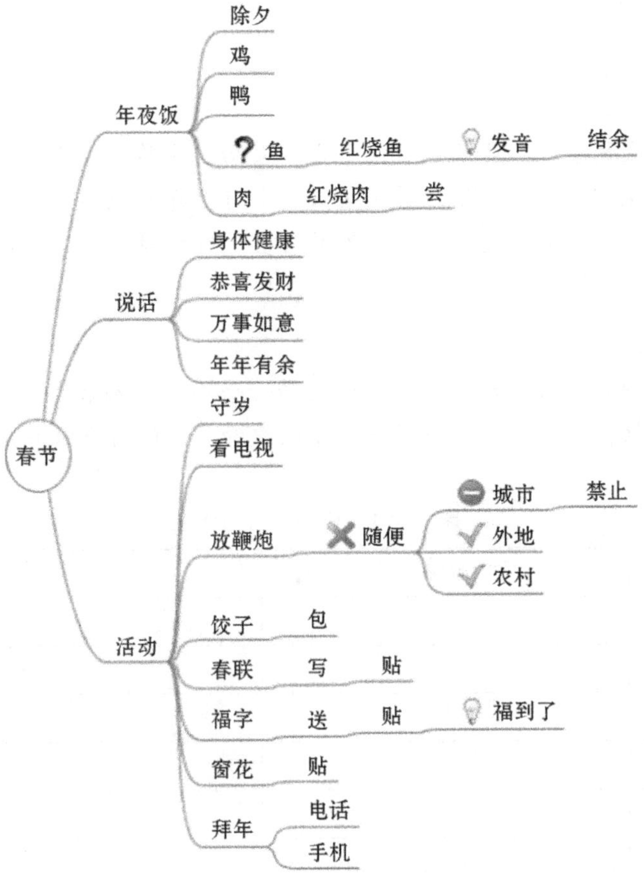

图 1－13　生词板书示意图

教师根据形成的生词板书示意图，请学生回忆所讲内容及句段，两人一组，介绍中国人过春节的习俗。随后请 1－2 位学生，进行介绍，操练生词词义及用法。

教师通过课文（一）人物及故事背景的介绍，引入其余 5 个生词，并过渡到课文的讲解和操练。

教师：“放寒假了，杰克没有回法国，反而去了山西农村。难道山西农村有什么名胜古迹吗？当然不是！这是因为杰克今年和玉兰结婚了，玉兰的家在山西农村，玉兰要回家过年。杰克是她的丈夫，尤其今年还是他们结婚后的第一年，怪不得杰克要去农村过年了，他这个洋姑爷得去见见自己的中国爸爸、妈妈啊！下面我们就听听杰克这个洋姑爷在山西农村过春节的事儿。”随后教师播放课文（一）的录音，进入课文及重点语法点的讲解。

在这5个生词中，“洋”在领读生词时已进行了扩展，此处教师叙述时提及即可。其他4个生词“反而、难道、怪不得、尤其”是本课重点词语及语法点。鉴于这4个词语均具有语篇关联作用，建议教师在学生熟悉课文后，通过课文文意背景，再将其逐一挑出并重点讲练，各个击破。

3. 活动与游戏

游戏一：你说我猜

教师制作本课生词卡片。请两位学生上台，面向其他学生。教师背对台上的学生，向台下学生逐一展示生词卡片，台下的学生用汉语进行解释或造句，但不能说出该生词，也不能提示生词中的汉字，更不能用汉语以外的语言进行翻译，台上的两位学生猜生词，看谁猜得又多又快。

活动一：中外节日比一比

根据表1－11中外节日对比表，请学生选择一个熟悉的国家，将中国节日与该国节日的相关信息填入表格，然后进行口头报告，介绍中外节日的特点及异同。

表1－11　中外节日对比表

	中国	（请填写）
节日名称		
日　期		
传统食物		
节日用语		
传统活动		
其　他		

活动二：我眼中的中国春节

请以“我眼中的中国春节”为题写一段话，介绍一下你对中国春节的了解和看法。尽量用本课所学的生词，字数不少于500字。

二、示例小结

在初级阶段的汉语教学中，词汇教学并不是一个难点，这一阶段学生学习的是一些最基本、最简单的词语，在接触这门新的语言——汉语时，学生的语音、汉字和语法的问题十分突出，教与学的注意力都被纠音正调、认写汉字、学习语法所吸引，教学的重点、难点是语音、汉字和语法。由于课文简单、易于理解，学生只能在语法的制约下，利用生词表造出一些简单的句子，其语言实践也往往在教学方案规定的范围内进行，受到一定限制。不同语言间词语的差异在这一阶段未能完全显现出来，因此，学生很可能误以为汉语和本民族母语的词汇在语义上存在简单的对应关系，这为中高级阶段的词汇教学留下了隐患。汉语教学进入中高级阶段后，学生的语音、汉字学习任务基本完成，语法的重点、难点也开始慢慢消退。此时，课文内容逐步加深，同义词、反义词、同音词大量出现，词语中隐藏的问题完全暴露出来。随着学习的不断深入，母语干扰引起的偏误率逐渐下降，汉语内部自身复杂性造成的偏误率逐渐上升；语法上原本有法可依的形式语法因为中高级阶段语义、语用、篇章等因素的增加而变得模糊起来，初级阶段教学以词代义项的训练方式又为学生设置了一定的障碍。面对这种情况，学生往往无所适从，在语言的运用和表达中经常出现词不达意、搭配不当等问题；阅读和理解时，又会受到母语及汉语的干扰，不能深入理解词义，经常混淆词义，并因理解上的偏差造成运用上的偏误，汉语学习遭遇“瓶颈”，难以提高。因此，在中高级阶段，词汇教学应该摆在语言教学的重要位置。

中高级阶段的课文一般较长，语义相对复杂，每课生词少则三四十，多则五六十，面对如此繁杂的生词表，课堂中的词汇教学应该如何进行呢？教师课前认真翻阅词典，了解词语用法和搭配，上课时一个词一个词地仔细讲解并操练，这样的教学方法可行、有效吗？以中级阶段生词表平均每课45个生词为例，45个生词逐一进行讲解操练，那将是多么浩大而枯燥的教学过程啊！其实，提及词汇，根据心理学家研究，词汇在人脑中是以网络的形式储存起来的。人的大脑对词汇的记忆犹如一个网络：网络上的一个个节点代表着所学过的词语概念，而网络上的一条条经纬线则表示词语意义的纵横联系。词汇教学就好比教师在学生的头脑中不断编织着这个巨大而复杂的网络，教师每教一个词语，学生就在自己的记忆网络上增添几个节点；词与词的语义联系就是网络上的各条线。因此，有效的词汇教学策略应是抓住各个节点及由各个节点延伸出来的各条线，让词汇节点都处在各条线的中心（即词形或词义上的联系），而不是孤零零地只抓住其中的一个节点（单个词语）进行说教。

综上所述，本课将课文“洋姑爷在中国过春节”作为编织生词的网络语境，揭示生词间的语义联系，构建生词串讲思维导图（生词板书示意图）的教学示例，按照中国人过春节的习俗，从年夜饭、吉祥话、习俗活动等方面，介绍中国文化及民间习俗，并进行提问，在语境中理解词语的语义，在语境中操练词语的运用和表达，从而使学生在听、说训练中，掌握词语的读音、词义及用法，进而掌握词汇的语用及篇章等功能。

以课文为蓝本编织词汇网络语境进行教学是中高级阶段词汇教学的一个有益尝试。在词汇教学中教师应该有意识地把词汇的各种网络性与人的认识规律性结合起来。例如：可以通过学生对词语的认读、组词、词语的扩展、选词填空、词语造句、列举词语并进行分类等练习手段，揭示并归纳词语间的联系，建立并强化学生对汉语词汇的网络意识，让学生把对词语的新知和旧知、已知和未知联系起来，将词汇的同素结构、同义、对义、类义、联想等网络信息进行分类编码、解码，帮助学生有效地把词汇的各种词类、词义、功能话题等的网络信息输入大脑，存储记忆，提高学生习得词汇的效率。

三、任　务

任务一：仔细阅读教学示例，归纳并总结出设计生词串讲和生词讲练时应注意的问题，请举例说明。

任务二：请查阅关于语境理论或语境教学法的相关论著及论文，然后基于语境理论，为教学示例未进行讲练的词语“反而”“难道”“尤其”“怪不得”设计教学过程。

任务三：观察下面的生词，找出其课文主题，整理并设计生词串讲的思路。

教材信息：《新实用汉语课本（第4册）》，北京语言大学出版社，主编刘珣，2004年7月第1版，2012年9月第12次印刷。第45课，课文（二）《一封求职信》。
生词表： 1. 合资　2. 业务　3. 本人　4. 申请　5. 负责　6. 联系　7. 精神　8. 创新　9. 辞　10. 根据　11. 附　12. 电子邮件　13. 顺致　14. 诚挚　15. 敬意　16. 信箱　17. ABC商学院　18. 亚洲　19. 西北

示例二　不辨不明，越辨越明

教材信息：《HSK标准教程5（下）》，北京语言大学出版社，主编姜丽萍，编者鲁江、刘畅，2015年8月第1版，2016年11月第3次印刷。第31课《登门槛效应》。

一、示例实施

（一）教学目标

1. 掌握本课生词“轻易”的语义及用法，并能够准确运用；
2. 明晰“轻易”与“容易”的异同，并能够进行辨析。

（二）教学重点、难点

1. 教学重点

“轻易”的语义及用法；辨析“轻易”与“容易”。

2. 教学难点

“轻易”与“容易”语义及用法上的异同。

（三）教学前准备

1. 知识准备

学生已学完第 31 课生词 28 个，已了解并掌握本课生词的含义及用法。（本课生词表共计生词 29 个，其中“轻易”既为本课生词，又为词语例释内容，也是本教学示例要讲解展示的词语，教师在讲练生词时，应略过，待后续环节重点讲练。）

2. 教学材料准备

通过查阅词典及相关资料，归纳总结“轻易”的词义及词语搭配特点，辨析“轻易”与“容易”的异同，准备相关词语辨析练习等。

（四）教学过程

1. 导　入

教师讲练完生词表中的 28 个生词后，学生可能会提醒教师，还有一个生词没有讲，教师顺势引出未讲解的生词“轻易”，然后指示组成词语的两个汉字进行提问：“这个词可能是什么意思？”学生根据教师的提示，可能回答：“轻松”“简单”“容易”等，教师进行小结：“你们说得对，这个词是一个形容词，意思就是‘简单容易’，我们一起看看这个词怎么用。”

2. 讲　练

（1）词义讲解与例句

教师展示词语搭配，并领读，学生集体跟读。教师指示与“轻易”搭配的词语，提问：“‘相信’‘放弃’‘改变’‘实现’‘答应’都是——”教师拖长音，等待学生说出答案：“对！都是动词，‘轻易’常常和动词一起用，表示‘很简单，很容易地……’”

随后教师逐一展示例句，请学生朗读，如学生朗读例句①：“轻易得到的东西人们往往不会珍惜。”为阐释词义，加深理解，教师根据例句进行提问，如：“‘轻易得到’是什么意思？”“什么东西是可以轻易得到的？”通过提问，学生在思考或讨论过程中得出结论：“‘轻易得到’就是‘不努力，不重视，没有花很多时间、精力或金钱’。”学生朗读例句②，教师引导：“‘轻易地认定’意思是——”学生回答：“没有深入思考，没有调查等。”阐释完例句①－③后，教师进行词义及用法小结：“‘轻易’常常和动词一起用，意思是‘很容易地做某事’，比如没有努力，没有花很多时间、精力或者金钱等，常常有态度上不重视、比较随便的意思。”

介绍了肯定用法之后，教师通过例句④－⑦，引导并讲解“轻易”在否定句中的用法。如，请学生朗读例句④，随后教师简述用法和语义：“‘轻易哭泣’就是很容易哭，比如常常因为一些小事就哭；‘坚强的人’遇到很大的困难，受到很大的委屈，也很少哭。‘不会轻易哭泣’意思是‘很少哭泣’。‘轻易’也常常用在否定句，意思是‘很少……’。”学生朗读例句⑤－⑦，教师通过引导、提问简要提示“轻易”在否定句中的语义和用法。

表1－12 “轻易”讲授简表

词义	简单、容易；表示处理事情态度不慎重，随随便便。
用法	形容词，adj.，一般做状语，“轻易＋V”；
	副词，adv.，常用在否定句中，构成“轻易不……”，表示“很少做……”。
词语搭配	轻易相信 轻易放弃 轻易改变 轻易实现 轻易答应 轻易错过（机会） 轻易发表（意见） 轻易达到（目标）
例句展示	① 轻易得到的东西人们往往不会珍惜。 ② 你那么轻易地认定他是罪犯，有什么根据吗？ ③ 他轻易地答应了别人的要求。 ④ 坚强的人是不会轻易哭泣的。 ⑤ 我宁可相信他说的是真话，也不想轻易怀疑朋友。 ⑥ 他这个人的特点是从不轻易决定，也不轻易转变。 ⑦ 他为人好强，轻易不求人，这次向咱们借钱，一定是遇到什么难事了。

（2）词语活用

教师展示练习题，请学生根据上下文语境，用“轻易”完成句子。

① 这些消息都是假的，________________。（参考答案：大家不要轻易相信）

② 这位店主十分诚实守信，________________。（参考答案：从不轻易抬价）

③ 如果我们像一盘散沙，________________。（参考答案：敌人很轻易就可以打败我们）

④ 小芳是个坚强的姑娘，________________。（参考答案：从不轻易掉泪）

⑤ 如果不是十拿九稳的事，________________。（参考答案：他是不会轻易答应你的）

⑥ 他力气非常大，________________。（参考答案：一只手就可以轻易提起100斤的重物）

⑦ 做事要抓住时机，________________，以免失之交臂，抱憾终生。（参考答案：不要轻易错过）

⑧ 她性格内向，_________________。（参考答案：从来不轻易说出自己的心里话）

⑨ 即使失败了，____________________，只要努力，总有一天会成功！（参考答案：也不要轻易放弃）

⑩ 经过坚持不懈的努力，_______________。（参考答案：他轻易地拿到了比赛冠军）

（3）词语辨析练习

教师发放"轻易"与"容易"词语辨析练习表，学生以小组讨论的形式，进行辨析练习。

经小组讨论并形成答案后，教师请学生逐句填写答案并朗读句子，如答案正确，且得到大部分学生认同，教师予以肯定；如答案引起大部分学生质疑或答案虽得到学生公认，但却是错误的，教师可通过解释句义、分析上下文语境，引导提示学生纠正错误，然后公布答案。

表1－13　"轻易"与"容易"词语辨析练习表

序号	句子	轻易	容易
1	这篇文章写得很通俗，________看懂。		
2	为人要和气，不要________和别人发生口角。		
3	你不能总是________相信陌生人的话。		
4	他这个人，性格开朗，爱说爱笑，特别________合作。		
5	这次的考试太________了，大家的成绩都非常好！		
6	都说汉语________学，可我认为想学好格外不________。		
7	他经常锻炼身体，________不生病。		
8	任何胜利都不是________得到的，背后都要付出艰辛的努力。		
9	白色的衣服________脏，你还是买别的颜色吧。		
10	他从不________发表意见。		
11	把这些难题都解决了，可不是一件________的事。		
12	这件事说起来________，做起来难。		
13	你没有调查研究，怎么能________地下结论呢？		
14	有了梦想，就要努力去实现，别________放弃。		
15	尽管你受了很多委屈，也不要________流泪。		
16	据说这位刘先生从不________花钱请人吃饭。		
17	看完信后，________不动感情的父亲眼圈都红了。		
18	你这样做，不了解情况的人很________误会。		
19	我们双方都没有________放弃自己的意愿。		
20	你总是这样不吃不睡，只顾工作，________生病。		

【参考答案】

1. 容易；2. 轻易；3. 轻易；4. 容易；5. 容易；6. 容易，容易；7. 轻易；8. 轻易；9. 容易；10. 轻易；11. 容易；12. 容易；13. 轻易；14. 轻易；15. 轻易；16. 轻易；17. 轻易；18. 容易；19. 轻易；20. 容易。

（4）归纳小结

教师根据词语辨析练习情况，进行归纳小结，指出“轻易”与“容易”的异同——两个词语虽词性上都是形容词，词义上都有“简单、容易、不费事”的意思，但用法上还是有一定区别的。如：同样表示“简单，不费力”“轻易”侧重“轻松”，多有态度上不重视，结果得来容易的含义；而“容易”常常从内容的复杂程度上说，多为对事物的客观评价。“轻易”的程度更深。用法上，“轻易”多与动词搭配使用，做状语；“容易”的用法和句法位置都较广，既可以修饰名词，如“这是一件容易的事”，又可以受副词修饰，单独做谓语，如“这件事特别容易”，也可以做状语或补语，如“这件事容易办，你放心吧”，“你说得容易，我看这件事难办”。另外，“轻易”也是副词，有“随随便便”之意，“容易”没有。“容易”有“表示发生某种变化的可能性大”的含义，“轻易”则没有此用法。

表 1－14　“轻易”与“容易”异同表

<table>
<tr><th></th><th>轻易</th><th>容易</th></tr>
<tr><td>共同点</td><td colspan="2">做形容词时，都可以表示做起来不费事。</td></tr>
<tr><td rowspan="7">不同点</td><td>1. 侧重做事轻松，不费力气。一般做状语。</td><td>1. 除表示事情简单、不难办外，还可表示事情本身的内容不复杂。可单独做谓语。</td></tr>
<tr><td>如：她从小学习就好，高考时很轻易地考上了名牌大学，接着又读了研究生。</td><td>如：今天的考试特别容易，我半个小时就答完了。</td></tr>
<tr><td rowspan="2">2. 没有这个意思。</td><td>2. 还表示发生某种变化的可能性大。</td></tr>
<tr><td>如：他最近心情不好，容易发脾气。</td></tr>
<tr><td>3. 还是副词，表示随随便便的意思。</td><td rowspan="2">3. 没有这个用法。</td></tr>
<tr><td>如：我爱书，无论走到哪里，我从不轻易放过书摊、书店。</td></tr>
</table>

3. 活动与游戏

活动一：我来改一改

教师利用 PPT 课件或印制练习单的方式展示错句①，请学生个人思考或结成小组讨论，指出错误并进行修改。完成后，请学生解答，对争议较大的句子，在学生各抒己见、充分讨论后，教师适当引导，公布正确答案。

表 1 –15 “轻易”“容易”偏误例句表

序号	原句	改正
1	* 吸烟损害个人的健康。经常吸烟的人比不吸烟的人轻易得肺癌。	
2	* 生命值得被保护，不能被我们轻易地舍弃。	
3	* 林教师不轻易于请假和按时发回学生作业的良好习惯，给我养成不愿轻易缺课和按时完成作业的习惯。这种作风，一直保留到今天。	
4	* 病人所经历的痛苦不是一般人或者是宗教可以轻易而理解的。	
5	* 我觉得代沟是严重的问题，我的看法是“相互礼让”——晚辈（子女）多听父母提出的意见，多研究，不容易行动，而父母也应该暂时放下身份，跟子女商量。	
6	* 其实，这件事说起来很轻易，做起来不易。	
7	* 我希望那些正处于感情破裂中的夫妇们，不要轻言提出离婚。	
8	* 关于到中国留学的事，我希望你们同意，我了解现在家里的情况，可是这并不是我容易得出来的想法。	
9	* 政府应该严格监管，不让 18 岁以下的青年人容易买到烟酒。	
10	* 人本身具有依赖别人的心理。所以，有了伙伴就容易把自己该做或自己能做的事情很容易地推给别人。	
11	* 未成年人在青春期时，轻易喜欢上异性，开始谈恋爱，在好奇心和叛逆心的怂恿下，也会轻易偷吃禁果而成为小父母。	
12	* 这是我当初要选的路，我能轻易放弃呢？	
13	* 虽然我毕业的大学不是那么好，但我的专业是电脑，所以找工作比较轻易了。	
14	* 祖先流传下来的法规、观念受过时间的检验，一定有值得肯定的地方，不轻易的否定、排斥、推翻。	
15	* 年轻人对新事物比较轻易接受。	

① 此活动所列“容易”与“轻易”的使用偏误来源于 BCC 汉语语料库（http://bcc.blcu.edu.cn），偏误语料经编辑修改。

活动二：观点大碰撞

教师根据课程进度、学生水平，选择一个讨论题目，如“安乐死是否应该实行”“婚姻应该绝对自由吗”“课后作业有必要吗”等，请学生自由结成小组，讨论小组观点，然后进行班级辩论。注意，学生讨论时，教师关注并适当参与，鼓励学生多用“轻易”“容易”等词语进行观点的表述，并及时对错句误用情况进行纠正。

二、示例小结①

近义词教学是汉语词汇教学的一大难点，面对一组近义词，学生往往因混淆意义，不能辨析而导致误用，进而对汉语产生畏难情绪，学习兴趣下降，能力水平遭遇“瓶颈”，难以提高。但掌握近义词的多少及正确运用又往往标志着一门语言学习程度的高低。因此，近义词一直是学界普遍重视的研究领域，更是中高级阶段汉语综合课教学的重中之重。虽然近几年专为教学及汉语学习者编写的近义词参考书相继问世，一定程度上解决了教师备课难、学生掌握难的问题。但在实际教学中教师仍然常常遇到课前查阅大量辞书，充分准备，但课堂上面对学生的小小问题，脑空舌结、尴尬无措的局面。其实，近义词辨析并非洪水猛兽，只要掌握辨析近义词的途径和方法，遇到具体问题时，细心观察，深入思考，教师便能在课堂上根据学生的实际偏误给予有针对性的指导，给学生一个相对满意的回答。

近义词辨析的教学对策可概括为：找准“切入点”，就语义、语法、语用3个层面进行“对症”辨析。

语义是“源”。科学甄别、准确辨析近义词语义上的细微差别，引导学生从本质上认清相关近义词语义诸方面的“异同”，是准确理解、正确使用近义词的必要前提。近义词语义的考察可以从以下方面着手：（1）指称范围大小不同。如“食物”的指称范围大于“食品”。（2）义项多少不同。如“经过”有“过程、经历”这个义项，但“通过”没有。（3）语义轻重不同。“渴望”与“希望”都含有“想要”的意思，但“渴望”突出的是“如饥似渴”，进而“十分迫切”，语义较重，如“渴望幸福”“渴望健康”“渴望和平”等；而“希望”表示的则是一般的想法、意愿，语义较轻，如“希望破灭”“希望改行”“充满希望”等。（4）语义侧重点不同。如“清静”与“安静”都有形容词用法，但“清静”侧重于不嘈杂、无干扰，更多用于人为状况的描写，强调的是人整个身心的感受；而“安静”侧重于没声音、无吵闹，多用于自然环境的表述，如“考场、教室”等。（5）适用范围不同。“考察”与“调查”都表示为了一定的目的，深入实地，仔细查看。但“考察”常适用于相对比较重大的事物，目的是探求事物的本质，带有科学研究的性质，使用范围较窄，像“科学考察”“资源考察”等均属“考察”之列；“调查”是以弄

① 词语辨析用例引自敖桂华．对外汉语近义词辨析教学对策［J］．汉语学习，2008（6）：106－108.

清事实，查出事情的来龙去脉为目的，适用于各类事物和人，使用范围较大。比如“进展情况”“人口数量”“客观效果”等都要用“调查”。

词语用法的不同源于语义，对意义的探究为正确理解和使用近义词指引了一条路径，而对词语用法的捕捉才是近义词辨析的教学重点和着力点。词语用法的差异可从语法和语用两方面入手。

语法层面，首先要区别词性。词性不同，句中位置便不同，语境搭配也就不同。区别近义词的词性和语法功能是词汇教学必须足够重视的一个方面。“适合”与“合适”，一个是形容词，一个是动词。区别了词性，便明确了作为形容词的“合适”可做定语，也可做谓语，如“合适的人才”“很合适”，但不能带宾语，不能说“合适你”“合适当教师”；而作为动词的“适合”，只能做谓语，且需带宾语，如“适合我”“适合生活”。另外，在区别词性时，应注意明确哪组词是词性“完全不同”，哪组词是词性“同中有异”，对词性“同中有异”的近义词一定要分步进行辨析。例如，“清楚（形容词、动词）”和“清晰（形容词）”“辨别（动词）”和“区别（动词、名词）”“深入（动词、形容词）”和“深刻（形容词）”等。在明确并区分了因词性不同而产生的语法功能，如句中位置、句法成分的差异后，教师便应抓住语境搭配对象进行辨析指导，给学生提供带有一定使用规律的词语组合，以便提高辨析教学的效率，帮助学生建立近义词语搭配网络。如：“采取”“采纳”都有“选取”的意思，但二者的语境搭配不同。“采取”强调的是“取用和实施”；搭配的对象常是“措施”“行动”“态度”“方法”“手段”等；“采纳”强调的是“接受”，搭配的对象常是“意见”“主张”“建议”等。

语用层面的辨析则主要涉及两方面，一是感情色彩的差异，如褒与贬、喜与恶、尊敬与辱骂、谦逊与轻慢等。“结果”“后果”“成果”都有“事情发展的最终状况”的意思，但感情色彩不同：“结果”泛指最终状况时，可以指好的结果，也可以指不好的结果，是中性词，“考试”“比赛”“化验”“检查”等都用“结果”来表述。而“后果”在指事物发展的最终情况时，则侧重指事物发展的不好结局，多用于消极方面，如“事故”“战争”“饮酒”“谎言”等。而“成果”则侧重指事物发展的好结局，多用于积极方面，如“劳动”“胜利”“科技”等。二是语体色彩的差异，如口语与书面语、庄重与随便、直白与含蓄等。“恐惧”多用于书面语，如“万分恐惧”“恐惧不安”等一些相对固定的表述；“害怕”多用于口语，除有“不安和发慌”的意思外，还经常表示担心、顾虑，如“害怕天黑”“害怕孤独”“害怕考试”等。

从语义、语法、语用三个层面对近义词进行辨析为教师的教和学生的学提供了宏观的指引，使辨析教学有章可循，但面对实际教学和具体问题时，既不能程式化地按部就班、条分缕析地机械分析，也不能片面追求辨析理论上的“周全、完美”，更不能盲目照搬字典辞书的条款或专家学者的研究成果，而一定要依据语句，结合上下文语境，有的放矢，对症辨析；要根据学生现有水平和接受能力，循序渐进地建立近义词搭配网络系统；要使用简要、通俗、易懂的语言，以例释疑，化难为易。只有这样，才能有效辨析近义词，帮助学生掌握更多词语，使整个语言课堂教学效果得到提升。

三、任　务

任务一：中高级综合课的教学重点之一是词语辨析，请介绍词语辨析的方法，并举例说明。

任务二：参照“轻易”与“容易”的辨析示例，试辨析“轻易”与“随便”的异同。

任务三：根据所给词语辨析要点，设计练习题及相应教学过程。

<table>
<tr><td colspan="3">教材信息：《HSK 标准教程 5（下）》，北京语言大学出版社，主编姜丽萍，编者鲁江、刘畅，2015 年 8 月第 1 版，2016 年 11 月第 3 次印刷。第 26 课《你属于哪一种“忙”》。</td></tr>
<tr><td></td><td>总算</td><td>终于</td></tr>
<tr><td rowspan="2">共同点</td><td colspan="2">都是副词，都有表示经过较长时间的变化或等待以后出现了某种情况的意思。</td></tr>
<tr><td colspan="2">如：这青年后来努力学艺，总算/终于有了一点儿小名气。</td></tr>
<tr><td rowspan="4">不同点</td><td>1. 事情的结果一般都是希望发生的情况。</td><td>1. 事情的结果多是希望发生的情况，但还可以是不如意的情况。</td></tr>
<tr><td>如：到北京的第二年，我总算找到了一份比较满意的工作。</td><td>如：尽管他也很想去，但他终于还是放弃了留学的打算。</td></tr>
<tr><td>2. 还可以表示大体上还过得去。</td><td rowspan="2">2. 没有这个意思和用法。</td></tr>
<tr><td>如：他才学了半年外语，能说成这样，总算不错了。</td></tr>
</table>

示例三　学会了就得写出来

<table>
<tr><td>教材信息：《发展汉语・中级综合・2》，北京语言大学出版社，武惠华编著，2012 年 3 月第 2 版，2016 年 10 月第 7 次印刷。第 10 课《谁在安排你的生活》。</td></tr>
<tr><td>谁在安排你的生活
星期天，你难得有了享受的时间，打算看会儿书，听听音乐。你拿出新买的 CD 正在拆包装，手机铃声响了。你看清了是谁打来的电话，根本不想接，可铃声不停地响，你“唉”了一声，还是拿起了电话。明明心烦，接通的一刹那，你却解释：“对不起，我刚才在洗手间。”电话那头，哭声不断，朋友小梁需要安慰——她经常需要，这一次不知是工作还是感情出现了问题。一个多小时过去了。直到有别的电话打进来，才终于摆脱了小梁。
新电话是领导不知道从哪儿给你打来的，他净给你布置和工作一点儿关系没有的新任务：“我晚上出席一个婚礼，帮我写一篇致辞。”你完全可以说“不在家”，但想想，觉得不好意思，你点头答应，“没问题”，转身打开电脑。拆了一半的 CD 被你放下。</td></tr>
</table>

等你终于写完了，你的一个师弟上线。你来不及躲他，他已开始发笑脸问候，说："师姐，帮我看看稿子吧。"他几乎一看到你，就要给你发来新作品，总得提出要求，"帮我改改"或者"帮我找个地方发表"。你曾经想封掉他，又怕被共同认识的人揭穿，"那多不好意思"。于是，你在各种网络聊天工具上留着他，他随时会出来占用你的时间——而他并不是唯一的一个。

天快黑了，你的CD还没拆开。与师弟告别后，你突然想起，昨天答应一个同事代买某个牌子的化妆品，你家门口就有家打折店。于是你冲出门。同事以为你来回只用半小时的时间，但你为了让商家赠送点儿什么，耗了近一个小时——这样做，只想让同事满意。最终，抱着一袋化妆品出门时，你松了一口气，但你的一天已经快过去了。

问题是你不开心。往常，你接受朋友小梁的消极情绪时，对你的心理没有一点儿好处。你偶尔听一听，是出于友情，但她一而再，再而三，你早该明白：你的耐心不能解决她的问题，只会让她再一次给你打电话，把你当成情绪的垃圾桶。而你，只能眼看着时间像水一样流去。你难以表示拒绝，因为你怕领导不高兴，怕师弟认为你不热情，怕同事说你不尽心。只因为你好说话，对方才会找到你。

你忙了一天了，一张CD还没拆开呢。如果你早上拆开那张CD，在音乐中享受平静，再翻开书，把你今天浪费的时间拿出三分之一来，起码能读一万字。这些不重要，重要的是，这样的一天合乎你最初对美好星期日的想象，比你真实所过的一天有趣。而你，却只管把有趣的一天不情愿地让位给了别人。

让位，你今天让的是一张CD，明天还会让什么？总有"就差你，快来"的约会；总有某个同学的弟弟找到你，"请你帮个忙"；总有朋友来求你"陪我……"。夜深人静了，你一个人揉着眼睛，抓紧时间做自己该做的事。地铁上，你用耳机堵住耳朵，才有机会好好读一本书。

你最好的时间总被突然出现的人或事占用，你急不得，恼不得，每次都让位，其实你对自己心最狠。你并没意识到，别人在改变你对生活的安排，从一天到几天到更久。渐渐地，无数个"别人"替你安排了并不是你想要的生活……

你清楚地知道，你的时间放在哪里，关系到你和人生目标的距离。如果你打算做一个学者，今天你被耽误的一万字阅读，就是你和你的目标本来能缩短的一步。如果你想事业成功，你在网上多看看有关的新闻，也比勉强给师弟改稿儿有意义。哪怕你什么都不想干，只想做个快乐的人呢。而你今天却别扭着、后悔着，去做你原来并不打算做的那些事。

其实，很多事情明天就能办到，但一天拖一天，不知道拖到什么时候才能实现。你必须知道对你来说最重要的是什么。你的时间值得做更有意义的事，时间被耽误、被换掉得越多，你离自己的目标、理想就越远。那件最重要的事，才是你最值得花费时间的。

总有人情要来往，总有一些人际关系要维持，但这些只占你生活的一部分。你应该有个时间分配计划。记住，你最重要的那件事不能让位。

你说，你的口碑很重要。其实，你的心里最清楚，哪些是别人需要你、非你不行的十分之一，哪些是你可以拒绝的十分之九。你能把这十分之一做好，对别人对自己，都足够了。

你说，也许，下次别人会注意，类似情况不会再出现。你不能只希望别人不再打扰你的生活，你要主动掌握你自己的时间。你美好的今天、昨天还有某某天已经被换掉，不拒绝，就没办法制止，难道你还要等着烦心事复制下去？

别说你不好意思，任何人提出要求时，都只是要试一试。除非当个老好人就是你的目标，否则，那十分之九应该为你的人生目标、理想生活让位——还有什么比它们更重要？我们从来无法控制会发生什么事，唯一可控制的是碰到事情时我们自己的态度——谁都不能安排你的生活，除了你自己，除非你同意。

一、示例实施

（一）教学目标

1. 能够运用本课生词及语法进行课文复述，理解并掌握课文大意及主要观点；

2. 学习并积累有关无奈、排除、说明等语义功能的相关词语及句型，并能够灵活运用；

3. 通过思考、交流、讨论、合作等学习方式，理解中国文化中“面子”的含义，并能进行观点的表达及论述。

（二）教学重点、难点

1. 教学重点

关于无奈、排除、说明等语义功能的相关词语及句型的积累与自由运用。

综合运用本课生词、语法等语言材料就“面子”这一中国文化现象进行文化阐释、故事讲述、观点表达等语言实践操练。

2. 教学难点

“面子”的理解与运用，“面子故事”的讲述，关于“面子问题”的个人观点及阐述。

（三）教学前准备

1. 知识准备

学生已学完第 10 课 49 个生词及相关语言点，已了解并掌握本课生词、语言点的含义及用法，已初步阅读课文并了解大意。

2. 教学材料准备

第 10 课课文相关练习、与中国文化现象“面子”有关的拓展资料等。

（四）教学过程

1. 导　入

教师为课文标注自然段序号，共计 14 自然段。请学生阅读 1 – 4 自然段，根据课文，就“‘她’（即课文中的‘你’）想做什么”“‘她’做了什么”“‘她’是否愿意做”“‘她’是怎么想的”4 个问题，填写表格。

表 1－16　课文 1－4 自然段内容参考答案表

段落	"她"想做什么	"她"做了什么	是否愿意	"她"是怎么想的
1	看书、听音乐	安慰朋友小梁	否	不想接电话，明明心烦，却解释电话接晚了是因为去了洗手间。
2	听 CD	帮领导写致辞	否	本来可以说"不在家"，但觉得不好意思，所以答应"没问题"。
3	听 CD	帮师弟看稿子	否	曾经想封掉师弟，但怕被共同认识的人揭穿，觉得不好意思。
4	听 CD	帮同事代买化妆品	否	为了让商家赠送点东西，耗了一个小时，只是想让同事满意。

完成后，请学生回答，然后教师展示答案。

2. 讲　练

（1）理解输出

教师展示重点词语："难得、打算、明明、摆脱、来不及、总得、揭穿、占用、耗（费）、耽误、勉强"，请学生根据 1－4 段的表格，以"接龙"的形式讲述"她"的一天。教师注意在学生表述有困难或语法有错误时，及时进行引导、纠正。最后，教师提出问题："她（即课文中的'你'）这一天想做什么？她做到了吗？她做了什么？她帮助了朋友、领导、师弟、同事，你觉得她的一天过得怎么样？"通过回答问题，引导学生关注："她"帮助别人时内心真实的意愿——不情愿、别扭、不开心。然后，利用 PPT 课件展示填空练习，请学生朗读并结合本课所学生词、语言点进行填写。注意：练习内容源自课文第 5－6 自然段，为训练学生生词及语言点灵活运用的能力，教师应尽量鼓励学生自主填写，避免照搬照抄原文。

> 问题是你不开心。（　1　），你接受朋友小梁的（　2　）情绪时，对你的心理没有一点儿好处。你（　3　）听一听，是出（　4　）友情，但她一而再，（　5　），你早该明白：你的耐心不能解决她的问题，只会让她再一次给你打电话，把你当成情绪的垃圾桶。而你，只能（　6　）着时间像水一样地流去。你（　7　）表示拒绝，因为你怕领导不高兴，怕师弟认为你不热情，怕同事说你不尽心。只因为你（　8　），对方才会找到你。
>
> 你忙了一天了，一张 CD 还没拆开呢。如果你早上拆开那张 CD，在音乐中享受平静，再翻开书，把你今天浪费的时间拿出三分之一来，（　9　）能读一万字。这些不重要，（　10　），这样的一天合乎你最初对美好星期日的想象，比你真实所过的一天有趣。而你，却（　11　）把有趣的一天不情愿地让位给了别人。

答案：

1. 往常　2. 消极　3. 偶尔　4. 于　5. 再而三　6. 眼看
7. 难以　8. 好说话　9. 起码　10. 重要的是　11. 只管

（2）读写过渡

完成后，教师展示答案，随后就涉及内容的重点词语进行提问：“好说话”是什么意思？“让位”是什么意思？请学生举例说明，以确保学生理解两个重点词语的含义。扫除理解障碍后，学生集体朗读。最后，教师进行小结：“因为他好说话，不好意思拒绝别人，所以难得的一个星期天让位给了别人，过得一点儿都不美好。你认为他这样牺牲自己的时间帮助别人，这样‘让位’好不好？值得不值得？”学生简单的回答、谈论后，教师进行过渡，引导学生阅读并理解 7 – 14 自然段：“下面我们一起读读课文，看看课文的作者对于‘让位’是什么观点？”同时，教师要布置学生阅读任务，即让学生在阅读时，画出表达作者主要观点（即“让位”的本质是什么？人们为什么会“让位”？“让位”值得不值得？）的关键词语及重点句。

学生完成课文 7 – 14 自然段的阅读后，教师请学生说出找到的关键词语和重点句。

参考词句：

让位　人情　人际关系　口碑　老好人

你最好的时间总被突然出现的人或事占用，你急不得，恼不得，每次都让位，无数个“别人”替你安排了并不是你想要的生活。

你必须知道对你来说最重要的是什么。你的时间值得做更有意义的事，时间被耽误、被换掉得越多，你离自己的目标、理想就越远。

人情要来往，人际关系要维持，但你应该有个时间分配计划，你最重要的那件事不能让位。

我们从来无法控制会发生什么事，唯一可控制的是碰到事情时我们自己的态度——谁都不能安排你的生活，除了你自己，除非你同意。

（3）缩写训练

教师请学生结合自己找到的关键词语和重点句简述作者观点，即缩写课文 7 – 14 自然段，并写在本子上。

参考答案：

最好的时间被突然出现的人或事占用，每次都因为不好意思而让位，勉强自己做原本并不打算做的事情，无数个“别人”替你安排了并不是你想要的生活。但是你必须知道，人的时间是有限的，你的时间放在哪里，关系到你和人生目标的距离。虽然人情需要来往，人际关系需要维持，一个人的口碑需要注意，但这只能占用你生活的一部分。你不能总做老好人，你应该清楚地知道对你来说什么是最重要的，什么是可以拖延、甚至是可以拒绝的。为了把时间花费在更有意义的事情上，你应该有个时间分配表，自己安排自己的生活，自主走向人生的目标。

（4）文化引申

学生完成缩写训练后，教师进行文化导入，利用课文故事引出“面子问题”这一典型的中国文化现象，然后进行提问：“你听过‘面子’这个词吗?”“你知道什么是‘面子’吗?”简单的询问后，引起学生兴趣，然后展示拓展阅读材料《面子事情》，请学生阅读并回答问题。根据学生的回答，教师适当组织讨论。

面子事情①

汉语里有很多和“面子”有关的词语，例如，“顾面子、要面子、给面子、留面子、增面子、借面子、损面子、丢面子、没面子”等等。最近看到一本几年前出的书，名字叫《中国人的权力游戏：面子》，其中谈到“面子事情”，这段文字和刚刚学过的课文有关系。原文是这样的：

“面子事情”，这是用来解释个人之所以采取举动，纯粹是为了保住自己的面子，或者给别人面子。譬如，一个令人讨厌的年轻人也列名于某一宴会的受邀名单上。因为他父亲是位高级官员，而宴会主人必须和后者保持良好关系，这就是“面子事情”。又如，大年初一时，某人认为自己有必要给上司拜年，因为这也是“面子事情”。“面子事情”通常是个人不太情愿做的事。可是为了保持名声和扩大社交关系，个人还是非做不可。另一方面，一个亲密的朋友也许会要求个人做出某些牺牲或付出某些代价。个人毫无异议地答应了，这是出自感情，而不是面子事情。

（选自黄光国、胡先缙《中国人的权力游戏：面子》）

问题：

1. 什么是“面子事情”?
2. 你了解“顾面子、要面子、给面子、留面子、增面子、借面子、损面子、丢面子、没面子”这些词语的含义吗？选择其中一个，解释含义并举例说明。
3. 做“面子事情”的目的是什么？结合文章中的例子进行说明。
4. 出自感情和出于面子做事情有什么不一样?
5. 你愿意为保持自己的名声和扩大社交关系做哪些与面子有关的事情？请举例说明。

（5）叙议输出

在充分讨论了文化现象“面子问题”后，教师进行提问：“你在生活中遇到过‘面子问题’吗?”“你觉得‘顾面子’‘给面子’应该不应该？值得不值得?”，引发学生思考、讨论，然后请学生运用给出的词语，结合之前课文片段的叙述及缩写训练，讲述一个和面子有关的故事，并进行评论。如果学生水平稍差，难以完成，也可改为运用提示词语，在

① 选自《发展汉语·中级综合·2》（武惠华编著，北京语言大学出版社，2012年出版）第10课《谁在安排你的生活》课后练习，第148页“九、阅读短文，回答问题”。

“安慰同事小梁”“接下帮领导写致辞的新任务”“网上遇见师弟并帮他看稿子”“帮同事代买化妆品”四个课文小场景中，任选一个，并结合“面子”这一文化现象，夹叙夹议，改写课文。

难得	明明	摆脱	总得	揭穿	占用	耽误	花费	勉强
情愿	让位	人情	人际关系		口碑	老好人	面子	安排

3. 活动与游戏

活动一：情景再现

学生4人为一个小组，各小组仔细阅读课文1－4自然段，在“安慰同事小梁”“接下帮领导写致辞的新任务”“网上遇见师弟并帮他看稿子”“帮同事代买化妆品”四个小场景中，任选一个，运用本课生词、语言点及表达无奈、排除、说明等语义功能的词句，揣摩人物心理，自编台词，还原场景，进行表演，看哪个组表演得真实、丰满，语言准确、自然、地道。

活动二：采访实录

采访一位中国朋友，询问一下他的生活中是否曾被人打扰，因为面子原因，不情愿地改变了他自己的生活安排。采访时，注意如下问题：1. 说明访问他的目的；2. 提出问题：是否遇见过别人打扰你的生活，你因为面子原因，不情愿地改变了自己的生活安排？3. 从他的回答中找到你需要进一步了解的问题并提出来；4. 询问他怎么看待“要面子”“给面子”“留面子”等现象。5. 询问他以后是否还愿意因为出于面子而改变自己对生活的安排；6. 结束谈话，表示感谢。采访后，整理语言材料，在课堂上将你的采访情况进行汇报。

活动三：文化大碰撞

将来自不同国家及文化背景的学生分成一组，就不同国家的朋友对待“面子问题”的看法进行小组交流讨论，记录组员的回答，整理后，在课堂上向班级其他小组进行汇报讲演。参考问题：1. 在生活中是不是特别看重面子问题？2. 当遇到不情愿做的事情时，愿意不愿意对别人说“不”？3. 因不情愿做的事而影响了自己的生活安排时，心情觉得怎么样？4. 怎样才能更好地拒绝别人、尽量减少伤害别人的面子？5. 对你了解到的有关“面子问题”的情况进行一下补充或小结。

活动四：重新来过这一天

教师以“重新来过这一天”为题目，先请学生进行讨论：“如果你是课文中的主人公，遇到一系列领导、朋友、同事的求助，你会如何说、如何做？”讨论后，请学生改写课文。教师批阅后可进行讲评。

二、示例小结

就汉语长期进修教学而言，中级汉语一般指包括零起点在内的来华外国留学生学完一年基础汉语后进入第二年的汉语学习。中级汉语教学进行一年以后的汉语教学则被称为高级汉语教学。就汉语本科教育而言，中级汉语教学一般指二年级开始的汉语教学，而三四年级则统称为高级汉语教学。由于中级和高级之间难以一刀切，加之在教学目标、内容、原则和方法等方面多有相同相近之处。因此，总体上人们习惯于把二者合起来称为中高级汉语教学。

中高级汉语教学在创建之初，教材多以纯文学作品选编为路子，教学方式上类似语文教育，多以讲解并辨析词语，分析课文段落大意、修辞方法、主旨思想等为主要教学方法。但20世纪90年代以来，随着教学实践和理论研究的不断深入，人们对中高级阶段汉语综合课的认识也发生了很大变化。中高级阶段汉语教学不是对中国学生的语文教学，不是中国文学课教学，也不是中国文化课教学，而仍然是汉语作为外语或第二语言的教学，是初级汉语教学的延伸和发展，整体上仍属于基础性教学。因此，在教学性质、任务和目标上，中高级汉语教学应以语言和文化知识的传授及听、说、读、写等语言技能的训练为核心，以培养学生能自由地运用汉语进行口头和书面交际为目的。其教学内容应在巩固基础阶段语音训练和解决遗留下来的若干难音的基础上，加强语调训练；在深化扩大基础阶段语法项目的基础上把视角放在话语语篇分析上，培养学生的成段表达能力；词汇教学上应注意词义的扩展、使用的灵活性、感情色彩和语体差别等；另外，词语的典故、成语、惯用语、歇后语等的积累与运用也进入这一阶段的教学范畴。教学重点应更多地放在语言技能的数量、质量、速度等指标的综合训练上。其训练成果集中体现在形成具有准确性、流畅性、得体性并具有一定创造性的，或口语或书面的语段或语篇。

在课文操练及成段表达训练方面，教学示例将课文分为叙述、议论两部分，从阅读、理解入手，叙述部分以读带说，由说促写；议论部分，读后浓缩（即提炼关键词句），缩后重写；然后通过文化导入，深化主题，在前两部分的训练基础上，以“面子”为主题，叙议结合，改写课文。这样的训练方式，从内向式训练（即依据课文内容）过渡到外向式训练（即远离课文内容），将简单性复述（即背诵、转述、连词成句等初级阶段课文复述方式）转化为整合性复述（即通过从课文的不同位置归纳、整理，并重新组织语言来回答问题、概括课文、归纳段落和篇章的中心意思、分析课文中的人物和事件以及挖掘课文隐含意义等），步步为营、层层铺垫，由简到繁、从说到写，从机械训练逐步过渡到创造性地自由运用，真正体现了中高级汉语教学作为语言教学的本质特征，更凸显了这一阶段由说到写、说写结合的成段表达训练的重要意义和地位。

三、任　务

任务一：中高级综合课在课文处理上应注意哪些问题，请简要叙述并举例说明。

任务二：选择一本中高级综合课教材，研究教材体例及课后注释与练习，加深理解“综合”的内涵，并谈谈体会。

任务三：查阅中高级综合课教材，自选一篇课文，结合词汇语法、语义功能、言语技能、交际技能、文化知识等因素，为课文设计综合性强、灵活多样的课堂操练活动。

示例四　让学生插上想象的翅膀畅所欲言

教材信息：《HSK 标准教程 5（上）》，北京语言大学出版社，主编姜丽萍，编者刘畅、鲁江，2015 年 4 月第 1 版，2016 年 10 月第 4 次印刷。第 3 课《人生有选择，一切可改变》。

翟峰和妻子都是铁路工人，工作稳定，待遇不错。他们有房有车，从不用为生活发愁。可翟峰却不想一辈子过这样平静的生活。通过电视，翟峰迷上了帆船，他觉得帆船能带他撞开“世界之门”：只要有一艘船，就能航行在无边无际的海上，到任何自己想去的地方。

由于翟峰和妻子没有积蓄，于是卖房卖车，买下了一艘二手船，翟峰叫它“彩虹号”。出发前，翟峰自学了航海知识。然而，包括翟峰的父母，所有人都觉得翟峰“疯了”。

2012 年 11 月 24 日，辞了职的翟峰和妻子带着休学的女儿，第一次驾驶帆船出海了。白天，翟峰和妻子轮流驾船。女儿在船上看书、学习、画画儿。下午海面平静时，翟峰会和妻子下海游泳或者钓鱼。该吃饭时，妻子会给全家人做一顿美味的海鲜。

傍晚是一家人最舒适的时候。干完活儿，一家人坐在一起，用电脑看看电影，或者聊聊天儿。这样的生活，是翟峰盼望已久的。以前陆地上的夜晚，他们在各自的房间，一家人没有更多的交流。

中国有句老话：可上山，勿下海。美好的时刻过去后是一个个紧张的夜晚。一路上，翟峰一家经历了船身着火、漏水等大大小小十多次险情。他们最怕雷电交加的时刻，因为小船随时有可能被下一道闪电击到，一家三口只能紧紧拥抱在一起，希望闪电快快过去。

在经历了 8 个月、航行了 4000 多海里之后，翟峰一家终于回到了家。

翟峰相信，一切只是开始，航海就是他人生道路上一段长长的台阶，通向他想要的未来。“我和太太想要看看这个时代、这个世界到底是什么样子。人生有选择，一切可改变”。下一站，他们想去澳大利亚和新西兰。等待今年 11 月的北风南下之时，他们将再次出发。

一、示例实施

（一）教学目标

1. 掌握并能够运用本课生词及语法进行课文复述，理解并体会本课主题内容；
2. 学习并积累有关梦想及实现梦想这一主题的相关词汇，并能够进行表述；
3. 通过主题学习、小组交流合作等学习方式，深化主题，并能进行观点的表达及论述；
4. 通过文字及视音频等课外资料，进一步提高阅读、书写技能。

（二）教学重点、难点

1. 教学重点

有关梦想及实现梦想这一主题相关词汇的积累与自由运用；综合运用有关梦想及实现梦想这一主题的语言材料表达个人观点。

2. 教学难点

以梦想及实现梦想为主题进行自由表达与论述。

（三）教学前准备

1. 知识准备

学生已学完第3课课文，生词41个，语法点4个，已了解并掌握本课生词及语法的含义及用法，已了解课文大意。

2. 教学材料准备

第3课课文相关练习、与追逐梦想有关的拓展资料等。

（四）教学过程

1. 导　入

教师通过朗读课文、就课文内容提问等方式，使学生熟悉并了解课文大意。在教师提问、学生回答的同时，教师在课文复述表（表1－17）中填写重点词语，为课文复述进行前期准备。

表 1－17　课文复述表

内容提示	重点词语	课文复述
翟峰的爱好	人生、稳定、舒适、未来	
航海的准备	辞职、疯	
航海的经历	轮流、平静、时刻、各自、盼望	

教师根据重点词语，请学生进行课文复述练习。

2. 讲　练

主题活动一：翟峰答记者问

根据学生复述情况，推选一位复述最好的学生，扮演本课主人公——翟峰，请他到讲台前，其他学生扮演记者，每人向翟峰提一个问题，由扮演翟峰的学生进行回答。扮演记者的学生应记录并检查“翟峰”同学的答案，如有语法、词汇错误，应及时指出。活动结束后，教师进行小结。

主题活动二：情景再现

教师根据课文内容提炼以下 6 个情景，请学生自选情景并按照建议人数结成小组，如班级人数较多，每个小组可增设一名旁白。学生进行小组讨论，根据课文内容，进行想象和扩展，设计场景及对白，上台进行表演，再现情景。

◆翟峰以前平静的家庭生活（某一天）（3 人）

◆翟峰与妻子、女儿讨论并为帆船起名“彩虹号”（3 人）

◆翟峰（妻子、女儿）与家人（父母、朋友）商量要卖车卖房，买船出海（6 人）

◆翟峰出海后舒适美好的生活（某一天）（3 人）

◆船身失火，船体漏水，危险万分的一夜（3 人）

◆一家人计划未来去澳大利亚及新西兰的航海之旅（3 人）

主题活动三：梦想集结地

观看表演后，教师引导学生，总结本课主题：“翟峰为什么要卖车卖房，买船出海？”“航海是翟峰的什么？”学生：“因为航海是翟峰的梦想”。教师再提问：“翟峰实现梦想了吗？”学生肯定回答后，教师请学生再结成小组，运用头脑风暴法，结合课文及主人公翟峰，小组讨论并总结追逐梦想、实现梦想所需的品格、技能及相关前提等。

小组讨论：“梦想与现实是什么样的关系？”“实现梦想的前提有哪些？”“具有什么性格或品格的人容易实现梦想？”“实现梦想需要什么重要的技能？”

学生通过思考、讨论及回答上述问题，总结实现梦想的品性特征表，然后进行班级分享，看哪个小组说得多，说得对。

班级分享参考答案：勇气、信念、毅力、坚持、支持、决心、踏实、健康、努力、计划、自信、坚定、积极、阳光、乐观、交流、合作、帮助、实践、行动、策略、爱好、价值、激情……

集体学习所列品格的词义，并朗读。

主题活动四：我的梦想，我做主

根据主题活动三班级分享的词语，制作成“梦想分析表”（表1－18），请学生审视自己，并按品格特征程度为自己打分（每种品格5分，共100分），填写完成后，观察得分，回顾表格，思考自己的梦想实现之路，进行班级口头报告。

表1－18 梦想分析表

我的梦想是： 我的得分是：

勇气		信念		毅力		坚持		支持	
决心		踏实		健康		努力		计划	
自信		坚定		积极		乐观		交流	
合作		行动		爱好		价值		策略	

【口头报告参考内容】我的梦想是……。我的梦想是这样来的……（介绍梦想的由来）……。为了实现梦想，我……（结合“梦想分析表”中的品格，分析具备哪些品格，做了哪些事情）……。我的梦想现在还没有实现，因为……（结合“梦想分析表”中的品格，分析没有实现的原因）……。我打算……（结合“梦想分析表”中的品格，介绍今后努力的方向）……。

主题活动五：梦想座右铭

教师收集并展示关于梦想的成语如下：

美梦成真　壮志凌云　奋发图强　大展鸿图　勇往直前　乘风破浪 自强不息

锲而不舍　水滴石穿　坚持不懈　持之以恒　脚踏实地　百折不挠

夸父逐日　精卫填海　闻鸡起舞　飞蛾扑火

有志者事竟成

教师解释或讲述成语的含义或历史背景（故事），学生集体朗读并体会其中含义。

教师发给每位学生笔墨纸砚，请学生选择一个成语，练习书写，并将写好的书法进行班级展示，并简介选择这一成语的原因。请学生课下将所书成语贴于家中或宿舍，作为座右铭，鞭策自己为实现梦想而努力奋斗。

3. 活动与游戏

主题延续活动一：扩展阅读

教师查阅课文出处，向学生展示《都市快报》原新闻稿[1]节选片段“心有猛虎追寻自

① 都市快报记者：黄小星，http：//www.fun48.com/article－9667－1.html，有删减。

由，辞职休学卖房卖车”“雷电、撞船都可能葬身大海，危险的瞬间，恐惧都来不及”，请学生阅读，然后根据原文，进行缩写练习。缩写后请学生将自己的缩写习作与课文进行比较，谈谈异同。

节选一：心有猛虎追寻自由，辞职休学卖房卖车

2012 年 11 月底，翟峰一家刚刚迈开驾船出港的脚步。彼时，《少年派的奇幻漂流》上映了。电影讲述了少年“派”和一只孟加拉虎艰难惊奇的航海历程。“派”恐惧这只老虎，却又和它相互依存。导演李安说，每个人心中，都有一只猛虎。

过去 18 年，铁路职工翟峰常听到心里的猛虎嘶吼。那时，他有一份在小城人看来稳定清闲、待遇优渥的工作，虽然他升职的道路，曾因为不愿遵照潜规受阻。妻子同样在铁路系统工作，女儿聪明活泼。他们有房有车，从不用为生计发愁。

只是，如同“老套单线剧情”一般的生活，让翟峰厌倦：“每个人就像机器上的一颗螺丝钉，最可怕的是，大家都以为，生活也就如此，没有办法改变了。”

为此，他学习摄影、电脑，想着有一天不再上班，用这些技术活儿养活自己；他带着妻子和女儿，骑单车环游海南，骑摩托车游历尼泊尔，想看看世界的真实模样。

通过电视，他认识了“中国无动力帆船第一人”翟墨。翟峰隐隐约约感觉，帆船能带他撞开那扇“世界之门”：只要有一艘船，就能航行在无边无际的海上，到任何自己想去的地方，依靠的，仅仅是风和海流的力量。

航海梦在翟峰的心里越发清晰了。只是他和妻子没有积蓄，卖房卖车，成为他们的唯一选择；想要有大段的时间，辞职成了必然选择；既不想抛下女儿，也不愿意女儿成为教育流水线上的复制品，征得女儿乃馨同意后，休学成为顺理成章的选择。

出发前，包括翟峰的父母和岳父母，所有人都觉得，翟峰“疯了”。翟峰和原来生活的彻底决裂，也让愿意陪翟峰旅行的妻子孙宏岩有些担忧。两人常常吵架，夜夜失眠。

在此后参加电视访谈节目时，有嘉宾批评翟峰，为什么不能同时兼顾好旅行和生活。而在翟峰看来，辞职休学、卖房卖车，一切都成了没有选择的选择。

节选二：雷电、撞船都可能葬身大海，危险的瞬间，恐惧都来不及

中国有句老话，能上山，莫下海。惬意的时刻过去，是一个个需要严阵以待的夜晚：每个人穿戴好头灯、探照灯、救生衣，打开船体灯光、电台、声呐、雷达，根据天气收缩主帆、前帆……

出发前，翟峰自学了航海知识。他害怕漆黑一片的大海，最大的危险，往往隐藏在最平静的海面下。天际闪现的零星渔船灯光，会让他松一口气。但为了躲避渔网，这又会是繁忙疲劳的一夜。

翟峰说，每一个航海的人，都是带着恐惧出发的。过去 8 个月，恐惧如同猛虎，伴随着他们前进的每一海里。翟峰一家遇到过 10 多次大大小小的险情。一次，因为翟峰贪睡，

“彩虹勇士”差点撞上迎面而来的大渔船，妻子孙宏岩吓得目瞪口呆，穿着内衣呆坐在甲板上，喃喃地对侧身远去的大船念叨“I'm sorry”；他们最怕雷电交加的时刻，因为不知道下一道闪电会不会劈到船上，一家三口在船舱里紧紧相拥，祈祷闪电快快过去。

翟峰说，当危险真的到来的瞬间，是来不及恐惧的。因为他们要在最短的时间内找到应对方法，稍微迟疑一点，“每一次险情，都可能置我们于死地”。

在海上，翟峰实现了一个多年的愿望：蓄长发。他调侃说，看起来帅了很多。女儿乃馨晒黑了，也长高了不少，在海上，她没有生病，没有吵闹。妻子孙宏岩反而“状况”最多：掉海里、被贝壳划伤、不时生病，年过三十的她，好像经历过这次航海，才第一次感觉到自己“成长”。

她也更懂得夫妻之间的相处之道。过去，她用长时间的沉默对抗和翟峰的矛盾，而在海上，有任何情绪都必须立即表达出来，因为他们必须共同面对瞬息万变的海洋状况。

主题延续活动二：跟我一起唱

教师播放关于梦想的歌曲，如《阳光总在风雨后》，请学生朗读并学习歌词，学唱歌曲，并进行课堂演唱。

主题延续活动三：观赏电影《少年派的奇幻漂流》

请学生结成小组，观看电影《少年派的奇幻漂流》，完成自选片段配音或讲述故事情节的任务，下次课在课堂上进行展示。

主题延续活动四：观后感

教师给出一篇关于本课内容的评论文章《只为初心》，请学生自行阅读或小组阅读，体会文章的主旨思想。请学生重读课文后，模仿阅读文章，以《写给翟峰的一封信》为题，对翟峰的所作所为进行交流与评论。要求：结合自己谈收获，写自己的所读、所思、所感、所悟。观点鲜明，结构清晰，内容具体、充实，有分析、有评论。语言表达准确。

只为初心①

山东兖州男子翟峰，放弃铁路部门工作，卖房卖车，带着妻子和女儿，耗时8个月航游6国。今年6月，一家三口回到兖州，口袋里只剩1万元，但他们依然要追寻自由的梦想。下一站，他们要去澳洲。

山东汉子翟峰让我佩服，他做了很多人想做却不敢做的事。大人辞职、小孩休学、卖房卖车，踏上一段追寻自由的航海旅行。这听上去像个荒诞剧——我们这些久在樊笼中的人眼中的荒诞剧。我们十年寒窗，悬梁刺股，孜孜以求的不就是一份稳定的工作吗？我们努力打拼，夜以继日，从牙缝儿里挤出每一分钱，不就是为了买房置业吗？我们朝思暮想，削尖脑袋，不就是为了老婆孩子热炕头，过上舒适安逸的生活吗？当这一切都拥有了的时候，翟峰却毅然将之舍弃，去追逐自己心中的梦想，这需要多大勇气，以及不同于常人的眼界。最难得的是，他心中的那份独立的清醒。他不怕世俗诟病，只要完整的人

① 引自：http://blog.sina.com.cn/s/blog_72c447d10101fesn.html，南昌晚报魏莹miniblog的博客博文。

生——“我要看看这个世界，这个时代是什么样子。人生有选择，一切可以改变。”

我佩服这样的中国人，而且我认为，更多的中国人应该活成这样。他们不是按部就班地过着老套单线剧情般的生活，他们不是把房子作为一切，他们不是把培养子女作为人生最大的工程，他们不是把升官发财作为最大的成功。他们敢于尝试，敢于冒险，敢于放弃眼前所拥有的。他们让心中的猛虎下山，去追逐人生最初的梦想。这样的中国人，才是有希望的中国人，这样的中国，才是有希望的中国。

翟峰奔向海洋的怀抱，不仅仅是个人梦想的实现。他像一个符号，虽然微弱，却告示着这个沉疴已久的社会，还有人在向往一种纯粹而简单的生活，不为别的，只为自己的心。

二、示例小结

课文《人生有选择，一切可改变》讲述了主人公翟峰追逐梦想的故事，教学示例以“梦想”为主题，进行一系列教学活动的设计和实施，是典型的主题模式教学课例。

主题式教学（Thematic Teaching），是指以内容为载体、以文本的内涵为主体所进行的一种语言教学活动。它主张语言教学情景化、生活化，强调把语言放到有意义的主题中去学习，把语言教学和“内容”教学结合起来，让学生在良好的、具有高动机的环境中进行语言学习。

教学示例紧紧围绕“梦想”这一有意义的主题展开，分步分层，设计活动，循序渐进，操练语言。主题活动分为核心活动及延续活动两个部分。核心活动在课堂上进行，延续活动根据教师授课安排及学生具体情况进行拓展补充。核心活动包括六个环节：课文复述（导入）、翟峰答记者问（主题活动一）、情景再现（主题活动二）、梦想集结地（主题活动三）、我的梦想，我做主（主题活动四）、梦想座右铭（主题活动五），从具体的课文操练过渡到课文情景拓展想象练习，再延伸到有关“梦想”、实现“梦想”、追逐“梦想”等主题的词语积累及运用练习，使学生不断接触和“梦想”这一主题相关的各种领域的学习内容，加速了学生对新内容的内化，在一次次变换方式的主题活动中操练了语言，强化了学习记忆，提升了教学效果。而课堂教学时间毕竟是有限的，延续活动部分便给了教师极大的灵活性和选择性。主题延续活动包括扩展阅读（主题延续活动一）、跟我一起唱（主题延续活动二）、观赏电影《少年派的奇幻漂流》（主题延续活动三）、观后感（主题延续活动四），四个活动结合学生生活学习、兴趣爱好，从听、说（唱）、读、写四项言语技能的角度设计主题活动内容，展示大量、充足、相互关联且符合认知需求的语言材料，不断深化并最终完成“梦想”这一主题的学习。教学示例中的各项活动虽形式多样，但主题高度集中，从系统整体出发，以相互关联的各部分活动为立足点，为学生提供了很大的探索、交流、思考、合作的空间，增强了学生语言能力、联想及想象能力、逻辑推理能力、人际交往能力、审美能力等多层能力，充分体现了主题式教学的综合性、完整性、深入性、平衡性、合作性以及参与性。

三、任　务

任务一：根据教学示例中的课文《人生有选择，一切可改变》，设计相应问题，为导入部分（教师填写重点词语，学生进行课文复述活动）进行铺垫。注意提问方式及语言的简洁与清晰。

任务二：请在“友情”“亲情”“爱情”等主题中选择一个，收集与之相关的词语、成语、惯用语或古诗词，为教学储备资料。

任务三：查阅论文资料，了解“主题式教学法”（Thematic Teaching）的内涵及发展现状，撰写一篇研究综述。

任务四：查阅中高级综合课教材，自选一篇课文，试运用“主题式教学法”设计教学环节与教学过程。

第三节　综合课教案设计

教案示例

教材信息：《HSK 标准教程 1》，北京语言大学出版社，主编姜丽萍，2014 年 1 月第 1 版，2014 年 12 月第 3 次印刷。第 13 课《他在学做中国菜呢》。

课文 1：打电话

A：喂，你在做什么呢？

B：我在看书呢。

A：大卫也在看书吗？

B：他没看书，他在学做中国菜呢。

课文 2：在咖啡馆儿

A：昨天上午你在做什么呢？

B：我在睡觉呢。你呢？

A：我在家看电视呢。你喜欢看电视吗？

B：我不喜欢看电视，我喜欢看电影。

课文 3：在学校办公室

A：82304155，这是李教师的电话吗？

B：不是。她的电话是 82304156。

A：好，我现在给她打电话。

B：她在工作呢，你下午打吧。

生词：

1. 喂　2. 也　3. 学习（学）　4. 上午　5. 睡觉　6. 电视　7. 喜欢　8. 给　9. 打电话　10. 吧

专用名词：大卫

课程名称	初级汉语综合课	课程类型	综合课
任课教师	匡　昕	指导教师	×××
授课日期及学时数	20××年×月×日　2 学时 20××年×月×日　3 学时	授课地点	教学楼×××
使用教材	《HSK 标准教程 1》，北京语言大学出版社，主编姜丽萍，2014 年 1 月第 1 版，2014 年 12 月第 3 次印刷。		
本课题目	第 13 课　他在学做中国菜呢		
教学对象	教学对象为零起点汉语初级班学生，已完成《HSK 标准教程 1》第 1－12 课的学习，掌握 120 个左右的汉语词汇。 学生共计 15 人，主要来自越南、俄罗斯、缅甸、巴西、印度尼西亚、印度等国家。学生母语背景较复杂，大部分学生能听懂简单的英语指示语。		
教学内容	1. 语音：二声音节开头的三音节词语的声调模式。 2. 汉字：本课生词，共计 19 个汉字，独体字“日、目、习”，汉字偏旁“日（日字旁）”“目（目字旁）”。 3. 生词：11 个，包括动词 3 个，名词 2 个，介词 1 个，副词 1 个，助词 1 个，叹词 1 个，动宾短语 1 个，专有名词 1 个。 4. 语法点：4 个，分别为：（1）叹词“喂”；（2）“在……呢”表示动作正在进行；（3）电话号码的表达；（4）语气助词“吧”。 5. 课文：3 篇，分别为：（1）打电话；（2）在咖啡馆儿；（3）在学校办公室。 6. 功能：3 个，分别为（1）询问和简单描述某人什么时间在做什么；（2）询问和回答电话号码；（3）委婉地表达建议或命令。		

教学目标	认知领域	1. 通过学习汉字及偏旁，能够准确并快速认读、书写，正确率达 90% 以上；了解并掌握汉字偏旁“日（日字旁）”“目（目字旁）”所表达的意义，初步形成根据偏旁猜测词义的意识。 2. 通过学习生词，能够准确掌握生词中实词、虚词等的意义和用法，并回忆起记忆库中的相关词汇，正确率达到 90% 以上。 3. 通过学习语法点，能够掌握动作正在进行，电话号码的询问与表达，委婉祈使句“吧”的语义特征、句式特点和使用条件，正确率达到 90%。 4. 通过学习课文及主题功能，能够理解并记忆课文内容，能运用本课词语和句式结构基本完整地复述课文内容，新语言点及主题功能的正确使用率在 90% 以上。
	技能领域	1. 听：能听懂每分钟 120 个音节以上语速的对话体课文。 2. 说：能够复述和表演课文内容，话语自然流畅。 3. 读：听完课文后，能够以每分钟 150 个字的语速朗读课文，语音、语调基本准确，自然流畅。 4. 写：能够以每分钟 12－15 个字的速度书写本课生词。
	情感领域	1. 学生有了解中国流行文化，如数字文化的兴趣和愿望。 2. 学生有询问和描述人物正在进行某一行为的愿望。 3. 学生有委婉表达自己建议或命令的意愿。 4. 学生有了解更多汉字偏旁部首意义的愿望。
	学习策略	1. 帮助学生继续自觉运用模仿、比较、分类、归类等学习策略。 2. 初步形成遇到困难寻求帮助，听取他人意见并改正学习中出现问题的学习策略。 3. 通过个别化学习和集体学习，培养学生自主学习和探究意识。 4. 通过小组学习，体会合作学习的长处。
教学重点与难点	教学重点	1. 掌握重点生词“学习、上午、睡觉、电视、喜欢、打电话、也”的词义、书写和用法。 2. 掌握重点语法点“动作正在进行”“委婉祈使句”的语义和用法。
	教学难点	“在……呢”表示动作正在进行的语义特征、句式特点和使用条件。
教学方法	1. 课堂教学按照“生词—语法—课文—拓展练习”的顺序，循序渐进。 2. 从复习旧课的词语及语法点入手，引出新课内容。 3. 运用直观手段，使用多媒体及触摸屏等现代化设备辅助教学。 4. 设计互动形式的小组活动，充分展示学生主体性。 5. 讲练结合，精讲多练，听说领先，同时加强汉字的读写训练。	

教学时间	全课共分为5学时，分两次课。每学时为45分钟。 课次一（90分钟）：复习第12课；语音；生词1－10；语法点1、2；汉字。 课次二（135分钟）：听写生词；复习语法点2；语法点3、4；课文1－3；课后练习；配套练习册练习。
教具	实物类：手机、教材、黑板、粉笔、教鞭、第12、13课生词卡片。 图片类：课文插图、人物行为图片。 设备类：电脑、音响、触摸屏。 媒体类：PPT课件、音频、视频。
教学过程	**课次一（90分钟）** 一、组织教学（2分钟） 教师表情温和，微笑注视学生，记录考勤，询问缺勤学生情况，宣布上课。 二、复习（8分钟） （一）复习词语 教师出示第12课生词卡片，要求学生快速认读词语。 天气、怎么样、太……了、热、冷、下雨、小姐、来、身体、爱、些、水果、水 （二）复习课文及语法点 教师根据第12课语法点及课文进行提问，活跃课堂。 （1）今天天气怎么样？昨天呢？明天呢？ （2）今天会下雨吗？明天呢？星期五呢？ （3）你爱吃什么水果？你爸爸呢？你的越南同学呢？ （4）你身体怎么样？你妈妈呢？ （5）你星期六会来上课吗？为什么？ 三、学习新课 （一）热身（10分钟） 1. 语音热身 打开教材102页，教师领读以二声音节开头的三音节词语，并以手势配合在空中画声调，学生集体跟读模仿，体会声调搭配，培养语感。 学生跟读后，按照座位顺序，依次朗读三音节，每人一个，教师注意纠音正调。

2+1+1	2+1+2	2+1+3	2+1+4
yánjiūshēng postgraduate	tán gāngqín to play the piano	túshūguǎn library	wéishēngsù vitamin
2+2+1	2+2+2	2+2+3	2+2+4
yínhángjiā banker	Hánguó rén Korean (people)	Hánguó yǔ Korean (language)	rénmínbì RMB
2+3+1	2+3+2	2+3+3	2+3+4
yóuyǒngyī swimming suit	yóuyǒngchí swimming pool	yóuyǒngguǎn natatorium	niúzǎikù jean
2+4+1	2+4+2	2+4+3	2+4+4
móshùshī magician	fúwùyuán waiter, waitress	bówùguǎn museum	míngxìnpiàn postcard

2. 词语热身

请学生打开教材 98 页，按照座位顺序依次朗读热身词语，先按词语编号逐个朗读；然后按词语编号朗读词语后，选择正确图片；最后，学生集体朗读热身环节所有词语。要求语音标准，声调准确。朗读时，教师注意纠音正调。

（二）学习生词（25 分钟）

1. 认读生词

喂、也、学习、上午、睡觉、电视、喜欢、给、打电话、吧、大卫

教师出示第 13 课生词卡片，使用既有注音又有汉字的一面，带领学生快速认读一遍本课生词。

使用生词卡片只有汉字的一面，带领学生再次认读本课生词。

请个别学生独自认读生词，每人 4－6 个。

最后全体学生再次快速认读两遍本课所有生词。

2. 词语用法与搭配

教师通过领读短语、实物演示、动作情境、言语情境、图片情境、提问等方式处理生词。在展示词义、讲解用法、拓展词语搭配时，教师应注意遵循精讲多练的原则，多以直观图片、动作情境等进行展示，并引导学生从读“词”、说“短语”过渡到说“句子”，再用生词回答问题，循序渐进、逐步提高。名词类词语主要给出量词搭配；动词的训练主要是明确语义，给出动宾搭配；副词、介词按照常用句式结合语境练习；叹词“喂”及语气助词“吧”是本课语法点，此处不涉及。

	【喜欢】 喜欢什么 喜欢吃什么 喜欢喝什么 喜欢做什么 喜欢学习汉语 喜欢看电影 喜欢吃中国菜 不喜欢…… 【上午】 今天上午 昨天上午 明天上午 星期三上午 中午 下午 【学习】 学习汉语 学习汉字 学习做饭 你喜欢学习什么？ 你什么时候学习汉语？ 【睡觉】 在家睡觉 喜欢睡觉 要睡觉 不想睡觉 几点睡觉 十点睡觉 睡午觉 睡一觉 【电视】 看电视 一个（台）电视 在家看电视 你的宿舍有电视吗？ 你喜欢看电视吗？ 【打电话】 一个电话 打电话 打一个电话 给 + 某人 + 打电话 给妈妈打电话 给教师打一个电话 你喜欢给谁打电话？ 【也】 A ……，B + 也 + …… 。 我学习汉语，他也学习汉语。 妈妈喜欢看电视，爸爸也喜欢看电视。 大卫不是中国人，玛丽也不是中国人。 教师喜欢做中国菜，我也喜欢做中国菜。 3. 生词小结 教师展示本课生词 PPT 课件（本课全部 11 个词语分行整齐排列在一张 PPT 页面），利用教鞭随机快速指示本课生词，学生集体认读；然后请个别学生快速认读；最后，教师逐一指示本课生词，生词造句并领读句子，学生集体跟读句子，教师再指示个别学生复述句子，然后换新生词，再领读、齐读、点读，依此类推，直至完成所有生词造句，结束生词教学环节。 【参考领读例句】 喜欢：我爸爸喜欢喝茶。 学习：我喜欢学习汉语。 睡觉：我晚上十点睡觉。 电视：我不喜欢看电视。 上午：你明天上午做什么？ 给、打电话：我现在给妈妈打一个电话。 也：我喜欢吃中国菜，教师也喜欢吃中国菜。 （三）语法点学习（35 分钟） 1. 语法 1：叹词“喂” （1）语言点导入 教师可找几段影视作品中典型、简短的打电话、接电话片段，播放给学生。让学生体会“喂”的实际应用并跟读模仿。

	（2）语言点解析 给某人打电话或者接听别人电话开头时的常用语。“喂”在实际应用中有两种声调“wéi”和“wèi”，用二声时含询问的意思多一些。 （3）语言点操练 教师拿出自己的手机，进行打电话情景模拟。教师模仿电话铃声“铃——”，示意学生接电话并应答。然后再请两组学生进行打电话情景模拟。 2. 语法2：“在……呢”表示动作正在进行 （1）语言点导入 教师展示人物行为图片“睡觉”进行导入。 教师：他做什么？ 学生：睡觉。 教师：现在，他在做什么呢？ 学生：他在睡觉呢。 （2）语言点解析 教师板书语言点语法教学公式“S＋在＋V＋O（＋呢）”，并在其下书写例句“他在睡觉呢”，注意句子成分一一对齐。教师领读例句，学生齐读例句。教师再请每位学生朗读一遍例句，加深印象。 教师讲解语法意义。动词前加副词“在”，或者句末用语气助词“呢”表示动作正在进行。注意“在”与“呢”可以同时存在，也可任选一项出现。 （3）语言点操练 教师利用本课热身部分的6张图片，请学生根据图片，用所学语法点描述。 【目标句】 她在睡觉呢。 他们在看电视呢。 他在打电话呢。 她在看书呢。 他们在做饭呢。 他们在学习汉语呢。 （4）语言点句型转换 教师出示一张人物行为图片“看书”，引导学生进行提问。 教师：他在看书呢。是吗？怎么问？ 学生：他在看书吗？ 教师：非常好！再说一遍！ （学生重复后，教师将图片贴在黑板上，然后摆手表示否定，随后出示另外一张人物行为图片“写汉字”，与“看书”的图片并列贴在黑板上，示意学生回答。） 学生：他没在看书，他在写汉字呢。 教师板书“在……呢”疑问句、否定句语法教学公式并书写例句。教师依次出示人物行为图片，两张为一组，先请学生提问第一张图片，然后请另一位学生否定第一张图片，

肯定第二张图片。

【目标句】

他在睡觉吗？他没在睡觉，他在打电话呢。

妈妈在喝咖啡吗？妈妈没在喝咖啡，她在喝茶呢。

弟弟在打电话吗？弟弟没在打电话，他在学习汉语呢。

他在学校打篮球呢吗？他没在学校打篮球，他在图书馆看书呢。

医生在医院工作呢吗？医生没在医院工作，他在超市买东西呢。

教师现在在看电视呢吗？教师现在没在看电视，她现在在做中国菜呢。

爸爸现在在饭馆吃饭呢吗？爸爸现在没在饭馆吃饭，他现在在家看电脑呢。

（5）语言点拓展

教师再次展示“睡觉”的图片，与学生对话。

教师：他在做什么呢？

学生：他在睡觉呢。

教师：这个不是现在！是昨天，昨天晚上九点，九点、正在，也可以说……

学生：他昨天晚上九点在睡觉呢。

教师：对！非常好。大家一起再说一遍：他昨天晚上九点在睡觉呢。

学生两人一组，每组 2 - 4 张人物行为图片，教师组织学生进行问答练习。

A：你昨天晚上九点在做什么呢？

B：我昨天晚上九点在……呢。你呢？

A：我昨天晚上九点没在……，我在……。

（6）语言点小结

教师指示板书，朗读例句，并进行小结。

“在……呢”表示动作正在进行。“在”放在动词前，“呢”放在句子最后。“在”和“呢”有一个或者都有都可以。疑问形式是“在……（呢）吗?”，否定形式是“没在……”,不能用“不”进行否定，句末不能加“呢”。另外，除了表示现在正在进行的动作行为，它还可以描述已经发生或将要发生的进行中的动作行为。

S + 在 + V + O + （呢） 他 在 睡 觉 呢。
S + 在 + V + O + （呢）+ 吗？ 他 在 睡 觉 （呢） 吗？
S + 没 + （在） + V + O 他 没 （在） 睡 觉。
S + Past Time + 在 + V + O + （呢） 他 昨天晚上九点 在 睡 觉 呢。

（四）汉字学习（8 分钟）

教师教写汉字。教师在黑板上或触摸屏上逐一书写本课生词汉字，学生模仿，并将汉字写在自己的练习本上。书写过程中，教师应规范书写；笔顺、笔画正确，边书写边读出

	笔画名称；书写前后注意提示学生汉字的间架结构，如左右结构、上下结构等；另外，要特别指出“睡觉”的“睡”字的“目”字旁与“昨天”“明天”的“昨”“明”的“日”字旁不一样，利用象形字“日”“目”的图画展示两字的本义，并引导学生理解“日字旁”一般与时间有关系，“目字旁”一般与眼睛有关系的偏旁含义。 汉字教学完成后，教师检查学生练习本上的汉字，如有偏误，及时发现，尽早纠正。 四、本课小结，布置作业（2 分钟） 1. 小结 教师进行本课回顾并小结：今天我们学习了第 13 课，学习了 10 个生词，2 个语法点，还学习了汉字。 2. 布置作业 （1）写汉字。本课生词每个生词写 10 遍，下次课听写。 （2）《HSK 标准教程 1》101 页，练习 3。 （3）《HSK 标准教程 1（练习册）》97－98 页，汉字练习。 **课次二（135 分钟）** 一、组织教学（1 分钟） 教师宣布上课，记录考勤，询问学生作业完成情况。 二、复习（14 分钟） 1. 听写生词 教师以句子为单位进行生词听写，每个句子读 3 遍，听写后，收齐，批改后在适当的时间发回学生并要求学生改正。 （1）我也在学做中国菜呢。 （2）我喜欢上午睡觉，下午看电视。 （3）你下午给教师打电话吧。 2. 检查作业 打开教材 101 页，请学生朗读练习 3 的答案，教师公布答案。 练习 3：用本课新学的语言点和词语描述图片。 安妮在打电话呢。 妈妈在做饭呢。 他没看书，在看电视。 她没工作，睡觉呢。 3. 复习语法点 游戏——你做我猜 教师介绍游戏规则：请一位学生到讲台前，教师给他 3 张词语卡片，请该学生用动作表演词语内容，并用手势或表情进行必要的提示，讲台下的学生观看他的表演，猜出词语，并用本课语法点“在……呢”说出句子。猜对最后一个词语的或者最快且正确完成最后一个句子的学生上台继续下一轮游戏。每人表演 3 个词语。教师根据学生及课堂情况，确定进行游戏的轮数。 【参考词语】打电话　睡觉　看书　看电视　看电影　做饭　喝水……

	注意教师应在部分词语上画出“×”或“?”，表示要求学生说出否定句或疑问句，以便全面训练“在……呢”表示动作进行的这一语法点。 三、学习新课（60 分钟） （一）学习课文 1 1. 理解课文 教师展示课文 1 配图，播放课文 1 录音，学生听两遍，回答问题。 【问题】 （1）“我”在做什么呢？（答案：“我”在看书呢。） （2）大卫也在看书吗？（答案：大卫没在看书。） （3）大卫在做什么呢？（答案：大卫在学做中国菜呢。） （4）大卫为什么学做中国菜？（参考答案：大卫喜欢吃中国菜。） （5）A 和 B 在做什么呢？你怎么知道的？ （答案：他们在打电话呢。因为 A 说“喂”。） 2. 复述课文 根据学生的回答，教师在黑板上书写关键词“我、看书、大卫、没、中国菜”。教师指示关键词，引导学生将对话体课文变为叙述体，先由学生接龙完成课文复述，然后再请单个学生进行完整复述。 【复述参考答案】我在看书呢。大卫没在看书，他在学做中国菜呢。他喜欢吃中国菜。 3. 朗读课文 教师领读课文两遍，第一遍语速较慢，第二遍加快语速。学生集体跟读。 个别学生分角色朗读课文，教师纠音正调。 4. 拓展练习 教师利用教材热身部分的图片，请学生两人一组，选择一张图片，仿照课文 1 进行对话练习。完成后，请 2－4 组学生进行表演。 （二）学习课文 2 1. 理解课文 教师播放课文 2 录音，学生听两遍，回答问题：“昨天上午他们在干什么呢？”根据学生的回答，教师引导学生多说，尽量使答案丰富、完整。 【参考答案】大卫昨天上午在睡觉呢。玛丽昨天上午没在睡觉，她在家看电视呢。她很喜欢看电视。 2. 朗读课文 教师领读课文两遍，第一遍语速较慢，第二遍加快语速。学生集体跟读。 个别学生分角色朗读课文，教师纠音正调。 3. 拓展提问 教师根据学生实际情况，进行问答练习。 【问题】 （1）昨天上午你在看电视吗？ （2）昨天晚上你在学习汉语吗？

（3）昨天中午十二点你在睡觉吗？

（4）……你在做什么呢？

教师根据学生回答情况，在黑板上书写句型“…（Past Time）… S + 在…… + （呢）”。

4. 拓展练习

学生打开《HSK 标准教程 1》103 页，两人一组，做运用练习 1。

练习 1：双人活动

两人一组，用“昨天……点，我在……（呢）”说说自己昨天的活动。

例如：A：昨天下午五点，你在做什么呢？

B：昨天下午五点，我在学习呢。

吃饭	买东西	看电视	打电话	睡觉

（三）学习语法点

1. 电话号码的表达

（1）语言点导入

教师先展示数字 0 – 9，带领学生复习汉语数字的表达方法。

教师利用中国常用的紧急求助电话号码进行导入，请学生朗读下列简短的电话号码，然后猜一猜这是什么号码？

110（报警） 119/999（火警） 120（急救） 122（交通事故）

（2）语言点解析

首先介绍电话号码的读法。电话号码的读法与一般数字的读法有所不同。电话号码要一位一位地读，号码中的数字“1”要读成“yāo”。

随后，教师在黑板上书写两组电话号码：82305467（座机）、13805509366（手机），逐一朗读，学生跟读。同时教师为黑板上的电话号码补充停顿符号：8230/5467（座机）、138/0550/9366（手机）。

中国电话号码的位数及常用停顿模式，座机一般是 8 位，按“4 – 4”停顿；手机 11 位，多按“3 – 4 – 4”停顿。

（3）语言点操练

教师组织学生制作班级通讯录。教师先统一介绍电话号码的询问方式：“请问，你的电话号码是多少？”学生集体朗读并熟悉后，教师将全班分成几个小组，学生先在小组内互相询问并记录电话号码，然后每个小组派代表介绍本组同学的电话号码，其他组的学生记录，最后教师指定一位学生下课后再次向每位同学核对号码，然后制成班级通讯录，发给每位学生。

（4）文化拓展

根据课程进度和时间，教师可补充一些简单易懂的中国数字文化知识，如：中国人喜爱的数字有“1、6、8、9”，不喜欢的数字有“4”，有谐音别义的数字，如“2”等。用简单的语言介绍并解释原因，也可适当附以英语翻译等。

	2. 语气助词“吧” （1）语言点导入 教师出示一张米饭的图片，通过提问进行导入。 教师：今天中午你想吃米饭，你要对妈妈说什么呢？ 学生：今天中午我想吃米饭。 教师：对，也可以说“……吧”。 学生：今天中午我们吃米饭吧。 （2）语言点解析 语气助词“吧”用在祈使句句尾，表示建议或者命令别人，使语气缓和。 语法公式：…… 吧。 （3）语言点操练 教师出示诸如“看电影”“喝咖啡”“在商场购物”“去图书馆看书”等人物行为图片，教师给出时间词，请学生按照图片提示，用“……吧”提出建议。 【答案】 明天我们去看电影吧。 今天下午我们去喝咖啡吧。 星期六我们去商场买东西吧。 我们晚上去图书馆看书吧。 （4）语言点拓展练习 教师组织学生两人一组，根据提示进行对话练习。 A：……（时间）我们去……（做什么）吧。 B：我不想去，我们去……（做什么）吧。 A：好吧。我们什么时候去呢？ B：……吧。 看电影 VS 买东西　喝咖啡 VS 喝茶　去图书馆 VS 吃中国菜 （四）学习课文 3 1. 理解课文 教师播放课文 3 录音，学生听两遍，回答问题。 【问题】 （1）李教师的电话号码是多少？（答案：李教师的电话号码是 82304156。） （2）李教师现在在做什么呢？（答案：李教师现在在工作呢。） （3）什么时候可以给李教师打电话？（答案：下午可以给李教师打电话。） 2. 朗读课文 教师在 PPT 上展示课文 3，领读课文两遍，第一遍语速较慢，第二遍加快语速。学生集体跟读。 个别学生分角色朗读课文，教师纠音正调。

	3. 模仿练习 教师将 PPT 上课文 3 的重点词语隐去，请学生回忆课文，补充完整再进行对话练习。 A：…… 是 ……的电话吗? B：不是，……的电话是 …… 。 A：好，我现在 …… …… 。 B：…… 在 …… 呢，你 …… 打 …… 。 学生两人一组，教师给每组发 2－3 张人物行为图片，学生仿照课文 3，进行替换对话练习。教师巡视并给需要的学生及时提供帮助。 4. 改写练习 请一组学生展示模仿练习的对话，其他学生认真听，听后回答问题：“××的电话号码是多少?”“他现在在做什么呢?”“什么时候可以给他打电话?”根据学生的回答，教师在黑板上书写关键信息，如“⊗62975381，大卫，62985381，学习，晚上”。随后，教师引导学生根据关键信息提示，将对话体内容改说成叙述体，如：“62975381 不是大卫的电话，他的电话是 62985381。他现在在学习汉语呢，不能给他打电话。你晚上给他打电话吧。” 根据课堂时间和进度，教师可适当安排书写练习，即请学生将刚才自己组进行的对话改为叙述体，并写在练习本上。 四、处理练习（45 分钟） （一）听力练习 学生打开《HSK 标准教程 1（练习册）》90－92 页，听录音，做练习。 完成后，学生依次依题回答，教师公布答案。如有疑问，教师再朗读一遍听力文本，并进行指导、解析。 （二）阅读练习 学生打开《HSK 标准教程 1（练习册）》93－95 页，做练习，限时 10 分钟。 完成后，学生依次依题朗读句子（注意不能只回答选项或词语，应朗读整句或对话，练习语音语调，教师也应注意及时纠音正调），教师公布答案。如有疑问，教师可请其他学生回答或亲自进行指导、解析。 （三）语音练习 学生打开《HSK 标准教程 1（练习册）》96 页，听录音，做练习。 第一部分：听录音，从听到的三个词语中选出声调模式不同的一个。此题难度较大，可听 2－3 遍，然后学生回答，教师公布答案，并在黑板上标出每个选项的声调，然后再播放录音，学生听录音，看答案，模仿跟读，体会声调组合，培养语感。 第二部分：听录音，画出句子中你听到的三音节词语。播放一遍录音，然后学生回答。回答时请学生读全句，并注意句内停顿，以便听出学生答案。核对答案后，教师再播放一遍录音，学生跟读模仿，训练语音语调。 （四）汉字练习 学生打开《HSK 标准教程 1（练习册）》97－98 页，教师查验学生作业。

第二部分：看汉字，找出含有下列偏旁的汉字。在查验此题的过程中，教师可根据学生水平及课堂进度，适当解析此题出现的汉字字义，以便巩固“日字旁”“目字旁”的含义。

在学生做听力及语音练习时，教师可视情况批阅本课学生听写的句子，如错误比较集中，教师可在此环节书写错字，引起学生注意，并改正汉字，强化正确的书写形式。如大部分学生完成较好，教师可下发学生听写练习，由学生根据自己的问题，各自改正，教师做好督促和确认工作。

五、小结与作业（15 分钟）

（一）本课小结

教师展示 PPT 课件：一张空白 PPT。

首先小结本课生词。教师播放动画效果，使 PPT 上依次出现本课生词“喂、喜欢、打、睡觉、吧、给、电视、学习、喜欢、也、上午、大卫”（顺序可打乱），学生快速认读，复习生词。

随后巩固词语及语法点用法。教师指示 PPT 上的生词，领读本课重点句：“①喂，你在做什么呢？②我现在给教师打一个电话。③我喜欢看电视。④我昨天上午十点在家睡觉呢。⑤大卫上午学习汉语，我也学习汉语吧。”学生集体跟读，复习词语用法及语法点。随着句子的变换，教师播放动画效果，补充已学词语“做、现在、看、在家”，完善课件。

继而强调重要语法点“在……呢”表示动作正在进行。教师播放动画，PPT 课件第一行出现语法教学公式“S + 在 + V + O + 呢”，教师指示语法教学公式，利用 PPT 页面中的动词短语与学生进行问答，边问边指示相应词语，提示学生运用语法点进行回答，如：“你在做什么呢?”“我在打电话呢。”“我现在在学习汉语，你呢?”“我现在也在学习汉语呢。”复习完肯定句，教师指示“看电视”，提示学生进行提问：“大卫在看电视吗?”教师一边摆手，提示否定，一边指示“睡觉”，引导学生回答“大卫没在看电视，他在睡觉呢。”完成后，教师播放动画，展示否定形式的教学公式，并强调语法点“在……呢”表示动作正在进行的否定句形式是“在”前加“没”，删去“呢”。

S		在			V	O	呢
	S 没	（在）			V	O	
喂					做		
	现在			给	打	电话	
		喜欢			看	电视	
	上午		在家		睡觉		
大卫		也			学习		吧

（二）布置作业

教师根据学生情况及课程安排选择性地布置下列作业。

1. 汉字：寻找“日字旁”“目字旁”的汉字，并给同学介绍。

2. 语音：朗读课文，以语音的形式发至班级微信群，比一比谁读得最好。

<table>
<tr><td></td><td>3. 语法：用所给短语（睡觉、看电视、做中国菜、打电话、买杯子、看电视、读汉语书、学汉语、吃水果、喝茶）完成“在……呢”句，注意每个词语都应写出肯定句、否定句、疑问句 3 种。
4. 课文与功能：运用本课生词和语法点，创设情景，编写对话。
5. 预习第 14 课《她买了不少衣服》。</td></tr>
<tr><td>板书</td><td>板书一：
<table>
<tr><td>S + 在 + V + O + （呢）
他 在 睡 觉 呢。</td></tr>
<tr><td>S + 在 + V + O + （呢）+ 吗？
他 在 睡 觉 （呢） 吗？</td></tr>
<tr><td>S + 没 + （在） + V + O
他 没 （在） 睡 觉。</td></tr>
<tr><td>S + Past Time + 在 + V + O + （呢）
他 昨天晚上九点 在 睡 觉 呢。</td></tr>
</table>
板书二：
<table>
<tr><td>S 在 V O 呢
S 没 （在） V O
喂 做
现在 给 打 电话
喜欢 看 电视
上午 在家 睡 觉
大卫 也 学习 吧</td></tr>
</table>
</td></tr>
<tr><td>教学后记</td><td>教案在课堂操作中得到了检验。实践证明绝大部分设计意图和操练方法是行之有效的，多媒体课件的使用，尤其是动画效果的丰富，很大程度上提高了课堂效率，学生的认知度得到了提升。但一些经典的、重要板书，由教师随讲随写、随指随画，既动态地体现了教学过程，也更加吸引学生的注意力，仍受到学生的普遍欢迎，教学时教师应根据内容及重要性进行区分，以便相辅相成，效用发挥至最大化。
教学中发现课堂上保持学生快乐的情绪，如加入一些游戏性质的小活动、文化知识的导入、小视频的观看，可以减少学习的焦虑感，一定程度上促进积极学习行为的产生和保持。但活动游戏也不是多多益善，教师在教学环节的编排上应注意控制教学节奏，做到张弛有度。
在课后作业的设计上，单一枯燥的写汉字、造句等传统形式已不再满足学生汉语学习需求。为不使学生感到乏味、低效，教师可多样化作业类型，多结合学生兴趣特点，利用现代化信息技术等，采用新颖有趣的作业形式不断激发学生的学习兴趣，引导他们动用多种感官，全面发展语言能力及语言交际能力。</td></tr>
</table>

本章思考与练习

1. 谈谈你对“综合课”中“综合”一词的理解，举例说明。

2. 查阅相关著作论文，简述综合课的产生及历史发展过程。

3. 简述综合课的教学原则、教学特点及常见教学模式。

4. 课堂教学涉及教学理念、教学原则、教学方法、教学技巧、课程、教材、学习者、教学环境、教师的职业发展等多个方面，试以某次教学实践为例，谈谈以上诸方面与综合课教学设计的相互关系。

5. 选择一本综合课教材，研读教材，根据教材体例，谈谈综合课教学环节的设计与安排。

6. 讲练生词和讲解课文是综合课的两大教学环节，简述这两个环节的关系及教学中的注意事项。

7. 选择一本综合课教材中的某一课，设计撰写一篇完整的教案，然后结合教案各环节的设置及训练方法，阐释该教案在语言要素、言语技能、交际技能、文化教学等方面的设计思路。

8. 试将第二语言新型教学法，如任务型教学、探究式学习、翻转课堂等理论引入到综合课教学中，谈谈你的思考、设想或教学实践。

9. 在语音教学、生词教学、语法教学、课文讲练等方面，初级综合课与中高级综合课有着明显的不同，谈谈你的看法，并举例说明。

10. 在初级阶段及中高级阶段综合课的教学中，你认为教学的重点、难点各是什么？教师在设计操练时应该分别重点关注哪些项目？为什么？

本章资料拓展

资料一：综合课的性质和特点

（一）从课程设置上看，综合课具有“核心性”“主干性”“辐射性”“融合性”等特性特点，处于基础地位，是各专项技能课的纽带与核心。主要表现为它承担着系统地传授汉语语音、词汇、语法和汉字知识，以及综合训练汉语听、说、读、写等语言技能的任务，而口语、阅读、听力等课程主要承担专项语言知识传授和专项语言技能训练的任务。每门专项技能课突出一项或两项技能，使其向纵深发展。专项技能课在初级阶段既有相对的独立性，又受到综合课的制约，处在配合性位置上；而到了中高级阶段，专项技能课的独立性特点便凸显出来。

（二）从课程层级上看，综合课可分为初、中、高不同层级，但是包括为四年制本科生开设的各级综合课在内，广义上说其性质都属于基础汉语教学，培养学习者综合语言能力是综合课的核心要务。综合课的这一性质决定了语言技能的综合培训是其主要特点和主要呈现形式。因而，既不能上成文学课、文化课，也不能上成纯粹的语言知识课、语文分析课。以往由于初级综合课以系统传授语法知识为主，中高级综合课以选择文学作品为主，课文广泛涉及文化问题，因此综合课特别是初级综合课常被上成语法知识讲练课，而中高级综合课常被上成文学分析课、中国文化宣讲课，从根本上偏离了综合课的课程性质和要求，也偏离了汉语作为外语教学的性质和要求。从这个意义上说，强调和把握综合课“技能训练为核心的属性和要求”是极为必要的。

（三）从课程任务上看，综合课承担语言知识教学和语言技能训练的任务，其基本特点是双“综合”：综合传授语言知识，综合训练听说读写等语言技能。在确认综合课承担语言知识传授和语言技能训练双重任务的同时，必须强调知识向技能转化的必要性和关键性，必须明确知识在技能形成过程中的服务性和辅助性地位。因而，教学实践中应根据不同阶段的教学特点和具体语言知识的特点，千方百计将语言知识转化为学习者真正的语言能力，而这一点恰是目前综合课理论研究和教学实践中的薄弱环节，因而也是综合课亟待加强和努力的方向所在。

（四）从课程模式上看，即从教材编选和课文处理上可以看到：传统的精读课强调精心编写课文、精心选择课文、精细分析课文、精细处理课文。重视对语音、词汇特别是语法的细致讲解，重视对语言的范本——课文进行全面、深入的分析；重视语言形式的教学，并进行机械性地操练，以使学生形成正确的语言习惯。其最大缺憾是，以知识的讲解替代了技能训练。应该说，初级综合课应精心编写教材、中高级综合课应精心选文或改编课文，这是毋庸置疑的。但是，对于课文的精细处理和精细分析的内涵应进行新的界定，它所指的应是教师在备课过程中要全面分析课文、细致分析课文，在吃透课文语言和文化知识要点的基础上，精心选择课上要讲授的语言和文化项目，并设计相应的技能化的方法和技巧，而不是不分巨细和轻重，将所有的语言和文化内容一股脑地搬到课堂上去。即使是应讲的内容，也不是要大讲、细讲知识，而应有重点、有针对性地说明使用规则、使用要求。此外，语言知识的服务性和辅助性地位也决定了它在综合课教学中不能喧宾夺主，应有重点、有节制、有针对性；不能讲完知识就算了事，而应考虑知识讲解的实用价值，并设法使知识转化为学生的实际能力。

（五）从综合课教学的实际情况来看，目前初、中、高各级综合课由于承担综合教授语言知识和综合训练语言技能的重任，实际教学“任务多、内容杂”，理论上的将“知识的综合教授”和“技能的综合训练”有机地结合起来，在课堂实践中往往很难得到落实，“精讲”和“多练”许多情况下都只能是一种理想，往往顾此失彼。这是对外汉语综合课实际存在的一种状况，也可以说是一个特点。当然这种状况不应看作是正常的，这一特点应看作是综合课理论和实践上的一个缺憾。反过来说，这也是综合课理论研究和教学改革的一个方向。

——李泉．汉语综合课的性质和特点探讨［J］．海外华文教育，2010（3）：10－12.（略有删减）

资料二：综合课教学要处理好的十个重要关系

一、综合课与技能课的关系

“综合课打头，按技能设课”教学模式的理论依据主要是：学习语言要完成两次转化。

学习任何语言都要首先学习语言要素。汉语的语言要素包括语音、词汇、语法和汉字。汉语的四个要素属于语言知识范畴，只学习这些知识还不够，只有能够使用汉语进行交际，才算是已经掌握了这种语言。学习语言要素就好比是准备材料，语言要素必须转化为听说读写等语言技能。

学习语言的根本目的是提高交际能力，语言技能还必须转化为语言交际技能，即学生能够针对不同的交际目的、时间、场合、对象使用恰当、得体的语言，完美地表达思想，进行出色的交际。根据学习语言要完成两次转化的理论设计的“综合课打头，按技能设课”的教学模式，首先设一门综合课，然后分别设听力课、口语课、阅读课、写作课等技能课。

综合课是打头的课，讲究全面，技能课讲究重点。要上好综合课须牢记“全面”两个字。所谓“全面”是指综合课具有多种教学目的和多种教学任务，既担负着语言要素的教学，也担负着语言技能和语言交际技能的教学。在语言要素的教学中，既有语音、语法、词汇的教学，还有汉字的教学。在语言技能的教学中，既训练听说，也训练读写。在交际技能的教学中，训练学生根据不同的交际目的、时间、场合、对象说出恰当、得体的话。总之，要上好综合课，必须统筹安排、全面周到，不能顾此失彼。

综合课教学讲究“全面”，语言要素和语言技能的训练也不是平均使用力量，还要突出重点。在语言要素、语言技能和交际技能三者中，重点是语言要素的教学。经过综合课的训练，学生掌握了重要的词语和语法，就为听说读写等语言技能的训练打好了基础。在技能课上可以重点训练某个方面的语言技能。

二、语言要素教学与语言技能的关系

综合课既有语言要素的教学，也有语言技能的教学。在语言要素教学中，语音训练是贯穿对外汉语教学始终的任务。初级阶段综合课的语音训练，重点是语流中声韵调正确、标准。中高级阶段的综合课语音训练，重点是在语流中重音、停顿、语气、语调要恰到好处。学生能够听得准，说得对。

成年人学习第二语言一定要学习语法。综合课承担语法教学的任务。现在语法教学的主要问题是过分重视句法，而忽视词法。汉语重意合，重视词语的排列组合，重视词序和虚词的应用。我们教的很多句法规则不能把所有的语言事实框住，所以，综合课的语法教学应该强化词法，淡化句法。

词语教学是对外汉语教学的重中之重，也是贯穿教学全过程的教学任务。综合课在教生词的时候要把词的音、形、义、用讲清楚，让学生全面掌握。特别是掌握了词的用法，就等于学会了词的排列组合，学会了造句，而且，这样造出的句子一般没有错误。

汉字教学在对外汉语教学中有着重要的地位。汉字教学既要重视“认”，又要重视“写”。在初级阶段“写”可以帮助“认”。汉字记不牢固，会影响笔头表达能力的提高。

学好语言要素可以为语言技能和语言交际技能训练打好基础。只有打好这个基础，才能完成语言要素向语言技能转化，进而转化为语言交际技能。

三、听说与读写的关系

在语言技能训练中，我们应该根据学生不同的需求，处理好听说和读写的关系。

一般来说，短期来华学习的留学生，绝大部分是想利用中国得天独厚的语言环境，提高自己的听说能力。他们来华时间短，除了学习汉语，还要旅行游玩。所以听说读写不能面面俱到，只能求主舍次。“主”就是听和说。综合课的教学要理解和满足学生的学习需求，在课上加强听说教学，重点提高学生的听说能力。

有的学生经过4年系统的汉语学习，要取得本科或以上的毕业文凭，最后还要用汉语写毕业论文。针对他们的综合课教学就要听说读写并重。教师给学生的笔头作业相对要多，批改的负担比较重，课上还要加强检查和讲评。初级阶段在听说读写全面要求的前提下，应该突出听和读的训练。这是因为，只有听和读首先过关，才能更快更好地促进说和写的能力的提高。

还有的学生能听能说，但不认识汉字，是所谓的“文盲”，他们要求学习认读和书写汉字。最好把这些学生编在一个班，多读、多写，重点训练阅读和笔头表达。

四、生词、语法与课文的关系

对外汉语教学有个优良的传统，就是语言要素的教学音不离词、词不离句、句不离段、段不离篇。也就是说，在教语音的时候，要结合词语，注重在语流中的准确性；在教词的时候，把词放在词组和句子中练习，注重词语的搭配；在教句子的时候，要结合语段，注重句与句的过渡和连接；在教语段的时候要结合语篇，注重段与段的过渡和连接。在教语音、词语、句子、语段的时候都要向上边的语言单位靠，而最上边的语言单位就是课文。

教材的编者挖空心思、绞尽脑汁编好课文，使用教材的人也要把课文作为重中之重。课文在语言教学中具有包容性和多元性，体现在：

（1）课文把语言要素、语言结构、语言功能以及语言所包含的文化因素等融为一体。

（2）课文为语言技能的训练提供了必要的语料。

（3）课文还为语言的使用提供了特定的语境，为训练和提高学生的语言交际能力提供了重要的模式。

由此可见，语言知识的融会贯通离不开课文，语言技能的综合训练离不开课文，语言交际能力的培养也离不开课文。包容性和教学目标的多元性决定了课文在语言教学中的重要性。

五、讲与练的关系

精讲多练是课堂教学中教师讲解和指导学生操练的总的原则。

“精讲”包括两个方面的含义：一是内容方面，指的是所讲的内容必须经过精挑细选，要少而精，该讲的则讲，不该讲的一定不讲；二是方法，指的是教师要用最少的语言、最简单的方法把该讲的内容讲深、讲透、讲清楚、讲明白，而且要以学生活动、练习代替讲解。教师语言简洁、规范、典雅、通俗，不浪费一点儿时间，不说一句多余的话。指令不超过两句话。设定情景，不超过3句话。

“多练”有三个方面的含义：一是指讲和练的时间比例，讲要少，练要多；综合课学生操练和教师讲解的时间比例为6:4，即学生的练习时间不能少于60%，教师的讲解不能超过40%；二是全面练习，该练习的一定要练到，不能有遗漏；三是充分练习，学生通过大量、反复、有效的练习掌握应该掌握的知识和技能。凡是学生能做的教师都不要代替，比如，能让学生问的问题，教师不问；练习题目要由学生念，而不是由教师念。问题由学生回答，而不是由教师回答。还要坚持让学生说完整的句子、段落；坚持让学生说出最后的答案；黑板上、幻灯上的字、词、句一定让学生朗读。

精讲多练还包含这样的意思：讲在前，练在后；讲的结果是懂，练的结果是会；讲为了练，练要在讲懂的基础上进行；不能盲目地练、糊涂地练，应该有目的地练、有效地练。

教师在讲解的时候，要设计好先讲什么，后讲什么，掌握讲解的顺序。同时要考虑从易到难、由浅入深、由此及彼、由表及里。要防止太难太易、忽难忽易，深一脚浅一脚。还要防止难易倒置、深浅倒置、彼此倒置、里表倒置。因为这些都违反了循序渐进的原则。

六、死与活的关系

学习语言，不管是生词、语法还是课文，都必须先死后活、死活结合、从死到活，最后落实到活用。死是活的基础，学生把生词、语法、课文掌握得越扎实、越熟练，基础就越牢固。基础知识、基本的语言规律学生掌握得越牢固，就越能激活思维，他们就能运用当课所学的生词、语法、课文充分表达自己的意思，最后落实在灵活的交际上。比如在教一个新的句型，有经验的教师总是先引导学生把基本句练透说熟，达到脱口而出的程度。然后再给学生替换词语，进行替换练习。到此还是机械练习的阶段，学习新句型要落实在学生能够运用它表达自己要表达的意思、说自己想说的话。为此，教师要设计语境和情景，让学生在这样的情景下必然说出新学的句型。

学习课文也如此。一般的教师讲练课文落实在学生能够复述上，这是不够的。课文给学生提供了交际的模式，学生要能够按照这个模式表达自己的意思。提高学生的交际能力是语言教学的出发点，也是语言教学的落脚点。

七、对话与叙述的关系

我们使用的教材，有的课文是对话体，有的是叙述体。教师在备课时要处理教材。有时候把对话体改为叙述体，有时候把叙述体改为对话体。一般来说，教材编者的思路是，初级的学生要多练习对话，把单句说好，所以初级教材多为对话体；中高级的学生应该加大叙述的练习，训练复杂表达和成段表达，所以以叙述体的课文为主。

在初级阶段，为了让学生理解课文，教师可以先把对话体课文变成叙述体，学生从听入手，教师讲述比较方便。为了这样的目的，教师叙述以后要提问，学生回答，检查他们对课文的理解，但重点还是练习对话体的课文。有的时候先练习对话体课文，然后引导学生把对话体改成叙述体。这样做有两个目的，一是练习概括总结和提炼的能力；二是练习成段表达，训练句与句的过渡和连接。

到了中高级阶段，多使用叙述体课文。为了活跃课堂气氛，可以让学生根据课文提供的内容改编成对话，进行对话练习和表演。这样的练习能够训练学生在改编时注意人称和语气的变化。

八、集体练习与单个练习的关系

学生在做练习的时候，要处理好集体练习和单个练习、合唱和独唱的关系。合唱为了提高开口率，在单位时间里使更多的学生有练习的机会，可以集中学生的注意力，调动全班学生的学习积极性；独唱为了了解个别学生的具体问题，有重点地进行个别指导。

合唱太多或独唱太多，都不利于活跃课堂气氛，调动学生的学习积极性。合唱多往往有个别学生不张嘴，充当南郭先生；独唱多，半天才轮到一次练习的机会，学生的思想容易开小差。教师站在讲台前边，既要综观全局，又要明察秋毫。根据练习内容的难易程度和学生的表情，该合唱时合唱，该独唱时独唱。

不管讲练生词还是句型或者课文，常常是先领说或领读，再集体说或集体读，最后单个说或单个读。但是有经验的教师跟没有经验的教师训练效果大不一样。有经验的教师在领说和学生集体说的时候，善于发现个别学生的具体问题，最后的单个说是有针对性的，哪个学生有问题让哪个学生练习，学生哪儿有问题练习哪儿。这样才能提高训练的效率。

九、纠正音调严与宽的关系

我们不主张有错必纠，也不主张对学生的错误抓住不放。我们主张对待学生的语音错误要有选择、有重点地纠正，在适当的时候采用适当的方法纠正。所谓有选择、有重点是说，要选择那些典型的、顽固的、普遍性的错误进行纠正；所谓适当的时候是说，在学生练习活动进行当中不要纠正，以免干扰他们的思维。教师要记录学生的错误，待他们活动结束以后进行纠正；所谓采用适当的方法是说，教师能够针对学生的错误采取有效的方法，帮助学生自我改正。

教师在纠正个别学生的错误时要面向全班，尽量减少个别学生的压力。学生音调方面的错误反映在词语上，在纠正时不能只是就词纠词，而要放在句子中纠正，在语流中纠正。学生说对词语不是目的，说对句子才是目的。正确的做法是“音不离词、词不离句”。

在纠正语音时教师要善于运用启发式，对有能力自我纠正错音错调的学生，教师不要越俎代庖，而应让学生经过自己的思考自我纠正，以便把感性认识上升为理性认识，避免重犯过去的错误。

教师不要重复学生的错音错调。特别是初学者。教师重复他们的错误，学生往往认为是教师做示范，跟着模仿，以误为正，造成混乱。在纠正学生的错音错调时，对个别人的错误不要揪住不放，要掌握分寸，适可而止。以免一方面使得出现错误的学生难堪，另一方面置多数学生于不顾。不过在学生自行改正错误以后倒可抓住不放，令其重复正确的，并给予肯定和鼓励。

十、多媒体技术与常规教学手段的关系

多媒体技术和常规教学手段都有各自的优势。一般来说，多媒体技术手段能提供的信息资源形式多样，包括文字、图片、声音、图像、动画、视频等各种媒体信息；使得课堂教学的有效信息量大大增加，更加活泼生动、直观逼真；可以变无声为有声，变静态为动态，变抽象为具体；通过多通道的信息刺激、多维度的信息传递调动起学生视觉、听觉等多种感官功能，激发学生的学习兴趣，从而达到优化课堂教学，提高教学效率，增强教学效果的目的。

但是，如果制作和使用不当，也会产生视觉干扰。在制作方面，画面的字体、颜色和动画应当讲究。尽量地美观、大方、顺眼。使用要恰到好处，学生何时看书、何时看屏幕，教师何时写板书，学生何时看屏幕、何时看板书，这些要精心设计、精心安排。

在使用 PPT 的时候教师要体会学生的心理。由于画面变换的速度快，学生往往担心笔记没完就换掉。教师要察言观色，待全体学生记完再换画面，画面展示的时间尽可能长一点儿。教师可利用这段时间让学生多说几遍，充分地利用每一个画面。

另外，PPT 不能代替板书。教师写一手漂亮的板书，对学生写好汉字会产生潜移默化的影响。初级阶段的欧美留学生看着教师写汉字，可以加深他们对笔顺和字形的认知。板书固然会占用一定的时间，但这部分时间同样可以成为有效的教学时间，给学生提供记笔记和理解吸收的机会。适量的板书是有好处的。特别是某一课的重点语法和句型，若能写在黑板上，两节课的时间内，它会始终停留在学生的视线中，不但可以加深记忆，而且教师可以根据课堂上的真实语境随时提示学生加以使用，而 PPT 很难把某个重点语法和句型长时间保留在屏幕上。此外，课堂上突然出现的灵感、学生提出的相关问题，在课件设计的时候并没有提前准备的，也可以通过板书来展示。

——杨惠元．综合课教学要处理好的十个重要关系［J］．语言教学与研究，2010(6)：24－29.（略有删减）

本章参考文献

[1]姜丽萍．汉语作为第二语言课堂教学[M]．北京:北京大学出版社,2011.
[2]翟艳,苏英霞．汉语作为第二语言技能教学[M]．北京:北京大学出版社,2010.
[3]周小兵．对外汉语教学入门[M]．广州:中山大学出版社,2009.
[4]杨惠元．课堂教学理论与实践[M]．北京:北京语言大学出版社,2010.
[5]姜丽萍,赵秀娟,吴春仙．综合课教学方法与技巧[M]．北京:北京语言大学出版社,2014.
[6]孔子学院总部．国际汉语教学通用课程大纲(修订版)[M]．北京:北京语言大学出版社,2014.
[7]李泉．汉语综合课教学理论与方法[M]．北京:北京大学出版社,2011.
[8]崔希亮．对外汉语读写课优秀教案集[M]．北京:北京语言大学出版社,2016.

第二章 听力课教学

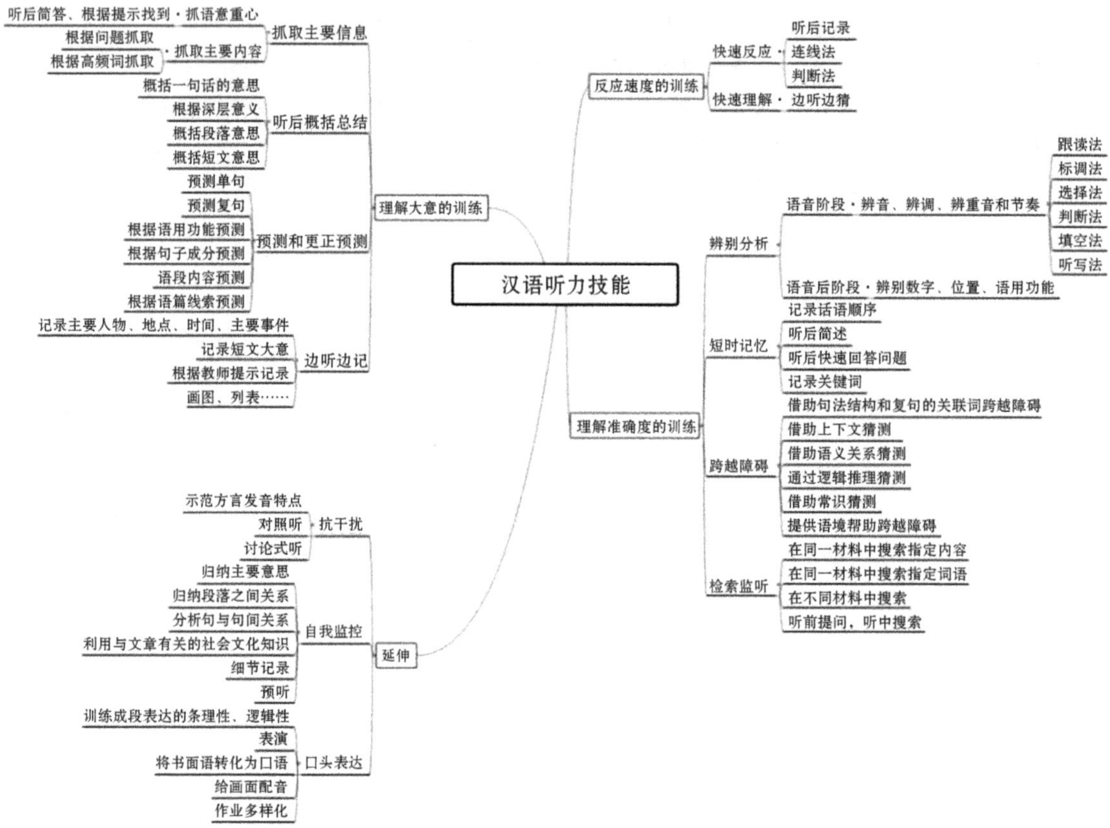

图 2－1　听力技能知识结构图

听力理解是语言活动中非常重要的一个环节，通过接收语音信号识别语言意义，从而听懂并准确理解话语。

胡波提出，语言教学中的听力理解，应该包含辨别语音、理解意义两方面的内容①。但从辨别语音到理解意义却是一个复杂的信息处理过程。针对这些活动，听力教学开展了听力技能训练的研究，而专家、学者对听力微技能训练提出了不同的视角和方法，其中杨惠元和李清华的研究最被大家认可并使用。

---

① 胡波．听说教学方法与技巧［M］．北京：北京语言大学出版社，2014：2.

杨惠元（1989、1991）首先提出听力教学中，要重点训练的 4 种能力：辨别分析能力、记忆储存能力、联想猜测能力、概括总结能力。之后杨惠元（1996）又增加了 4 种微技能：快速反应能力、边听边记能力、听后模仿能力、检索监听能力，共 8 种。[①]

李清华（1987）提出了六种微技能：对听力材料的筛选能力；预测和更正预测的能力；跳跃障碍的能力；识别重述或变换措辞的能力；利用连接词和语法关系提供信息的能力；“一心二用”的能力，听的同时要能做笔记、画图、做实验。[②]

本知识结构图汇聚学界普遍接受的观点，以反应速度的训练、理解准确度的训练、理解大意的训练作为切入点，展现各项微技能，并列举相关训练方法，最后再提出一些延伸训练项目。但要注意的是，单项微技能的训练并非隔离于其他微技能，不同微技能结合不同的训练方法，其侧重点也不同。如微技能“边听边记”，可用于训练理解大意，也可用于训练理解准确度。

第一节　初级听力课技能

示例一　听听辨辨记得准

教材信息：《畅听：汉语听力教程》，北京体育大学出版社，编者匡昕、王辰，2017 年 9 月第 1 版第 1 次印刷。第 3 课《这是什么?》第一部分：语音。

声母表

b	p	m	f
d	t	n	l
g	k	h	
j	q	x	
z	c	s	
zh	ch	sh	r

韵母表

a	o	e	i	u	ü	er
ai	ei	ao	ou	an	en	
ang	eng	ong	ing			
ia	iao	ie	iou(iu)			
ian	in	iang	iong			
ua	uo	uai	uei(ui)			
uan	uen(un)	uang	ueng			
üe	üan	ün				

① 胡波．听说教学方法与技巧［M］．北京：北京语言大学出版社，2014：3.
② 李清华．谈科技汉语的听力理解［J］．语言教学与研究，1987（02）：103－110.

第一部分　语音（节选）

一、在听到的词语拼音上画圈。Circle the pinyin of each word you hear.

báo—pào	gùn—kùn	jiǒng—qióng	wǎn—nuǎn	lüè—lǚ
zuàn—zhuāng	diū—diào	suǒ—cuò	yán—yǎng	màn—mèn
fǒu—fó	xíng—qǐng	tóng—téng	wèi—wài	chái—shāi
ràng—rēng	jūn—quán	xiě—jiè	hǔ—hè	nín—lìn

五、听后填写韵母和声调。Listen and fill in the finals and tones.

k ____	k ____	l ____	l ____	m ____	n ____	q ____	g ____
j ____	zh ____	t ____	q ____	ch ____	c ____	x ____	x ____
j ____	r ____	j ____	x ____	n ____	j ____	d ____	b ____
f ____	h ____	zh ____	k ____	g ____	x ____	z ____	s ____

生词：无

一、示例实施

（一）教学目标

1. 能听清并记录所有的声母、韵母和声调；
2. 能听清并辨析近似拼音；
3. 能听清并辨析不同语调。

（二）教学重点、难点

1. 教学重点：让学生准确记录所听拼音；让学生听辨分析不同的近似音、语调。
2. 教学难点：让学生体会到课堂听力练习与自习的区别，并能在实际生活中运用。

（三）教学前准备

1. 知识准备

已学完全部声母、韵母、声调。

2. 教学材料准备

将书中练习转制 PPT 课件，并设计分组、遮挡等动作机关设置。

（四）教学过程

1. 导　入

（1）复习拼音

学生跟教师读：

①读单个声母：

教师：b　　学生：b

教师：p　　学生：p

②读处在最小对立体[①]关系中的一组声母：

教师：b，p　　学生：b，p

③读单个韵母：

教师：ɑ　　学生：ɑ

教师：u　　学生：u

④读一个音节：

教师：bɑ　　学生：bɑ

教师：bu　　学生：bu

教师：pɑ　　学生：pɑ

教师：pu　　学生：pu

⑤读一组声母对比的音节：

教师：bɑ pɑ　　学生：bɑ pɑ

教师：bu pu　　学生：bu pu

⑥读一组声调对比的音节：

教师：bɑ́　bɑ̀　　学生：bɑ́　bɑ̀

教师：pǔ　pù　　学生：pǔ　pù

⑦读双音节词：

教师：búpɑ̀　　学生：búpɑ̀

教师：bɑ̄bù　　学生：bɑ̄bù

教师：bɑ̄pǔ　　学生：bɑ̄pǔ

教师：pɑ̀bu　　学生：pɑ̀bu

⑧读短语：

教师：Wǒ búpɑ̀.　　学生：Wǒ búpɑ̀.

⑨读句子，模仿语调：

教师：Nǐ pɑ̀bupɑ̀ bɑ̀bɑ?（升调）　　学生：Nǐ pɑ̀bupɑ̀ bɑ̀bɑ?

① 最小对立体，Minimal Pairs，在语音学中指同样的语音环境下，能够区分意义的最小语音单位，如在“pen”和“ben”中，[b] 和 [p] 是一组最小对立体。

教师：Wǒ búpà bàba.（降调）　　　学生：Wǒ búpà bàba.

⑩读句子，辨别重音：

教师：Wǒ búpà bàba.（可能：我弟弟怕爸爸。）　　　学生：Wǒ búpà bàba.

教师：Wǒ búpàbàba.（可能：我怕妈妈。）　　　学生：Wǒ búpàbàba.

教师在领读时应适时帮助学生纠音，必要时将学生的错误音和正确音对比读，保证学生的语音输入正确。

声母"b，p"，韵母"a，u"，及其二者组合是较为基础的练习，但送气音与不送气音的辨别在很多留学生看来是难点，以西班牙母语者较显著。

复习完该组，可按类似的顺序和方法复习其他组，如：

声母：j，q，x　韵母：i，ü

声母：z，c，s　韵母：an，ang，en，eng

声母：zh，ch，sh 与 j，q，x 或 z，c，s

最后，可提供图片和说明，让学生自己读，并猜所表达的意思：

图 2－2　Wǒ bú pà lǎohu

（2）完成本课第一题练习

①教师播放一遍录音。

②学生轮流说出答案：

薄（báo）—泡（pào）	棍（gùn）—困（kùn）	窘（jiǒng）—穷（qióng）
晚（wǎn）—暖（nuǎn）	略（lüè）—旅（lǚ）	钻（zuàn）—装（zhuāng）
丢（diū）—掉（diào）	所（suǒ）—错（cuò）	严（yán）—养（yǎng）
慢（màn）—闷（mèn）	否（fǒu）—佛（fó）	行（xíng）—请（qǐng）
同（tóng）—疼（téng）	位（wèi）—外（wài）	柴（chái）—筛（shāi）
让（ràng）—扔（rēng）	军（jūn）—全（quán）	写（xiě）—借（jiè）
虎（hǔ）—鹤（hè）	您（nín）—赁（lìn）	

③教师再次播放录音，让全体学生跟录音读正确答案。

④教师将两个选项放在一起对比领读，学生轮流跟读。如：

教师：báo—pào　　　学生 1：báo—pào

教师：gùn—kùn	学生 2：gùn—kùn
教师：jiǒng—qióng	学生 3：jiǒng—qióng

2. 讲　练

（1）教师播放一遍录音，请学生写出韵母。

（2）教师利用 PPT 展示练习题前 3 行，隐去部分拼音（二声或三声），提示学生先不做最后一行。请学生再听一遍录音，标调。

kang □	□ luan	□	□
□ zhong	□	□ ce	□ xiao
jianren	jiaxun	niang □	□ bao

学生填写完毕，教师请学生集体或点名说出答案，并予以肯定或纠正。

参考答案：

kāng □	□ luàn	□	□
□ zhòng	□	□ cè	□ xiào
jiānrèn	jiāxùn	niàng □	□ bào

（3）教师利用 PPT 展示练习题前 3 行，隐去部分拼音（三声），并请学生第 3 遍听录音，标调。

kāng □	lingluàn	mo □	quanguo
□ zhòng	tanqin	□ cè	xuexiào
jiānrèn	jiāxùn	niàng □	diebào

学生填写完毕，教师展示参考答案，供学生核对。

kāng □	língluàn	mó □	quánguó
□ zhòng	tánqín	□ cè	xuéxiào
jiānrèn	jiāxùn	niàng □	diébào

（4）教师利用 PPT 展示练习题前 3 行，请学生第四遍听录音，标调。

kāngkai	língluàn	móni	quánguó
juzhòng	tánqín	chuaicè	xuéxiào
jiānrèn	jiāxùn	niàngjiu	diébào

学生填写完毕，教师展示参考答案，供学生核对。

kāngkǎi	língluàn	mónǐ	quánguó
jǔzhòng	tánqín	chuǎicè	xuéxiào
jiānrèn	jiāxùn	niàngjiǔ	diébào

（5）教师领读前 3 行音节，并关注学生的错音。

（6）教师提示学生做最后一行，进行混合声调的听辨训练。

录音：fēihuí　　zhuākuɑ́ng　　gǒuxióng　　zēngsūn

学生：feihui　　zhuɑkuɑng　　gouxiong　　zengsun

（7）学生轮流把所有音节再读一遍，教师检查标调结果，检验听力效果，可适当扩充词汇量，如“学校”“弹琴”“狗熊”等。

（8）课堂扩展：填表

教师给学生发拼音表（部分），将第五题中的部分音节重新整合编号，让学生听后在对应的位置上填写数字编号、标调。

学生表：

表 2－1　拼音声韵练习表

	e	ü	iɑ	iu	uɑ	un	ɑn	ɑng	en	eng	ong	iong	ün
j													
q													
x													
zh													
ch													
sh													
z													
c													
s													

教师读：

①jǔ　②zhòng　③cè　④jiā　⑤xùn　⑥jiǔ　⑦zhuā　⑧sūn　⑨zēng　⑩xióng

填写后，应为：

表 2－2　拼音声韵练习表（答案）

	e	ü	iɑ	iu	uɑ	un	ɑn	ɑng	en	eng	ong	iong	ün
j		① （3）①	④ （1）	⑥ （3）									
q													
x												⑩ （2）	⑤ （4）

① “①－⑩”为应填写的数字编号，“（1）－（4）”为声调。

续表

	e	ü	ia	iu	ua	un	an	ang	en	eng	ong	iong	ün
zh					⑦ (1)						② (4)		
ch													
sh													
z										⑨ (1)			
c	③ (4)												
s						⑧ (1)							

教师可鼓励学生继续完善汉语拼音表格：两人一组，一人说出第五题中和标号音节在一起的另一音节，一人听到后完善表格。

3. 活动与游戏

活动一：抓音

教师将需要考察的拼音嵌入练习中，请学生识别。

可请学生准备拉手，当听到目标拼音时，迅速抓住旁边同学的手，而旁边同学要迅速抽离；若考虑到民族禁忌，可改为小组抢答竞赛，以快速、准确抓到目标拼音为准。

教师所给材料可从整体拼音开始，再过渡到一个声母或韵母，依难度循序渐进：

1. ri：今天是个好日子。
2. pao：爸爸说兔子跑了。
3. zh：早上我们一起吃饭，但我不知道他。
4. ao：树上有很多叽叽喳喳的小鸟。
5. ing：他不会说汉语，但是他会说英语。

活动二：听录绕口令

教师将绕口令转写成拼音，将其中的易混淆部分隐去，让学生听记。材料可选用常见的绕口令，或以歌曲《中国话》中的绕口令为基础，方便中文歌曲的学习和演唱。

例一：b－p

教师读：

八百标兵奔北坡，炮兵并排北边跑，炮兵怕把标兵碰，标兵怕碰炮兵炮。

学生填写：

____ ā ____ ǎi ____ iāo ____ īng ____ èn ____ ěi ____ ō，

____ ào ____ īng ____ ìng ____ ái ____ ěi ____ iān ____ ǎo,
____ ào ____ īng ____ à ____ ǎ ____ iāo ____ īng ____ èng,
____ iāo ____ īng ____ à ____ èng ____ ào ____ īng ____ ào.
答案：
bābǎi biāobīng bèn běipō,
pàobīng bìngpái běibiān pǎo,
pàobīng pà bǎ biāo bīng pèng,
biāobīng pà pèng pào bīng pào.

例二：
教师读：
哥哥弟弟坡前坐，坡上卧着一只鹅，坡下流着一条河。
哥哥说："宽宽的河。"
弟弟说："白白的鹅。"
鹅要过河，河要渡鹅。
不知是那鹅过河，还是河渡鹅。

学生填写：
Gēgē dìdì p ____ qián zuò,
p ____ shàng wòzhe yì zhī ____,
p ____ xià liúzhe yìtiáo h ____,
gēgē shuō：'kuān kuān de h ____,'
dìdì shuō：'báibái de ____,'
____ yào guò h ____, h ____ yào dù ____,
bùzhī shì nà ____ guò h ____, háishi h ____ dù ____.
答案：
Gēgē dìdì pō qián zuò,
pō shàng wòzhe yì zhī' é,
pō xià liúzhe yìtiáo hé,
gēgē shuō：'kuān kuān de hé,'
dìdì shuō：'báibái de ' é,'
é yào guò hé, hé yào dù ' é,
bùzhī shì nà ' é guò hé, háishi hé dù' é.
在本活动中，教师可提示学生，书写拼音时，视情况应使用分隔符"'"。

二、示例小结

本示例重点通过课本中一道题来围绕“辨别分析”的微技能进行教学设计。

“辨别分析”微技能在杨惠元先生提出的8种微技能中排在第一位，即“学生处理声音信号的能力。辨别是指对不同事物加以区别，即学生对教师所输入的语言信息能够进行有效的分辨和判断。分析是指将事物分门别类，对其本质内在内容加以理解并寻找相互之间联系，即学生对教师输入的信息能够分类剖析其实际意义。”①

初级阶段，辨别分析的微技能尤为重要。在本技能听力教学中，教师可运用跟读法、标调法、填空法、判断法等多种方法，在相对有意思的课堂环境中，培养学生能够良好地区分汉语的声、韵、调、停顿、重音等，训练学生辨别分析技能的使用，帮助其理解输入材料的真实含义。

导入中的拼音复习环节，教师可由浅入深，按照声母、韵母、音节、声调——四声、轻声、词语、短语、句子、语调的顺序将已学拼音分组，并采取螺旋上升的方式循序渐进，提高语音训练的复现率，培养学生在听音时的模仿、辨别技能，并逐步内化为学生自身所储存的信息模块，为下一步句、段、篇的听力理解建好基石。

讲练中，在运用填空法和标调法时，体现了“一、四声先定调，二、三声易辨别”的语音训练特点。本示例刻意强调了训练的顺序，但在实际教学中，教师应注意，单个音节和双音节的听力接收效果是不同的，单音节的声调更清晰、明确，双音节中的声调相对自然。

语言教学中，听力是信息接受的内化过程。初级阶段的听力教学要保证足够的语料输入量，同时兼顾输入数量（同一材料多听），培养学生的汉语语感，了解中国人的说话方式和交际策略，理解中国人在典型环境中的交际，掌握语言的一般规律。教师可适当引入真实场景下的中国人对话、视频，让学生走出课堂，也能听得懂。

三、任　务

请针对零起点学生，围绕“辨别分析声母”的微技能，设计一个听辨环节的练习活动。

---

① 张莹．听力微技能教学法在初级听力教学中的应用——以《发展汉语初级听力Ⅰ》为例［D］．兰州：西北师范大学，2016：9.

示例二　闪速买到大苹果

教材信息：《发展汉语（第二版）初级听力（Ⅰ）》，北京语言大学出版社，编者幺书君，2011 年 7 月第 2 版，2015 年 2 月第 7 次印刷。第 6 课《苹果多少钱一斤?》（节选）。

第一部分　语音（节选）

四、在你听到的词语拼音上画圈。

píjù/píqì　pīfā/pífá　yīnglǐ/nónglì　zìbái/zìbēi

zhǔguān/zǔlán　zhǐnéng/chízhòng　zhīchí/zìcí　zhǎyǎn/zhāyǎn

第二部分　课文（节选）

二、跟读短语或句子。

1. 多少钱　duōshao qián
2. 多少钱一斤？　Duōshao qián yì jīn?
3. 多少钱一个？　Duōshao qián yíge?
4. 这个多少钱？　Zhège duōshao qián?
5. 这种多少钱？　Zhèzhǒng duōshao qián?
6. 这种多少钱一斤？　Zhèzhǒng duōshao qián yì jīn?

7. 真贵！　Zhēn guì!　8. 不贵　bú guì　9. 都不贵　dōu bú guì

10. 特别贵　tèbié guì　11. 真便宜！　Zhēn piányi!

12. 特别便宜　tèbié piányi　13. 不便宜　bù piányi

14. 真好吃！　Zhēn hǎochī!　15. 一定好吃　yídìng hǎochī

16. 特别好吃 tèbié hǎochī

三、听录音，判断 A 和 B 哪个是你听到的

1. A. 这个多少钱？　　B. 这种多少钱？
2. A. 这种多少钱一个？　B. 这种多少钱一斤？
3. A. 苹果、梨都不贵。　B. 苹果、梨都特别贵。
4. A. 这种苹果不贵。　B. 这种苹果真贵。
5. A. 西瓜不便宜。　B. 西瓜真便宜！
6. A. 特别好吃。　B. 一定好吃。

生词：

1. 钱　2. 斤　3. 块　4. 梨　5. 买　6. 一共　7. 找　8. 西瓜　9. 真　10. 贵　11. 种　12. 毛　13. 的　14. 特别　15. 好吃　16. 便宜　17. 甜　18. 一定

一、示例实施

（一）教学目标

能准确分辨汉语拼音的声母、韵母、声调；

能快速反应，获取物品名称、数额等关键信息；

培养学生的快速反应能力，使学生能够听懂日常生活中与买卖物品相关的简单语言材料，并能与他人进行简单购物交际。

（二）教学重点、难点

1. 教学重点：能听准普通话的声韵调；能快速反应，准确获取语言材料中涉及的数字、价钱等具体信息。

2. 教学难点：能听懂语言材料，并进行简单的交谈；培养学生初步的猜词能力，理解说话人的基本意图。

（三）教学前准备

1. 知识准备

已学完全部声韵调；

已掌握 1－100 的数词；

已掌握个别生活用品名称，如词典、书包、笔等。

2. 教学材料准备

（1）常见物品名称词卡或课件

苹果、梨、西瓜、书、笔、书包、词典、衣服。

（2）相关生词实物＋课件

人民币纸币、硬币（各面值均需准备）、柠檬、糖等。

（四）教学过程

1. 导　入

（1）拼音复习

①听辨练习（课本第一部分第四题）

共听 3 遍：

第一遍普通匀速播放，使学生大体听一遍；

第二遍一组词一停，供学生仔细辨认；

核对答案，并分析易错处，给出改进意见，如：“j，q”辨析、“平舌音、翘舌音”辨析等。

第三遍跟读：集体跟读，结束后教师根据情况指定学生对某些重点词汇单独重复。

②听辨升级

教师将已听音节整合、修改，编写一组只有一个变量的近似音节，请学生听后快速说出不同项。

教师改写：

píjù/píqì　pīfā/pīfà　lónglì/nónglì　zìbái/zìbēi

zǔrán/zhǔguǎn——zǔlán/zhǔguǎn

zhǐnéng/chíchěng —— zìzhòng/chíchěng

zhīchí/zìcí —— zhǐshì/zìcí

zhǎyǎn/shǎnniàn——cháyè/shǎnniàn

教师：píjù/píqì

学生：jù/qì

教师：pīfā/pīfà

学生：fā/fà

教师：lónglì/nónglì

学生：lóng/nóng

教师：zìbái/zìbēi

学生：bái/bēi

教师：zǔrán/zhǔguǎn——zǔlán/zhǔguǎn

学生：zǔrán/zǔlán

教师：zhǐnéng/chíchěng —— zìzhòng/chíchěng

学生：zhǐnéng/zìzhòng

教师：zhīchí/zìcí—— zhǐshì/zìcí

学生：zhīchí/zhǐshì

教师：zhǎyǎn/shǎnniàn——cháyè/shǎnniàn

学生：zhǎyǎn/cháyè

（2）数字复习

通过数字“过7”游戏、手指歌、查缺补漏等活动复习数字。

①手指歌：

我有一双小小手，一只左来一只右，一共十个手指头，一二三四五六七八九十。

②查缺补漏：

教师按照从小到大的顺序说出一组数字，请学生快速说出所缺数字。

教师：1，　2，　3，　5，　6

学生：4

教师：4，　5，　7，　8，　9

学生：6

③跟读数字：

教师说出一组数字，学生重复报数。数字长度可由易到难。

教师：3， 5， 7， 9

学生：3， 5， 7， 9

教师：4， 8， 6， 6， 2

学生：4， 8， 6， 6， 2

教师：1， 5， 7， 9， 3， 6， 4

学生：1， 5， 7， 9， 3， 6， 4

教师：2， 8， 9， 1， 5， 3， 3， 7

学生：2， 8， 9， 1， 5， 3， 3， 7

教师：6， 2， 9， 8， 9， 9， 9， 9（与学生学习、生活相关的重要电话）

学生：6， 2， 9， 8， 9， 9， 9， 9

教师：1， 3， 8， 4， 5， 6， 2， 7， 9， 7， 4（教师个人手机号①）

学生：1， 3， 8， 4， 5， 6， 2， 7， 9， 7， 4

④倒背数字：

教师说出一组数字，学生倒背出来。

教师：1， 2， 3

学生：3， 2， 1

教师：2， 8， 9， 4

学生：4， 9， 8， 2

教师：3， 6， 7， 7， 5

学生：5， 7， 7， 6， 3

2. 讲　练

（1）生词学习

由于初级阶段课文短小但数量较多，建议两、三篇课文的生词一起学习。

就本课而言，可将生词分类：

①与买卖活动过程相关的生词：钱、斤、块、毛、买、一共、找（钱）、贵、便宜

使用图文示意法，利用实物，教会学生相关名词：

· 利用 PPT 展示各国钱币：

① 本号码纯属虚构，如有雷同，纯属巧合。

· 利用各面值的人民币模拟钱币，用 PPT 展示“块”“毛”：

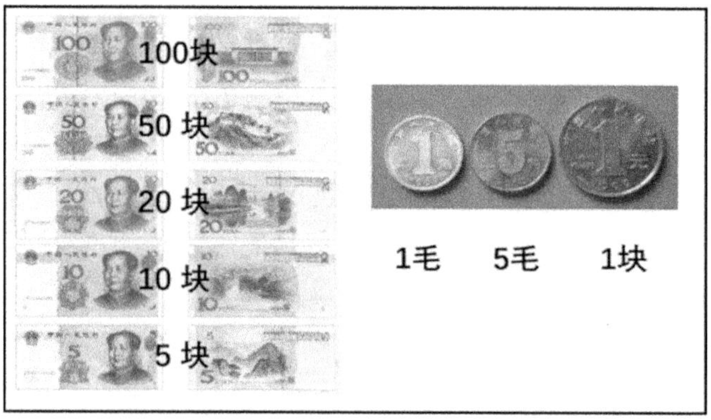

教师可提前准备人民币模拟钱币若干，介绍面值后，结合数字和人民币钱币单位练习快速反应能力。

教师：5 块。

学生：（举起一张 5 块。）

教师：3 块。

学生：（举起三张 1 块。）

教师：10 块。

学生：（举起一张 10 块。）

教师：12 块。

学生：（组合出 12 块：两张 5 块与两张 1 块，或一张 10 块与两张 1 块。）

教师：20 块。

学生：（组合出 20 块：四张 5 块，或两张 10 块，或一张 20 块等。）

操练时回答又快又准的学生，可给予适当奖品鼓励（如一套制作精美的人民币模拟钱币的图片）。

简单练习后，用 PPT 展示买卖东西，汉语提问时用“多少钱?”：

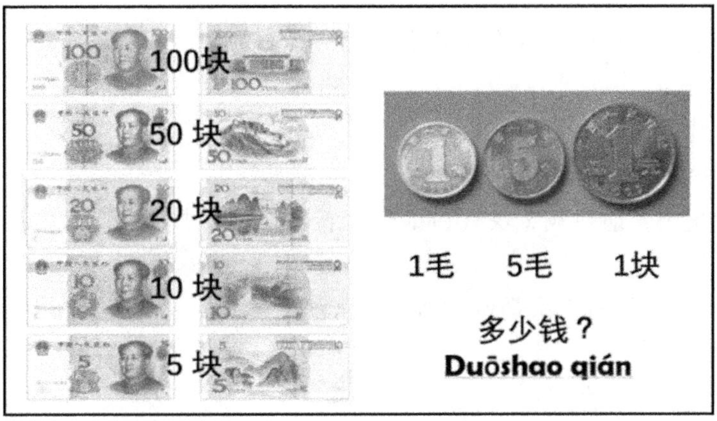

· 利用价钱差别较大的两个物品，如珠宝项链与笔，用 PPT 展示“贵”“便宜”：

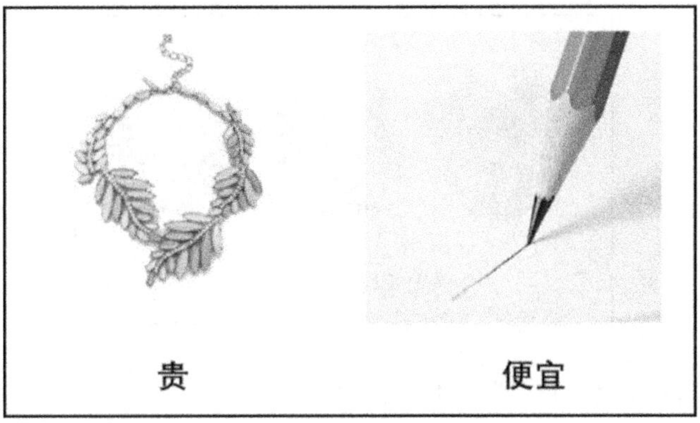

此时，教师可利用“笔”与学生进行简单操练：
教师：（走到 A 学生处，拿起桌上的笔）多少钱?
学生 A：3 块。
教师：很便宜。
（走到 B 学生处，拿起桌上的笔）多少钱?
学生 B：2 块。[①]
教师：也很便宜。
（走到 C 学生处，拿起桌上的笔）多少钱?
学生 C：10 块。
教师：你的笔很贵!
教师总结：学生 A 和学生 B 的笔都很便宜，学生 C 的笔很贵。

① 此处教师应注意提示或纠正学生 2 在量词前读“两”。

·适当操练后，教师可利用事先准备好的钱，或模拟钱币，讲解并带领学生练习“买”和“找”。

教师：（走到学生A处）你的笔很漂亮，我可以买吗？

学生A：好。

教师：多少钱？

学生A：3块。

教师：给你5块，请找我2块（讲话时，着重强调“找”，或加重语气，或点击黑板/书上的生词“找”）。

学生A：（学生说之前再次强调“找”，意为引导学生用“找”说句子）找您2块。

教师：谢谢！

·“一共”“斤”语言点：

教师首先给出换算公式：1斤=500g

然后出示苹果组图PPT：

②与买卖物品相关的生词：梨、西瓜、种

用PPT图片展示相关水果：

利用西瓜的种类不同，展示生词“种”：

这种西瓜

那种西瓜

③与物品评价相关的生词：真、特别、一定、好吃、甜、的

教师可将该部分生词融于对话当中，使学生习得。

· “真”语言点：

教师：C 的笔 10 块，C 的笔很贵。我知道 D 的笔 100 块，贵吗？

学生：很贵。/贵。/贵贵贵贵贵……

教师：（略带夸张地）真——贵！

· “特别”语言点：

教师用 PPT 展示相应图片，引导学生说：这条狗的嘴“特别大”。

再根据学生水平，展示相关图片，让学生描述图片内容：

例：人特别多。

例：苹果特别贵。

· “一定”语言点

教师：在中国学习，你不可以不知道“你好”。你一定要会说“你好！”

你每天都说汉语，一定可以说得很好。

（朋友请我去他家吃饭）我最近很忙，下个月我一定去。

（面向学生 A）明天教师给你们带中国茶，你来吗？

学生 A：教师，我一定来。

· “好吃”“甜”语言点

教师可提前为每位学生准备一块糖，让学生尝尝，告诉大家“它很甜。”

教师可再拿出一个柠檬（条件许可的情况下，为学生每人准备一片柠檬也可），问学生：“甜吗？”学生答：“不甜。”

教师：糖好吃（微笑），柠檬不好吃（撇嘴）。

（此处可对“好 + V”结构简单扩展）

教师不喜欢酒，酒不好喝，牛奶好喝。

学生 A 很漂亮，她很好看。

我喜欢唱汉语歌（教师即兴唱两句），汉语歌很好听。

· “的”语言点：

教师：我有很多笔，这种笔 3 块，这种笔 2 块，这种笔 10 块。（配合动作）

你们要哪个？

学生 A：3 块。

教师：3 块的笔，给你 3 块的。

（面向学生 B）你呢？

学生 B：2 块。

教师：2 块的笔，给你 2 块的。

（面向学生 C）你呢？

学生 C：10 块。

教师：10 块的笔，给你 10 块的。

现在，A 有 3 块的笔，B 有 2 块的，C 有 10 块的。

A 和 B 的笔很便宜，C 的很贵。

教师总结："的" means "of", used after an attributive word or phrase.

（2）数字操练

①生词去陌生化，为数字的快速反应练习铺垫——课本第二部分第二题：跟读短语或句子

共听三遍：第一遍普通匀速跟录音读，可看书；
　　　　　第二遍慢速听读，不看书，掌握细节；
　　　　　第三遍快速听，强化理解。[①]

通过速度的递增，训练学生的听音反应技能。

②生词去陌生化，为数字的快速反应练习铺垫——课本第二部分第三题：

听录音，判断 A 和 B 哪个是你听到的

共听两遍：第一遍听后回答问题，核对答案并分析。
　　　　　第二遍重点听错误较多题目。

③随机对话

与学生进行简单的对话交流：

教师：（拿起学生的笔）多少钱？

学生：3 块钱。

教师：（拿起书，引导学生看书后标价）多少钱？

学生：79 块。

教师：给你 100 块。

学生：找您 21 块。

④记录数字

教师将数字与买卖活动结合，说出短语，请学生记录数字。

教师：今天的苹果很便宜，只要 3 块。

学生：3

教师：我们今天早上进了 10 箱西瓜，都特别甜。

学生：10

教师：现在正是吃芒果的时候，每斤 5 块钱，不甜不要钱。

学生：5

教师：我们班一共有 15 个学生，每个人都想吃西瓜，每人 2 块儿，给我来 30 块儿吧。

学生：15　2　30

---

① 以 Windows 系统自带 Windows Media Player 为例，可通过"增强功能"——"播放速度设置"（高级版本可通过"播放"—"播放速度"的设置）完成录音速度的调试。

教师：我的同屋告诉我，今天的水果很便宜，他一下就买了 3 种。他说："苹果 3 块钱，橙子 2 块钱，橘子 4 块钱。"他一共买了 20 斤，把我们同学 6 个人的都买了。

学生：3　3　2　4　20　6

⑤"找我多少钱"

教师设计若干组找钱环节的对话或句子，请学生记录相应的数目。

教师：您一共买了 4 斤苹果，16 块。这是 20 块，找您……

学生：4 块。

教师：您一共买了两斤梨，8 块钱。这是 10 块，找您……

学生：两块。

教师：您一共买了 4 个西瓜，32。这是 40，找您……

学生：8 块。

教师：您只买了一个芒果，4 块钱。这是 5 块，找您……

学生：一块。

3. 活动与游戏

活动一：快速组合段落

活动前，教师结合课文生词编写一段话。

我姓李，我叫李美丽，我是北京体育大学的学生，我很喜欢这儿。今天我的中国朋友陪我去商店，我们买水果。水果有很多种，苹果、梨、西瓜……苹果 3 块钱一斤，梨 4 块钱一斤，西瓜 1 块钱一斤，都很便宜。最后我买了 3 斤苹果和 2 斤梨，还有一个大西瓜，一共 52 块 3 毛钱。我没有零钱，只有 70 块钱，商店的人找我 17 块 7。回宿舍我们一起吃西瓜，特别甜。我们觉得苹果和梨也一定很好吃。中国的水果好吃不贵，真好！

（1）听写填数字（拼音为最低要求，掌握知识情况较好的学生可鼓励其写汉字）

Wǒ xìng Lǐ　wǒ jiào Lǐ Měi lì　wǒ shì Běi jīng tǐ yù dà xué de xué sheng　Wǒ hěn xǐ huan zhè r　Jīn tiān wǒ de Zhōng guó péng
我姓李，我叫李美丽，我是北京体育大学的学生。我很喜欢这儿。今天我的中国朋

you péi wǒ qù shāngdiàn　wǒ men mǎi shuǐ guǒ　Shuǐ guǒ yǒu hěn duō zhǒng　píng guǒ　lí　xī guā　píng guǒ　kuàiqián yì
友陪我去商店，我们买水果。水果有很多种，苹果、梨、西瓜……苹果________块钱一

jīn　lí　kuàiqián yì jīn　xī guā　kuàiqián yì jīn　dōu hěn pián yí　Zuì hòu wǒ mǎi le　jīn
斤，梨________块钱一斤，西瓜________块钱一斤，都很便宜。最后我买了________斤

píng guǒ hé　jīn lí　hái yǒu yí gè dà xī guā　yí gòng　Wǒ méi yǒu líng qián　zhǐ yǒu　kuài
苹果和________斤梨，还有一个大西瓜，一共________。我没有零钱，只有________块

qián　shāngdiàn de rén zhǎo wǒ　Huí sù shè wǒ men yì qǐ chī xī guā　tè bié tián　Wǒ men jué de píng guǒ hé lí yě yí
钱，商店的人找我________。回宿舍我们一起吃西瓜，特别甜。我们觉得苹果和梨也一

dìng hěn hǎo chī　Zhōng guó de shuǐ guǒ hǎo chī bú guì　zhēn hǎo
定很好吃。中国的水果好吃不贵，真好！

（2）快速排序

将段落打印为纸质版，分词或句剪成小纸条，打乱顺序发给学生，请学生听后按顺序排列（拼音为主，可考虑学生情况适当增加汉字），最快完成的学生可适当奖励。

如：

我姓李，我叫李美丽，

最后我买了3斤苹果和2斤梨，还有一个大西瓜，一共52块3毛钱。

我们觉得苹果和梨也一定很好吃。

中国的水果好吃不贵，真好！

我是北京体育大学的学生，

我很喜欢这儿。

今天我的中国朋友陪我去商店，我们买水果。

水果有很多种，苹果、梨、西瓜……

苹果3块钱一斤，

我没有零钱，只有70块钱，商店的人找我17块7。

回宿舍我们一起吃西瓜，

特别甜。

梨4块钱一斤，

西瓜1块钱一斤，

都很便宜。

加注拼音版：

Wǒ xìng Lǐ　wǒ jiào Lǐ Měi lì

①我姓李，我叫李美丽

Zuì hòu wǒ mǎi le sān jīn píng guǒ hé liǎng jīn lí　hái yǒu yí gè dà xī guā　yí gòngwǔshí'èrkuài sān máoqián

②最后我买了 3 斤苹果和 2 斤梨，还有一个大西瓜，一共 52 块 3 毛钱。

Wǒ men jué de píng guǒ hé lí yě yí dìng hěn hǎo chī

③我们觉得苹果和梨也一定很好吃。

Zhōng guó de shuǐ guǒ hǎo chī bú guì　zhēn hǎo

④ 中国的水果好吃不贵，真好！

Wǒ shì Běi jīng tǐ yù dà xué de xué sheng

⑤我是北京体育大学的学生。

Wǒ hěn xǐ huan zhè r

⑥我很喜欢这儿。

Jīn tiān wǒ de Zhōng guó péng you péi wǒ qù shāngdiàn　wǒ men mǎi shuǐ guǒ

⑦今天我的中国朋友陪我去商店，我们买水果。

Shuǐ guǒ yǒu hěn duō zhǒng　píng guǒ　lí　xī guā

⑧水果有很多种，苹果、梨、西瓜……

Píng guǒ sān kuàiqián yì jīn

⑨苹果 3 块钱一斤，

Wǒ méi yǒu língqián　zhǐ yǒu qīshíkuàiqián　shāngdiàn de rén zhǎo wǒ shíqīkuài qī

⑩我没有零钱，只有70块钱，商店的人找我17块7。

Huí sù shè wǒ men yì qǐ chī xī guā

⑪回宿舍我们一起吃西瓜，

Tè bié tián

⑫特别甜。

Lí sì kuàiqián yì jīn

⑬梨4块钱一斤，

Xī guā yí kuàiqián yì jīn
⑭西瓜1块钱一斤，

Dōu hěn pián yi
⑮都很便宜。

活动二：我开小商店

学生三人一组，简单商量后，自己拿出可卖的物品，在教室进行简单的售卖。最后对盈利最多组给予肯定。

注意物品名称、数字、价格等的听辨与表达。

游戏一：萝卜蹲

将本课生词融入经典游戏“萝卜蹲”。

首先教师板书游戏词和本课相关生词，带领学生读：

Luóbo dūn，luóbo dūn， Luóbo dūn wán，…dūn. 梨、苹果、西瓜

简短练习后，请四个学生上台参与游戏，须特别注意对生词的敏感度和游戏节奏。如果忘了，或者速度明显太慢，则视为失败，需淘汰。

游戏时，其他学生可以一起拍手帮助控制节奏。

游戏词例：

A——萝卜　　B——西瓜　　C——梨（梨子）①　　D——苹果

A：萝卜蹲，萝卜蹲，萝卜蹲完，西瓜蹲。

B：西瓜蹲，西瓜蹲，西瓜蹲完，梨子蹲。

C：梨子蹲，梨子蹲，梨子蹲完，萝卜蹲。

A：萝卜蹲，萝卜蹲，萝卜蹲完，苹果蹲。

D：苹果蹲，苹果蹲，苹果蹲完，西瓜蹲。

B：……

二、示例小结

本示例以听力技能中的“快速反应”微技能为核心，通过听音辨析、速度递增等方法，师生对话、游戏活动等环节训练学生的快速反应技能。

① 为配合整个游戏词的节奏，梨也可读作梨子。

杨惠元（2009）指出，培养学生快速反应的能力，即训练听觉器官的灵敏度，提高解码操作的熟练程度。一要设计每一节听力课，始终贯穿“快速练习”教学；二要组织大量听力材料，让学过的词语、语法规则和文化背景知识反复出现，反复、大量地刺激大脑。“刺激的过程是反复提取，反复使用，反复储存的过程，也是提高解码操作熟练程度的过程。”① 如此，学生才可以在接收快速连续呈现的真实言语信号时，高速解码进行。

数字训练是快速反应训练中很典型的主题内容，主要包括时间数字和价格数字等。本示例以价格数字为主，通过复述数字、补缺数字、倒背数字等方法巩固学生数字知识，再结合价格单位，通过大量听说练习复现买卖活动中的常用数词、语句等。除此之外，还可以通过听写数字、数字填空（类似活动一的填空练习）、数字连线等方法训练反应速度。

如果学生整体水平较好，可考虑引入更有挑战性的活动设计，如“一只青蛙一张嘴，两只青蛙四条腿。”中的数字叠加。在记录数字的基础上，增加数学运算内容，增强数字记录能力。

另外，生词教学在听力教学中是非常关键而重要的教学环节，应在每一课讲练时特别强调。不完全等同于综合课生词教学中“拼音、汉字、语法”三掌握的要求，听力课生词教学更强调生词熟悉度，“通过再现和重复，把感觉记忆和短时记忆的信息转入长时记忆，储存在大脑中，以便在需要时迅速准确地提取有用的信息，参与解码和重新编码的活动。”② 建议学生课前预习生词，教师在课堂上提供大量语料，帮助学生反复地听目标语言点，让词语在大脑中成为经验部分，当教师提供相关材料时可以快速反应出来，提高课堂效率。

最后，由于初级阶段，学生的语音知识和能力仍较弱，大量语音练习是日常每课必备。另外，初级水平学生所掌握的词语、语法点较少，教师讲课时，特别是导入、举例时，应注意避免学生因听不懂产生抵触情绪，影响本课目标语法点的学习。如本示例中，“一定”的语言点例句1：“在中国学习，你不可以不知道‘你好’。你一定要会说‘你好！’”。按照习惯，一般说“在中国学习，你不能不会说‘你好’。你一定得会说‘你好！’”，但是“能”“会”“得（děi）”的语言点均未接触过，如果用此句举例，有的学生可能会放弃理解，有的学生可能会对生词提问，分散了学习“一定”这个语言点的注意力。

三、任　务

请针对初级水平学生，以“购物”为主题，讨论其听力教学中可能涉及的微技能，并提出相应的教学设计，如：

---

① 杨惠元．对外汉语听说教学十四讲［M］．北京：北京大学出版社，2009：27－28.

② 杨惠元．对外汉语听说教学十四讲［M］．北京：北京大学出版社，2009：26.

表 2－3　初级汉语教学设计方案（例）

阶段	技能		设计
初级（低）	辨别分析 ……	学生可以辨析数字。 学生可以听懂关于价格的说明。 学生可以……	导入 讲练 活动
初级（中）	快速反应 ……	学生可以听懂关于总价的计算。 学生可以听懂关于物品价值的描述。 学生可以……	导入 讲练 活动
初级（高）	……	学生可以听懂关于物品的介绍。 学生可以听懂关于购买物品的地点、时间等信息。 学生可以……	导入 讲练 活动

示例三　短时记忆助交际

教材信息：《畅听：汉语听力教程》，北京体育大学出版社，编者匡昕、王辰，2017 年 9 月第 1 版第 1 次印刷。第 6 课《咱们几点见》课文。

第二部分　课文

课文一

男：今天几月几号？

女：今天 5 月 14 号。

男：5 月 16 号是教师的生日。

女：哪位教师？

男：口语教师。她 1976 年 5 月 16 日出生，今年 40 岁。

女：5 月 16 号有她的课吗？

男：那天星期几？

女：今天星期二，那天星期四，有口语课。

男：咱们买点儿苹果、香蕉、可乐、咖啡，上课的时候祝她生日快乐，好吗？

女：太好了！

课文二

女：明天星期几？　　男：明天星期三。

女：星期三有什么课？　　男：读写课、口语课和听力课。

女：明天几点上读写课？　　男：明天早上八点上读写课。

女：口语课呢？　　男：下午两点上口语课。

女：听力课是上午十点吧？　　男：对！
女：现在几点？　　男：现在差一刻五点。
女：咱们晚上一起吃饭，好吗？　　男：好！咱们几点见？
女：我五点要去图书馆，咱们五点半见，好吗？　　男：好！五点半见。

课文三

2016年8月29日我从美国到中国，我在中国学习汉语。现在从星期一到星期五，我每天都有课。星期一上午八点到九点半是读写课，十点到十一点半是听力课，下午两点到四点一刻是口语课。星期二上午八点到九点半是读写课，十点到十一点半还是读写课，下午没有课。星期三上午八点到九点半是听力课，十点到十一点半没有课，下午两点到四点一刻是口语课。星期四上午八点到九点半是读写课，十点到十一点半是口语课，下午两点到三点半是HSK课。星期五上午八点到九点半是口语课，十点到十一点半是读写课，下午两点到三点半是中国文化课。

生词：

1. 今天　2. 月　3. 号　4. 生日　5. 年　6. 日　7. 出生　8. 今年　9. 岁　10. 星期　11. 咱们　12. 咖啡　13. 上　14. 时候　15. 祝　16. 快乐

一、示例实施

（一）教学目标

1. 能听懂关于日期的询问与表达；
2. 能听懂关于时间的询问与表达；
3. 能听懂并复述与时间有关的关键信息。

（二）教学重点、难点

1. 教学重点：让学生准确记录时间点；让学生听后根据短时记忆做出判断和练习题。

2. 教学难点：让学生能够通过句子或对话的内容，判断出动作发生的时间和先后顺序。

（三）教学前准备

1. 知识准备

已完成本课语音部分练习；
已掌握1－100的数词；
已学完本课生词。

2. 教学材料准备

日历挂图、时钟（道具）

（四）教学过程

1. 导　入

（1）生词复习——听后跟读

教师：今天几月几号？
学生：今天几月几号？

教师：星期几？
学生：星期几？

教师：今天星期四。
学生：今天星期四。

教师：现在几点？
学生：现在几点？

教师：差一刻四点。
学生：差一刻四点。

教师：她一九九〇年十月八日出生。
学生：她一九九〇年十月八日出生。

教师：明天上午八点上读写课。
学生：明天上午八点上读写课。

教师：从星期一到星期五，我每天都有课。
学生：从星期一到星期五，我每天都有课。

（2）听后回答问题

教师可利用道具，将生词与现实生活联系，并设计问题，与学生进行听说练习。
教师：现在几点？
学生：现在……点。

教师：今天几月几号星期几？
学生：20…年…月…号星期…。

教师：你哪年出生？
学生：我 19…年（…月…号）出生。

教师：你每天都有课吗？
学生：从星期一到星期五，我每天都有课。

（3）时间接龙游戏

教师制作 24 张钟表小卡片，包括整点和半点的时间。

活动开始前，将卡片混合，由教师保管，请两位学生参与。两人全程不可以看卡片，只听教师的指引。

首先猜拳（石头剪刀布），赢者先从教师处挑出两张钟表小卡片，由教师看后，单独告诉该学生具体时间是什么，然后学生选择一个时间公布，并将代表卡片放在桌上。

另一人同样从教师处抽出两张钟表小卡片，并从教师处得到具体时间。然后思考自己抽到的时间是否有正好比赢者公布时间快（早）或慢（晚）半小时的小卡片，如果比这个时间快（早）半小时就放在代表公布时间的那张卡片右侧，如果比这个时间慢（晚）半小时就放在卡片的左侧。

轮到对方，听教师告诉后，对比自己的钟表小卡片中是否有比最左侧卡片的时间慢半小时或比最右侧卡片的时间快半小时的卡片，把它放在卡片接龙的左侧或右侧。两人轮流进行，如果轮到的人没有合适的卡片，就轮到对方。先用完所有钟表小卡片者为胜。

初次进行该游戏，可由教师统一控制，进行数次后，可指定一名学生主持，另找两名学生参与。

2. 讲　练

（1）听后复述

在跟读的基础上，请学生复述，完成信息的输出过程。

此部分，特别是长句子，学生可用自己的话语重新组织信息编码，如：

教师：星期三有什么课？
学生：你星期三上什么课？

教师：现在差一刻四点。
学生：现在三点四十五分。

（2）课文练习

·课文一

听一遍课文一，做练习题（一）：选择正确答案。参考答案：

1. 今天几月几号？（A）		
A. 5 月 14 号	B. 5 月 15 号	C. 5 月 16 号
2. 5 月 16 号是谁的生日？（B）		
A. 读写教师	B. 口语教师	C. 听力教师
3. 口语教师的生日是星期几？（C）		
A. 星期二	B. 星期三	C. 星期四

听后凭短时记忆，做练习题（二）：判断正误。参考答案：

1. 口语教师 1978 年 5 月 16 日出生。（×）
2. 口语教师今年四十岁。（√）
3. 明天星期三。（√）
4. 5 月 16 号是星期二。（×）
5. 星期二有口语课。（×）
6. 他们是学生。（√）
7. 他们要买苹果、西瓜、可乐和咖啡。（×）
8. 他们要祝口语教师生日快乐。（√）

再听第二遍，提示学生将注意力放在听力材料上，不要过度依赖练习题。听后教师可就细节再提问。

教师：口语教师是什么时候出生的？

学生：1976 年 5 月 16 日。

教师：5 月 16 号有她的课吗？

学生：有。那天有口语课。

教师：那天星期几？

学生：星期四。

教师：学生们要买什么祝教师生日快乐？

学生：他们买苹果、香蕉、可乐和咖啡。

教师可根据课文内容，扩写练习材料，引导学生记录时间和关键信息，使学生判断正误。

练习材料1：

今天是5月14号，星期二，口语教师上午没有课，下午有课。她下午四点半下课，然后去书店。

建议学生记录：5.14　二　下午4:30　书店

教师：口语教师5月14号都没有课。

学生：不对。口语教师5月14号上午没有课，下午有课。

教师：口语教师下午去书店。

学生：对。口语教师下午有课，四点半下课，去书店。

练习材料2：

她1976年5月16日出生，今年四十岁。今年她过生日的时候是星期四，我们都上课。

建议学生记录：1976.5.16　40　4　上课

教师：她1976年出生，今年40岁，今年是哪一年？

学生：今年是2016年。

教师：星期四我们都上课。

学生：对。星期四是她的生日，我们都上课。（我们可以一起祝她生日快乐。）

练习材料3：

今天星期二，我们没有课。我们想去商店买点儿吃的和喝的，我们买点儿苹果，香蕉，再买点儿可乐、咖啡，一起回宿舍开Party！

建议学生记录：二　没有课　去商店　苹果　香蕉　可乐　咖啡

教师：星期二他们没有课。

学生：对。星期二他们没有课。

教师：他们想去商店买衣服。

学生：错。他们想去商店买吃的和喝的。

教师：他们都买什么？

学生：苹果、香蕉、可乐、咖啡……

教师：他们在教室开Party！

学生：错。他们在宿舍开Party！

· 课文二

教师将关键信息提炼，让学生听一遍课文后，按照时间的先后顺序重新排序。

① 现在 ② 读写课 ③ 见面 ④听力课 ⑤ 图书馆 ⑥星期三 ⑦口语课

正确的顺序应为：⑥②④⑦①⑤③

值得注意的是，本练习要求学生按照时间的先后顺序排序，与课文的讲述顺序不完全重合。

然后做练习题（一）听后连线，将事件与时间对应。参考答案：

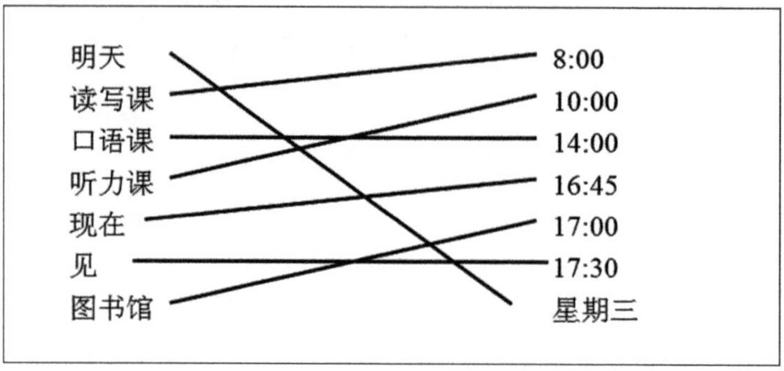

再听一遍，做练习题__________（二）听后填空。

________星期三，星期三有________门课，________、________和________。读写课是________________，听力课是________________，口语课是________________。现在________________。女的________________要去图书馆，他们________________见，他们晚上要一起________________。

（________ xīngqī sān，xīngqīsān yǒu ________ mén kè，__________、__________ hé __________ . Dúxiěkè shì ______________，tīnglìkè shì ______________，kǒuyǔkè shì ______________ . Xiànzài ______________ . Nǚde ____ yào qù túshūguǎn，tāmen __________ jiàn，tāmen wǎnshang yào yìqǐ ______________ . ）

参考答案：

明天星期三，星期三有三门课，读写课、口语课和听力课。读写课是早上八点，听力课是上午十点，口语课是下午两点。现在差一刻五点。女的五点要去图书馆，他们五点半见，他们晚上要一起吃饭。

（Míngtiān xīngqī sān，xīngqī sān yǒu sān mén kè，dúxiě kè、kǒuyǔ kè hé tīnglì kè. Dúxiěkè shì zǎoshang bādiǎn，tīnglì kè shì shàngwǔ shídiǎn，kǒuyǔ kè shì xiàwǔ liǎngdiǎn. Xiànzài chà yíkè wǔdiǎn. Nǚde wǔdiǎn yào qù túshūguǎn，tāmen wǔdiǎn bàn jiàn，tāmen wǎnshang yào yìqǐ chīfàn. ）

·课文三

教师将课文中复现率高的词语做成一张纸质表，打乱顺序，发给学生。学生可用 1 分钟浏览。

让学生听一遍课文，凭短时记忆记住每个词的位置，并且在语流中每听到一个词就划掉一个，最后看有没有遗漏的词语。

教师预先制作的表格：

月	上午	文化	读写
到	汉语	一刻	从
听力	学习	每天	课
星期	半	口语	十点

操作：

“2016 年 8 月 29 日我从美国到中国……”

~~月~~	上午	文化	读写
到	汉语	一刻	~~从~~
听力	学习	每天	课
星期	半	口语	十点

依此类推，以正常速度播放完课文，最后应该全部划掉。

然后做练习题（一）选择正确答案。参考答案：

1. 他几月几号到中国？（C）

A. 8 月 27 号　　B. 8 月 28 号　　C. 8 月 29 号

2. 他从哪儿来？（A）

A. 美国　　B. 法国　　C. 俄罗斯

3. 星期几下午没有课？（A）

A. 星期二　　B. 星期三　　C. 星期四

4. 课文介绍了什么？（B）

A. 汉语　　B. 汉语课　　C. 读写课

教师再就文章的主旨大意进行提问，训练抓住句子语意重心的能力。

教师：“2016 年 8 月 29 日我从美国到中国，我在中国学习汉语。”你能知道什么？
学生 A：“我”是美国人。
学生 B：“我”来中国很久了。
学生 C：“我”是一个学生。

教师：课文介绍了哪些汉语课？
学生：读写课、听力课、口语课、HSK 课、中国文化课。

再听一遍课文，做练习题（二）听后填表。

表 2－4　一周课程安排表

	时间 Time	星期一	星期二	星期三	星期四	星期五
上午	8:00 –					
	–					
下午	–					
	–					

参考答案：

表 2－5　一周课程安排表（答案）

	时间 Time	星期一	星期二	星期三	星期四	星期五
上午	8:00 – 9:30	读写课	读写课	听力课	读写课	口语课
	10:00 – 11:30	听力课	读写课	×	口语课	读写课
下午	14:00 – 15:30	口语课	×	口语课	HSK	中国文化课
	15:30 – 16:15		×		×	×

最后可让学生根据关键词简述课文，强调用自己的话说出来。如：

我是 2016 年 8 月 29 日来中国的，我从美国来，我在中国学习汉语。我从星期一到星期五都有课。我们每天上午上课的时间是八点到九点半上课，休息一会儿，十点到十一点半上课，下午两点到四点一刻有课，但不是每天都有课。星期一上午是读写课和听力课，下午是口语课。星期二上午都是读写课，下午没有课。星期三上午八点到九点半是听力课，十点到十一点半没有课，下午是口语课。星期四上午是读写课和口语课，下午是 HSK 课。星期五上午是口语课和读写课，下午是中国文化课。这些课很有意思，我都喜欢。

3. 活动与游戏

(1) 活动一：活动填表

请学生A设计一个周末的学习、生活、娱乐安排，并填表。填后让旁边的学生B听写并记录。

最后请学生B复述，告诉大家。尽量根据自己的记忆复述，不看表格。

表2-6　周末时间安排表

时间 Time		星期六	星期日
上午	-		
	-		
下午	-		
	-		
晚上	-		
	-		

活动二：时间复述接龙

学生以“我今天/明天早上……点吃饭，中午……点吃饭，晚上……点吃饭”的句子重复接龙，每个人要把前面同学说出的时间点重复后，再说一个新时间点。

学生A：我今天早上六点吃饭。

学生B：我今天早上六点吃饭，中午十一点吃饭。

学生C：我今天早上六点吃饭，中午十一点吃饭，晚上六点吃饭。

学生D：我今天早上六点吃饭，中午十一点吃饭，晚上六点吃饭，明天早上七点吃饭。

学生E：我今天早上六点吃饭，中午十一点吃饭，晚上六点吃饭，明天早上七点吃饭，中午十二点吃饭。

学生F：我今天早上六点吃饭，中午十一点吃饭，晚上六点吃饭，明天早上七点吃饭，中午十二点吃饭，晚上七点吃饭。

学生G：我今天早上六点吃饭，中午十一点吃饭，晚上六点吃饭，明天早上七点吃饭，中午十二点吃饭，晚上七点吃饭，×月×号（后天）早上八点吃饭。

学生H：……

活动三：关键事件复述接龙

学生以“每天……”的句子重复接龙，每个人要把前面同学说出的事件重复后，再说一个新事件。

学生A：我每天上课。

学生B：我每天上课，每天吃饭。

学生C：我每天上课，每天吃饭，每天打球。

学生D：……

二、示例小结

本示例以“短时记忆”微技能为切入点，重点展示了课文的教学环节。

短时记忆是认知心理学重要研究课题之一，在20世纪50－70年代迎来了研究的兴盛时期。它是“指将所接受的信息暂时储存的那部分记忆，在这同时对信息进行分析、理解，等到语句中的信息或内容被理解了，这些资料就成为永久性记忆（长时记忆），而语句本身则再无用处，可能会逐渐从短时记忆中消失。”①

关于短时记忆对听力理解的影响，已有多位学者通过实验表明：短时记忆是听力理解的一个重要组成部分。

徐方（2005）指出，由于短时记忆容量有限，我们应依赖长时记忆中的信息。长时记忆中的信息必须被激活才能用于理解中。经验知识是长时记忆的体现，它对短时记忆具有熟悉效应和激活扩散的作用。因此，从长时记忆向短时记忆的信息转换是提高听力理解的最重要方式，提高处理效率是提高短时记忆容量的又一方式。②

陈吉棠（2002）提出：从教方面来看，长期以来，听力课教学基本形成听前提示、听时答题，听后解析的模式。听前提示的要点紧紧围绕着练习要求，限定了学生注意和记忆的方向；听后解析也时时针对练习答案的对与错。这种教学方式对短时记忆的训练具有针对性，但也伴有局限性，主要体现在“过于强调记忆方法的程式化和同一性，不宜发挥听者的记忆个性。……到了高级阶段应把对练习的提示转向对记忆方法的介绍，引导听者把记忆注意点从局部向整体扩展，使听者学会如何从局部记忆到整体记忆（归纳法），又从整体记忆到局部记忆（演绎法）。”③

结合汉语听力教学，短时记忆的训练方法包括记录关键词、将话语顺序重新排序、简述材料等。通过大量不同的复现手段，为长时记忆做好铺垫，并使学生在听不懂的时候记录下其语音形式，再根据听懂了的词、句，联系上下文，重新编码，完成信息的接收和理解。

---

① 徐方．短时记忆、外语听力理解与输入假设［J］．国外外语教学，2005（01）：30－38.

② 徐方．短时记忆、外语听力理解与输入假设［J］．国外外语教学，2005（01）：30－38.

③ 陈吉棠．再论记忆与听力理解［J］．外语界，2002（03）：36－40.

三、任 务

查阅《国际汉语教学通用课程大纲》功能主题的内容，列举初级学生可接受的语言学习主题，如购物、时间/活动等，并针对听力教学设计其中一个专题的教学任务，注意短时记忆训练在其中的应用。

第二节 中高级听力课技能

示例一 跨越障碍得第一

教材信息：《汉语听力速成·提高篇》，北京语言大学出版社，编者毛悦、井梦然、刘长征，2010 年 6 月第 2 版，2016 年 11 月第 7 次印刷。第 3 课《购物》课文 2。
女：这几年北京新建的高档商场可真不少！ 男：是啊，以前就叫个“商场”啊、“购物中心”什么的，现在的名字叫得可花了，又是“天地”又是“广场”的，光看名字都不知道是什么地方。 女：现在的商场本来就和以前的不同，不光是百货，还包括咖啡厅啊、美食城啊、美发厅啊好多东西，有些规模更大的还有电影院、滑冰场呢！ 男：你说的没错，可它的主要作用还是“百货商场”吧？可这里的东西都是只能看，不能买。 女：什么意思？ 男：太贵了呗！名牌倒是不少，可一看价钱，吓死人！工薪族花得起那个钱呀！而且很多同样的东西也比别的地方贵出不少钱。 女：贵是贵点儿，可这种地方购物环境好啊。空间大，不拥挤，不嘈杂，还播着轻柔的背景音乐，就是不买什么，在里边逛逛，吃个冰淇淋，也挺开心的。
生词： 1. 高档 2. 花 3. 光 4. 美食城 5. 美发厅 6. 规模 7. 滑冰场 8. 工薪族 9. 空间 10. 嘈杂 11. 播 12. 轻柔 13. 背景

一、示例实施

（一）教学目标

1. 具有基本的听说能力；
2. 能熟练掌握“光”“V+得起”结构；
3. 能处理现代生活中购物活动中的一般交际项目。

（二）教学重点、难点

1. 教学重点：能快速反应，掌握地点词汇；能跨越障碍，理解说话人言语的主要内容。

2. 教学难点：能准确理解课文中的具体信息；能整体感知，理解说话人的基本意图。

（四）教学前准备

1. 知识准备

已掌握800个左右汉语词和简单句型；
已具有初步听说能力；
已掌握本课生词的意义及用法，能够熟练运用。

2. 教学材料准备

常用地点词的词卡准备：银行、医院、邮局、图书馆、商店、宿舍等。

（四）教学过程

1. 导　入

（1）生词复习

快速反应——“听到做到”

教师将已学过的常用地点词归纳整理，并与本课生词融合，每隔2秒念一个词，请学生听：哪个是在商场里的？

若听到与商场相关的词，请拍手，反之则不拍手。

词语	美发厅	美食城	医院	咖啡厅	邮局	滑冰场	宿舍	电影院	……
拍/不拍	拍	拍	不拍	拍	不拍	拍	不拍	拍	……

2. 讲　练

（1）针对课后选择题题目选项，教师可设计相关问题提问，启发学生联想：

① 你和你的朋友常去哪儿买东西？

② 你觉得中国的商场怎么样？

③ 你觉得“贵的就是好的”这句话对吗？

（2）请学生听课文，教师通过多种方法帮学生跨越理解障碍。

教师可先整体播放一遍课文，再断句播放，讲解重、难点。

① 以生词为线索

听前教师领读本篇课文涉及的生词，引导学生以此为线索理解课文。

听毕，教师可就此线索进行简单提问。

师：这几年北京新建了很多什么样的商场？

生：高档商场。

师：现在的商场还包括什么？

生：咖啡厅、美食城、美发厅、电影院、滑冰场。

② 借助上下文猜测

课文：

以前就叫个“商场”啊、“购物中心”什么的，现在的名字叫得可花了，又是“天地”又是“广场”的，光看名字都不知道是什么地方。

学生学过“花”作为植物的意义，也应学过“花”在“花钱、花时间”中的意义，本课生词表中，“花”的英文释义是“multicolored; variegated”，更偏重于“颜色”的释义，因此在课文中的用法对于学生来说，是一个新的知识点。

听毕此段，学生应该知道，他们在讨论商场的名字。

教师可提问：以前的商场叫什么？

生：商场、购物中心。

师：现在的商场叫什么？

生：天地、广场。

学生可以答出此问题，说明他们抓取了关键信息。

如果学生没有答出，教师可就学生实际生活举例，如“东方新天地”“中关村广场”等，让学生理解关键词的意思。

此时教师可引导学生注意“花”，让学生猜出其在颜色变化多端的基础之上，还有“多”的意思。

③ 借助关联词猜测

课文：

现在的商场本来就和以前的不同，不光是百货，还包括咖啡厅啊、美食城啊、美发厅啊好多东西，有些规模更大的还有电影院、滑冰场呢！

本段课文中“规模”是生词。从上文关联词“不光……还……”可得知现在的商场包括：

百货→咖啡厅、美食城、美发厅

商场的功能性更丰富，进而下文有“更大的还有”——电影院、滑冰场。

通过关联词和上下文内容，不难猜测出，本段探讨的“规模”与商场的大小、功能丰富与否有关。

④ 借助常识猜测

课文：

名牌倒是不少，可一看价钱，吓死人！工薪族花得起那个钱呀！

本段课文，重点要求学生听懂说话人的语气和真实意图。

虽然是感叹句，但其句意应是“工薪族哪花得起那个钱呀？”用加强语气的方式强调“工薪族花不起那个钱。”

教师可先提问：名牌的东西贵吗？

生：贵。太贵了。

师：工薪族买得起吗？

生：买不起……

当学生记住本课生词“工薪族”，再结合课文语句“吓死人”和录音的语气，就不难猜测出本句的真实含义。

⑤ 借助语义关系猜测

课文：

空间大，不拥挤，不嘈杂，还播着轻柔的背景音乐……

“拥挤”非本课生词。系统学习本系列教材的学生可能学过（但也可能因使用频率太低而遗忘），而对插班学生来说可能是生词。

在没有明显关联词帮助的情况下，教师可引导学生从语义关系上猜测。

“不拥挤”就是“空间大”的一种表现，和“不嘈杂”是并列关系。当学生听懂了其他内容，此部分可根据经验猜测出来。

（3）完成课后“听后选择”的练习。

通过上述方法帮助学生跨越重难点障碍，让学生再听一遍课文，做课后练习题二，参考答案：

1. 关于大商场，下面哪一种意思没有提到？（D）

A. 东西很贵　B. 名牌很多　C. 功能更综合　D. 很多人去买东西

2. 女的为什么喜欢去大商场？（D）

A. 她喜欢名牌　B. 她喜欢吃冰淇淋　C. 她很有钱　D. 她喜欢那里的环境

3. 男的对大商场的态度是怎么样的？（B）

A. 觉得名字很好听　B. 觉得不适合老百姓的消费

C. 觉得商场应该有更多的功能　D. 一进商场就头疼

核对答案时，可请学生分组，利用选项提示，将二人对话复现（复述课文）。请其他同学聆听，再与自己已掌握的信息核对，是否完全匹配。

（4）根据课文对话改写段落，请学生听后填空。（课后练习题一）

现在的大商场跟以前相比有很大的不同，不光是__________，还包括__________、__________、__________等许多经营内容，有的规模更大的商场还有__________、__________呢！

参考答案：

现在的大商场跟以前相比有很大的不同，不光是百货，还包括咖啡厅、美食城、美发厅等许多经营内容，有的规模更大的商场还有电影院、滑冰场呢！

3. 活动与游戏

游戏一：谁是卧底？

类似生词训练中的“听到做到”，但本活动无须快速反应。待教师说完一组词，学生再进行同类比较，找出不同，并阐明原因。每组词4－5个为宜。

如：电影院、滑冰场、银行、医院

不同项可为“银行”，其他三项都需要花钱；

也可为“医院”，其他三项均可在商场里面；

同样，也有可能是“电影院”“滑冰场”。

总之，学生听完每组词后，可以有自己的归纳方法和理由。

游戏二：宾果游戏

教师在黑板上提供宾果表格，如图2－3所示，让学生分成两组，围绕一个话题说词语，先记录下五个词的小组，派一个代表上台写答案。速度快，且完全正确组赢。本游戏可在导入部分进行，也可在总结部分进行。

B	I	N	G	O

图2－3 宾果游戏

例：

请说出和“颜色”有关的词：红、黄、蓝、绿、黑、白……

请说出和“买衣服”有关的词：大、小、贵、便宜、商场……

二、示例小结

本示例以跨越障碍技能为主，通过多种方法使学生整体理解所听材料，克服听力理解过程中遇到的困难，跨越障碍。

整体结构原则是听力教学的重要特征之一。把一段相对完整的片段给学生播放几遍，让学生整体地感受所听内容。教学过程中，可阶段性地采用相应的方法检查学生理解程度。如学生听完一段相对完整的录音片段后，要求学生大致掌握所听内容："男的是什么态度?""他们主要说了什么?"等。学生或有分歧，再带着各自心中的疑问复听，教学效率会更高。

此外，借鉴图式理论，可利用"激活—建立—巩固"图式的方式加强"自上而下"的训练，为整体理解提供实际的可操作的方法。

图式理论，源自心理学，在语言教学中，对阅读和听力的教学研究尤为显著。结合听力活动"听前—听中—听后"三阶段，适合汉语听力教学的图式可为：

听前激活旧图式——调动学生自身词汇量，如活动与游戏环节中，游戏二：宾果游戏，可以将与本课相关的主题提出，调动学生原有的储备量，帮助学生建立新旧图式的联系。

听中建立新图式——听中通过短时记忆的训练，过渡到长时记忆，建立个性化的新图式。这是一个归类、连接的过程，在该阶段，学生应进一步补充、扩展、丰富旧图式，建立新的结构模式。

"自上而下"的整体理解和"自下而上"的细节抓取在该阶段都很重要。因学生本能地听一个字想一个字，影响理解速度，因此本示例重点所谈的跨越障碍技能鼓励学生多做"自上而下"的训练。

听后巩固新图式——教师在该阶段对知识点进行梳理和总结，帮助学生整理、调整新图式。

三、任　务

针对中级水平学生，以帮助其在早市、菜场等地进行比较、购买、讨价还价等为目的，进行教学活动设计。请列出进行该活动时可能涉及到的听力微技能。

示例二　边听边记作报道

教材信息：《汉语听力速成·提高篇（第二版）》，北京语言大学出版社，编者毛悦、井梦然、刘长征，2010 年 6 月第 2 版，2016 年 11 月第 7 次印刷。第 8 课《体育运动》课文 1。
［本报讯洛杉矶 7 月 10 日电］记者许立群报道 今天，中国女足在第三届世界杯女足决赛点球大战中以 4:5 失利，但世界杯亚军依然是中国队在历届世界杯赛上的最好成绩。 当地时间 12 时 50 分，中国队和美国队的决赛在洛杉矶玫瑰碗体育场进行。120 分钟比赛后，双方以 0:0 踢平，只好互射点球决定胜负。 美国队五个点球全部射中，中国队的第三个点球被扑出。 首届世界杯女足赛上，美国队就夺取了冠军。此次是她们第二次在世界杯赛上夺冠。 今天有 9 万多名观众顶着近 40 摄氏度的高温观看了比赛。 之前进行的比赛中，巴西队以5:4击败了挪威队，获得第三名。
生词： 1. 洛杉矶　2. 届　3. 决赛　4. 点球　5. 失利　6. 依然　7. 射　8. 扑出　9. 击败　10. 挪威

一、示例实施

（一）教学目标

1. 能基本听懂体育赛事中比分的表达方法；
2. 能准确获取数字信息。

（二）教学重点、难点

1. 教学重点：能准确获取语言材料中涉及的时间、地点、数字等具体信息。
2. 教学难点：能抓住主要信息并联想猜测，提高学生的短时记忆和长久记忆能力。

（三）教学前准备

1. 知识准备

已进行生词操练与句型复述练习。

2. 教学材料准备

（1）与课文内容相关的简笔画。
（2）点球大战视频片段（汉语解说）

（四）教学过程

1. 导　入

请学生观看经典点球大战片段，了解课文描述的场景。

2. 讲　练

（1）听课文，教师提示学生，记录主要人物、时间、地点。

如：

今天	中国女足 4:5 美国
12:50	
点球	
90000 + 观众	

听后，可引导学生尝试说出自己记下的内容，如：

今天，中国女足和美国女足比赛，4 比 5。他们 12 点 50 开始比赛，最后踢点球。有 9 万多名观众看了比赛。

水平好一些的学生可能会将“踢平”“40 度高温”“美国队第二次夺冠”“巴西队以 5:4击败了挪威队”等细节信息记录下来。

（2）再听一遍课文，做课后练习题。

教师提醒学生，注意在听的时候把重要信息在选项旁边记录下来。

如题 1 选项：

A. 第一届、第二届	B. 第一届、第三届
C. 第二届、第三届	D. 第一届、第二届、第三届

当学生听到课文：

今天，中国女足在第三届世界杯……

应先在选项旁做标记。可写“三”，可在“第三届”选项上打√，也可用母语符号记录，如英语“3rd”等。记录要快，符号要简略。

再继续听到课文：

首届世界杯女足赛上，美国队就夺取了冠军。此次是她们第二次在世界杯赛上夺冠。

此时没有与“首届”完全相同的选项，学生可先记录下语音形式，或写出本课生词“首届”。同时要记录下“第二次”。

听后再将自己的记录与选项做对比。排除 D 选项（这次才是第二次，没有三次夺冠），明确“首届”指的是“第一届”，综合课文，选 B。

参考答案：

1. 美国队在哪几届世界杯赛中夺冠？（B）
A. 第一届、第二届　　B. 第一届、第三届
C. 第二届、第三届　　D. 第一届、第二届、第三届
2. 本届世界杯决赛的时间是？（D）
A. 4 月 4 日　　B. 4 月 10 日　　C. 7 月 4 日　　D. 7 月 10 日
3. 中国队第几个出场的队员点球被扑出？（C）
A. 第一个　　B. 第二个　　C. 第三个　　D. 第四个
4. 这次比赛获得亚军对中国队来说——（B）
A. 是历史最好成绩　　B. 是在世界杯赛上的最好成绩
C. 第二次获得这个成绩　　D. 第三次获得这个成绩
5. 这则新闻应该是——（C）
A. 电视新闻　　B. 广播新闻　　C. 报纸新闻　　D. 网络新闻

（3）教师给予适当提示图片，让学生听课文。

任务一：学生须按照在课文中出现的顺序，排列下列主要图片：

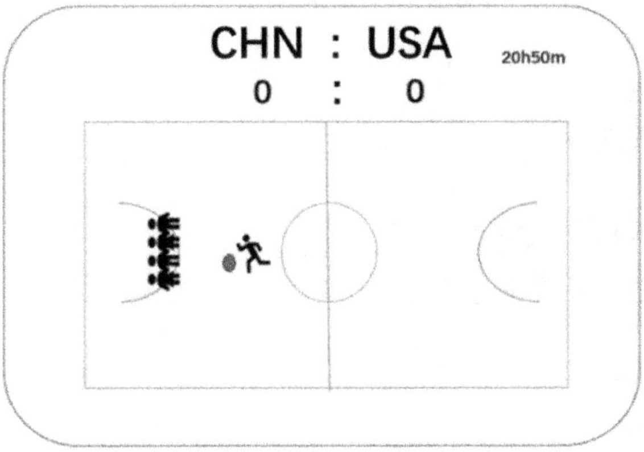

①

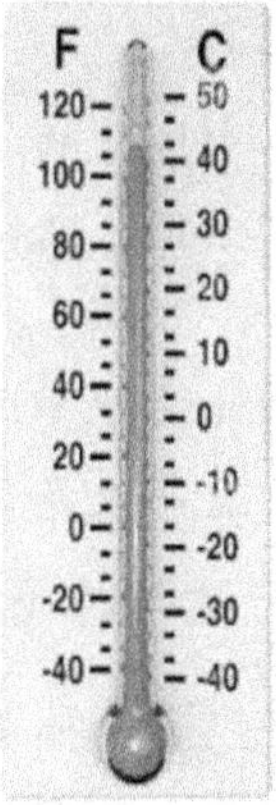

②

CHN : USA
4 : 5

③

BRA : NOR
4 : 5

④

正确答案为：③①②④

任务二：找出图片中的错误之处，并将图片没有展现的数字记录下来。

图①：右上角的时间应为 120 分钟，当地时间是 12 点 50 分。

图②：未出现观众人数——9 万人。

图④：巴西队与挪威队的分数反了，应为 5:4。

（4）请学生改句子。

教师说出一个课文原句，请学生用自己的话再说一遍。

师：中国女足在点球大战中失利了。

生：中国女足在点球大战中输了/没有赢。

师：但世界杯亚军是中国队在世界杯赛上的最好成绩。

生：但世界杯第二名是中国队在世界杯赛上的最好成绩。

师：中国队的第三个点球被扑出。

生：中国队的第三个点球没有射进门。

师：此次是美国队第二次在世界杯赛上夺冠。

生：这一次是美国队第二次在世界杯赛上得第一名。

3. 活动与游戏

活动一：足球解说我也行！

鼓励学生运用所学词汇解说一段点球大战的赛况。

可用词汇：射、点球、扑、比、分钟、第 ×、成绩

活动二：体育赛事连连看

补充其他项目视频，如篮球、乒乓球比赛等，请学生记录。教师可提供表格，如：

表 2－7　赛事记录表

项目	时间	地点	参加人	比赛分数	观众	其他
篮球						
乒乓球						
羽毛球						
⋮						

二、示例小结

本示例着重练习学生对数字在连续表达中的边听边记能力。

前文示例介绍过短时记忆和长时记忆，图式理论是对长时记忆的补充，而边听边记则是对短时记忆的辅助，帮助学生在理解语料的基础上，回忆时可以尽可能多地提取有效信息。

此项技能训练的重要性在于，教师须引导学生记录重要的、关键的信息，避免学生逐字记录，影响记录和理解；或记录非重要信息，遗漏关键点。

边听边记技能可以通过记录主要人物、事件、时间、地点，记录材料大意等内容，通过符号、画图、列表等方式训练。

在开始该技能的训练时，由于学生的语言点掌握情况尚未完备，教师应提供大纲和关键点，引导学生记录。熟练后方可放手，让学生自由记录。

三、任　务

请针对中级水平学生，以《汉语听力速成·提高篇》第六课《交通状况》为例，设计一个突出边听边记技能的听力教学课堂。

示例三　抓听信息促理解

教材信息：《发展汉语·高级听力（Ⅰ）》，北京语言大学出版社，编者幺书君，2011 年 9 月第 2 版，2014 年 11 月第 4 次印刷。第 8 课《关于冰淇淋的消费调查》。

关于冰淇淋的消费调查

每年夏天的脚步一近，冰淇淋市场就热闹起来。最近，记者在北京、上海、广州三个高消费城市就人们喜欢什么样的冰淇淋、会选择什么样的冰淇淋进行了一次调查。调查发现，三地中最爱吃冰淇淋的还数广州人，有 63.1% 的广州人喜欢吃冰淇淋，看来冰淇淋在素有“美食园地”之称的广州也是如鱼得水。冰淇淋在上海、北京的情况也不错，分别有 55% 的上海人和 46.5% 的北京人是冰淇淋的忠实爱好者。

据统计，现在全国有 200 多家具有规模的冰淇淋生产厂家。在市场上经得住考验的品牌也有 3000 种之多，在三地百姓的心中各有其心爱的品牌。调查发现，无论是北京、上海还是广州，中外合资企业生产的“和路雪”都很受青睐。在上海，至今还有很多中年以上的市民不能忘记“光明”“金鸡”这些老品牌。能接受“哈根达斯”这样的国外高档冰淇淋品牌的人中，上海的青年人最多。

那么，在三地百姓心中，选择冰淇淋的标准各是什么呢？

实实在在的口味是三地市民共同的选择理由。其中务实的北京人最在乎味道，而精美的包装对讲究情调的上海人吸引力最大，创意独特的冰淇淋广告在广州最有用武之地。

至于什么价格的冰淇淋是人们的第一选择，调查中发现，2－5 元的冰淇淋在三地都是最受欢迎的。最舍得吃 10 元以上的高档冰淇淋的是北京人，广州人最讲究实惠，有 24.3% 的广州人选择两元以下的冰淇淋。

在西方人眼里，冰淇淋是奶制品而非冷饮食品，是正餐后的一道甜品，因此不受时令的限制。如今在中国，冰淇淋只有夏季才吃的观念也在变化。调查中发现，26.4% 的北京人敢在寒冷的季节享受冰淇淋，而生活在温暖环境里的广州人，则更有理由不在乎季节了。

当然，萝卜白菜，各有所爱，不喜欢冰淇淋的人也有其充分的理由。奇怪的是，一向口味偏甜的上海人这次倒不喜欢冰淇淋太甜了，有 60% 的上海人希望冰淇淋口味清爽一些，爱美的广州姑娘则怕冰淇淋影响自己苗条的身材，所以对冰淇淋是又爱又怕。

生词：

1. 冰淇淋　2. 如鱼得水　3. 厂家　4. 百姓　5. 中外合资　6. 青睐　7. 市民　8. 口味　9. 务实
10. 情调　11. 创意独特　12. 用武之地　13. 实惠　14. 正餐　15. 甜品　16. 时令
17. 萝卜白菜，各有所爱　18. 清爽　19. 苗条

一、示例实施

（一）教学目标

1. 能理解所听材料的主要内容；
2. 能通过具体数字获取关键信息；
3. 能对中国人的消费观有初步印象。

（二）教学重点、难点

1. 教学重点：能熟练运用生词；能对所听材料进行复述或模仿。
2. 教学难点：以小见大，从冰淇淋的消费观延伸至其他方面。

（三）教学前准备

1. 知识准备

已学完全部生词；
已掌握课文中的语法点；
已掌握多种数字相关内容表达，如钱币、百分比等。

2. 教学材料准备

（1）常见冰淇淋品牌图标：伊利、光明、和路雪、哈根达斯、星巴克等。
（2）分类整理中国三大城市的相关数据，裁制卡片，分发给学生，供学生活动使用。可分组进行，按照学生或小组数量准备成套卡片。

表 2－8　三地居民的冰淇淋消费情况（部分）

广州	最爱吃冰淇淋
	63.1% 的人喜欢吃冰淇淋
	美食园地
	创意独特的冰淇淋广告
	最讲究实惠
	有 24.3% 的人选择两元以下的冰淇淋
	不在乎吃冰淇淋的季节
	怕冰淇淋影响苗条的身材
	对冰淇淋是又爱又怕

续表

北京	46.5%的人喜欢吃冰淇淋
	在乎味道
	务实
	最舍得吃10元以上的高档冰淇淋
	26.4%的人敢在寒冷的季节享受冰淇淋
上海	55%的人喜欢吃冰淇淋
	至今还有很多中年以上的市民不能忘记“光明”“金鸡”这些老品牌
	能接受“哈根达斯”的青年人最多
	精美的包装
	讲究情调
	不喜欢冰淇淋太甜了
	有60%的人希望冰淇淋口味清爽一些

（3）名卡制作：
“记者”“北京人”“上海人”“广州人”名卡若干。

（四）教学过程

1. 导　入

（1）将准备好的冰淇淋品牌图标展示给学生，使学生记住其汉语名称。

（2）将教室中心区空出（或教室内其他宽敞区域），准备“抢椅子”游戏。5－6人/次为宜，具体可视本班教学情况决定。

（3）将冰淇淋品牌与其他品牌混杂，教师依次念出品牌名称：
和路雪、伊利、光明、梦龙、八喜、哈根达斯、阿迪达斯……
学生此时围着椅子转圈。当听到不属于冰淇淋品牌时，学生需要立刻开始抢椅子！

（4）未抢到椅子者出局，撤掉一把椅子，继续下一轮游戏。直至最后一名学生胜出。

2. 讲　练

（1）理解大意

让学生泛听一遍（即，以正常速度，不干扰、不停顿地播放一次，不给学生提任何要求或布置任务）。

学生以3人为一组，教师将提前制作好的卡片（教学材料2）发给学生，提示学生先阅读卡片内容。

每个小组互相合作，摆放至正确位置，然后小组内每位同学代表一个城市，说出自己代表城市的特点。若有争议，可请其他组同学更正。

（2）抓取主要信息

① 听课文前，教师针对主要信息提问，让学生带着问题听。

师：哪儿的人最喜欢吃冰淇淋？

冰淇淋生产厂家有多少家？

哪个品牌的冰淇淋是老品牌？

哪个品牌的冰淇淋是国外高档冰淇淋？

三地百姓选择冰淇淋的标准是什么？

中国人什么季节吃冰淇淋？

②通过高频词抓取

如课文第一段：

每年夏天的脚步一近，冰淇淋市场就热闹起来。最近，记者在北京、上海、广州三个高消费城市就人们喜欢什么样的冰淇淋、会选择什么样的冰淇淋进行了一次调查。调查发现，三地中最爱吃冰淇淋的还数广州人，有63.1%的广州人喜欢吃冰淇淋，看来冰淇淋在素有“美食园地”之称的广州也是如鱼得水。冰淇淋在上海、北京的情况也不错，分别有55%的上海人和46.5%的北京人是冰淇淋的忠实爱好者。

教师就本段提问：你听到了哪些词语？

毋庸置疑，“冰淇淋”是被提及次数最多的，同时“北京”“上海”“广州”也反复出现，学生应该知道这些是主要信息，从而在下文的听力理解中会有所偏重，提高理解效率。

③ 通过数据抓取

听课文，完成课本练习题二：根据课文内容选择，在表格中相应位置画√。

参考答案（部分）：

表2-8　三地居民的冰淇淋消费情况（部分）

三地中最爱吃冰淇淋的是哪儿的人？	北京人	上海人	广州人√
“美食园地”指哪里？	北京	上海	广州√
有多少上海人喜欢冰淇淋？	46.5%	55%√	63.1%
有多少北京人喜欢冰淇淋？	46.5%√	55%	63.1%
经得住市场考验的冰淇淋大约有多少种？	3000种√	200多种	1000种
哪里的人最舍得吃贵的冰淇淋？	北京√	上海	广州
哪里的人吃冰淇淋最讲究实惠？	北京	上海	广州√

（3）记者角色扮演

本课文是调查报告，完成练习后，学生应对此次调查非常熟悉。

教师可组织学生进行角色扮演：记者——受访者。

教师制作一张“记者”名卡，根据学生数量制作“北京人”“上海人”“广州人”名卡（尽量平均分布）。

让学生抽签，然后进行角色扮演。

抽到“记者”的学生可根据课文重新组织自己的问题，允许提问个人感兴趣的个别问题，如：

如果生产萝卜味的冰淇淋，你会买吗？

你喜欢什么形状的冰淇淋？

可多次组织学生抽签，互换角色。

3. 活动与游戏

活动一：故事接龙

教师可虚拟一个人物，在北京出生，在上海上学，现在在广州工作。根据课文内容，编故事：

小李是北京人，他小时候最喜欢吃冰淇淋，他觉得味道是最重要的……

后来，他去了上海上学，他发现，上海人觉得，冰淇淋的包装要好看，这也很重要……

现在，他在广州工作，他最喜欢的还是冰淇淋，但是广州的冰淇淋……

学生以每人一句的接龙形式讲述故事。要求符合基本逻辑。

学生须认真听前一位学生的讲述，进而加深故事的延展性。

活动二：我是演说家

根据课文内容和讲述角度，准备一段2分钟命题演讲：本国人的冰淇淋消费观。

注意必须包含的内容：冰淇淋品牌、选择标准、口味偏好、食用时令等。

二、示例小结

本示例以听力技能中的抓取主要信息微技能为核心。

高级阶段的听力训练仍可沿用中级阶段的训练方法，如边听边记的训练、预测与更正的训练等，但是高级阶段的教学材料较长，教师需要补充更符合高级阶段的训练方法，如抓取主要信息能力的训练、快速理解能力的训练、预测话语走向能力的训练、检索监听的训练、听记能力的训练、听懂带方言的讲话能力和抗干扰能力的训练等。①

高级阶段的听力训练应与实际生活结合得更紧密、深入，为新闻听力理解、影视听力理解打基础。因此，在快速的语流中抓取主要信息是非常重要的一项技能。

本示例通过抓取高频词、抓取数据、根据问题抓取等方法为例，展现了抓取主要信息能力的一些训练方法。

---

① 胡波．汉语听力课教学法［M］．北京：北京语言大学出版社，2007：74－75.

高级听力的课堂形式可更生动、活泼，在听力理解的基础上，可将听与读、听与说联系起来。

通过重组卡片的方法，将听与读结合，有效增加输入效率。但此时学生的“我懂了”可能受阅读影响更大，因此须不断重复，在反复听中获得听力技能的提升。

在听与说的训练时，应避免对听力材料的单纯重复，可自选内容，让学生根据听力材料的思路和角度进行主观创作。

三、任　务

下面是一则根据百度百科词条“2022 年北京冬季奥运会”改写的热点新闻教学材料：

2022 年北京冬季奥运会（英语：XXIV Olympic Winter Games），即第 24 届冬季奥林匹克运动会，将在 2022 年 2 月 4 日至 2022 年 2 月 20 日在中华人民共和国北京市和张家口市联合举行。这是中国历史上第一次举办冬季奥运会，北京、张家口同为主办城市，也是中国继北京奥运会、南京青奥会后，第三次举办奥运赛事。

北京张家口奥运会设 15 个大项，102 个小项。北京将承办所有冰上项目，延庆和张家口将承办所有的雪上项目。北京将成为奥运史上第一个举办过夏季奥林匹克运动会和冬季奥林匹克运动会的城市，也将是继 1952 年挪威的奥斯陆之后，时隔整整 70 年后第二个举办冬奥会的首都城市。同时中国也将成为一个举办六次①各类奥林匹克运动会的国家。

2017 年 12 月 15 日 20 时 22 分，北京 2022 年冬奥会会徽“冬梦”和冬残奥会会徽“飞跃”，正式亮相。

第 23 届冬季奥林匹克运动会于 2018 年 2 月 25 日晚在平昌奥林匹克体育场闭幕。北京市市长陈吉宁接过奥运会会旗，标志着冬奥会进入“北京周期”。

1. 请列举你认为的主要信息。
2. 请以抓取主要信息为目标技能，设计 3 个教学活动，帮助学生提高理解效率。

① 包含北京（残）奥运会、南京青（残）奥会、北京冬（残）奥会。

示例四　上下语境听整体

教材信息：《发展汉语・高级听力（Ⅱ）》，北京语言大学出版社，编者田卫平，2011 年 7 月第 2 版，2016 年 4 月第 3 次印刷。第 11 课《一秒的浪漫》。

一秒的浪漫

①火车上，同座的是一对母子。

黄昏的时候，母子俩开始有些坐立不安起来，儿子把脸紧紧贴在车窗上向外张望着。

我问那一直在张望的儿子：有什么事要发生吗？母亲不好意思地冲我笑了笑。

儿子转过身来对我说，他爸爸是火车司机，忙得快一个月没回家了。今天是他爸爸 45 岁生日，他和妈妈想给爸爸一份生日礼物。于是，特意坐这趟火车，希望可以和他爸爸开的那列火车相遇，看一眼他的爸爸。

我这才知道，妈妈与儿子在火车时刻表上查到，有一列火车会在 6 点多钟时在前方不远的地方跟爸爸开的火车相遇。也许两列火车擦肩而过的时间只有一秒，但是母子两人却非常期盼能在这相遇的一秒里，送上笑脸和祝福，于是他们踏上了这列火车。

②过了一会儿，我们听到远处传来另一列火车的轰隆声。

贴在玻璃窗上的孩子大声叫着：来了！来了！爸爸的火车来了！

孩子的母亲把上半身挪了又挪，紧紧地贴在车窗玻璃上。

我们的车厢顿时鸦雀无声。

男孩激动得不停晃动着身体，将画有蛋糕的画儿，紧紧地贴在车窗玻璃上。那蛋糕旁，有一行字：老公，保重！一个妻子对丈夫的全部思念和牵挂，就由这四个字表达出来了。

很快，爸爸的火车开过来了。在两列火车相错的一瞬，我看见，那孩子举着蛋糕大叫着爸爸；那女人，强忍着想要跳起来的身体，安静地贴在玻璃窗上。

真的，就是一瞬，一秒钟吧，两列火车就完成了相遇的一刻。

兴奋的孩子从玻璃窗前离开，他的母亲还愣在玻璃窗边。儿子突然抱住妈妈，说："我看见爸爸了，爸爸朝我笑了。"妈妈只是在笑着，点着头，无言地告诉儿子，她也看见了，她也很兴奋。

什么样的浪漫更真实动人、更惊天动地？眼前这一秒钟的浪漫，平实朴素，却胜过无数烛光晚餐和玫瑰，深深地叫我向往。如果我有爱人，我希望以我的全部，换得这一秒。因为，拥有这样的一秒，心是踏实的，爱是可靠的，幸福是在手掌心里的。

练习题（节选）：

二、根据课文第一段内容，选择正确答案

1. A. 一位母亲	B. 一位父亲	C. 一个儿子	D. 一对母子
2. A. 站立起来	B. 坐累了	C. 心情不平静	D. 着急回家
3. A. 售票员	B. 火车司机	C. 汽车司机	D. 火车服务员
4. A. 一周	B. 半个月	C. 快一个月	D. 一个半月
5. A. 43 岁	B. 44 岁	C. 45 岁	D. 46 岁
6. A. 生日蛋糕	B. 一件毛衣	C. 一块手表	D. 笑脸、祝福

三、根据课文第二段内容，判断正误

1. 乘客们安静地等待这对母子跟亲人的相遇。
2. 生日蛋糕是画的。
3. 画儿上的字是儿子亲手写的。
4. 两列火车相遇时，儿子叫着爸爸，举着画儿，母亲跳起来贴到车窗上。
5. 儿子看到了爸爸，母亲愣在窗边是因为她没有看到丈夫。
6. 爸爸对儿子笑了。
7. 妈妈用微笑和点头告诉儿子自己的感受。

生词：

1. 坐立不安　2. 冲　3. 火车时刻表　4. 擦肩而过　5. 期盼　6. 轰隆　7. 挪　8. 鸦雀无声　9. 晃动　10. 思念　11. 牵挂　12. 一瞬　13. 强忍　14. 一刻　15. 无言　16. 惊天动地　17. 平实　18. 玫瑰

一、示例实施

（一）教学目标

1. 能听后复述；
2. 能掌握课文中出现的词语；
3. 能根据课文内容准确地做出练习。

（二）教学重点、难点

1. 教学重点：理解听力材料，能概括各部分内容；掌握课文故事情节的脉络。
2. 教学难点：培养学生初步的联想能力，理解课文内容。

（三）教学前准备

1. 知识准备

已学完本课生词；已掌握 1500 个左右的词。

2. 教学材料准备

火车时刻表；
火车内景挂图。

（四）教学过程

1. 导入——我有一双大眼睛

结合生词中的心理词汇，请学生演出该词的状态，如：

坐立不安的样子 期盼的眼神 思念的神情 牵挂的眼神 强忍泪水的表情 无言的落寞 鸦雀无声的班级

2. 讲　练

（1）教师出示题目：一秒的浪漫，让学生说出自己认为的可能有关的内容。如：

男朋友在出国留学时与女朋友告别 儿子在妈妈生日那天，做了一件让妈妈忘不了的事 老同学互相制造的惊喜 ……

（2）要求学生先读课本练习第二、三题，通过阅读选项，大致预测课文内容。读题完毕，开始听课文，并作答。

参考答案：

1. A. 一位母亲 B. 一位父亲 C. 一个儿子 D. 一对母子
2. A. 站立起来 B. 坐累了 C. 心情不平静 D. 着急回家
3. A. 售票员 B. 火车司机 C. 汽车司机 D. 火车服务员
4. A. 一周 B. 半个月 C. 快一个月 D. 一个半月
5. A. 43 岁 B. 44 岁 C. 45 岁 D. 46 岁
6. A. 生日蛋糕 B. 一件毛衣 C. 一块手表 D. 笑脸、祝福

参考答案：DCBCCD

三、根据课文第二段内容，判断正误
1. 乘客们安静地等待这对母子跟亲人的相遇。
2. 生日蛋糕是画的。
3. 画儿上的字是儿子亲手写的。
4. 两列火车相遇时，儿子叫着爸爸，举着画儿，母亲跳起来贴到车窗上。
5. 儿子看到了爸爸，母亲愣在窗边是因为她没有看到丈夫。
6. 爸爸对儿子笑了。
7. 妈妈用微笑和点头告诉儿子自己的感受。

参考答案：√√×××√√

（3）教师选取课文段落改编，请学生精听原文和改编段落，找出两篇的不同之处。

原文：

我们的车厢顿时鸦雀无声。

男孩激动得不停晃动着身体，将画有蛋糕的画儿，紧紧地贴在车窗玻璃上。那蛋糕旁，有一行字：老公，保重！一个妻子对丈夫的全部思念和牵挂，就由这四个字表达出来了。

改编：

我们的车厢突然变得静悄悄。

男孩激动得站了起来，将画有蛋糕的画儿，紧紧地放在车窗玻璃上。那蛋糕旁，有一行字：我的爱人，照顾好自己！一个妻子对丈夫的全部想念和放心不下，就由这一行字表达出来了。

不同之处：

我们的车厢突然变得静悄悄。

男孩激动得站了起来，将画有蛋糕的画儿，紧紧地放在车窗玻璃上。那蛋糕旁，有一行字：我的爱人，照顾好自己！一个妻子对丈夫的全部想念和放心不下，就由这一行字表达出来了。

找出不同之处后，再请学生进行比较，哪种表达更好？为什么？

如：原文："老公，保重！"改编文："我的爱人，照顾好自己！"

原文四个字，言简意赅。在列车高速运行的情况下，字字值千金，更显沉重和珍贵。改编文的分量较轻，温情更浓。

其他比较略，可由教师和学生自由发挥。

（4）看 PPT 图匹配

教师将课文最后一段打散成若干句，要求学生听后与图片匹配，将抽象思维形象化：

1. 眼前这火车上相遇一秒钟的浪漫。
2. 平实朴素。
3. 却胜过无数烛光晚餐和玫瑰。
4. 拥有这样的 1 秒，心是踏实的，爱是可靠的，幸福是在手掌心里的。

A

B

C

D

正确匹配应为：1 - B　2 - C　3 - A　4 - D

（5）情景演绎

将学生分为 4 人一组，根据课文内容进行角色分配、情景演绎。

教师可提供火车内景挂图。

3. 活动与游戏

活动一：大家来找茬

教师可准备一段话，内含逻辑错误，请学生找出并纠正。

2018 年 2 月 29 号，北京烈日当空。我和我的朋友打算一起去长城玩儿。长城离学校不远，我们坐火车去。我和我的朋友先去了北京公交车总站，查了列车时刻表，决定半个小时以后出发。

从北京到长城有很多火车，而且很快，一个半小时就能到。我们 9 点出发，12 点到了长城。

下车以后，我们决定先吃晚饭。我最喜欢吃的中国菜就是西冷牛排，只有在中国才能吃到这么地道的口味。

吃饱了，喝足了，我们开始爬长城。长城特别高，爬到长城上就能看到天安门，真雄伟！

爬了一会儿我们都累了，就又坐着火车回学校。我买了一张票，才 6 块钱。真便宜！

我自己去长城的这一天真好！有机会我还要再去。

问题处：

2018 年 2 月29 号(**该月没有 29 号**)，北京烈日当空(**北京时值冬季，最暖也应是“煦日暖阳”，而非夏季的“烈日当空”**)。我和我的朋友打算一起去长城玩儿。长城离学校不远(**不近**)，我们坐火车去。我和我的朋友先去了北京公交车总站(**公交车总站为汽车站，而非火车站**)，查了列车时刻表，决定半个小时以后出发。

从北京到长城有很多火车，而且很快，一个半小时就能到。我们 9 点出发，12 点到了长城(**上文已说明路程耗时，此处应为 10 点半**)。

下车以后，我们决定先吃晚饭(**午饭**)。我最喜欢吃的中国菜就是西冷牛排(**非传统的中国菜**)，只有在中国才能吃到这么地道的口味。

吃饱了，喝足了，我们开始爬长城。长城特别高，爬到长城上就能看到天安门(**长城距天安门 80 公里，无法用肉眼看到**)，真雄伟！

爬了一会儿我们都累了，就又坐着火车回学校。我买了一张票，才 6 块钱。真便宜！

我自己去长城的(**上文提及“我和我的朋友”一起去了长城**)这一天真好！有机会我还要再去。

活动二：听歌唱曲

1. 听流行歌曲《最浪漫的事》，对歌词进行辨听练习。

如听副歌部分，选择听到的句子：

我能想到最浪漫的事
A jiùshì hé nǐ yìqǐ mànman biàn lǎo
B jiùshì hé nǐ yìzhí mànman biàn lǎo
C jiùshì hé nǐ yīxī mànman biàn lǎo （A）
一路上收藏点点滴滴的欢笑
A liúdào yǐhòu zuòzhe yáoyǐ mànman liáo
B liúdào yǐhòu zuòzhe yāojī mànman liáo
C liúdào yǐhòu zuòzhe yáoqí mànman liáo （A）
我能想到最浪漫的事
A jiùshì hé nǐ jījí mànman biàn lǎo
B jiùshì hé nǐ qíqí mànman biàn lǎo
C jiùshì hé nǐ yìqǐ mànman biàn lǎo （C）
直到我们老得哪儿也去不了
A nǐ hái yīrán
B nǐ hái yīrén
C nǐ hái yīnrán （A）
A bǎwǒ dāng zhēn shǒuxīn lǐ de bǎo
B bǎwǒ dāng chéng shǒuxīn lǐ de bǎo
C bǎwǒ dān chéng shǒuxīn lǐ de bǎo （B）

2. 将自己本国传统的音乐、歌曲重新用中文填词。
学生可自己创作、填词，也可借鉴中国经典文学作品等。
可参考中国中央电视台《经典咏流传》栏目 2018 年 4 月 6 日《关雎》节目。

二、示例小结

高级阶段听力材料越来越长，听力理解的难度也随之增加，学生感觉最明显的是听懂了，但记不住，还有就是语料中听不懂的词增多了，理解障碍多了。此时，听力技能，尤其是联想猜测技能、边听边记能力和预测能力尤为重要。

本示例的讲练首先通过教师提问、阅读题目选项的方法让学生大致猜测文章内容，而后再让学生听课文、做练习，在听的过程中预测下文内容，判断正误。

活动一“大家来找茬”通过辨别分析、预测下文、更正信息等环节，训练学生在听力过程中处理复杂问题的能力。如：原文“从北京到长城有很多火车，而且很快，一个半小时就能到。我们 9 点出发，”听到这里，学生应该能推断出到的时间为“10 点半”，而下文则出现“12 点到了长城。”不符合上文，学生应有能力改正。

教师要注意引导学生整体认知，克服逐字逐句听的习惯，加快理解速度，提高理解效果。

三、任 务

请讨论：高级水平学生适合什么样的听力材料（如对话、短文、小说、新闻、剧本）？为什么？

第三节 听力课教案设计

教案示例

教材信息：《发展汉语？中级听力（Ⅰ）》，北京语言大学出版社，编者傅由，2011 年 7 月第 2 版，2014 年 8 月第 6 次印刷。第 2 课《最好的年龄》。
最好的年龄 多大是生命中最好的年龄呢？ 电视台采访了很多人。一个小男孩说：“两个月，因为你会被抱着走，你会得到很多的爱和照顾。” 另一个小孩回答：“3 岁，因为不用去上学。你可以做所有想做的事，也可以不停地玩儿。” 一个少年说：“18 岁，因为你高中毕业了，你可以开车去任何想去的地方。” 一个男人回答说：“25 岁，因为你的身体最好。”这个男人 43 岁。他说自己现在走路越来越没劲儿了。他 25 岁的时候，常常到夜里 12 点才上床睡觉，但现在晚上 9 点就困得睁不开眼睛了。 一个 5 岁的小女孩说，生命中最好的年龄是 29 岁。因为你可以待在屋子里的任何地方，想干什么就干什么。有人问她：“你妈妈多大？”她回答说：“29 岁。” 一个女士回答说：“55 岁，因为你退休了，不用工作了。而且孩子都长大了，你不用为他们操心了，可以过自己想过的生活了。” 最后接受访问的是一位老太太，她说：“每个年龄都是最好的。享受你现在的年龄吧。”
生词： 1. 采访 2. 不停 3. 高中 4. 没劲儿 5. 待 6. 退休 7. 操心 8. 接受 9. 享受

<table>
<tr><td>课程名称</td><td>汉语听力</td><td>课程类型</td><td>中级汉语听力课</td></tr>
<tr><td>任课教师</td><td>王　辰</td><td>指导教师</td><td>×××</td></tr>
<tr><td>授课日期及学时数</td><td>20××年×月×日
2 学时（90 分钟）</td><td>授课地点</td><td>教学楼×××</td></tr>
<tr><td>使用教材</td><td colspan="3">《发展汉语（第二版）中级听力（Ⅰ）》，北京语言大学出版社，编者傅由，2011 年 7 月第 2 版，2014 年 8 月第 6 次印刷。</td></tr>
<tr><td>本课题目</td><td colspan="3">第 2 课　最好的年龄</td></tr>
<tr><td>教学对象</td><td colspan="3">教学对象为汉语中级班学生，已掌握 1000 个左右的汉语词汇。
学生共计 5 人，主要来自越南、俄罗斯、挪威、哈萨克斯坦等国家。学生母语背景较复杂，大部分学生能听懂课堂中的汉语指示语。</td></tr>
<tr><td>教学内容</td><td colspan="3">1. 生词
共 9 个：采访、不停、高中、没劲儿、待、退休、操心、接受、享受
包括 7 个动词、1 个名词、1 个副词

2. 语法点
（1）V 得……
（2）想 A 就 A
（3）越来越……
（4）任何

3. 课文

4. 功能
（1）表达实现结果的可能性
（2）用“越来越……”描述事物的变化
（3）用疑问代词表达不确指的人、事物或方式</td></tr>
</table>

教学目标	认知领域	1. 熟练掌握本课的生字和词，听到后可以快速反应。 2. 能抓住所听语料中的关键词，理解话语之间的逻辑关系，回答课本问题。 3. 能够表达实现结果的可能性，用“越来越……”描述事物的变化，用疑问代词表达不确指的人、事物或方式。 4. 能够理解并记忆课文内容，能运用本课词语和句式结构基本完整地复述课文内容。
	技能领域	1. 能正确回答课本问题，语调比较自然。 2. 熟练掌握信息检索、归纳概括的听力微技能。 3. 获得边听边记、整体认知的技能，避免逐字记忆。
	情感领域	1. 学生可以描述各个年龄段的优势。 2. 引发学生对自己现阶段生存状况的思考，并为未来做出计划和安排。
	学习策略	通过多种训练方法，使学生掌握相应的听力技能。
教学重点与难点	教学重点	1. 生词 熟练掌握语音和意义，可以书写常用词“不停、高中、待、操心、接受、享受”。 2. 语法点 尤其是“V 得……”“想 A 就 A”“越来越……”的用法。
	教学难点	1. 理解听力材料，能概括各部分内容 2. 掌握课文故事情节的脉络 3. 培养学生初步的联想能力，理解课文内容 4. 多种微技能的综合运用
教学方法	1. 以听为主，听说结合，辅以任务法。 2. 听写结合，要求学生边听边记，记录细节信息。 3. 设计小辩论赛，培养学生在快速语流中抓取关键信息的能力。	
教具	多媒体课件、图片	

教学过程

1. 导入（10 分钟）

（1）组织教学，师生互相问候，教师点名。

（2）结合课本“畅所欲言”环节第二题，复习年龄的询问方法。

> 2. 怎么问别人的年龄？在年龄和问题之间连线。
>
> 十岁以下　　　　多大岁数？
>
> 十五六岁　　　　几岁了？
>
> 三四十岁　　　　多大了？
>
> 七八十岁　　　　多大年纪了？

提醒学生注意“年纪”须用在询问老人时。

2. 生词、语法点学习（30 分钟）

（1）教师配合课件，逐一讲解生词：

采访、不停、高中、没劲儿、待、退休、操心、接受、享受

可就生词进行简单提问互动，如：

师：“我每一分钟都在吃。”还可以怎么说？

生：我不停地吃。

师：我爬山爬了 6 个小时，现在浑身……

生：没劲儿。

师：在中国，人们 60 岁退休。在你的国家呢？

生：（根据实际情况回答）……岁退休。

（2）听课本练习一，通过听力训练掌握语法结构。

> 一、请仔细听录音，找出每组句子有什么共同的地方
>
> 第一组：＿＿＿＿＿＿＿＿＿＿＿＿＿＿＿＿
>
> 第二组：＿＿＿＿＿＿＿＿＿＿＿＿＿＿＿＿
>
> 第三组：＿＿＿＿＿＿＿＿＿＿＿＿＿＿＿＿
>
> 第四组：＿＿＿＿＿＿＿＿＿＿＿＿＿＿＿＿
>
> 第五组：＿＿＿＿＿＿＿＿＿＿＿＿＿＿＿＿

录音文本：

第一组：① 经过半年的学习，我的汉语**越来越**好。

② 冬天到了，天气**越来越**冷。

③ 我**越来越**喜欢这个工作。

（课文例句：他说自己现在走路**越来越**没劲儿了。）

学生记录：越来越……

教学过程

第二组：（文本略）困得睁不开眼睛

听完本组，可让学生先做课本练习题六：

①先连线：

A. 困得————————	睁不开眼睛
B. 累得	睡不着觉
C. 气得	合不上嘴
D. 高兴得	走不了路
E. 急得	说不出话来

②用连线后的词组填空。

1. 他把钱包丢了（ E ）。
2. 我见到了20年没见的老朋友，（ ）。
3. 我夜里三点才睡觉，现在（ ）。
4. 他今天爬长城、去故宫，玩儿了一整天，现在（ ）。
5. 售货员态度不好，还跟顾客吵架，顾客（ ）。

参考答案：

2. D. 高兴得合不上嘴　　3. A. 困得睁不开眼睛

4. B. 累得走不了路　　5. C. 气得说不出话来

最后，可请学生对句子描述的状态进行演绎。如“如何表现‘高兴得合不上嘴’？”

第三组；（文本略）任何

第四组：（文本略）想……就……

第五组：（文本略）操心

（3）做课本练习题七，选词填空。按照“独立填写答案—同学互相讨论—听录音”的顺序进行。

七、选词填空

任何　想A就A　越来越　操心　没劲儿

要求
①请独立填写答案
②填好后同学之间可以讨论
③最后听录音

1. 他没有（ ）坏习惯。
2. 车（ ）多，路（ ）堵。
3. 这件事没有（ ）意义，你别做了。
4. 这些地方都挺好玩儿的，你（ ）去哪儿（ ）去哪儿。
5. 大夫，我头疼、发烧，全身（ ）。
6. 天气（ ）冷，我得买一件毛衣。
7. 我们现在身体还可以，不要为我们（ ）。
8. 年纪大了，走一会儿路就（ ）了。
9. 抽烟对身体不好，（ ）抽（ ）抽可不行。

教学过程	参考答案： 1. 任何 2. 越来越，越来越 3. 任何 4. 想，就 5. 没劲儿 6. 越来越 7. 操心 8. 没劲儿 9. 想，就 3. 课文讲练（35 分钟） （1）让学生先看练习题四，预测课文内容。

四、根据课文内容填表（在括号里填上年龄，在空白处填上理由）

理由：

A. 身体最好。

B. 被抱着走，被爱，被照顾。

C. 待在屋子里的任何地方，想干什么就干什么。

D. 不用上学，想干什么就干什么，不停地玩儿。

E. 退休了，不用工作了。不用为别人操心，可以过自己想过的生活了。

F. 高中毕业了，可以开车去想去的地方。

G. 每个年龄都是最好的，享受你现在的年龄吧。

被采访人	被采访人的年龄	认为什么年龄最好	理　由
一个小男孩	——	两个月	
另一个小孩	——	（ ）岁	
一个少年	——	18 岁	
一个男人	（ ）岁	25 岁	A
一个小女孩	5 岁	（ ）岁	
一个女士	——	55 岁	
一个老太太	——	——	

（2）听课文，完成表格。

被采访人	被采访人的年龄	认为什么年龄最好	理　由
一个小男孩	——	两个月	B
另一个小孩	——	（3）岁	D
一个少年	——	18 岁	F
一个男人	（43）岁	25 岁	A
一个小女孩	5 岁	（29）岁	C
一个女士	——	55 岁	E
一个老太太	——	——	G

<table>
<tr>
<td>教学过程</td>
<td>

（3）再听一遍课文，要求学生边听边记，将每个年龄的样子记录下来。
如：

2 个月（或者：2m）	抱
3 岁（或者：3y）	不上学
18 岁（或者：18y）	高中毕业，开车
25 岁（或者：25y）	身体最好
43 岁（或者：43y）	走路 × 好
5 岁→29 岁（或者：5y→29y）	想干什么就……
55 岁（或者：55y）	退休

听毕，教师可将练习题一和二变为问题，要求学生根据自己的记录快速回答，训练学生的快速反应能力。
师：每个人对最好的年龄的看法一样吗？
生：不一样。

师：大部分被采访的人认为谁的年龄最好？
生：别人的。

师：两个月的孩子是什么样子的？
生：被抱着走。

师；3 岁的孩子是什么样子的？
生：不用上学。

师：18 岁的时候是什么样子的？
生：高中毕业，可以开车去任何想去的地方。

师：55 岁的时候是什么样子的？
生：可以退休了。

（4）完成课本练习题五，对全文进行归纳、概括。

五、听录音，回答问题
把答案简单地写在横线上，然后跟你的同伴讨论一下，你们的看法一样吗？
1. 问：你认为说话的小男孩可能多大？
答：________________________________
</td>
</tr>
</table>

教学过程

2. 问：你认为这个小孩多大？
   答：________________________
3. 问：那时的他跟现在什么方面不一样？
   答：________________________
4. 问：29 岁可以做什么？
   答：________________________
5. 问：原因可能是什么？
   答：________________________

4. 活动：辩论赛（13 分钟）

将学生分为两组，就“哪个年龄是最好的年龄？”为主题进行辩论。

正方观点：20 岁是最好的年龄。

反方观点：50 岁是最好的年龄。

先给学生 6 分钟组内讨论的时间，提示学生可根据记忆，将课文内容融入，也可自己提出新观点。

然后利用 2 分钟，简单布置教室：两组人面对面，分坐教室两侧。

辩论开始：

每组发表观点 1 分钟。

互相辩论 1 分钟。（需要提醒学生抓住对方语言中的漏洞，并给予辩驳。）

每组总结观点 1 分钟。

5. 小结与作业（2 分钟）

（1）总结本课观点：每个年龄段都是最好的年龄段。

（2）作业：完成课本练习题八，下次课展示。

	年龄	理由
压力最大		
身体最好		
最快乐		

<table>
<tr><td>板书</td><td>板书 1

①越来越……
②困得睁不开眼睛
③任何
④想……就……
⑤操心

板书 2

2 个月（或者：2m） 抱
3 岁（或者：3y） 不上学
18 岁（或者：18y） 高中毕业，开车
25 岁（或者：25y） 身体最好
43 岁（或者：43y） 走路 × 好
5 岁→29 岁（或者：5y→29y） 想干什么就……
55 岁（或者：55y） 退休</td></tr>
<tr><td>教学后记</td><td>本课以课后练习为主，重新调整顺序，训练了学生预测、快速反应、概括总结、边听边记、短时记忆等技能。课堂效果良好，课堂气氛活跃，充分利用了教材，但又有别于学生自己在课下学习。
辩论比赛环节，在中级阶段可以开始引入，由简单的“发表观点—短时辩论—总结观点”构成，训练学生的短时记忆技能，以及在交际中抓取主要信息的能力。
根据学生情况，如果辩论情况较好，现场热烈，可专门组织一次辩论课。</td></tr>
</table>

本章思考与练习

1. 查阅相关著作论文，简述听力课堂教学的现状。

2. 查阅相关著作论文，简述听力课微技能理论的产生及历史发展过程。

3. 简述听力课的教学原则、教学特点及常见教学模式。

4. 杨惠元提出的八种听力微技能，在初级、中级、高级阶段如何体现？有哪些训练方法？

5. 听力教学中，如何处理听与说、读、写的关系？请谈谈你的理解，并举例说明。

6. 选择一本听力教材中的某一课，撰写一份完整的教案，然后结合教案各环节的设置及训练方法，阐释该教案在语言要素、技能训练、学习策略等方面的设计理念与思路。

本章资料拓展

资料一：听力课型特点及其听力策略

20 世纪 80 年代，对外汉语教学打破了传统的综合教学模式，开始按专项技能训练开设课程，由此开设了听力课。它的意义在于明确了听力课是一门独立的语言技能课，而且是专项技能课的核心主干课程。……按技能授课的理论依据是“用不同的方法训练不同的语言技能”（吕必松，1990）。听力训练的作用和任务就是打听力基础、培养听的技巧、培养听的适应能力、培养注意力和开发智力（吕必松，1996）。随着人们对听力课教学的认识不断深入，以往只重视测试学生听的结果的听力课教学理念得以改变，听力理解被提高到了学习过程的认识层面。听力理解与语言知识学习相互结合，增强了听力课程的实践意义，因而产生了听辨训练、听读训练、听写训练、听说训练和听测训练等五种教学方式。这一方面收到了调动学生的学习积极性和活跃课堂气氛的效果，另一方面也起到了巩固和强化语言知识的作用。

听力课型特点

1. 听力课既依赖于综合课，又具有相对的独立性
2. 听力课是以输入为主、讲授为辅的课程
3. 听力课应该多种训练方式结合，活跃课堂气氛
4. 听力课是语音技能课，不是听力测验课
5. 听力课既是技能课，也是语言知识课

…………

一般来说，在授课之前和听力活动开始之前，教师应该向学生传授听力策略，说明使用听力策略的重要性，培养学生使用策略的意识。与第二语言聆听关系密切的策略有以下六个：

预估：预测聆听中可能出现的重要信息和意见。

推理：根据不完整或不充分的信息推理完整的信息。

监督：监督自己在聆听时的表现，包括策略的使用。

澄清：为了更好地理解，就必要的信息提问。

回应：对听到的信息或意见做出个人化的响应。

评价：查验自己的理解程度，以及聆听的目的是否达到。

——胡波．听说教学方法与技巧［M］．北京：北京语言大学出版社，2014：1－4、39－40．（有删减）

资料二：听力课的性质和地位

对外汉语听力课经历了从无到有、从“小四门”到独立课型的发展（杨惠元，1992）。目前流行的看法是，听力是副课，“必须依附于先行的主导课程”（杨惠元，1996）。李红印、陈莉（1998）也认为，“听力是一门副课，是一门与口语联系密切不可缺少的课程，它应该配合汉语口语课进行”。系列教材里的听力部分大多是据此编写的。这种思想指导下的听力课，不承担词汇、语法等的学习任务，听力课本出现的基本上是主干课学过的语言项目，听力只是以另一种形式对这些内容进行重现。

既然承认听是有别于读、说、写的一项语言技能，为什么听力课一定要依附于其他课程？李红印等没有解释，杨惠元的理由是“在读写课上教授了语音、语法和基本词汇，听力课才能够集中力量进行听力技能的训练”（1996）。对刚刚接触汉语的人进行听力训练，确实不切实际。但是，有理由相信，在学生熟悉了汉语拼音之后，独立的听力训练就完全可以开始了。“听力课必须依附于其他课型”在理论上是难以论证的。

对听力课的性质和地位必须重新认识。笔者认为，词汇和语法的教学，特别是词汇教学，是对外汉语教学中最重要、最基本的任务。不同的课型应从不同的方面来分担这项任务。我们需要研究的是，如何通过听来学习词汇、语法，而不是把词汇、语法的学习从听力中“踢”出去。这一看法与李红印（2000）接近。王小珊（1997）认为，初级听力课的基本任务是积累言语信息。需要指出的是，“积累”并不等同于“学习”。王小珊的解释是“训练听力的过程就是运用知识，激活知识的过程”。很明显，这里的“积累”是对已有知识的深化，是学习质量的提高。听力课当然应包括这些内容。但按照笔者的理解，听力课完全可以通过听来“学习”新的语言知识，初级听力课是这样，中高级听力课也是如此。这一理解也和谭春健（2000）不完全相同。谭提出初中级听力课应该采用“理解后听”的模式：在学生理解了语料之后进行多种声音的反复输入，或对同一句法结构负载的不同意义在理解之后进行反复输入。谭的这一建议包含了学习的意思，但将听力课局限于“理解后听”同样有失狭隘。在听的同时、在不需要事先讲解（并且被学习者理解）的情况下，学习者完全有可能学到一些新的语言现象。套用谭的说法，这是一种“边听边理解”的模式，虽然这对于初中级学习者来说也许并不经常。

李红印（1999）强调，听力教学是一个涉及多方面因素的教学子系统，过去对外汉语教学界对听力教学的理解过于拘谨、单一和定式化了。他认为，听力教学至少应包括四种类型：综合型的听力课教学、附属型的技能训练、自助型的听力练习、应试型的强化训练。他指出，这四种类型各有侧重，只有互相配合，才能共同完成听力教学的任务。从总体设计的高度对听力教学的这种全新的思考应引起我们的足够重视。

——刘颂浩．对外汉语听力教学研究述评［J］．世界汉语教学，2001（01）：98－99.

本章参考文献

[1]王宇莎．以听力微技能教学法为主的汉语中级听力课堂研究及教学设计[D]．武汉：华中师范大学，2017.

[2]张莹．听力微技能教学法在初级听力教学中的应用——以《发展汉语初级听力Ⅰ》为例[D]．兰州：西北师范大学，2016.

[3]王英霏．图式理论在对外汉语初级阶段听力教学中的应用与教学设计[D]．沈阳：辽宁大学，2014.

[4]吴彩芹．外国学生初级汉语听力微技能训练策略应用——以《发展汉语·初级汉语听力》为例[D]．济南：山东大学，2012.

[5]吴文杰．对外汉语教学中听力技能的训练[J]．赤峰学院学报（汉文哲学社会科学版），2007(01)：147－148.

[6]徐方．短时记忆、外语听力理解与输入假设[J]．国外外语教学，2005(01)：30－38.

[7]陈吉棠．再论记忆与听力理解[J]．外语界，2002(03)：36－40.

[8]刘颂浩．对外汉语听力教学研究述评[J]．世界汉语教学，2001(01)：93－107.

[9]杨惠元．听力训练理论研究的回顾与展望[J]．世界汉语教学，1997(02)：82－85.

[10]杨惠元．中国对外汉语听力教学的发展[J]．世界汉语教学，1992(04)：291－295.

[11]李清华．谈科技汉语的听力理解[J]．语言教学与研究，1987(02)：103－110.

[12]杨惠元．对外汉语听说教学十四讲[M]．北京：北京大学出版社，2009.

[13]胡波．听说教学方法与技巧[M]．北京：北京语言大学出版社，2014.

[14]胡波．汉语听力课教学法[M]．北京：北京语言大学出版社，2007.

漢

第三章 口语课教学

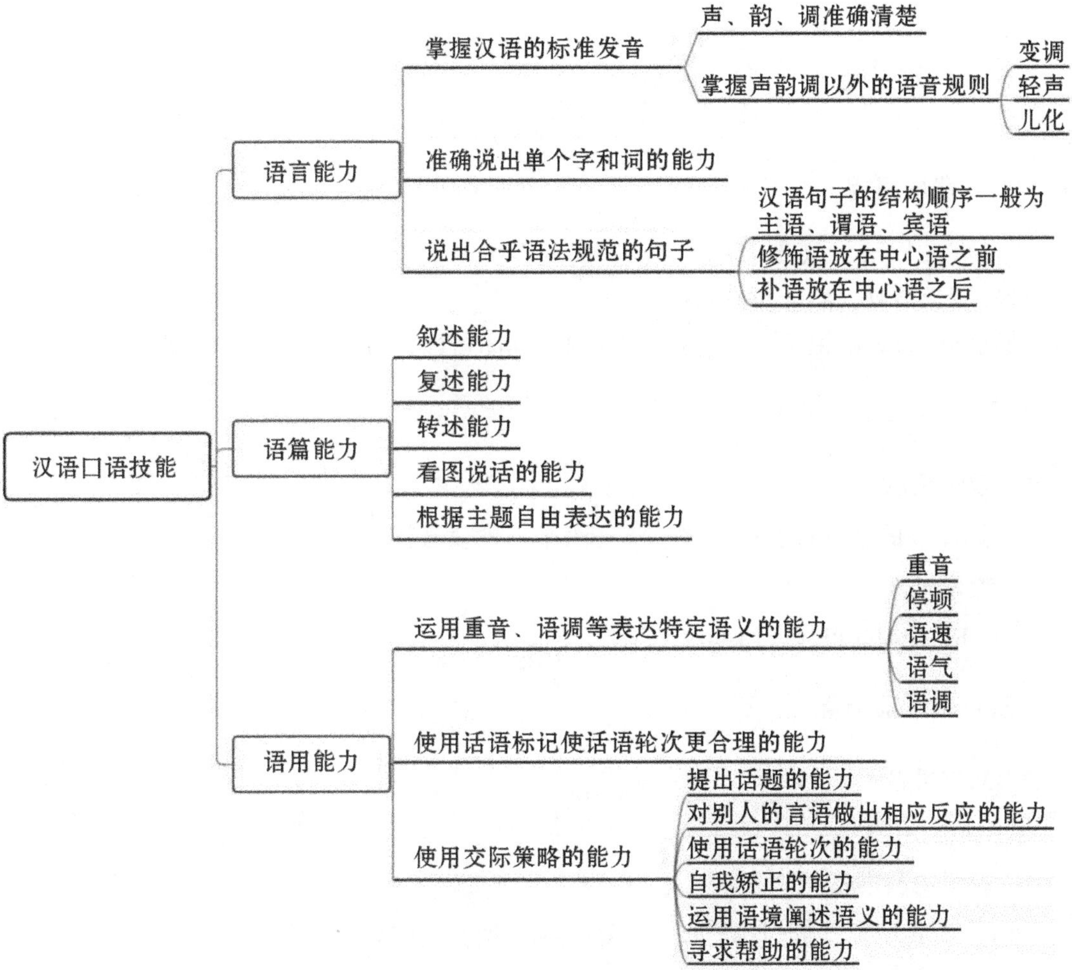

图 3－1　口语技能知识结构图

第一节　初级口语课技能

示例一　语音基础要夯实

一、示例实施

（一）教学目标

掌握声母 b、p，以及一声（阴平）的发音；
读准所学声母、韵母和声调；
鼓励学生跟教师说汉语；培养学生勇敢开口的意识；有意愿了解中国文化。

（二）教学重点、难点

1. 教学重点

声母 b、p 的发音特点；掌握一声（阴平）的发音。

2. 教学难点

声母 b、p 和韵母拼合后的读音练习。

（三）教学前准备

1. 知识准备

零起点初级班学生。

2. 教学材料准备

PPT、实物图片（同时标有汉字、拼音和英语）、拼音卡片。①

① 示例选用内容出自北京语言大学出版社，2008 年版《成功之路·入门篇》，第 22 页第三课拼音操练环节。

（四）教学过程

1. 导　入

（1）复习上次课的拼音知识。

教师领读第二课中学过的声母和韵母，请学生读，适度纠正。

声韵拼合复习。

第一步，展示实物卡片“bàozhǐ”等，请学生根据声母、韵母拼合后读出卡片中的拼音。第二步，请一名学生读“bàozhǐ”，另一名同学按照听到的读音在声调四声卡中找出相应的声调。依次完成其他实物卡片。

（2）复习上次课的关键词语和“问好”的功能句。

教师和学生或学生之间会话练习。

2. 讲　练

（1）重点练习声母“b”和“p”的发音。

观看声母“b”和“p”的发音动画，一边看，教师一边示范读音，请学生一起跟读，再请学生一个一个读准这两个音。学生读的过程中适度纠音。

PPT 展示课后 22 页的声母练习音节，按照“b”和“p”对照的方式排列。

bā——pā	bāi——pāi	bāo——pāo	bī——pī	biē——piē	bō——pō
bá——pá	bái——pái	báo——páo	bí——pí	bié——pié	bó——pó
bǎ——pǎ	bǎi——pǎi	bǎo——pǎo	bǎ——pǎ	biě——piě	bǒ——pǒ
bà——pà	bài——pài	bào——pào	bì——pì	biè——piè	bò——pò
……					

先把每一组韵母单独练习读一读，教师示范，学生跟读。韵母掌握后再分别和声母“b”和“p”拼读。（或把声母和韵母分别写在卡片上，分发给学生，读到哪个音节就请拿着该音节声母和韵母的同学举起卡片）

声母“b”和“p”的发音部位和方法基本相同，不同点是声母“b”是不送气音，“p”是送气音，请学生把手放在嘴前面，分别发这两个音，体会气流的强弱，感受“b”和“p”在汉语中正确的发音部分和方法。

PPT 展示汉语声母“b”和“p”与英语字母“b”和“p”相似的地方，帮助学生读准这两个音。如，“b” like “b” in “boob”；“p” like “p” in “poop”。其他的韵母发音情况也可以用这种方法，如，“ao” like “ow” in “now”；“ie” like “ye” in “yes” 等。

结合课后练习，找出“b”和“p”听辨的相关练习，集中印在一张纸上发给学生。教师朗读音节，请学生在横线上填写“b”或“p”。每填完一个，教师先示范朗读，再请学生读。全部练习完成后，一起朗读填写完整的音节。

（2）重点练习声调阴平的发音。

展示上节课的 PPT 内容（PPT 上写着 tang 的四声变化），问学生声调在汉语中的作用是什么。

学生们回答："声调在汉语中具有区别意义的作用"（可借助中介语，答出一些关键词即可）。

在 PPT 中展示下面两组音节：

A 组	B 组
guāngmínglěiluò	fānqiéchǎodàn
fēngtiáoyǔshùn	zīránkǎoròu
shānqióngshuǐjìn	gānzhátǔdòu

A 组是汉语中的成语，可简要介绍成语的含义，领学生读一读；B 组是中国菜的名称，重点领学生读一读"蛋、牛肉、土豆"这几个常用词（讲练过程中必要时可适度采用汉英翻译法）。用这样的声调变化形式希望引起学生学习声调的兴趣，接着从阴平（一声）开始练习。

PPT 展示课后 25 页声调练习的音节，教师示范，学生跟读。读声调的过程中可以配合手势或五度标记法的表格，也可以用肢体语言表示四个不同的声调。

3. 活动与游戏

<u>活动一：我们是一组（抱团儿游戏）</u>

把学生学过的声母、韵母、声调写在卡片上，组织学生运用拼音"找朋友"，这个游戏可练习学过的汉语拼音。如教师说："bào"，拿到声母卡片"b"、韵母卡片"a"、韵母卡片"o"和声调卡片"ˋ（去声）"的四位学生把卡片举起来。

注：教室空间合适的时候，也可以请拿着音节"bào"中四张卡片的学生抱在一起。

<u>活动二：猜声调（声调操）</u>

用肢体动作表示四个不同的声调，可以由教师读卡片上的音节，请一位同学一边复述出这个音节一边用事先规定好的肢体动作表示出该音节的声调。

二、示例小结

在交际中人们只有通过语音才能把想要表达的意思表述出来，语音是语言的物质外壳，一种语言的教学也必然要从语音教学开始。在第二语言的教学中，语音教学更是基础之基础。学习语音就是为了说话，语音教学归根到底是为了使学生能够正确并且自然流畅地用所学的语言说话、表达。语音基础没有打好，一旦形成了习惯，错误的语音最容易

"化石化"，以后就很难纠正。所以第二语言教学，不论学习者带有何种目的，都应严格要求学好语音。① 加拿大的语言学家麦基（1990）指出，"在学生练习口头表达前，重要的是使他形成该语言的准确发音"。鲁健骥（2010）认为，语音教学的首要目标是用正确的语音说话。② 毛世侦（2002）认为语音目标可按照"达意—规范—表情—风格化"（语音部分的编写研究）的阶段性目标来要求。由此可见语音教学不但重要，更应该贯穿始终。

汉语的语音教学包括声母、韵母、声调、轻声、儿化、变调，以及重音、停顿、语气、句调、语调等。因此说，语音教学不是只停留在初级汉语口语阶段的教学重心，根据不同阶段语音教学内容、要求的不同，语音教学应贯穿始终，使学生在日后的日常交流中学会发音技巧。

三、任　务

分别归纳出语音教学中音段发音训练和超音段训练的常用方法，并举例说明。

示例二　大胆张嘴说出来

教材信息：《发展汉语·初级汉语Ⅰ》，北京语言大学出版社，编者王淑红、幺书君、严禔、张葳，2012 年 3 月第 2 版，2016 年 10 月第 10 次印刷。第 8 课课文 1。
吉米：请问，超市在哪儿？ 路人：在前边。 吉米：远吗？ 路人：不太远，你看，那是邮局，超市就在邮局后边。 吉米：谢谢！ 路人：不客气。
生词： 1. 请问　2. 超市　3. 在　4. 哪儿　5. 前边　6. 远　7. 看　8. 邮局　9. 就　10. 后边

① 刘珣．对外汉语教育学引论［M］．北京：北京语言大学出版社，2012：356.

② 鲁健骥．对外汉语语音教学几个基本问题的再认识［J］．大理学院学报，2010（5）．

一、示例实施

（一）教学目标

学会使用询问处所的词语“哪儿”“在＋方位词”，学习并掌握询问处所的句型；学习并掌握说明处所的位置，学会使用说明方位的词语“前边”“后边”等。

正确认读生词，发音标准；正确认读句子，语调、语气基本正确；通过对本课单词和句型的反复练习及运用，学生能用学到的单词和句型在日常生活中进行交际会话，掌握问路过程的听解问题；提高学生对课文中句子和语段的语感。

鼓励学生跟教师说汉语；培养学生勇敢开口的意识。

（二）教学重点、难点

1. 教学重点

学习并掌握询问处所的句型。

2. 教学难点

学习并掌握说明处所的位置；能正确认读课文，咬字清晰，语音、语调正确；

鼓励学生跟教师说汉语；培养学生勇敢开口的意识。

（三）教学前准备

1. 知识准备

汉语初级班学生。

2. 教学材料准备

印有“东”“南”“西”“北”“前边”“后边”的卡片；北京体育大学地图；教学 PPT。

（四）教学过程

1. 导　入

复习第七课的话题“买东西”，询问学生下课后都去买过东西吗，买了什么，多少钱，在哪儿买的东西等。

PPT 上显示一组照片（三张），分别为水果店、超市、面包店，请学生两人一组做交际练习，重点练习第七课“买东西”的功能句。对于“超市”“……店”可以适当讲解。

教师也想买水（或水果、面包等），询问学生，超市在哪儿？（学生第一次听到“哪儿”这个生词，可以根据学生情况用英语解释一下词义，并将这个句子写在黑板上。）

2. 讲 练

在黑板上写出“超市”“哪儿”及“超市在哪儿”，可根据学生水平适当解释，并指出汉语中询问地点的句型是“……在哪儿?”（根据学生水平，板书中可以汉字、拼音同现。）

板书设计：

在 zài	
超市　哪儿?	……在哪儿?
超市 chāoshì	水果店 shuǐguǒdiàn 在哪儿?
哪儿 nǎr	面包店 miànbāodiàn 在哪儿?

重点生词讲解：

请问 qǐngwèn：一般出现在提出的问题前，是一种向别人提问时使用的客套话。如：请问，你叫什么名字？请问，苹果多少钱一斤？请问，超市在哪儿？

哪儿 nǎr：询问什么处所。如：他去哪儿？他住在哪儿？超市（邮局、医院、银行、地铁站等）在哪儿？

前边 qiánbiān、后边 hòubiān：表示方向，可用教师自己的身体做示范讲解“教师的前边是你们。教师的后边是黑板。”也可扩展东边、西边、南边、北边。PPT 展示太阳升起和落下的图片，询问学生“太阳从哪边出来？太阳从哪边下去?”

注：扩展词汇正好是课后练习中的语音练习部分的生词，教师可先读出生词，请学生写拼音形式，再写出汉字，进一步讲解词义等。

在 zài：动词，在 + 方位名词，如在东边（西边、南边、北边、前边、后边）、在学校、在家等。

就 jiù：副词，就 + V，用来加强肯定语气。如：口语教师就是我。超市就在邮局后边。那儿就是邮局。我就坐在英男后边。就是明天。（创设具体语境讲解）

生词讲练后可齐读生词，用生词卡检验学生掌握情况。请学生做造句练习，鼓励学生大胆说出自己的句子。

课文讲练：

教师领读课文，学生齐读，提示学生注意语音语调，如“超市在哪儿?”用降调，“远吗?”用升调，“超市就在邮局后边”中的“就”应重读。请学生分组分读课文，教师适度纠音纠调。

请一名朗读较好的学生来当小教师，带领大家读一遍，并请其他学生纠错。

PPT 展示根据课文内容手绘的漫画图，看过漫画图之后，根据漫画图提出问题，用问题来引导学生加深对课文的印象，板书归纳出问答的句子。

板书设计：

——请问，超市在哪儿？ ——超市在前边。 ——超市远吗？ ——不太远。超市就在邮局后边。

PPT 展示北京体育大学地下超市位置的照片，仿照课文内容请两组学生做对话练习。

3. 活动与游戏

活动一：帮我找糖果

选一名学生离开教室一会儿，教师将一小块儿糖果藏在另一位学生的课本下面，请离开的学生回到教室，其他学生通过学会的一些方位词来指导这名同学找到糖果。

活动二：请帮我指路

请学生手绘一张从留学生宿舍到附近银行（或公交站）的地图，并用语言描述银行（或公交站）的位置。

二、示例小结

在教学过程中，当学生已经有了一定的汉语基础后，教师的教学方法和教学技巧就显得尤为重要，这是提高口语教学效率的重要途径。教师要善于创造教学情境，始终引导学生去发散思维，并鼓励学生大胆用汉语来表达思想，通过学生自我的表达，发现口语表述中的不足，进而有针对性地进行指导和改正，并在随后的教学中巩固纠错效果。如情境法的使用，强调在自然情境中教授语言，使语言不局限于课本，更应灵活地出现在课堂教学过程中。教师可以利用一些图片、音频、设置情境等方式，为课堂教学情景与现实生活搭起桥梁，使学生在接近于实际的环境中学会语言。

初级阶段的第二语言学习者普遍存在表达中会犯语音或语法错误的现象。传统教学法主张有错误就要纠正，很容易挫伤学生学习汉语的积极性，也影响教学环节的顺利进行。所以即使在初级学习阶段，也要鼓励学生主动说话的意识，不必强调让学生先做好所有的准备才能发言，更不必要求学生必须正确性要大于流畅性。课堂上，多选取贴近课文又有“话”可说的问题，用交际法带动学生学习的热情和激情，提高他们的主动参与性。

三、任 务

思考并总结英汉句子中语调重读规则的不同。

示例三 复述课文重大意

教材信息:《汉语口语速成·入门篇(下册)》,北京大学出版社,主编马箭飞,2015年10月第3版,2015年4月第17次印刷。第16课课文2。
小雨最近很忙,他正在找工作。刚才我去他那儿的时候,他正在给一家公司打电话。听说这家公司正在招聘职员,他打算去应聘。
生词: 1. 找 2. 刚才 3. 打(电话) 4. 招聘 5. 打算 6. 应聘

一、示例实施

(一)教学目标

学习并掌握课文中的6个生词;熟练掌握语法点"正在……""他那儿";
正确认读生词,发音标准;正确认读句子,语调、语气基本正确;
提高学生对课文中句子和语段的语感;能复述出课文的大意。

(三)教学重点、难点

1. 教学重点

掌握课文中的生词,学会使用"给 Sb. 打电话"。

2. 教学难点

复述能力的培养。

(三)教学前准备

1. 知识准备

学生具有初级汉语水平,已经学完《汉语口语速成·入门篇》(上)。

2. 教学材料准备

教学 PPT、手绘漫画。

（四）教学过程

1. 导　入

PPT 展示一张学生课后在操场做各种运动的图片，练习语言点“正在……”，要求学生用“正在……”回答教师提出的问题。

PPT 展示手绘漫画，小雨手拿简历站在很多公司门前，请学生猜猜“小雨正在做什么？”学生回答：“他要 work”，个别学生可能说出“工作”这个生词。

2. 讲　练

教师总结图片信息，在黑板上写出“小雨正在找工作。”的句子，重点讲解生词“找”。教师在讲桌上找自己的书，或在书包里找自己的手机，总结“找 + 东西”；教师走出教室，敲敲教室门，问“丁一龙在吗？”总结“找 + 人”；结合漫画，总结“找 + 工作”。

板书设计：

小雨正在找工作。
找：找书、找手机
找丁一龙
找工作

教师拿手机拨通班上一名学生的电话，问学生“教师在做什么？”“教师正在打电话。”（有的学生可能会说出“教师打电话丁一龙。”的句子，可直接过渡到“给 Sb. 打电话”的讲解）。接着问“教师正在给谁打电话？”学生们说出电话铃声响起的学生名字，“教师正在给丁一龙打电话。”教师总结，“打电话”是离合词结构，不能说“打电话丁一龙”，应该说“给丁一龙打电话”，并板书“给 Sb. 打电话”。

板书设计：

小雨正在找工作。	打电话
找：找书、找手机	V　O
找丁一龙	打电话丁一龙（×）
找工作	给丁一龙打电话

教师领读课文，学生跟读；学生每人读一句，接龙读课文。

初识课文后讲练语法点：

“我这儿”“他那儿”，表示地点，如：你来我这儿。我去你那儿。

“听说”表示听到的新信息，若知道具体说话人是谁可以扩展为“听 Sb. 说”，不清楚说话人时可直接使用“听说 + 具体信息”。请学生说一件最近听说到的事情，要求在句子中使用“听说”一词。

学生齐读课文。

PPT 展示课文的关键词语，请学生自由朗读课文，准备根据 PPT 上的提示词语复述课文，基本要求符合课文中的句子表述。

PPT 展示三张图片，图片是根据课文手绘的漫画，内容分别是：小雨手拿简历站在很多公司门前；在宿舍里，小雨正在打电话；一个公司的大门上张贴着“招聘”海报。请学生根据图片信息复述课文。复述过程中可以自由发挥，符合大意即可。

注：班级人数多于 10 人时，复述练习可以分组进行，口语表述基础较好的学生承担第二个图片复述任务。

3. 活动与游戏

活动一：看动画，讲故事

选择一个短小的动画片，如《三个和尚没水吃》，和学生一起观看，并写出影响理解大意的生词。动画片播放后，简要讲解生词。请学生复述动画片中的故事，复述大意即可。

活动二：帮我去拿书

可以提前和隔壁班教师说好，下课的时候会请学生去帮忙拿书，隔壁班教师没有把书交给这几位学生，请他们回来讲一讲，隔壁班的教师说了什么，没有拿到书的原因是什么。

二、示例小结

复述是指学生在深入理解课文内容的基础上，对所学内容进行加工、整理并形成自己特有的言语思维，组织个性化语言进行流利的表达的能力。复述可以训练学生语言表达的连贯性、完整性以及对各种句型进行转换的能力。但复述语言实为一种叙述语言，如果要准确地复述一段对话，除了要注意语言连贯、完整以外，还要注意由对话语言到叙述语言转换过程中的种种变化。汉语学习者对于两种语言形式的转换规律知之甚少，对汉语复述语言的特点了解不多，必然有无从下手的感觉，所以最初的复述训练内容最好选用叙述性课文来进行。之后在对话体课文教学环节，有意识地加入语体转换方面的知识和技巧，使学生逐渐形成从对话体到叙述体的复述训练。

复述能力的培养要循序渐进，从语言单位的句子开始，逐渐过渡到简短对话、语篇、具体交际中的事件。另外，从复述内容的要求来看，应从简要复述出发，详细复述能力和创造性复述能力可作为中高级阶段口语教学的训练任务。

提高学生语言复述能力的办法有很多，但首先要关注的就是如何激发学生复述的兴趣。学生在进行语言复述时，由于对原文、原意的遗忘、理解不足等原因，造成表述障碍或以原文原意为中心，进而随机组织词语、编句来进行表述。遇到上述情况一定要鼓励学生，顺其“自言”，因为这往往蕴藏着学生语言反应速度、选用词汇、语言表达、遣词造句等诸多方面的知识和能力。教师在“复述”环节中可使用新颖、丰富多样的教学方法和策略，如角色扮演、提示手段等。在班级建立长效“复述”练习机制，如每天课前 10 分钟，讲一讲新近发现或感兴趣的事儿等。

三、任　务

在口语教学实践中培养学生复述能力的方法有哪些？

示例四　叙述、转述讲技巧

教材信息：《汉语口语速成·入门篇（下册）》，北京大学出版社，主编马箭飞，2015 年 10 月第三版，2015 年 4 月第 17 次印刷。第 18 课课文 1。
秋天了，天气凉了，山上的树叶都红了。西蒙他们打算今天去香山看红叶，可是真不巧，天阴了，要下雨了。
生词： 1. 秋天　2. 天气　3. 山　4. 树叶　5. 红叶　6. 巧　7. 阴

一、示例实施

（一）教学目标

学会课文中的 7 个生词；掌握语气词“了”及“要……了”的用法；

有目的通过朗读、问答完成交际任务，提升学生开口说话的次数；

掌握课文内容，做到理解、熟读、会用，并能准确地描述出事物的变化或新情况的出现；

能够简要地把他人叙述的事实转述清楚。

（二）教学重点、难点

1. 教学重点

生词“阴”“巧”的掌握；语气词“了”的用法。

2. 教学难点

叙述、转述能力的培养。

（三）教学前准备

1. 知识准备

已经初步掌握汉语语音、语法知识，已学完《汉语口语速成·入门篇》（上册）。

2. 教学材料准备

实物教具（树叶）、北京体育大学四季照片、介绍 24 节气的视频、教学 PPT。

（四）教学过程

1. 导　入

教师引导语：同学们，大家来北京这么长时间，有没有出去走走？有没有听说过北京的香山公园，现在正是香山最美的时候。

用 PPT 展示香山的图片，从视觉角度让学生更直观更生动地感受香山的美景。

教师介绍香山红叶节，指出秋天一到树叶变黄、变红的自然现象。接着 PPT 展示北京体育大学的四季照片，指出现在校园里的树叶也开始变色了，秋天已经来了。请学生观看《二十四节气》的教学视频，了解“立秋”的含义。

2. 讲　练

生词讲解：

①请几名学生读生词，检查预习情况，教师领读生词，学生跟读。

②请几名学生领读生词，其他学生跟读。

③教师讲解重点生词发音和释义，请学生做造句练习。

如，阴。

PPT 展示阴天的图片，教师描述“天阴了”。

PPT 展示天气预报中多云转阴的图标，教师描述“多云转阴”。

词义引申：

脸色阴了下来。

如，巧。

课文中的“巧”表示一种巧合，可组成“巧合”“巧遇”“恰巧”等。

例句：

太巧了，我一出家门公交车就来了。

你来得真巧，我们今天正要包饺子。

学生来自于不同的国家或地区，不是每个国家的季节变化都有四季，都会划分出“春天、夏天、秋天和冬天”。请学生以“我们国家的季节”为题，简短介绍一下自己国家的“季节”（天气情况）。学生边介绍教师边在黑板上记录关键词语。

每名学生介绍完以后，教师按照学生的国家将学生分组，如美洲组、亚洲组、非洲组、欧洲组，先请学生们根据黑板上的提示词归纳总结出美洲、亚洲、非洲、欧洲的不同天气情况，接着请学生们互相交叉介绍每一组的天气情况，美洲组的同学可能介绍非洲的天气情况，亚洲组的同学可能介绍美洲的天气情况等。结合课堂练习实况，教师总结反馈。

课文讲练：

教师范读课文，请学生整体把握课文。教师领读课文，学生跟读。学生每人一句接龙读完课文。

PPT 展示：

秋天了。	夏天——秋天
天气凉了。	28℃——18℃
树叶红了。	绿——红/绿——黄
天阴了。	晴——阴
……了	变化 biànhuà

结合教材《汉语口语速成·入门篇》（下册）第 29 页“了”的练习讲练“了”的用法。练习完成后，选择几张图片安排学生看图说话，根据图片信息叙述内容。具体方法可用 PPT 展示几组图片，第一组一张夏天的图片，一张秋天的图片，引导学生观察天气的变化，“秋天了”；第二组一张 28℃的温度图片，一张 18℃的温度图片，引导学生观察温度的变化，“天气凉了”；第三组一张绿树叶的图片，一张红或黄树叶的图片，引导学生观察树叶的变化，“树叶红了（黄了）”；第四组一张晴天的图片，一张阴天的图片，引导学生观察天气的变化，“天阴了”。

教师讲解“要……了”。教师板书列出三个句子“要下雨了”“要下课了”“要回国了”。教师问学生们，“要下雨了”现在“下雨”了没有，学生答，没有下雨；教师接着问，还有多久下雨呢？学生答，马上下雨了。

板书设计：

要下雨了。	现在（没下雨）——马上（下雨）
要下课了。	现在（没下课）——马上（下课）
要回国了。	现在（没回国）——马上（回国）
要 + v. + 了→新的情况（qíngkuàng）	

结合教材《汉语口语速成·入门篇》（下册）第 34 页“要……了”的练习讲练“要……了”的用法。

熟读课文，引导学生积累课文中表示秋天来了的关键词语，请学生根据这些关键词语概括地描述课文内容。

3. 活动与游戏

活动：北体的秋天来了

布置学生准备口头报告《北体的秋天来了》，要求配合 PPT 介绍。

注：布置口语话题之前，可参看教材《汉语口语速成·入门篇》（下册）第 36 页《春天了》，启发学生找到校园中“秋天来了”的特征。

二、示例小结

（一）初级口语教学阶段的成段表达训练

训练汉语学习者成段表达的能力，也就是训练汉语学习者口语交际的能力。在口语的成段表达中，一个语段并不是几个句子无意义的连接，而是围绕着一个主题展开的有逻辑上和结构上关系的句子的组合，所以一个语段往往是有其表达的中心思想的。

很多人认为，在初级阶段，成段表达对于汉语学习者来说不是很重要，这个阶段比较关注学生的语音和词汇的输入，而且在初级口语课的教材中，大部分也是以会话为主，比较忽视学生的成段表达训练。但实际情况是在汉语学习者进行交流的时候，往往不是单个句子的交流，他们如果想要叙述清楚事情，那么成段表达能力的培养就很重要，否则就割裂了句子学习和成段表达学习的联系。从第二语言习得规律来看，很多汉语学习者在来中国以前就已经掌握了自己的第一语言，并且有与之相应的思维模式，他们能够运用现有的语言规则来输出语段，表达自己的中心思想，也能有逻辑有条理地整合自己的语段输出，因此他们再进行第二语言学习的时候能够有意识地运用自己学习的语言知识，整理自己想要输出的语段，当然在这种基础上的模仿难免会出现偏误，所以需要教师系统地讲授和训练。

（二）口语教学中的跨文化意识

在词汇语义系统中，大多数学者认为文化因素主要体现在大量的国俗词语所代表的文化内容中，或是一些文化词汇表达的文化含义。其实，文化的差异体现在每一种语言的角角落落，如本示例中教师对“四季”的理解和把握。口语教学的课堂，重点培养语言能力的同时，也应向以语言和文化并重过渡。随着学生口语水平的提高，汉语学习者开始接触越来越多的真实交际场合，只有很好地理解语言材料中所包含的文化信息，汉语学习者才能顺利地在实际交际中使用语言材料。

三、任　务

任务一：汉语教学的初级阶段，采用什么样的教学模式能够使汉语学习者的成段表达能力训练获得更好的效果，实际操作中，应该怎么和中高级的成段表达能力训练区分开？

任务二：影响汉语学习者完成成段表达的因素有哪些？

示例五　连词成句扮医生

教材信息：《汉语会话301句》（第四版）（下册），北京大学出版社，编者康玉华、来思平，2015年1月第1版，2015年6月第1次印刷。第34课课文1。
大　夫：你怎么了？ 玛　丽：我头疼，咳嗽。 大　夫：几天了？ 玛　丽：昨天上午还好好儿的，晚上就开始不舒服了。 大　夫：你吃药了吗？ 玛　丽：吃了一次。 大　夫：你把嘴张开，我看看。嗓子有点儿红。 玛　丽：有问题吗？ 大　夫：没什么。你量一下儿体温吧。 玛　丽：发烧吗？ 大　夫：三十七度六，你感冒了。 玛　丽：要打针吗？ 大　夫：不用，吃两天药就会好的。
生词： 1. 开始　2. 把　3. 嘴　4. 张　5. 嗓子　6. 量　7. 体温　8. 发烧　9. 打针

一、示例实施

（一）教学目标

掌握本课生词、语法点，并能在理解的基础上运用，表达时意义准确无误；

能熟读课文，并理解课文内容，通过分角色表演等练习，可以将课文中的部分语句运用到口语交际中去；

通过本课的学习，使学生正确掌握“看病”的日常用语，能运用个人的语言能力完成“看病”过程。

（二）教学重点、难点

1. 教学重点

本课生词、语法点，熟练使用有关“看病”的功能句。

2. 教学难点

能运用个人的语言能力完成“看病”过程。

（三）教学前准备

1. 知识准备

初级班学生，学习汉语半年以上，已学完《汉语会话 301 句》（上册）。

2. 教学材料准备

教学 PPT、扮演医生的白色衣服、诊室里的简易道具（塑料玩具）等。

（四）教学过程

1. 导　入

请学生们看一组身体不舒服的图片（如头疼的图片、肚子疼的图片、运动中腿受伤的图片等），请学生展开一场头脑风暴，说说身体不舒服的时候或受伤的时候需要怎么做，说说和“看病”相关的词语或句子。教师可在黑板上列出关键词。导入本课学习——关于去医院看病的话题。请学生听一遍课文 1 的录音，简单地了解一下课文内容。

2. 讲　练

教师领读生词，学生跟读，反复进行两遍。

重点生词讲解，可在 PPT 展示，也可写板书完成。

板书设计：

开始 kāishǐ　开始上课　开始听写　开始吃饭　开始 + to do
现在开始上课　马上开始上课
adv. + 开始 + to do
量 liáng　量体温　量尺寸　量身高
看病中的词语：嘴　张　嗓子
量体温　发烧　吃药　打针

PPT 展示重点语法点：

把　嘴	张开		
窗户	开开	→	把窗户开开
冰箱	打开	→	把冰箱打开
门	锁好	→	把门锁好
照片	发过去	→	把照片发过去
文件	放好	→	把文件放好

完成教材《汉语会话 301 句》（下册）课后第 139 页第 2 题“把”字句练习。

教师领读课文，学生跟读；学生两人一组自由练习读课文；请两组同学读课文，教师适度纠正。最后一组学生读课文时，教师按不同角色将功能句写在黑板上。

板书设计：

大夫	病人
你怎么了？	我头疼，咳嗽。
几天了。	……开始的。
吃药了吗？	吃了/没吃。
把嘴张开/量一下体温	发烧吗？
不用，吃两天药就好了	要打针吗？

复述课文练习，教师扮演大夫，朗读黑板上大夫说的话，学生们一起扮演病人，配合大夫的每一个问题。请两名学生分别扮演大夫和病人朗读板书中的句子。

搭建情境，组织课堂表演环节。

PPT 展示诊室的图片，在桌子上放几种小道具，请一名学生穿上白色衣服扮演大夫，再请一名学生扮演病人。学生们可以根据课文内容进行表演。教师总结，有针对性地纠错。

3. 活动与游戏

活动一：今天我是教师

选择一篇已经学过的课文，找三名同学来扮演“教师”：教师 1 负责“初识课文”环节，注重考察这名同学领读和组织其他学生朗读课文的情况；教师2负责生词的学习，注重考察生词的读音、重点生词的讲解等；教师3负责课文内容的学习，注重考察对课文中语言点的讲解及带着学生们复述、理解课文的能力。

活动二：我是小导游

请每位学生介绍一个北京的景点。

活动三：真实情境来体验

教师组织学生走出课堂，到车站等真实的环境中进行交际练习，要求学生以发车时间的询问为主题，与中国人进行交流，并将交流的过程记录下来。

二、示例小结

（一）让汉语课堂“活”起来

学习一种语言的最终目的是为了交际，所以在本示例设计中加入了分角色表演的环节，尽可能地让学习者融入教材设定的场景中去，使所学知识能得到充分地操练。既活跃了课堂气氛，也让学习者体会到，这不仅仅是在上课，更是和其他同学在共同完成任务、讨论问题。虽然学生的汉语水平还比较低，但这是一种很好的练习形式，最大程度地将知识的输入转换成输出。

（二）注意把握课堂教学中的“度”

互动型课堂加强了学生的参与性，小组讨论以及表演的方式既照顾到性格内向、不敢独自表达的学生的情感状况，又满足了外向性格学生的表现欲，使学生都能积极参与到课堂学习中来，消除了被动学习和消极学习的情绪。但活跃课堂气氛应该把握好“度”，充分考虑学生的性格因素，因材施教。性格因素对语言的习得影响是公认的，因此，要想达到最理想的教学效果，根据学生不同性格特点因材施教有一定的必要性。本次设计实施于课堂阶段，课堂气氛活跃，学生学习积极性很高，但也出现了这样的问题：在互动阶段，学生容易沉浸在轻松的氛围中，失去了课堂学习的紧张感，教师通过语言组织课堂纪律时容易出现学生不马上配合的情况。这也是教师主导地位缺失的体现。在实施课堂教学中，我们遵循“教师为主导，学生为主体”的原则，不过不能让学生成为控制课堂的主体，教师要做到的是活跃气氛而不能使课堂出现混乱、嘈杂的问题。

（三）“真假交际”巧利用

交际法倡导的情景交际应具备以下两方面因素：一是要有交际情景，二是要有信息差。所谓交际情景是指尽可能为学生创建真实的汉语交际情景，“信息沟”指的是人们交流信息时，有些内容或信息只是一方知道并需要传递，另一方不知道并需要吸收。双方交流信息只有在存在着信息沟（一方想知道信息、另一方愿传递给他信息）的情况下才能实现。

一个真交际必须同时具备上述两个条件，达到交流思想的目的，从而实现真交际，否则，大多数口语教材中为了教授生词和语法所设计的和现实交际场景不相符的语言交流则不能称之为交流信息的活动，而是无意义的假交际。出现假交际，主要是教学中存在以下两大“缺乏”：其一，缺乏真实的自然交际情景；其二，缺乏信息沟中交际双方存在的信息差距。

因此，除了在课堂教学中要基于课文内容巧设情境以外，还应该安排一些“走出去”的课后活动，让学生在真实的语言环境中完成交际任务，提高交际能力和交际技巧。

三、任　务

请总结适用于初级口语课的教学方法有哪些？

第二节　中高级口语课技能

示例一　清晰响亮读出来

教材信息：《汉语会话 301 句》（第四版）（下册），北京大学出版社，编者康玉华、来思平，2015 年 1 月第 1 版，2015 年 6 月第 1 次印刷。第 40 课课文 2。

王　兰：给你行李，拿好。准备海关检查。
丽　英：一路上多保重。
刘　京：希望你常跟我们联系。
王　兰：你可别把我们忘了。
玛　丽：不会的。我到了那儿就给你们发微信。
刘　京：向你全家人问好！
王　兰：问安妮小姐好！
大　家：祝你一路平安！
玛　丽：再见了！
大　家：再见！

生词：

1. 海关　2. 一路　3. 保重　4. 希望　5. 可　6. 问好　7. 平安

一、示例实施

（一）教学目标

掌握本课的重点生词和功能句；
能描述出送行时的情况；
培养学生独立朗读整句、长短句，以及段落、篇章的能力；使学生把握一些朗读技巧，包括断词、断句、节奏、停顿、语速、轻重音和各种语调等。

（二）教学重点、难点

1. 教学重点

描述送行时的情况；朗读汉语段落、篇章的能力。

2. 教学难点

朗读技巧的培养。

（三）教学前准备

1. 知识准备

初级班学生，学汉语时间半年以上，初步掌握汉语语法知识。

2. 教学材料准备

教学 PPT、歌曲《祝福》、歌曲《送别》。

（四）教学过程

1. 导 入

请学生听张学友的《祝福》，听前任务——请学生听后描述一下听歌时的心情，并猜猜这首歌唱的是什么内容。歌曲的旋律比较舒缓，节奏也很慢，学生可以在一种很放松的心境下听完这首歌。听后请学生回答之前提出的问题，有的学生可能不太喜欢这种音乐，觉得很慢、很无聊；有的学生可能觉得很悲伤、难过、想哭……由于歌词中有“再见”“离别”等词语，有的学生会猜到这是和“分别”有关的歌曲。接下来请学生们回忆在机场与家人、朋友分别时的场景，都说了什么样的话。或以提问的方式问某个学生是否还记得与爱人（家人）分别的场面。再播放一遍《祝福》，要求学生们脑子里想着那些分别的场面，再一次细细品味这首歌。第二遍播放完毕，请学生们分别谈谈印象深刻的送行场面。过渡到课文 2 的学习。

2. 讲　练

（1）重点生词讲练

“可”，在课文中是副词，放在动词前表示强调。

比较：别把我们忘了——可别把我们忘了。

PPT 展示：

你可别把我们忘了。	这件事	耽误
	这支笔	丢
	那句话	忘

（2）课文讲练

①朗读训练

教师用普通话范读全文，要求学生把不会念的字标上拼音，并注意教师停顿的地方，可用“/”标出。这种停顿是从语法层面划出的节奏，这也是最基本的理解语义的步骤。有了停顿符号的标注，可以确保了学生对句子语法的准确认识。例如：“一路上/多保重。”，这样就避免了学生犯“一路上多/保重。”等语法错误。教师第二次示范读课文，速度可以快于第一次，接近于正常谈话、聊天的速度，这次请学生注意口语表达中的语气和语调等。如“你可别把我们忘了。”中的“可”需要重读，可用“（）”标出，“不会的。我到了那儿就给你们发微信。”中“不”可以适当延长，增强否定语气，“我到了那儿就给你们发微信。”可以读得紧凑些，加强肯定和叙述语气。文中玛丽说的“再见了!”可有意放慢朗读速度，突出悲伤的、恋恋不舍的心情。

教师示范后，请学生齐读一次，目的是让他们能够从整体上把握全篇，即初步理解课文内容。接着由教师一句一句地领读，提示学生模仿教师朗读时的语气、语调。

班里学生分组分角色朗读练习，最后请两组同学（每组四名同学）分角色朗读课文。

②重点语言点讲解

送别时常用的功能句，教师领读。

PPT 展示：

一路上多保重。	
希望你常跟我们联系。	
你可别把我们忘了。	我到了那儿就给你们发微信。
向你家人问好!	
祝你一路平安!	

PPT 展示课文中的语法点：

希望你常跟我们联系。 常来信 认真学习 好好考虑 继续进步 努力工作

③朗读训练

请学生听歌曲《送别》，PPT 展示歌词。根据学生们听后的反馈，可适当解释歌词内容，介绍作者和创作背景，也便于学生理解歌词中标好的停顿符号。教师领读歌词内容，学生体会其中的朗读技巧。

PPT 展示：

送别

李叔同

（长亭）外，古道边，芳草/（碧）连天。晚风拂柳/笛声残，（夕阳）/山外山。

（天）之涯，（地）之角，知交/半（零落）。一壶浊酒/（尽）余欢，今宵/（别/梦寒）。

长亭外，古道边，芳草/（碧）连天。问君/此去几时/来，来时/（莫/徘徊）。

（天）之涯，（地）之角，知交/半（零落）。人生难得/是欢聚，（惟有）/别离/多。

注：停顿可用“/”标出，重读可用“（）”标出。

提示学生朗读是一种把文字转化成有声语言的创造性活动，每一个朗读者根据自己不同的情感表达和理解，可以读出不同的韵味。运用声音技巧的目的也是为了传情达意，运用了朗读技巧后，可以加深对文字情感、意境的体悟。《送别》虽为歌词，但也如古典诗歌一样富有韵律美，既有文彩又平实易懂。因此，歌词中朗读技巧的标注也不是唯一的。

给学生两分钟时间，按照朗读技巧标识，自由朗读。接着请两名学生合作进行朗读，并要求学生按照停顿、重音、语调的技巧要求，带感情朗读。如果学生们有兴趣，也可以教唱这首歌。

3. 活动与游戏

<u>活动一：祝你一路平安</u>

把学生分成两人一组，请每组学生设计一个送别的对话，设计好后，读给全班同学，教师点评。

<u>活动二：我们的送别诗</u>

请学生找一首自己国家关于送别的诗歌（或歌曲）作品，用母语读给全班同学，可用

汉语翻译大意。

活动三：我要控制我自己（用合适的语调表达特定的情绪）

教师在黑板上写一个句子，如“今年我要通过 HSK6 级”。请学生读出这个句子，读第一遍时用困惑的语气读，读第二遍时用兴奋的语气读。接着请一名同学读这个句子，每次的情绪要求不同，如感激、难过、高兴、愤怒、恐惧、悲喜交加等。

二、示例小结

（一）中高级口语教学阶段语音教学的必要性

要怎样学好语音？熟知声调、声母、韵母就可以了吗？读准音素、音节就可以了吗？除上述语言因素之外，声调、语调是否准确影响着语音表达效果，思想感情的表达和加入适当的声音技巧也是必不可少的。汉语之所以听起来十分悦耳是因为其富有很强的韵律感，“声”“韵”“调”这三大元素使得汉语有着独特的发音特点，但是对于外国人，在学习汉语发音时这三大要素便成为了他们最头疼的问题，这些问题甚至会始终出现在他们学习的任何阶段。所以说，语音教学不应只停留在初级口语教学阶段，语音教学的内容也不局限于生词、课文的简单发音练习。

（二）加强朗读训练的实效性

汉语朗读训练过程中，从字—词—句—段落，在声调和语调上进行训练，使学生渐渐掌握声音的技巧，而不是语音教学中单单训练字音和句子。在朗读的同时，汉语学习者既对自己的声音进行了监听和纠正，也对他人进行了监听和纠正。通过模仿和辨听，在潜移默化中促进第二语言的自然习得。朗读训练使学生对汉语文字的感知能力得以加强，进而形成语感，通过音从口出—声入于耳—了然于心—模仿、运用，来实现国际汉语语音教学的目的。夯实汉语语音基础，将音调、语调、节律、节奏说得趋向准确，克服“洋腔洋调”的问题。

著名学者周健教授曾说过：“培养巩固汉语语感需要通过熟读背诵有价值的名言佳句、生动表达及精华短章。”① 在国际汉语教学的课堂上，也可以适当选取短小的中国古代诗词作为诵读的文本，古代诗词韵味十足，节奏鲜明，抑扬顿挫，是很好的练习材料。同时，也可以大大提高学生们学习汉语的热情。

（三）汉字教学不能忽视

口语课教学中，教师会很重视培养学生的口语交际能力，大量的教学方法和手段都是

① 周健．论华语语感培养的原则与方法［J］．暨南大学华文学院学报，2004（4）：73.

围绕口语交际来进行的，在这一过程中，汉字的教学就显得有些疏忽。只会说不会写的汉语教学并不是成功的教学，因此，教师应在汉字教学上加大力度，采用一些有趣的教学方式，使学生在学习汉字时有兴趣，并且容易记住。

三、任 务

任务一：在国际汉语教学中教师应不应该专门讲解汉语停顿的规律？
任务二：口语课上如何处理汉字教学的问题？

示例二 句子连串讲故事

教材信息：《汉语口语速成·提高篇》，北京语言大学出版社，主编马箭飞，2006 年 9 月第 2 版，2014 年 12 月第 14 次印刷。第 13 课课文 1。

今天真倒霉

星期五按理说应该上课，可是有几个朋友邀我去郊游，我不好意思过多推辞，只好答应了他们，没去上课。我们是开车去的，一大早就出发了。天儿不错，我们一路吹着风，心里别提多美了。可是车走着走着，突然抛锚了。车子是一个朋友的，他的车以前从来没出过毛病，偏偏今天坏了，你说倒霉不倒霉？别人告诉我们前面有个加油站可以修车。等我们费了九牛二虎之力把车推到了，加油站的师傅告诉我们车下午才能修好。要是我们在那儿等一个上午，我们的计划不就全泡汤了？

我们商量了一下，决定打辆车继续出发。可那是在郊区的公路上，车可真不好打。我们等啊等啊，最后总算有位好心的司机让我们搭车来到了目的地。一到那儿我们就分别租了一匹马骑，可是我那匹马不听话，我刚上去就把我摔了下来，把我的手摔伤了不说，照相机也摔坏了。今天真是祸不单行。我想可能是因为我逃课，老天要惩罚我，以后我再也不逃课了。

生词：

1. 经历 2. 走运 3. 倒霉 4. 按理说 5. 推辞 6. 美 7. 抛锚 8. 偏偏 9. 加油站
10. 九牛二虎之力 11. 泡汤 12. 搭车 13. 逃课 14. 惩罚

一、示例实施

（一）教学目标

理解并能熟练运用本课生词、语法点；
根据文章线索组织语言，独立完成“讲故事”的过程。

（二）教学重点、难点

1. 教学重点

重要生词、语法点的复习；组织语言“讲故事”的能力。

2. 教学难点

成段表达能力的培养；汉语思维模式的培养。

（三）教学前准备

1. 知识准备

已经初步掌握汉语语音、语法知识，已学完《汉语口语速成·基础篇》。

2. 教学材料准备

生词卡、实物教具（千纸鹤、中国结）、音频《好运来》（祖海演唱）、与教学内容相关的 PPT。

（四）教学过程

1. 导　入

教师引导语：同学们，上节课我们学习了第 13 课的第一个课文，我们先来复习一下生词。

准备好第一个课文的生词卡，请一名同学抽出一张生词卡，用汉语解释卡片中生词的含义，请其他同学猜出这个生词，并造句练习。依此类推，完成生词的复习。

教师引导语：接下来复习一下上节课学习的语法点。

用 PPT 展示“按理说”“偏偏”“……着……着”语法要点和例句，结合上节课的学习情况再加以概括讲解，师生共同完成课后练习题。

教师引导语：复习之后我们回到第一个课文，哪位同学还记得课文中的“我”发生了什么倒霉的事儿。

2. 讲　练

首先做复述课文的练习，帮助学生回忆课文。

（1）PPT 展示课文的第一段，请 1－2 名同学做复述练习。

PPT 展示：

> 星期五按理说应该上课，可是有几个朋友邀我去郊游，我不好意思过多推辞，只好答应了他们，没去上课。我们是开车去的，一大早就出发了。天儿不错，我们一路吹着风，心里别提多美了。可是车走着走着，突然抛锚了。车子是一个朋友的，他的车以前从来没出过毛病，偏偏今天坏了，你说倒霉不倒霉？别人告诉我们前面有个加油站可以修车。等我们费了九牛二虎之力把车推到了，加油站的师傅告诉我们车下午才能修好。要是我们在那儿等一个上午，我们的计划不就全泡汤了？

PPT、板书结合，整理课文。教师和学生配合，一边复述课文一边在黑板中列出事件发生的主要线索。

PPT 展示：

> 星期五按理说应该上课，可是有几个朋友邀我去郊游，我不好意思过多推辞，只好答应了他们，没去上课。我们是开车去的，一大早就出发了。天儿不错，我们一路吹着风，心里别提多美了。可是车走着走着，突然抛锚了。车子是一个朋友的，他的车以前从来没出过毛病，偏偏今天坏了，你说倒霉不倒霉？别人告诉我们前面有个加油站可以修车。等我们费了九牛二虎之力把车推到了，加油站的师傅告诉我们车下午才能修好。要是我们在那儿等一个上午，我们的计划不就全泡汤了？

板书设计：

> 时间、事情
> 怎么去的？
>
> 天气＋心情
>
> 我们如何处理的？
>
> 路上发生了什么事儿？

PPT 和板书对应，师生共同完成“讲课文中的故事”的环节。

接下来，隐去 PPT 中的课文提示，教师根据板书内容独自讲一遍课文中的故事。第二遍请学生和教师共同根据板书内容来“讲课文中的故事”，再请 2－3 名同学根据板书内容“讲课文中的故事”。

（2）PPT 展示课文的第二段，请 2－3 名同学做复述练习。

> 我们商量了一下，决定打辆车继续出发。可那是在郊区的公路上，车可真不好打。我们等啊等啊，最后总算有位好心的司机让我们搭车来到了目的地。一到那儿我们就分别租了一匹马骑，可是我那匹马不听话，我刚上去就把我摔了下来，把我的手摔伤了不说，照相机也摔坏了。今天真是祸不单行。我想可能是因为我逃课，老天要惩罚我，以后我再也不逃课了。

PPT、板书结合，整理课文。

PPT 展示：

我们商量了一下，决定打辆车继续出发。可那是在郊区的公路上，车可真不好打。我们等啊等啊，最后总算有位好心的司机让我们搭车来到了目的地。一到那儿我们就分别租了一匹马骑，可是我那匹马不听话，我刚上去就把我摔了下来，把我的手摔伤了不说，照相机也摔坏了。今天真是祸不单行。我想可能是因为我逃课，老天要惩罚我，以后我再也不逃课了。

板书设计：

祸不单行 ↓ 总算…… 一到那儿…… 摔 ……不说，…… 惩罚

结合 PPT 和板书，师生共同完成“讲课文中的故事”的环节。

隐去 PPT 中的课文提示，教师根据板书内容独自讲一遍课文中的故事。第二遍请学生和教师共同根据板书内容来“讲课文中的故事”。最后请 2－3 名同学根据板书内容“讲课文中的故事”。

教师总结“复述”加上“讲故事”的练习环节，提示学生除课文原意的把握以外，还应掌握课文的线索。

请学生们收听祖海演唱的《好运来》。

教师引导语：我们每天都会经历各种各样的事情，谁都不希望发生倒霉的事儿。刚才的中国歌唱的是什么？

学生：好运来（或只答出了关键词“好运”等）。

教师引导语：是的，我们都希望“好运快来到，不好的快走开”，歌词中提到的“千纸鹤”“中国结”都是吉祥、好运的象征。（边讲解边展示实物教具）

按照课前要求，请学生们介绍一下自己国家代表“好运”的事物，并请学生讲一讲他们自己发生过的一件“好运”的事儿。

3. 活动与游戏

活动一：我的中国留学梦

请学生结合自己来中国学习的经历，讲一讲自己的“中国梦”。

活动二：我来讲故事

请学生们观看成语故事视频，课上选择一个讲给大家。

二、示例小结

（一）中级阶段口语教学的方法

中级阶段是口语教学的重要阶段，不仅要不断地练习初级阶段学到的内容，还要为此后的高级阶段的学习奠定良好的基础。在初级阶段，学生已经对汉语有了初步了解，并掌握了一定数量的单词、语法及惯用法等，此时的教学重点应放在如何使学生成段地、自由地表达自己的观点。针对这一目标，恰当的教学方法有很多，韩敏（2012）认为中级阶段应选择如下的教学法：1. 直观教学法；2. 话题讨论法；3. 情景教学法；4. 直接观察法；5. 游戏法。

（二）关于汉语思维能力的培养

汉语学习者在学习语言的过程中一般是从语法规则入手，而每种语言的语法规则又都体现的是使用该种语言的人的思维方式。我们在教学生用汉语交际的时候，更多的是要教会他们这种语言的思维方式，让他们能够用目的语国家的思维来思考问题，这样才能提高他们的语言交际能力，让他们不至于学了很久的汉语，还是只能用简单的句子进行交际，稍微复杂一点的意思就不能说清楚，或者说得不符合汉语语言的习惯，这都是机械地学习和记忆部分的语法知识所造成的现象。正如徐子亮（2002）所说，“口语教学必须注重两种言语的转换，从运用母语思维表达逐步过渡到母语和目的语结合使用，而后基本用目的语思维和表达。这是学习者是否真正将目的语内化为自身语言能力的一个重要标志，也是对外汉语教学应该遵循的第一个重要原则”。①

因此，中高级阶段的汉语教学为了达到口头训练的效果，课堂教学中可以淡化教材内容，把教材中的课文作为背景，结合学生的汉语表达能力和语言组织的能力，设计适合他们发挥和操作的口语练习方式。以往的课堂教学中大多以生词、课文的教学为中心环节，教学方式多为针对语法和句型进行的机械练习。这种教学方式在中级口语课堂上可以适当改进，把更多的时间花在对课文内容的重新整合和延伸上，以成段表达为目的，重新设置情景，同时以话题为主线，通过复述、讨论、语段练习等方式帮助学生掌握每课训练要点。

三、任　务

中级阶段口语课教学的原则、方法和策略有哪些？

---

① 徐子亮．汉语作为外语的口语教学新议［J］．世界汉语教学，2002（4）：97.

示例三　交际过程讲策略

教材信息：《发展汉语·高级口语》（Ⅱ），北京语言大学出版社，编著李禄兴、王瑞，2011 年 9 月第 2 版，2017 年 2 月第 5 次印刷。第 7 课课文 1《当宠物“恋”上官司》。
宠物给人带来的是一种单纯、信任、爱的愉悦和精神上的依赖，使身处现代社会快节奏生活的人们缓解了压力，为他们增添了乐趣。但如果人们对宠物饲养和管理不当，也会出现不和谐的音符。目前，在我市，因宠物而产生的纠纷日渐增多，狗伤人、人打狗、车轧狗的案件也不断地诉至法院。当宠物“恋”上了官司的时候，我们怎样保持人与动物之间、人与人之间的和谐？ 李丽有只名叫贝克的小狗，去年夏天的一个午后，她带着贝克到楼下草地上玩耍，自己站在离它不到 5 米的地方。一整天没出门的贝克一看到宽阔的草坪和马路，立即撒了欢儿。此时，一辆面包车急驶过来，只听贝克惨叫一声，便倒在车子右前轮后不动了。 司机小杨对撞伤小狗的过程却有自己的一番解释：“我当时准备停车，而且那个地方是我每天停车的位置。我停车时没有看见小狗，如果我真的轧到它，小狗那么小，肯定早死了。” 随后，小杨和李丽一起抱着贝克来到宠物医院。经诊断，贝克只是轻伤，治疗后，已经没有生命危险，小杨还支付了治疗费 58 元。但让小杨不能接受的是，李丽竟要他赔偿 1 万元。因双方调解无果，李丽诉至法院，要求小杨赔偿治疗费 392 元，狗的主人误工费 226 元。
生词： 1. 缓解　2. 增添　3. 音符　4. 纠纷　5. 轧　6. 案件　7. 玩耍　8. 草坪　9. 诊断　10. 支付　11. 调解

一、示例实施

（一）教学目标

掌握课文中的重点词语和表达方式，通过练习增强学生对于新词语的运用能力；

朗读课文，重点关注学生的断句情况，纠正语音语调；

能够就“宠物热”的话题完整地表达自己的观点；掌握在真实语境中使用交际策略的方法。

（二）教学重点、难点

1. 教学重点

课文中的生词“缓解”“增添”“音符”“调解”，重点句式“A 给 B 带来了……”“最让人不能……的是……”。

2. 教学难点

真实交际环境中交际策略的把握。

（三）教学前准备

1. 知识准备

高级班学生，学习汉语两年以上，已掌握了一般的汉语语法和表达的相关知识，汉语词汇在 3500 个左右，并且经过学习，已具备基本的汉语交际知识与能力。

2. 教学材料准备

教学 PPT、实物图片、手绘插画、生词卡、任务卡。

（四）教学过程

1. 导　入

PPT 展示可爱的宠物照片，教师问：“你们喜欢宠物吗？喜欢养宠物吗？”学生们自由回答。

继续询问“喜欢养宠物”的学生，为什么喜欢 ？问“不喜欢养宠物”的学生，为什么不喜欢？宠物会给人们带来哪些不便？

教师简单总结。

PPT 展示一组手绘插画，插画展示的是课文 1 的故事。带着学生一起看插画，启发学生做看图说话的练习。根据目前学生掌握的语言知识，学生能简单概括出四幅图的大概意思即可。

PPT 展示：

1

2

3

4

教师过渡语：这个故事告诉我们，养宠物在给人们带来快乐的同时，也引发了一些问题。

2. 讲　练

（1）生词讲练

教师领读课文1的生词，请学生跟读，反复三遍；请一名学生领读生词，其他同学尽量不看书，检查预习情况的同时也可以帮助学生提高记汉字的速度。

重点生词讲解：

①缓解：使程度减轻，好转。

PPT展示词语搭配：－压力　－疲劳　－交通状况　－病情

课堂话题训练：大家平时如何缓解压力？

②增添：加多，添加。

PPT展示词语搭配：－家具　－财富　－麻烦　－设备

近义词辨析：增加（一般用于比较具体的事物）

③音符：本指乐曲中表示音高和音长的符号。文中指生活中各种情况。

文中例句：但如果人们对宠物饲养和管理不当，也会出现不和谐的音符。

④调解：劝说别人，使大家消除矛盾

PPT展示词语搭配：－纠纷　－矛盾

文中例句：双方调解无果……

（2）课文讲练

请学生朗读课文，看学生的断句是否准确，纠正语音语调。

对实用句型进行讲解、练习，使学生能够自然表达出来，对难点进行讲解。

重点句式讲解：

①A给B带来了……

文中例句：宠物给人带来的是一种单纯、信任、爱的愉悦和精神上的依赖。

PPT展示例句：读书给我们带来快乐。

替换练习：成功、运动、音乐、科技发展

②撒欢儿

PPT 展示：可以扩展为“撒了一会儿欢儿”“撒起欢儿来”等

例句：这些孩子在操场上撒起欢儿来谁也管不住。

一见到足球，学生们就撒了欢儿。

③让人不能……的是……

文中例句：让小杨不能接受的是，李丽竟要他赔偿 1 万元。

PPT 展示：让人不能（接受、忍受、理解、忘记……）的是……，请学生续写句子。可以两名同学一组，互相提问。

结合手绘插画和下面的问题学习课文内容，具体问题：

文中的“宠物”是怎么惹上官司的？

车撞倒小狗的事件是怎么发生的？

双方对这件事儿的态度有何不同？

每一个问题都领着学生用课文的话来回答，可以在黑板上列出事件发生的时间、地点，以及经过、结果等。

PPT 展示课堂练习：

根据下面的生词提示，复述课文的内容。

玩耍、宽阔、草坪、马路、撒欢儿、驾驶、面包车、惨叫、解释、轧、随后、让人不能……的是……

交际策略练习——设计对话

把学生分成两组，根据手绘插画 3 要求每组学生设计一个画面中李丽和司机小杨的对话。每组对话的设计要求是不同的，传达出交际双方不同的主观意愿等。如 A 组中，要求李丽故意强词夺理，不依不饶，提出过分诉求。而司机小杨态度和缓、积极，主动认错，愿意承担责任；B 组正好相反。教师可以将具体要求写在任务卡上，并辅以适当的口头解释。最后每组派两名同学到前面来做对话表演。

PPT 展示手绘图 3：

附学生设计的对话，教师已做适当修改：

A 组

李丽：啊！我的狗！（伴着哭声）

司机：不好意思，我没看见您的狗跑出来。

李丽：我的狗受伤了，腿都流血了。

司机：对不起，要不我带它去医院吧。

李丽：去医院？你想去医院就行了吗？

司机：那我要怎么做？

李丽：除了去医院，你还得给我钱。

司机：为什么？其实你的狗是自己跑出来的，要不我们去法院说清楚吧。

李丽：去就去！

B 组

司机：谁家的狗啊？（生气的声音）

李丽：啊！是我的狗！你怎么开车的？撞了我的狗！

司机：我已经停住了，要不你的狗就死了。你自己为什么不用狗绳？

李丽：它突然跑出去了，我也没注意。但现在你应该负责任吧。

司机：我负什么责！是你自己没有照顾好你的狗。我在路上正常地开车。

李丽：那你也应该负责给小狗看病、治疗吧。

司机：我才不管！你的小狗出了问题都是因为你自己不用狗绳。

李丽：行啊，看来我们只好去法院评评理了。

教师总结，通过对话练习，在具体的语言环境中，引导学生思考："李丽"为了表达自己的不舍，并想多索取一些赔偿，说了什么样的话。司机小杨为了把责任降到最低，说了什么样的话。总结交际策略的运用在真实的言语交际中的必要性。

3. 活动与游戏

活动一：不想直接说"no"

把学生分成两人一组，请每组学生设计一个邀请对方参加 Party 的对话，要求受邀一方不能使用否定词或表否定的句式，用一种含蓄的方法拒绝对方的要求。设计好后，读给全班同学，教师点评。

活动二：我们来做面试官

请学生观看一段电视应聘的节目（如"非你莫属"），请学生通过选手和老板之间的问答过程评价一下选手的回答中得体的部分。如果我们是面试官，我们选哪位选手。

给每位学生安排好角色模仿，仿照"非你莫属"节目在班级组织一次"招聘会"。

二、示例小结

刘珣（2000）认为交际策略是学习者为顺利进行语言交际活动（即理解对话者的意图和表达自己的意思）时有意识采取的计划措施或方法技巧。周小兵（2010）指出交际策略是反映语言使用者的部分交际能力的心理计划，是潜在的有意识的活动，是对学习者没能执行的生成计划的弥补。① 关于交际策略的分类详见表 3－1。

表 3－1　刘珣关于交际策略的分类②

策略类型	具体策略表现
回避类	回避
	简化
母语类	语言转换
	母语目的语化
	母语直译
目的语类	语义替代
	描述
	选词
	重复
	使用交际策略
	利用交际环境
其他	等待
	体势语
	使用其他语言
	求助于对方

目前，随着口语交际能力在汉语教学中受到越来越多的重视，国内专家学者对交际策略的研究从开始的理论探讨到现在对教学实践的研究，都取得了一定的成果。江新（2000）用国外流行的语言学习策略量表对外国留学生学习汉语的策略进行研究，探讨了性别、母语、学习时间、汉语水平等因素与留学生汉语学习策略使用的关系。该项研究的结论认为补偿策略和社交策略、元认知策略是留学生学习汉语时最常用的策略，留学生汉语学习策略使用在性别上不存在显著差异，但在母语、学习时间上有显著差异，而且与汉

① 周小兵，洪讳．中高级留学生汉语中介语辞格使用情况考察［J］．世界汉语教学，2010（4）．
② 刘珣．对外汉语教育学引论［M］．北京：北京语言大学出版社，2012：214－215.

语水平等级评定之间有显著的相关。①

在口语课的课文中应有交际策略的对话示范，以便学生模仿，能让学生更深刻理解交际策略在日常生活中的运用，加深学生的口语交际策略观念。教材对于练习题的编排也应设置些运用交际策略的题型，如看图说话、解释词义、猜词等，供学生在课堂上练习。

三、任　务

任务一：请总结汉语学习者在真实语境中使用交际策略的情况下，哪些交际策略的使用对表达效果有利，哪些策略的使用对交际效果不利？

任务二：请思考交际策略和学习策略的区别。

示例四　“辩”明事理来献计

教材信息：《发展汉语·高级口语》（Ⅱ），北京语言大学出版社，编著李禄兴、王瑞，2011 年 9 月第 2 版，2017 年 2 月第 5 次印刷。第 7 课课文 3《宠物带来的问题》。

有关部门曾经做过一项调查，被调查的大多数人认为，不应提倡在城市里饲养宠物。因为，随着城市饲养宠物数量的增加，一系列不可回避的弊端也将随之而至。

一是城市的环境卫生状况将成为一个人们不得不关注的社会问题。宠物固然可爱，但是它们要排泄，它们的屎尿污渍遗留在城市的大小街道，也就不可避免。走在京城的人行道上，如果稍不留意，我们就很有可能踩上一脚狗屎。据北京几家派出所的民警介绍，居民反映，宠物狗在居民楼道内随地大小便已是常事。只要居民楼中有养狗的，楼道和电梯内就少不了一种难闻的气味。从公共卫生来讲，这的确是需要重视的一件事情。

二是由宠物热滋生各种疾病的可能性增大。记者来到北京望京宠物医院采访，看到一位医生正在给一只小猫看病。小猫在不停地挣扎和叫唤着，站在一旁的主人则心疼得直掉泪。医生告诉记者，这只小猫患的是螨虫病。一般来说，大多宠物的常见病是胃肠、呼吸道疾病以及其他传染病，但这些病很少会传染给人类。不过，每年仍需要定期给狗注射狂犬疫苗，以防出现狂犬病。

三是我们不得不承认，京城兴起的这股宠物热已经成为当前邻里关系恶化的一个热点问题。有一些人养狗并不单纯以观赏和休闲为目的，而是以养大狗、烈性狗为荣。一时间，被恶犬伤及的人数量居高不下，每年都有数十人之多。许多居民因不堪大狗、烈性狗带来的极度恐惧，便有意地将有毒的事物扔给狗吃，把狗毒死。为此类事件而诉诸法庭的人逐渐增多，以致邻里间竟反目成仇。

生词：

1. 回避　2. 弊端　3. 排泄　4. 污渍　5. 滋生　6. 叫唤　7. 心疼　8. 螨虫　9. 传染病　10. 疫苗　11. 狂犬病　12. 兴起　13. 居高不下　14. 反目成仇

① 江新. 汉语作为第二语言学习策略初探［J］. 语言教学与研究，2000（3）：65.

一、示例实施

（一）教学目标

掌握课文中的重点生词和语言点，能够用本课的生词和语句说出适合情景的句子；

通过课堂口语练习组织学生完成复述、辩论的口头表达训练，培养学生准确、自由进行成段表达、自圆其说的交际能力；

加强学生对高级口语课的认同，使高级口语课堂的口语训练更加有效、有用。

（二）教学重点、难点

1. 教学重点

结合重点生词和语言点能够在适合的情景中自如地使用。

2. 教学难点

提炼观点，有条理地进行成段表达的能力；汉语思维能力和话语组织能力的训练。

（三）教学前准备

1. 知识准备

高级班学生，约有两年以上的汉语学习基础。

2. 教学材料准备

教学 PPT。

（四）教学过程

1. 导　入

（1）复习前两个课文中的生词和语法点。

（2）复习前两个课文的内容。

结合前两个课文提到的案例，询问学生们饲养宠物过程中一些不合理的现象还带来了哪些社会问题。

2. 讲　练

（1）生词讲练

教师领读课文 3 的生词，请学生跟读，读三遍；请一名学生领读生词，其他学生尽量不看书，检查预习情况的同时也可以帮助学生提高记汉字的速度。

重点生词讲解：

回避：想办法让开、躲开，可接宾语，如回避问题。

滋生：引起-（多用于贬义）如滋生螨虫。

叫唤：大声地叫，不能带宾语。

心疼：十分爱惜，如心疼孩子；因喜爱的人或事物受到损害而感到难受，如新买的鞋子破了，真心疼！

居高不下：用来形容某种情况一直处于很高的水平或状态，没有下降的趋势，如价格、股票、数量等方面。如近几年的房价一直居高不下。

反目成仇：指双方之间的关系由好转坏，最后成了仇人。

语法点讲解：

不得不：“必须”的意思。教师问：“说说生活中你遇到的不得不的情况”，引导学生自设情景，用“不得不”造句。

从……来讲：中间插入的部分是下文要提到的某些角度，如从经济方面来讲，自助游也是一种很好的旅游形式。

把……给+V+其他：“给”在这个结构中用在动词前面，加强语气，省略后不影响句子的结构和意思。如我把肉都给吃了。PPT展示替换练习，如小明—面包，小猫—花瓶，小偷—电脑等。

（2）课文讲练

初识课文：朗读等（略）。

梳理课文：带着问题读课文，思考下面两个问题：

①城市里养宠物会给人们带来哪些不便？

②课文中作者提到了哪几方面“不可回避的弊端”？

每一个问题都领着学生用课文的话来回答，边学习课文内容边在黑板上列出表明观点的词语及课文的结构大纲。

板书设计：

结论：不应提倡在城市里饲养宠物

理由：一、城市的环境卫生状况将成为一个人们不得不关注的社会问题；

二、由宠物热滋生各种疾病的可能性增大；

三、邻里关系恶化的热点问题。

请学生就课文中提出的观点补充“不应提倡在城市里饲养宠物”的其他理由。教师总结。

PPT展示课堂练习：

根据下面的生词提示，复述课文的内容。

环境、卫生、避免、疾病、传染、狂犬病、恶化、居高不下 固然……但是……　以……为目的

将学生分成正方和反方，组织一场课堂辩论会。辩题是大城市应不应该限制养狗，不像真实的辩论赛那样严格，正反双方每位辩手都可以发言，也不刻意安排发言顺序。学生自由发言，提出观点可以批驳某位或者某几位陈词者的观点，可以附议自己的认识，也可以提出新意，提出前所未有的见解。活动的主体是学生，教师适时引导。自由辩论后，双方选一名代表总结发言，再一次表明各自观点。最后由教师对双方的辩论过程进行点评。

3. 活动与游戏

活动一：公说公有理 婆说婆有理

把学生分成两组，每组设计5个以上采访的问题，A组同学调查3－5位养宠物的人，请他们说说对养宠物的看法，B组调查3－5位对宠物不感兴趣的人，请他们谈谈主要理由。每组提交一份调查报告并做课堂报告。

活动二：反转戏码更好看

以“目前城市小汽车的数量是堵车的主要因素”为题，组织学生进行一场辩论会。当辩论进行到一半时，让正反双方互换立场，重新准备材料，完成后面的辩论。

二、示例小结

很多高级班的学生认为“高级汉语口语课无用”。高级汉语口语课得不到足够的重视，很大程度上是因为长期以来课堂教学环节中的教学内容和学生的实际口语需求脱钩，教学方式陈旧。因此，高级口语课的教材选择、话题选择、教学方法的推陈出新等，都是目前亟待解决的问题。示例中的辩论法，符合高级口语课教学中突出口语表达要求的目标，可以给学生充分练习口语的机会，对调动学生的学习热情也大有益处，同时可以激励学生大胆表达出自己的想法；而且在辩论过程中引入了竞技方式，充分发挥他们求胜的心理特点，刺激学生的胜利欲望，提高合作学习的效率，促使学生为了集体荣誉和获得成功而更加努力地准备辩论内容。另外，在高级汉语口语课堂上，教师应有“主持人”意识，把以口语练习为主要环节的课堂交给学生，充分发挥学生的主动性，教师只是在课堂中“穿针引线”。

在课堂教学中用辩论式口语教学法培养学生的口语成段表达能力时，教师应注意以下几点：

第一，关于辩论主题的选择。课堂上的辩论，不是正规的辩论赛，因此，在高级汉语口语课堂上，教师应尽量选择开放性的辩题，辩题本身没有真正的对错是非，而是一个正反面兼具的辩题。另外还要考虑到文化、民族的差异性。

第二，指导学生正确使用衔接词。成段表达的练习，在某种程度上就是衔接词的练习。衔接词是语段、语篇表达的重要因素之一。在辩论之前，教师要“搭好脚手架”，帮助学生归纳整理出和辩题相关的衔接词。

第三，对学生辩论中的口语表达情况要有积极的反馈、宽容的态度，不要逢错必纠。

三、任　务

基于任务型教学法设计一次课堂辩论赛。

第三节　口语课教案设计

教案示例

教材信息：《汉语口语速成》（基础篇），北京语言大学出版社，主编马箭飞，2006 年 12 月第 2 版，2014 年 8 月第 16 次印刷。第 1 课《认识一下》。

课文 1

飞　龙：你好，你叫什么名字？

李钟文：我叫李钟文。

飞　龙：你好，李钟文。请问你是哪国人？

李钟文：你猜猜。

飞　龙：我猜你一定是韩国人。

李钟文：猜对了。你真聪明！你呢？

飞　龙：我叫飞龙，法国人，是大学生。

李钟文：你为什么来学汉语？

飞　龙：我希望能说一口流利的汉语，跟中国人交朋友。

李钟文：哦，明白了。我不一样，是公司派我来学习的。我要先在这儿学习半年，然后在中国工作。

生词：

1. 猜　2. 一定　3. 聪明　4. 希望　5. 流利　6. 公司　7. 派　8. 先　9. 然后

课文2
望　月：我叫望月智子，我的发音不太好，请多多关照。 爱　珍：我的中文名字叫爱珍，我是从美国来的。很高兴跟你同屋。 望　月：我也很高兴。不过我不会说英语。 爱　珍：没关系。这样更好，咱们俩每天都可以练习说汉语。 望　月：希望学习结束的时候，我能说一口流利的汉语。 爱　珍：这个暑假，我要一边学汉语，一边学京剧。 望　月：你会唱京剧？我从来没听过京剧，现在能唱一段吗？ 爱　珍：现在不行，一个月以后吧。到时候我一定唱给你听。
生词： 1. 发音　2. 关照　3. 同屋　4. 结束　5. 一边　6. 京剧　7. 从来　8. 段
课文3 望月他们班一共有16个学生，有日本人、韩国人、美国人和法国人，还有华侨。他们的打算都不一样。 韩国学生李钟文是公司职员，以前在韩国学过一点儿汉语，他觉得汉语一点儿也不难。公司让他9月份以后在北京工作。 印度尼西亚学生林福民一天汉语班也没上过，可是他的爸爸、妈妈在家里都说汉语，所以他的口语特别好。 美国学生爱珍学汉语是为了学唱京剧。法国学生飞龙希望能流利地用汉语跟中国人谈话。
生词： 1. 华侨　2. 职员　3. 特别　4. 为了　5. 谈话

课程名称	初级汉语口语	课程类型	口语课
任课教师	乔东鑫	指导教师	×××
授课日期及学时数	20××年×月×日　2学时 20××年×月×日　3学时	授课地点	教学楼×××
使用教材	《汉语口语速成》（基础篇） 北京语言大学出版社，马箭飞主编，2006年12月第二版，2014年8月第16次印刷。		
本课题目	第1课 认识一下		
教学对象	北京体育大学初级（Ⅱ）留学生，已具有800个左右汉语词汇量。 全班共10人，来自法国、挪威、摩洛哥、日本、印度尼西亚5个国家。		

<table>
<tr><td>教学内容</td><td colspan="2">1. 学习本课22个生词，讲练重点词语“猜”“希望”“派”“先……然后……”“关照”“一边……一边……”“从来”“谈话”“为了”。
2. 学习第一课《认识一下》的三个课文。
3. 学习课文中的语言点“是……的”“一……也/都＋不/没……”。
4. 结合课文内容进行交际训练。</td></tr>
<tr><td rowspan="4">教学目标（突出课型特点）</td><td>认知领域</td><td>1. 通过对本课的学习使学生掌握本课生词的实际意义和用法，同时能够熟练使用“是……的”句和表示完全否定的“一……也/都＋不/没……”结构；
2. 通过对本课主要句式的主题化学习，掌握如何运用打招呼、询问学习情况的功能句。</td></tr>
<tr><td>技能领域</td><td>1. 能够复述表达课文内容；
2. 能够在课文的基础上，将已有信息概括，进行相对自由的表达；
3. 利用课文的语篇结构和相关词汇、句式，进行相关话题的自由表达。</td></tr>
<tr><td>情感领域</td><td>使学生有使用汉语表达的意识和愿望。</td></tr>
<tr><td>学习策略</td><td>1. 让学生在口语训练中感知正确的语音、语调，掌握重要句子结构和课文结构；
2. 帮助培养学生快速听辨、记忆储存的能力，以及概括总结的表达能力。</td></tr>
<tr><td rowspan="2">教学重点与难点</td><td>教学重点</td><td>掌握本课的重点词语和语言点，在交际中熟练、得体地使用“是……的”和“一……也/都＋不/没……”两个结构。</td></tr>
<tr><td>教学难点</td><td>在交际中熟练、得体地使用“是……的”句；
学生快速听辨、记忆储存的能力，以及概括总结的表达能力的培养。</td></tr>
<tr><td>教学方法</td><td colspan="2">课堂教学按照“生词—课文—语法—练习”的顺序进行；
借助多媒体辅助教学；
讲练过程中适当选用交际法、任务法、情境法等；
设计互动形式的小组活动，凸显学生的主体性。</td></tr>
<tr><td>教具</td><td colspan="2">PPT、板书、图片</td></tr>
<tr><td>教学过程</td><td colspan="2">课次一（45分钟×2）

一、组织教学（6分钟）
师生问好，互相询问假期生活。教师介绍这学期口语课的初步计划，以及课堂要求、作业要求等。班里有新来的学生，请学生们做自我介绍。</td></tr>
</table>

教学过程

二、学习新课

（一）课前预热（8 分钟）

请学生们看书上第一页的插图，大家一起描述图片上的信息。教师补充。

和学生们一起回顾表示问候的功能句，板书列出，领学生朗读练习。请新来的学生和其他学生一起模仿插图进行会话练习，学生可以根据板书中的功能句自行组织会话。会话结束后教师总结，过渡到新课。

板书设计：

你好！	为什么来中国学汉语？
你好吗？	爱好？
你叫什么名字？	……
你是哪国人？	
认识你很高兴。	

（二）生词讲练（20 分钟）

课文 1 的生词有：猜、一定、聪明、希望、流利、公司、派、先、然后。

教师领读生词，速度可适当放慢，每个生词读两遍。

教师第二次领读生词，提醒学生遮住拼音和英语释义，读汉字、记汉字。

请同学们接龙练习读生词。针对个别学生读错的生词纠正，并强化训练。

PPT 展示课文 1 的生词，训练学生快速认读的能力。

重点生词讲解：

1. 猜

教师举起一本汉语书，问学生这本书的价格，学生会说出一些钱数，教师指出可以用“请你们猜猜这本书多少钱？”这样的句子提问。教师走到教室外关上门敲门，然后打开门回到教室，解释汉语中常用“谁啊”“哪一位”来询问敲门的人是谁，这时敲门的人可能会说“你猜猜”，屋里的人就可以根据声音判断出敲门的人是谁。教师板书“你猜猜”。

教师再一次拿起前文提到的汉语书，查看书后的价格，有的学生可能猜对了，教师板书“猜对了”和“猜得不对/没有猜对”。

有时可以猜一件事情，如“我猜你今天会来。”“我猜你一定是韩国人。”“我猜你一定喜欢这个礼物。”教师边表述边板书。

板书设计：

你猜猜	我猜你今天回来。
猜对了	我猜你一定是韩国人。
没有猜对	我猜你一定喜欢这个礼物。

注：课文中出现的句子用彩色粉笔或符号标出。

2. 希望

教师引导语：你们小的时候都想长大后做什么？我们心中最想做的，想达到的目标就是“希望”。

<table>
<tr>
<td>教学过程</td>
<td>
随着学生的回答，教师板书。并帮助学生一起用“希望”完成回答。
板书设计：

医生→佐佐木从小希望成为一个医生。
教师→伊贝从小希望成为一个教师。
司机→李胜利从小希望成为一个公交车司机。

教师引导语：大家来到中国学习，都希望自己能说汉语吧。
PPT 动态展示例句：

我希望能说汉语。
我希望能说一口流利的汉语。
我希望能说一口流利的汉语，跟中国人交朋友。

教师总结“希望”一词的用法和含义，领读板书和 PPT 中的句子。
3. 派
教师请一名同学假装去隔壁班借一下空调遥控器，教师总结句子“教师派丁一龙去D 班借遥控器。”并板书。
教师介绍 2009 年去挪威孔院工作，总结“北京体育大学派我去挪威工作”。
板书设计：

教师派丁一龙去 D 班借遥控器。
北京体育大学派我去挪威工作。

结合上文重点强调“派”表示自上而下，和“送”“给”有区别。
PPT 展示句型扩展：

派我来学习。
公司派我来学习。
是公司派我来学习的。
我和他不一样，是公司派我来学习的。

注：简单解释“是……的”句，告诉学生课文中会详细讲解。
4. 先……然后……
教师引导语：教师现在想喝水，需要怎么做？边说边拿起水杯。
学生可能会说，“打开盖子，喝水”。
教师总结，“教师先打开杯子的盖子，然后喝水”。
教师引导语：你们每天放学回房间先写作业，还是先做别的事情。
随着学生的回答，依次写在黑板上。
</td>
</tr>
</table>

<table>
<tr>
<td>教学过程</td>
<td>

板书设计：

伊贝放学后先写作业，然后去吃饭。 丁一龙放学后先去健身，然后写作业。 凯莎放学后先睡觉，然后去吃饭。 古丽放学后先写作业，然后做饭。

教师引导语：先听听你们的句子，然后来看看教师 PPT 中的句子。先看一看，然后我们一起读一读（教师课堂用语可以有目的地使用新学习的语法点。）

PPT 展示例句：

我要先在这儿学习半年，然后在中国工作。 下课后，我要先回办公室，然后回家。 明天，我先去邮局寄信，然后去超市买东西。

教师引导语：请同学们把书翻到第 7 页，根据练习题中提示的词语每人做一个句子。

准备时间 1 分钟，教师轮流听每个学生说的句子，适当纠正。

其他生词“聪明”“一定”“流利”“公司”等可随机组织学生进行造句练习。

（三）课文学习（30 分钟）

1. 请学生听两遍录音，第二遍放录音前提示学生这一次可小声跟读。

听完录音后，请学生回答下面问题：

（1）文中的两名学生分别叫什么名字？

（2）他们分别是哪国人？

（3）他们为什么来中国学汉语？

教师领读课文，第一遍慢速，第二遍正常对话语速，使学生体会具体交际中的对话语速。

学生齐读课文，然后请两名同学分角色朗读。

2. 讲解课文中句子的含义，“一口流利的汉语”“跟……交朋友”是复习语法点，简单叙述，重点解释“是……的”句。

（1）一口流利的汉语

其中“口”是量词，如“一口酒”“一口肉”“一口菜”“一口价”等。

（2）跟……交朋友

“交朋友”是动宾式离合词，后面如果再有宾语的时候需要使用“跟”，把宾语提前，即“跟……交朋友”。

（3）“是……的”句

请每个学生给自己做一张名片，上面写出“姓名”“国籍”“出生年月”“爱好”等信息。做好后请学生把名片交给教师。

教师根据名片上的信息提问，如：“谁是从摩洛哥来的？”伊贝同学可能会回答：“我”。教师把问句写在黑板上，引导伊贝将问句中的主语“谁”换成答句中的“我”，并请伊贝朗读新句子。

</td>
</tr>
</table>

教学过程

板书设计：

> 谁是从摩洛哥来的？
> 伊贝是从摩洛哥来的。

教师接着根据名片上的信息提问，如：“谁是 1998 年 3 月 12 日出生的？”李胜利同学可能会回答：“我”。教师把问句写在黑板上，引导胜利将问句中的主语“谁”换成答句中的“我”，并请胜利朗读新句子。

板书设计：

> 谁是 1998 年 3 月 12 日出生的？
> 李胜利是 1998 年 3 月 12 日出生的。

把名片交给一名同学，请他代替教师来提问，提问时要使用“是……的”句，同时要求回答的同学也必须使用“是……的”句。教师根据学生练习情况可适当帮助完成“是……的”句的表达。

PPT 展示书后例句，教师讲解“是……的”句用来强调做某事时的时间、地点、方式等。一般是已经发生的事情。

> 他是今年 3 月到北京的。　　（时间）
> 这本书是在外文书店买的。　　（地点）
> 教室里的灯不是田中开的，是飞龙开的。
> （做动作的人）

师生共同完成书后练习题三。

（四）课堂活动与任务——我来介绍我们班的同学（20 分钟）

1. 活动实施：学生分成两人一组，互相询问对方来中国学习的目的和今后的打算。然后请每名同学在班里大声地介绍自己的搭档，包括他叫什么名字，他是哪国人，他为什么来学汉语，他以后的打算是什么。

活动要求：交际语言必须使用汉语，准备时间为 3 分钟。当一名同学发言时，其他人认真听或记录信息，记录语言也需要使用汉语。

2. 课堂口头表达任务：请大家汇总班级同学的信息，每人独立完成“我来介绍我们班的同学”的口头报告。

要求：准备时间 5 分钟，报告时间 5 分钟。

注：根据班级人数，可安排一部分同学第二天进行汇报。

三、总结（5 分钟）

强调并重复课文 1 中出现的重点生词和语言点，以及询问某方面情况时使用的问句和答句。

四、布置作业（1 分钟）

完成课后练习第一题和第三题。

<table>
<tr>
<td>教学过程</td>
<td>

课次二（45 分钟 ×3）

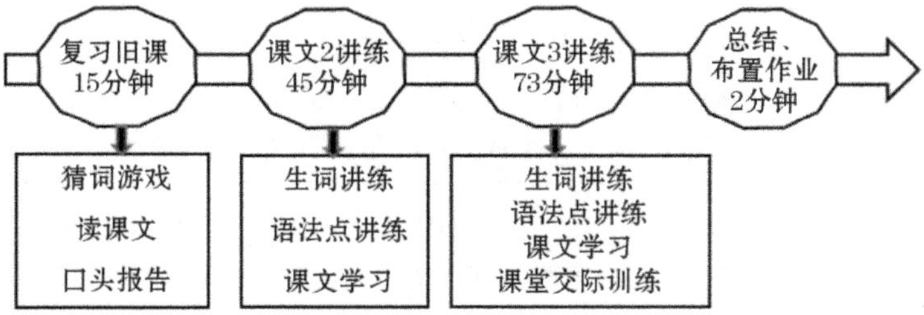

一、复习旧课（15 分钟）
1. 猜词游戏（复习课文 1 中的生词）
请一名学生抽取一张生词卡，要求不要读出生词，只是解释词义，请其他学生猜出生词。并做造句练习。
2. 读课文（检查课后练习读课文的情况）
随机点两组学生分角色朗读课文 1。
3. 口头表达练习
请前一天没有完成“我来介绍我们班的同学”口头报告的同学完成口头表达练习。
二、学习课文 2
（一）导入新课 + 初识课文（8 分钟）
教师引导语：新学生来到学校后，望月和爱珍被分到了一个宿舍，我们听听她们第一次见面时聊了什么。
请学生听两遍课文录音。放第二遍录音前，提示学生这一次可小声跟读。
听完录音后，请学生画出课文中不理解的生词。根据学生回答情况，将生词列在黑板上。稍后逐一解释。
请学生回答下面问题：
1. 课文中两个人是什么关系？
2. 她们两个人的汉语发音怎么样？
3. 两个人虽然口语都不太好，但是两个人是同屋，有什么好处？
4. 学习结束后，望月的打算是什么？
5. 爱珍暑假有什么打算？
6. 望月听过京剧吗？
（二）生词学习（12 分钟）
课文 2 的生词有：发音、关照、同屋、结束、一边、京剧、从来、段。
教师领读生词，速度可适当放慢，每个生词读两遍。
教师第二次领读生词，提醒学生遮住拼音和英语释义，读汉字、记汉字。
请同学们接龙练习读生词。针对个别学生读错的生词纠正，并强化训练。
重点生词讲解：
1. 关照：关心照顾的意思，常用来表示请对方帮忙照顾谁或照顾什么事。

</td>
</tr>
</table>

教学过程

PPT 展示例句，教师领读或请学生读句子，教师解释或补充情境。

我的发音不太好，请多多关照。（请你多多关照）
我走后，请你多多关照这里的工作。
我回国后，请你多多关照我的朋友。请学生做造句练习。

2. 一边……一边……：表示同一时间内进行两个或两个以上的动作。

PPT 展示例句，教师领读或请学生读句子，教师解释或补充情境，总结“一边……一边……”后应加上动词。

PPT 展示：

妈妈一边做饭，一边跟客人聊天。
飞龙一边弹吉他，一边唱歌。
今年暑假，我要一边学汉语，一边学京剧。

一边 + $v._1$ 一边 + $v._2$

教师和学生一起完成书后第 7 页第二题的练习，首先教师板书示范第一个句子如何改写。请学生独立完成其他句子的改写，改写后读自己的句子，教师有针对性地纠正。

板书设计：

林福民练习写汉字的时候听音乐。
↓
练习写汉字　　　听音乐
林福民一边练习写汉字一边听音乐。

注：该结构组句后，句中的动词必须是可以自主的动作，因此如“他一边受表扬，一边脸红了。”这样的句子是错误的。结合学生的句子有针对性地纠错，并强调句中动词的自主性。

3. 从来：用在动词或形容词前面，表示动作、行为或情况从过去到现在一直是那样，常用于否定句中。

PPT 动态展示：

你去过上海吗？	我从来没去过。
你吃过烤鸭吗？	我从来没吃过。
你抽烟吗？	我从来不抽烟。
你听过京剧吗？	我从来没听过京剧。
你玩电脑游戏吗？	我________。

↓
从来没/不 + v.

教学过程	（三）课文学习（25 分钟） 教师领读一遍课文，请两组学生分角色朗读课文。 结合课文中的语言点，教师解释一遍课文的内容。请学生做复述课文的练习。结合PPT展示的课文信息，学生不看书，和教师一起“跟说课文”。 PPT 展示： 望月：我叫__________，我的发音不太好，__________。 爱珍：我的中文名字叫爱珍，我是______的。 很高兴__________。 望月：我也很高兴，不过__________。 爱珍：没关系，这样更好，__________。 望月：希望__________的时候，__________。 爱珍：这个暑假，我要一边__________，一边__________。 望月：你会唱京剧？我从来__________，__________。 爱珍：现在不行，一个月以后吧。到时候__________。 （四）课堂活动 活动实施：根据课文 2，结合自己的情况，设计一个和同屋的对话。设计好后读给全班听。 活动要求：准备时间 4 分钟，需用汉语表达。 三、学习课文 3 （一）导入新课 + 初识课文（8 分钟） 教师引导语：同学们还记得我们的口头报告“我来介绍我们班的同学”吗？下面教师问几个问题，你们来回答一下。 PPT 动态展示问题列表： 我们班有多少个学生？ 都是哪国人？ 丁一龙为什么来中国学习汉语？ 伊贝为什么来中国学习汉语？ 曙光为什么来中国学习汉语？ 佐佐木为什么来中国学习汉语？ 教师过渡语：我们认识了李钟文、爱珍、望月、飞龙，我们一起听听他们班一共有多少个学生，都是为什么来中国学习的。 请学生听两遍课文录音。再放第二遍录音前，提示学生这一次可小声跟读。 听完录音后，引导学生用课文中的话回答 PPT 中的问题。

<table>
<tr>
<td>教学过程</td>
<td>
PPT 展示：

望月他们班有多少个学生？
都是哪国人？
李钟文以前会说汉语吗？为什么来中国学习汉语？
林福民以前学过汉语吗？为什么他的口语特别好？
爱珍为什么学习汉语？
飞龙为什么学习汉语？

记录学生读得不准的生词，生词讲授中有针对性地纠正。过渡到生词学习。
（二）生词讲练（15 分钟）
课文 3 生词：华侨、职员、特别、为了、谈话
教师领读生词，速度可适当放慢，每个生词读两遍。
教师第二次领读生词，提醒学生遮住拼音和英语释义，读汉字、记汉字。
请同学们接龙练习读生词。
重点生词讲解：
1. 谈话：一起说话的意思，但词语本身是动宾式离合词，提醒学生注意离合词带宾语的特殊性。以旧带新，先请学生用以前学过的动宾式离合词（如见面、约会、交朋友）造句。教师板书。
板书设计：

见面　→和/跟你见面
约会　→和/跟你约会
交朋友　→和/跟中国人交朋友

谈话　→和/跟……谈话　教师跟我谈话。/老板和他谈话。

2. 为了：表示目的，常用在前一分句的开头，后一分句表示为达到这一目的而采取的行动。
PPT 展示例句：

为了学汉语，我来到了中国。
为了学武术，我来到了北京体育大学。
为了减肥，我……
↓　↓
“为了” + 目的　做什么

有时也可以先说采取的行动，再用“是为了”引出这一行动的目的。
</td>
</tr>
</table>

<table>
<tr>
<td>教学过程</td>
<td>
PPT 展示例句：

做什么　“是为了” + 目的
↓　↓
我来到了中国，是为了学汉语。
我来到了北京体育大学，是为了学武术。
我不吃肉，是为了减肥。
美国学生爱珍学汉语是为了学唱京剧。

教师带着学生共同完成书后第 8 页第五题，课堂时间有限，教师示范一个句子后，将学生分组练习，如男生做前三个句子，女生做后三个，要求下课后全部完成。做完后请学生读句子，教师总结、纠错。
教师板书示范改写句子：

“为了” + 目的　做什么
↓　↓
唱好京剧　每天很早就起床练习
爱珍为了唱好京剧，每天很早就起床练习

做什么　“是为了” + 目的
↓　↓
每天很早就起床练习　唱好京剧
爱珍每天很早就起床练习是为了唱好京剧。

（三）课文学习（25 分钟）
教师领读课文，学生齐读课文。请学生每人读一句，接龙完成朗读，要求每名学生注意力集中，注意语音、语调，若一名学生读错，从第一名开始重新朗读。
熟读课文后，教师讲解重点语言点“一……也/都 + 不/没……”。
以旧带新，请学生们看 PPT 中用“一点儿”完成的句子。教师领读，并解释句义。请学生用“一点儿”造句。
PPT 展示：

一点儿：
请给我一点儿水。
锅里还有一点儿饭。
这次考试还有一点儿希望。

一点儿 + n.
</td>
</tr>
</table>

教学过程

教师总结学生的句子，并过渡到本课语言点的学习。教师过渡语：接下来我们学习“一点儿”都没有了，汉语怎么说。教师总结“一点儿”后面是名词时怎么完成句子。同时说明“一点儿”也可用“一＋量词＋名词”来替换，完成句子，见 PPT 例句。

PPT 动态展示：

> （1）请给我一点儿水。→（没有）→ 一点儿水也没有了。
> 锅里还有一点儿饭。→（没有）→ 锅里一点儿饭也没有了。
> 这次考试还有一点儿希望。→（没有）→ 这次考试一点儿希望也没有了。
> ↓
> 一点儿＋n. ＋也/都＋不/没……
>
> （2）爱珍来中国以前没学过汉语，____________________。（汉字）
> 我不喜欢红色，____________________。（红衣服）
> ↓
> 一＋量词＋n. ＋也/都＋不/没……

掌握语言点后，请学生完成第 8 页第五题。教师检查学生们写完的句子，适当纠错。

课文复述练习，参考 PPT 中的提示问题，复述课文，学生两人一组，互相听对方复述。

PPT 展示：

> 望月他们班有多少个学生？
> 都是哪国人？
> 李钟文以前会说汉语吗？为什么来中国学习汉语？
> 林福民以前学过汉语吗？为什么他的口语特别好？
> 爱珍为什么学习汉语？
> 飞龙为什么学习汉语？

（四）课堂活动与任务（25 分钟）

活动实施：学生两人一组，完成对话练习。抽签决定每组的对话话题。

活动要求：对话语言为汉语，对话中要求使用提供的参考词语和语言点，6 个以上话轮。准备时间为 5－8 分钟。每组汇报时间 5 分钟。

<table>
<tr><td>教学过程</td><td>
附四组会话任务卡：
<table>
<tr><td>A 组：
情景设计：两名同学计划暑假去旅行
练习词语、语言点：
①希望
②“先……然后……”
③“是……的”句</td><td>B 组：
情景设计：两名同学看完电影后讨论电影内容
练习词语、语言点：
①从来
②“一……也/都 + 不/没……”</td></tr>
<tr><td>C 组：
情景设计：两名同学谈论汉语学习的困难和方法
练习词语、语言点：
①为了
②“是……的”句</td><td>D 组：
情景设计：两名同学商量要为他们的朋友买什么样的生日礼物
练习词语、语言点：
①为了
②“先……然后……”</td></tr>
</table>
四、小结 + 布置作业（2 分钟）
总结课文 2 和课文 3，指出需要重点掌握的生词和语言点“从来”“为了”“一边……一边……”“一……也/都 + 不/没……”，布置学生课后完成书上第 9 页第七题和会话练习。
</td></tr>
<tr><td>板书</td><td>详见教学过程中的板书设计</td></tr>
<tr><td>教学后记</td><td>
1. 本课教学心得及教学建议
本课为开学第一课，可以结合校园实际情况引导学生彼此熟悉，或熟悉校园及周围生活设施。
讲练过程一定要注意方式方法的多样性，根据课文的内容精心设计讲练环节；引导学生积极思考，最大程度地调动学生的参与性。
2. 教学难点
“是……的”句和“一……也/都 + 不/没”这两个语言点学生在学习时不易掌握，建议加强练习，加强今后教学中的复现率。
</td></tr>
</table>

本章思考与练习

1. 口语课文中话题的选择原则是什么？

2. 请设计“调查问卷”，调查影响汉语学习者口语课开口率的主要因素？

3. 汉语口语的特点是什么？为什么让汉语学习者一想到“张嘴说汉语”就觉得很难？

4. 口语课堂教学的输出和输入比例在不同教学阶段应如何体现？

5. 有无必要建立专门的口语词、口语句式和口语语法大纲？

6. 课文中的话语标记若出现在生词表中，应如何标注？

7. 在话语输出的过程中，出现语音、词汇或语法方面的错误，但并不影响交际的进行时，教师要如何纠错？纠错的方法有哪些？

本章资料拓展

资料一：语言和言语、语言的语言学和言语的语言学

众所周知，语言和言语的区分是被誉为“现代语言学之父”的瑞士语言学家索绪尔提出来的。索绪尔指出：“言语在这同一集体中是什么样的呢？它是人们所说的话的总和，其中包括：（a）以说话人的意志为转移的个人的组合，（b）实现这些组合所必须的同样是与意志有关的发音行为。”“语言是一种表达观念的符号系统……”索绪尔尽力阐述两者的关系，因为他认为这两个概念的区分是语言研究的首要问题：“这就是我们在建立言语活动理论时遇到的第一条分叉路，两条路不能同时走，我们必须有所选择；它们应该分开走。”

所谓言语，有两方面的含义。其一，言语就是讲话（包括写作），是一种行为动作；其二，言语就是所讲的话（包括所写的话），是行为动作的结果。概括起来，言语就是个人讲话（写作）的行为与结果。语言学家经过长期的研究后发现，在人们说话和所说的话中存在着一个系统，这就是语音、语义、词汇、语法的规则系统，或者叫作音义结合的词汇系统和语法系统。语言无非就是一套规则系统，任何语言都不例外。当然，不同语言的规则系统有不同的具体内容，例如汉语、英语、俄语……在语音、语义、词汇、语法方面都有自己的特点。总而言之，言语是说（写）和所说（所写）。语言是人们用以说（写）和存在于所说（所写）中的音义结合的词汇系统和语法系统。

他们之间的区别有以下几点：其一，语言系统是社会共有的交际工具，因而是稳固的，具有相对的静止状态；言语是人们运用这个工具进行交际的过程和结果，是自由结合的，具有运动状态。当然，用辩证的观点看问题，动中可以有静，静中又可以有动。例如，言语的说（写）是动态的，而所说（所写）的结果又具有相对的静态……

区分语言和言语的重大意义之二，是为语言的学习和研究提供了一个模式，即“言语—语言—言语”的模式。这是每个婴儿学习的必经途径，也是学习外语的有效途径。学习任何一门外语，往往是从只言片语入手，模仿外国人发音，这就是言语阶段。我们决不能停止在这一阶段上，而应当尽量掌握该语言的系统，这就是语言阶段。然而，掌握一种语言的系统，并不是我们的目的。我们应当运用这个系统去说（去写），这就又回到言语阶段……

总之，语言是个相对静态的系统，对它已经进行而且可以继续进行研究，语言的语言学取得了巨大的成就，不容否定。但语言确实不能只停留在静态分析阶段，而应结合语境，进入言语的语言学领域。例如，近来常说的语法、语义、语用三个平面相结合研究语法其实也可以纳入言语的语言学，因为言语是在具体语境中为了表达意义而说（写）和所说（所写），在这个过程和结果中离不开语法，因此，单从某一方面研究往往失之片面。如前所说，言语的语言学领域宽广，前途无量。语流、语调、语流音变、语境意义、话语分析、篇章语法、公共关系言语交际、言语规律……都在等着我们去开拓、总结。

——岑运强．语言和言语、语言的语言学和言语的语言学［J］．汉语学习，1994(4)：13－16.

资料二：口语课教学模式

一、口语课的性质、目标和存在的问题

（一）口语课的定位

本文所分析的口语课，是指在分技能设课框架下的口语课，是专项技能课。与口语课同时开设的，一般还有综合课/精读课、听力课、阅读课/泛读课、写作课。这里的口语，是指口头语言，即口头形式的有声语言，包括正式风格的语言和非正式风格的语言。

口语课的目标，一般认为，是培养学生的口头表达技能和口头交际能力。口头交际能力包括语法能力、语篇能力、社会语言能力和策略能力。

（二）口语课存在的问题（略）

（三）口语课的特点

口语课是以培养口语能力为目标的课，这一点已经得到普遍认同。口语课是否应以口头表达活动为基本环节？对这一点，恐怕还有不同意见。二者当然并不对立，但是不同的侧重，会带来不同的策略。

二、口语课教学模式及分析

汉语口语课的教学模式，根据目前的实际情况，主要有三种：基于教材的模仿活动式，无教材的主题发言式，基于教材的专题讨论式。

（一）基于教材的模仿活动式

这一模式多见于初中级阶段的口语教学，其基本特点是，口语课使用专门的口语教材，课文提供口头表达的范本，供学生学习、模仿。

这一模式的好处是：(1) 保证口语教学内容的系统、全面；(2) 特别适合可模式化的、有限语境或话题下的交际活动。

这一模式可能存在的问题有： (1) 讲练比例容易失调，导致学生开口率偏低；(2) 在语境和话题受到严格控制的时候，可能造成输入与输出内容几乎完全相同，学生的表达活动成为变相的课文背诵，影响学生的学习积极性；(3) 在语境比较模糊或话题比较宽泛的时候，又有可能造成输入与输出内容差异过大，课文语言和学生表达活动中的语言前后脱节。

（二）无教材的主题发言式

在准中级及更高阶段，也有一些教师倾向于不用教材，有的教师认为：口语课就是要让学生说，教材束缚了师生的手脚，教材的主题学生也不一定感兴趣，不如放手让学生来说。

这一模式的好处是：让学生掌握话语权，表达其想要表达的内容，有机会"创造性使用语言"，从而大大激发学生的说话积极性和学习主动性。

这一模式可能存在的问题是：(1) 主题的选择往往由于缺乏总体大纲而难免重复，主题范围往往比较狭窄。(2) 教师的指导是针对特定发言人的，难免缺乏系统性，而且是随机的，"事后"的，因而也缺乏计划性。(3) 由于缺乏传统意义上的"课文"那样的示范材料，难以保证让学生学到"纯粹的""典范的"汉语表达方式。

（三）基于教材的专题讨论式

高级阶段的口语教材不同于初级阶段，其"课文"往往不是为学生提供表达范本，而是围绕某一话题提供相关背景材料，为口头讨论搭建平台。

这一模式的好处是：如果话题选择得当，比较容易激发学生的表达欲望，跟前面一个模式一样，

有助于激发学生的积极性和主动性。而且，由于课文确定了话题，提供了相关材料，讨论的范围就比较集中，全班参与度比较高。

其局限性是：(1) 一般适用于培养论辩能力，不适用于日常生活交际活动。(2) 适用于中高级阶段，特别是高级阶段，要求学生有相当的语言知识储备。(3) 对学习能力要求比较高，那些学习主动性强，愿意挑战语言复杂度的学习者收获较大。

——吴中伟．口语课教学模式分析［J］．北京：国际汉语教学研究，2017 (3)：79－87.

资料三：对汉语口语课的反思

目前，汉语口语课在对外汉语教学中已占有相当重要的位置，课程建设、教材建设、方法研究都取得了不菲的成绩。通过分析众多的汉语口语教材，我们感到此门课程现已具备一定的规模，课程框架在相当程度上已形成定式，课程风格也显示出鲜明的倾向性。在这种状况下，我们认为有必要对其进行认真地反思，以避免停滞，争取更完善、更合理的

发展。

反思一：分合理据（略）

反思二：名实辩证（略）

反思三：高低分野

汉语口语教学与其他课型一样必须分等级进行。根据不同的等级确定学习目标和训练策略，进而因材施教，这是人们的共识。国家汉办规定的汉语水平等级标准应该说是明确的，并与学历教育的一、二、三、四年级，以及HSK的初中高三级，具有对应关系。而且，《汉语水平等级标准》（以下简称《等级标准》）对各项技能的等级标准做出了界定，现将关于“说”的等级标准简单概括如下：

	一级	二级	三级	四级	五级
话题内容	能应付最基本日常生活、简单社交有限学习需要	初步满足最基本日常生活、社会交际，一定范围内的学习需要	基本满足一般性日常生活、社会交际、学习和一定范围内的工作需要	满足生活、学习、各种社会交际活动和一般性的工作需要	满足较高层次的学习、社会交际活动和带一定专业性的工作需要
语言范围	甲级词 1033个、甲级语法 129项的 90%	甲乙级词 3051个，甲乙级语法 252项的 90%	甲乙丙级词 5253个，甲乙丙级语法 652项、点的 85%	甲乙丙级词及丁级词的 50%共 7000词，甲乙丙级语法及丁级语法的 50%共 910项、点的 80%	甲乙丙丁四级词 8822个，甲乙丙丁四级语法 1168项、点的 75%
言语能力	初步会话能力	基本的会话能力	一般性会话能力	就各种话题进行流利交谈，具有规范性、多样性、得体性	针对不同对象就各类社交话题进行流利交谈、具有专业性业务交涉、谈判、即兴发言的能力

在《等级标准》的语言范围类中提出了量化指标，这可以作为编讯教材和水平测试的依据，但是对于言语能力的界定却采用了模糊语言：“初步的”“基本的”“一般的”“流利的”，因此在测定口语能力时就很难把握了。

反思四：话题选择

“功能法”的引进对口语课教材编写、口语课的建设都起到了积极的作用。现在初级口语教材主要是按照功能项目和情景编写的，实用性较强，对于提高留学生初级汉语水平有很明显的作用。这类教材数量很多，内容大同小异：自我介绍、问路、买东西、上邮局、打电话、吃饭、上课等日常生活项目。中级口语教材的上册，可以说是初级教材中出现过的功能项目的循环，从语言到内容都提高了一个档次。从中级下册开始到高级教材，基本是按照话题编写的。中高级汉语口语课以话题为中心组织教学是一个很理想的方法，它容易调动学生的积极性，能够进行深入的谈话训练。这里的关键问题是选择适当的话题。

首先，话题的难度要适宜。口语课上教师不能做很多讲解，因此话题要新，词语不能太难。要让学生在理解不困难的情况下做尽量多的活用式口语练习。

其次，话题应尽量贴近学生的实际，抓到学生的兴奋点。与学生有隔膜的话题，就很难激活贮存在学生头脑中的语言材料，那么，学生会采取一种冷漠的态度，感到无话可说。以往我们在组织教学时常常会出现这种尴尬的局面。

第三，应增加世界共性话题。

第四，使话题尽量贴近学生的知识水平。

我们感到，在中高级阶段口语课实行话题交际的原则是正确的，但是，应该改变以介绍中国传统的思想文化观念和中国人的现代生活为主的做法，把学生变为主体，提出年轻人真正感兴趣的话题，话题的领域亟待开发。

——赵金铭．对汉语口语课的反思［J］．汉语学习，1999，4：38－44.

资料四：汉语作为外语的口语教学新议

一、口语的产生

话语信息从心理语码到实际语码以至通过语音表达出来，从理论上分析是经历了三个阶段，但“实际上，许多时候，话语中的每个句子都是局部计划的，每一次粗粗地计划一句，然后再考虑后面的句子。句子中的词也不是全部计划好的，一般是围绕着句子轮廓按一个个成分选词填空进去的”（徐子亮，2000：249）。特别是对话中根据对方的反应做出各种应对时，更是如此。但话语总计划是明确的，话语结构的建立也是预设的，不然话语表达达不到预定的效果。

二、口语教学内容

口语课有其不同于阅读和听力等课程的特点，这是由口语产生的心理机制、心理过程所决定的。口语课要完成其教学任务，实现预定的教学目标，从教学的角度着眼主要取决于两个方面，即教材和教法。

三、口语教学的原则

口语课的课堂教学运用的方法多种多样，有一些方法的有效性已经为实践所证实，也为教师们所乐意采用。但也有相当一部分仍然套用阅读课的模式：学习生词，解决语言点，朗读课文（各种形式的朗读、领读、齐读、分角色读等），所不同的是在练习部分加上一些情景对话、开展一段讨论而已。显然，他们对口语课的性质、任务和特点，不甚了了或了解不深，模糊了两种课型的界限和目的，花许多力气去走弯路，得不偿失。所以，明确口语课的教学原则，对于正确、有效地开展口语课教学，把力气用在刀口上，有相当切实的实用意义。

1. 口语教学必须注重两种言语的转换

口语课的任务是加速两种语言的转换过程。从运用母语思维表达逐步过渡到母语和目的语合用，而后基本用目的语来思维和表达。要实现两种言语的转换，口语教学首先必须重视训练的内容。口语教材的内容或选题除了考虑到实用性、交际性以外，还必须重视内容本身对两种语言转换的影响。

2. 口语教学要重视和贯彻合作原则

口语教学的目的是要培养学生口头表达的能力。如果是个人独白，自然只要事先计划好话语的内容和语句的先后次序即可；如果是会话，得顾全双方的合作和协调。这里说的合作是要考虑对方的知识水平、接受信息的能力和所处的社会语境。

3. 口语教学要有充分的时间训练

口语虽然事先有个初步的话语计划，但充其量只有部分计划，很大一部分话语要靠临时思索和组织，即边说边想。思索就得有个推敲、斟酌词句的过程，难免会有停顿、重复、改正、插入等现象。

口语教学必须让学习者熟练掌握这些环节的进程和转换，而没有一定训练时间的保证，是达不到这个程度的。因此，口语的课堂教学，教师的讲解代替不了学习者的练习，必须留出足够的时间进行操练。

4. 口语教学要注重语句的重现和复现

阅读、听力中能理解的词语、句子，口语中不一定能运用、说出。也就是说，在视听过程中吸收的词语、句子，虽然已存于长时记忆，但是它们在脑库的语言结构中不一定很完善（形、音、义、用的结合可能有缺陷），妨碍和影响了说话时对它们的匹配和提取。因此，多听多说是提高口语的必由之路。虽然口语和听力是密不可分、相辅相成的，但从训练口语的角度来考虑，必须加强常用口语的重现和复现，不要花费时间和精力在这类属于听的话语上。

5. 初级口语教学和中高级口语教学的重点

初级口语教学重在常用语句的记忆、模仿和运用。不仅要抓单一命题的不同功能表达，而且要让学生根据对话的需要熟练地配搭和组合相邻对子。不仅要学会在相同的场合下使用某种语句（水平迁移），同时要学会同一语句在不同情景下的应用（纵向迁移）。中高级口语教学重在口语的计划、建构和执行。

——徐子亮．汉语作为外语的口语教学新议［J］．世界汉语教学，2002（4）：96－103.

本章参考文献

[1]姜丽萍．汉语作为第二语言课堂教学[M]．北京:北京大学出版社,2011.
[2]杨惠元．课堂教学理论与实践[M]．北京:北京语言大学出版社,2007.
[3]崔永华,杨寄洲．汉语课堂教学技巧[M]．北京:北京语言大学出版社,2002.
[4]赵金铭．汉语可以这样教——语言技能篇[M]．北京:商务印书馆,2013.
[5]吴中伟．汉语作为第二语言教学——汉语技能教学[M]．北京:外语教学与研究出版社,2014.
[6]杨惠元．对外汉语听说教学十四讲[M]．北京:北京大学出版社,2009.
[7]李晓琪．对外汉语口语教学研究[M]．北京:商务印书馆,2006.
[8]陈辰．研究型国际汉语口语教学模式构建[M]．北京:对外经济贸易大学出版社,2017.
[9]蔡整莹．汉语口语课教学法[M]．北京:北京语言大学出版社,2009.
[10]赵金铭．汉语口语与书面语教学[M]．北京:北京大学出版社,2004.
[11]钱玉莲,赵晴菊．留学生汉语输出学习策略研究[M]．北京:世界图书出版公司,2009.
[12]董于雯．对外汉语语用教学研究[M]．北京:中国社会科学出版社,2015.

漢

第四章

阅读课教学

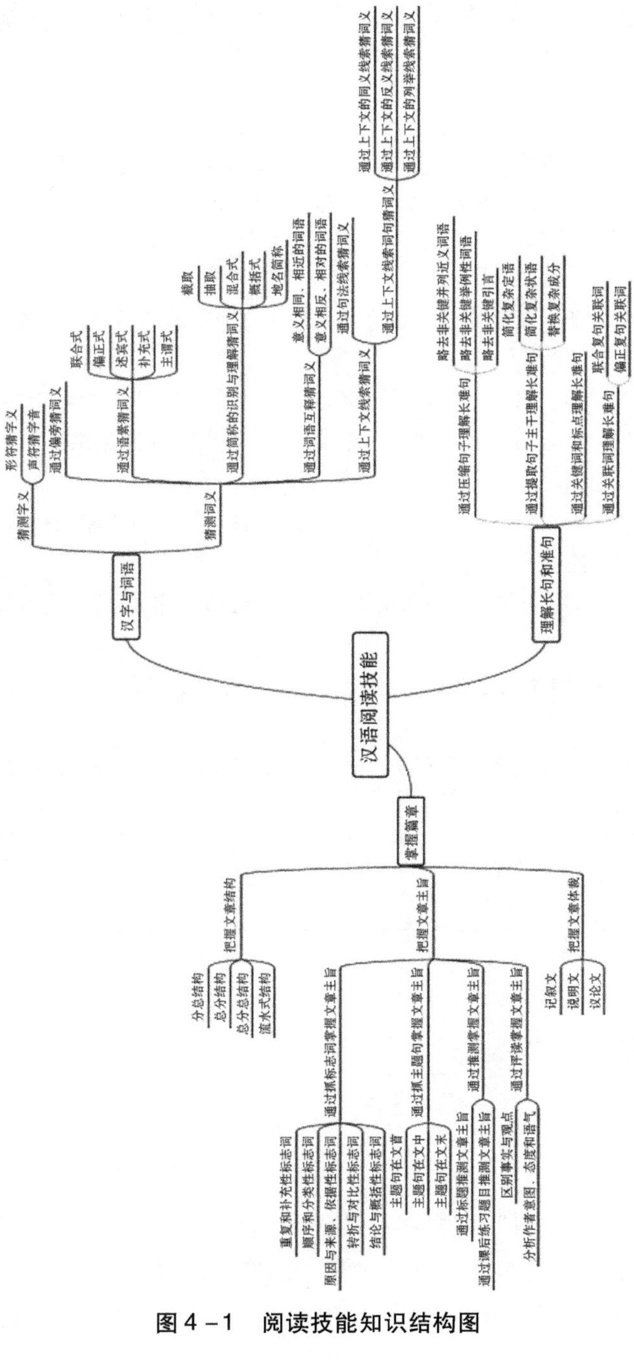

图 4－1　阅读技能知识结构图

第一节　初级阅读课技能

示例一　不会点菜不必慌，汉字形符来帮忙

教材信息：《初级汉语阅读教程Ⅱ》，北京大学出版社，编者张世涛、刘若云，2002 年 6 月第 1 版，2016 年 9 月第 16 次印刷。第 5 课课文《来一个西红柿炒鸡蛋》。
来一个西红柿炒鸡蛋 我喜欢吃中国菜，但是不会点菜 。一位在中国住了好多年的法国朋友教我，点中餐只要记住几条就可以了： 中国菜最多的就是“炒”，即“A 炒 B”，比如“西红柿炒鸡蛋”“辣椒炒牛肉”。一般是一个青菜炒一个肉，只是“炒 ×”也可以，比如“炒土豆”。因为大部分的蔬菜都能炒，你可以随便说，很容易。 “蒸”是做中国菜常用的方法，一般是“蒸 A”，比如“蒸鱼”“蒸肉饼”。一般“蒸”的是肉、海鲜，蒸的菜味道比较清淡。 “炸”也是做中国菜常用的方法，一般是炸肉、鱼，比如“炸肉丸”，有时候也可以炸一些不是肉的东西。 “红烧”也是做中国菜常用的方法，就是用酱油和其他东西来煮肉和鱼，颜色比较红，味道也比较浓，比如“红烧肉”。 他还说，中国菜的名字特别多，也很奇怪，看不懂菜单没关系，只要跟餐厅里的服务员说就可以了。
生词： 1. 点　2. 清淡　3. 浓　4. 菜单

一、示例实施

（一）教学目标

1. 掌握“扌”“氵”“石”“贝”“火”“木”“艹”“讠”“鸟”“虫”十个汉字形符；
2. 通过分析汉字的形符对字义进行猜测，准确认读汉字，扩大汉字量；
3. 训练学生阅读微技能，提高学生阅读速度，培养学生良好的阅读习惯。

（二）教学重点、难点

1. 教学重点

在掌握几种汉字形符的基础上，培养学生通过形符快速理解汉字的能力，积累、丰富汉字知识。

2. 教学难点

培养学生汉字形符的意识，引导学生通过汉字形符理解汉字，从而达到提高阅读速度，辅助阅读理解的目的。

（三）教学前准备

1. 知识准备

学生经过前期的汉字学习，已经具备了较为充分的汉字知识及一定的汉字量。通过上节课的学习，对于汉字中的形声字有一定感知，能够分辨声符和形符，通过声符可以知道汉字的大致读音。

2. 教学材料准备

PPT 课件、卡片（声符和形符）、汉字卡片、字典。

（四）教学过程

1. 导　入

通过上节课对形声字的学习，学生们对形声字已经有了初步感知，可以辨别出形声字的声符和形符，可以根据声符读出汉字的大致发音。本节课的导入环节，教师可通过复习第四课《旅行》中部分已学过的形声字，并辅以声符相关练习，帮助学生回忆汉字声符知识。集体复习后，教师引导学生思考、讨论、分析复习环节所呈现汉字中的形符，从而引出本节课对形声字中形符的教学。

（1）复习形声字知识：拆分形声字的声符和形符

教师在黑板上展示第四课《旅行》中所讲形声字，如：“护、河、硬、费”，引导学生拆分声符和形符，标注声符读音，并准确读出汉字发音。

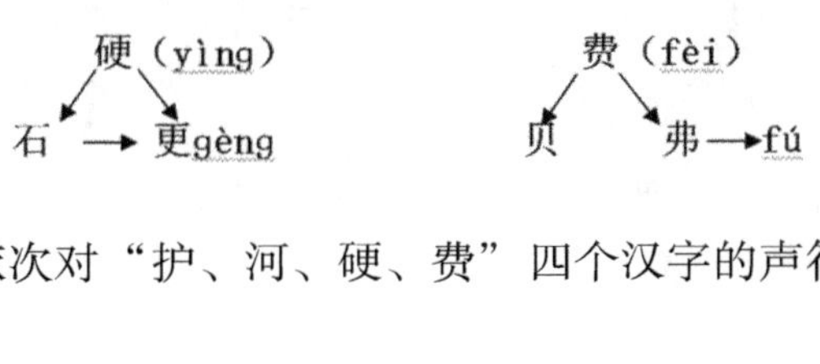

学生按照教师要求依次对“护、河、硬、费”四个汉字的声符和形符进行拆分，拆分

完成后，教师通过对学生的问答明确学生拆分答案，且确认学生知晓每个汉字的两个部分是归属声符还是形符。拆分完成后，引导学生读出汉字的正确发音。值得注意的是，本环节中三个已学汉字声符的读音与汉字字音只是相近，并不完全吻合，教师既要引导学生在二者之间建立联系，又要告知学生形声字声符发音与整字发音不完全一致的特殊性，避免学生在后期的学习中出现误读情况。

（2）复习声符知识：汉字连连看

上节课学习的重点是形声字中的声符，因此本环节教师可根据声符知识设计练习，帮助学生巩固声符知识。教师可将学生分成若干小组，以小组为单位，限定时间，请学生根据声符找出读音相似的两个字，找得又快又准确的一组获胜。对学生的错误答案，教师应及时纠正，且应重视声符声音的呈现。

幅	纲	招	提
痰	福	岗	题
毯	诏	匾	编
茵	茭	怒	姻
努	较		

2. 讲　练

（1）引入新课：形符知识

复习声符知识后，教师将学生注意力引回到黑板上已进行了声符和形符分析的四个汉字上，要求学生将注意力放在形符上，思考形符与汉字字义之间的联系。

①“河”字

“河”字作为一个基础汉字，且学生上节课已经掌握，对其形、音、义都不存在问题，作为本环节第一个讲解的汉字较为合适。教师引导学生结合“河”字的字义，讨论、猜测形符“氵”的意思，在讨论过程中教师可给出提示性图片和信息，如“河是由什么组成的?”“河里面有什么?”等。直到引导学生猜测出形符“氵”是水的意思为止。学生了解形符“氵”的含义后，教师再次展示“河”字的分解图，补充形符的释义，并展示“水”到“氵”的演变过程，强化学生记忆，加深印象。

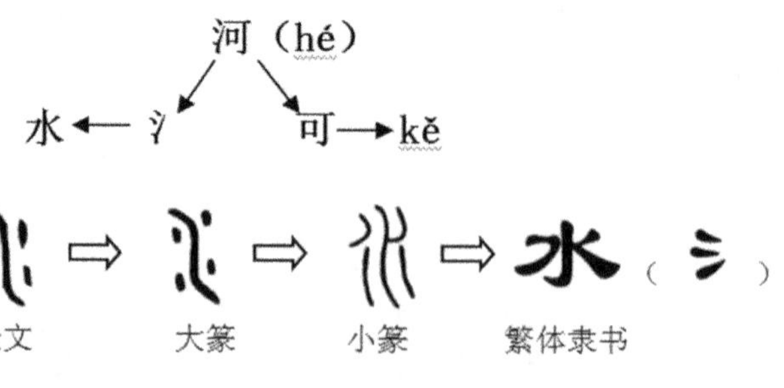

图 4－2　“水”字字形演变图

课堂拓展：教师可将学生分成几个小组，进行头脑风暴活动，引导学生复习所学过的包含“氵”形符的汉字，或通过查字典的方式，写出包含“氵”形符的汉字，同时思考汉字字义与形符的关系，扩大学生汉字量，巩固形声字知识。

②“护”字

在分析“河”字基础上，学生对于形符与字义的联系已经有了一定的认识，在分析“护”字时，鼓励学生发挥主动性分析“护”字。

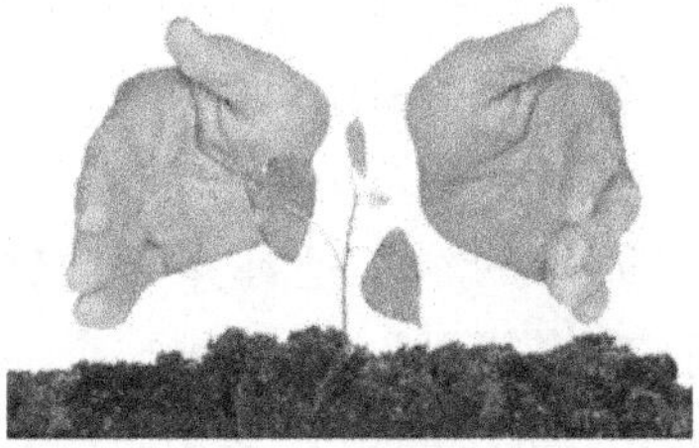

图4－3　“护”字示意图

教师首先引导学生回忆上节课所学的“护”字为保护的意思。然后给出图4－3，结合图片问学生“用什么保护？”学生回答“用手保护。”肯定学生答案后，展示“护”字分解图（图4－4），帮助学生将“扌”与“手”建立联系。因“扌”与身体器官手的形状并不类似，教师可通过展示字形的演变图等教学技巧帮助学生理解。

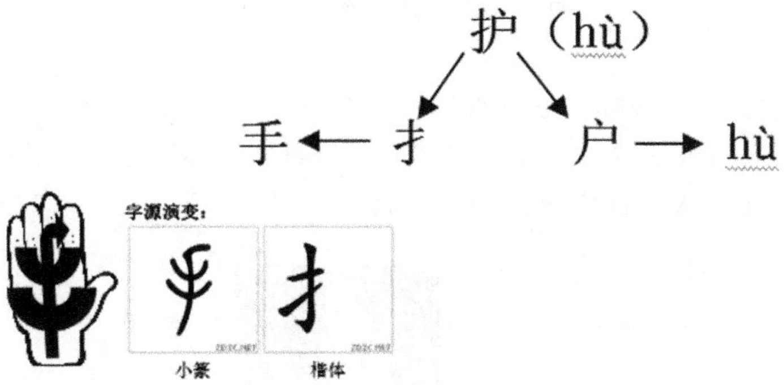

图4－4　“手”字字形图

课堂拓展：教师可展示几个含有“扌”的汉字及相应配图，让学生感知其意思，扩大汉字量。为了达到帮助学生巩固复习的目的，教师在选择汉字时，可选择手部动作性较强的形声字，如“托、拧、拎、捡”等。

③“硬”字

“硬”字的形符为“石”，意为石头，石头这一客观物体的外在特性是坚硬，与“硬”字的本义联系极为密切，教师展示“硬”字分解图和石头图片（图4－5）即可，学生在已有知识的基础上可快速理解。

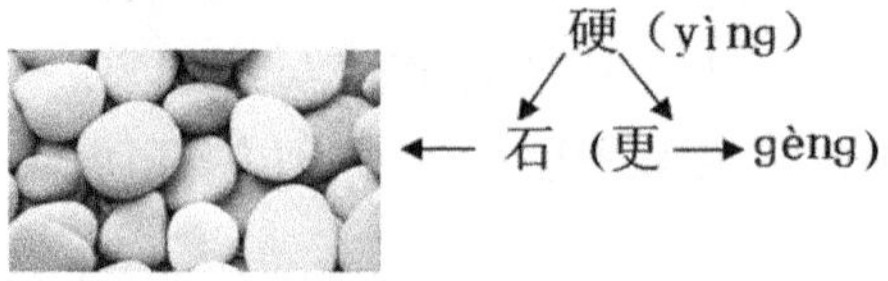

图 4－5　“硬”字形符示意图

课堂拓展：含有形符“石”的字只有部分与石字本义紧密联系，教师在拓展时应谨慎选择，可选择“砚、碣、砖”等意思联系紧密的汉字。

④“费”字

“费”字的形符为“贝”，“贝”的本义是有介壳的软体动物，字形像一个打开的贝壳。不同于前三个形符，学生很难将“贝”与金钱这个意思建立联系，因此教师应展示“贝”字的形体演变过程，告知学生贝字的甲骨文为贝壳的形象，并且为学生讲述中国古代货币的背景知识，中国古代以贝为货币，所以含有形符“贝”的汉字大都与财富有关，帮助学生理解汉字“费”。

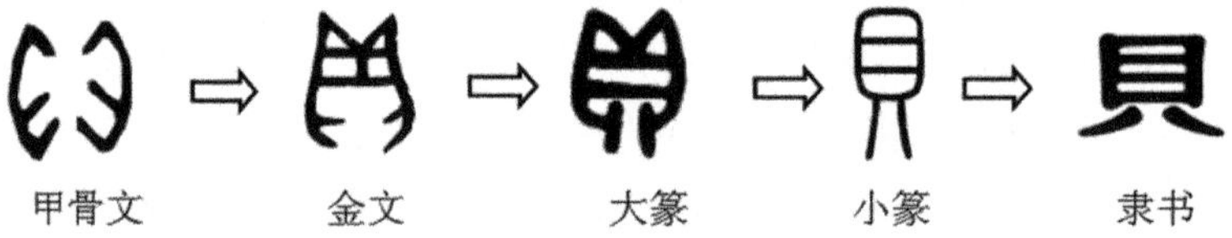

图 4－6　“贝”字字形演变图

（2）相关知识拓展：教师通过对四个汉字的展示和讲解，引导学生建立形符意识，在此基础上教师不应急于进入本课课文的学习，应进行相关知识拓展，其中对于形符的拓展应包含本课课文中所涉及的汉字形符，如“火、艹、灬、饣、忄、讠”等。

图 4－7　“火”字图

图 4－8　“草”字图

饣——与饮食有关　　　　饼、饭、饺、饱、饿
忄、心——与心有关　　　懂、愿、意
讠——与语言有关　　　　说、话、讲
虫——与昆虫有关　　　　蚊、蝇、蜂
衤——与衣物有关　　　　裤、裙、衫

（3）形符猜字练习

教师可根据本节课学习和拓展的形符知识设计猜词练习，为本课课文的阅读奠定知识基础。通过小组合作形式完成练习题，学生可查询字典或网络资料辅助答题。

看句子，猜画线词语的意思。

①我们在滨海大道散步。

②他擦了擦脸上的汗水。

③北京人冬天爱吃涮羊肉。

④福建的馄饨很有名。

⑤这个汤有点儿烫。

⑥河边的芦苇里有很多小鸟。

⑦大家都在议论这件事情。

⑧小孩子在看蚂蚁搬家。

⑨奶奶对客人很热情。

⑩现在裸婚很流行。

（4）技能应用

阅读步骤：

读前：激活图式

本节课所学课文主要内容是通过学习中国菜的做法等相关词语学会看懂菜单，从而掌握点菜技巧。这一话题是汉语学习者日常生活中极为重要的内容，且大部分学习者应都有点菜经历，我们可以称之为旧图式。教师应在阅读前引导学生激活已有图式，为接收本课新图式做好铺垫。

在本环节教师应围绕本课话题询问学生的相关经历及经验，引导学生分享自己的点菜经历，引出不同的点菜方法，如手指图片点菜或看食材点菜等。激活学生旧图式后，教师可以逐步引入课文，介绍课文背景知识，即："主人公很喜欢吃中国菜，但是不会点菜，一位在中国住了很多年的法国朋友告诉了他一些方法，让他只记住几条点菜方法就可以，那么这些方法是什么呢？我们一起来看看。"

快读全文

采用扫描式阅读法快读全文，概括课文大意及各段段意。可以用一个词、一个词组或一句话来概括。教师应安排学生限时阅读，以确保学生精力集中且保证阅读速度。此外，教师应提醒学生在阅读中不要查字典、不要指读、不要朗读。

在规定时间内，学生完成第一遍快速阅读，经小组讨论后给出课文及段落大意。

文章大意：从中国菜的做法学习中国菜的点菜方法。

第一段：法国朋友介绍方法。

第二段：通过做菜方法“炒”学习点菜。

第三段：通过做菜方法“蒸”学习点菜。

第四段：通过做菜方法“炸”学习点菜。

第五段：通过做菜方法“红烧”学习点菜。

第六段：最后一种方法是问服务员。

分段阅读：

首先，阅读第二段。利用本课所学“看形符猜汉字”技能找出含有形符“火”“木”“艹”“讠”“鸟”“虫”的汉字，并进行声符与形符分析。

学生可找出：炒、柿、鸡、椒、蔬、菜、说等汉字。

教师引导学生拆分七个汉字的声符与形符，并猜测其读音和意思，猜测后无论学生答案是否正确，教师都应持肯定态度，激发学生运用声符形符猜字的积极性。最后，教师展示标准答案，并通过直观的图片帮助学生建立形义联系。

柿：

声符：市（shì）；形符：木——与植物有关；本义：某种落叶乔木的果实。

椒：

声符：叔（shū）；形符：木——与植物有关；本义：花椒。

蔬菜：

声符：疏（shū）采（cǎi）；形符：艹——与植物有关。

说：

声符：兑（duì）；形符：讠（言）——与语言有关。①

炒：

声符：少（shǎo）；形符：火。

教师通过图片的展示，直观形象地展示中国菜的烹饪方法“炒”，结合课文内容介绍中国菜的命名方法是“A 炒 B”，通过 PPT 展示一些常见菜的图片，引导学生利用课文中所学知识说出菜名。

① 本环节，教师应强调“鸡”字亦为形声字，但由于汉字字形的简化，声符和形符已经辨别不清。可引入“鸡”的繁体字“鷄”，声符“奚”，形符“鸟”。

PPT：

经过声符猜字技能的运用，学生基本可以掌握第一段的具体内容，也可掌握一种点菜的方法。

其次，阅读第三段，用本课所学“看形符猜汉字”技能找出含有“灬”“饣”“氵”的汉字。

学生可找出：蒸、饼、海、清淡。

饼：

声符：并（bìng）；形符：饣——与饮食相关；本义：圆形薄片的面制食品。

海：

声符：每（měi）；形符：氵——与水相关；本义：大海、海洋①。

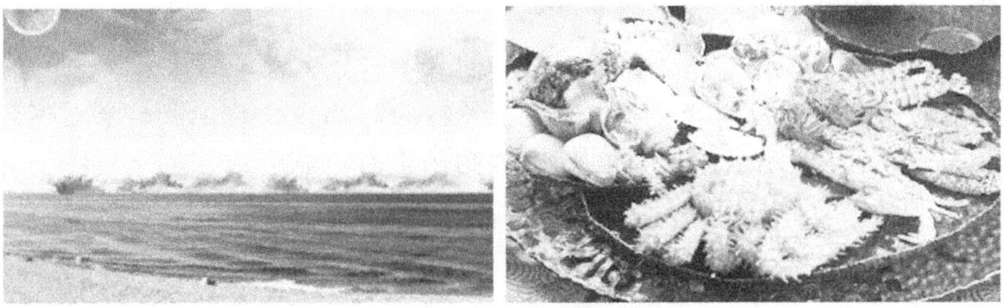

图4－9　“海”“海鲜”词汇教学示意图

① 清淡：教师可引导学生利用联想法猜测词义，两个“氵”，水很多，菜的味道就不会太咸，这时可以说菜的味道很清淡。第五段中的“浓”字，亦包含“氵”在文章中与菜的味道有关联，与“淡”相对，表示菜品中含盐量高，口味咸，教师对比起来解析学生更易于理解。

蒸："蒸"字并不是典型的形声字，"蒸"字假借为"烝"。

声符：丞（chéng）；形符：灬——与火相关；本义为：热气上升。

图 4-10 "蒸"字相关菜品示意图

在展示中国菜时，教师应注意介绍利用蒸的方法做出来的菜味道比较清淡，学生通过本环节的学习基本上可以掌握第三段的主要内容，并了解"蒸"这一烹饪方法和清淡的味道。

然后，按照前两个环节的步骤，引导学生理解第四段和第五段的内容，掌握"炸""红烧"两个烹饪方法，及利用"红烧"这一方法所做的菜的味道。

最后，教师按照课文顺序总结课文的 1-5 段，并询问学生会点菜了吗？如果还不会怎么办？学生讨论后，可引出最后一段内容，即最后的方法是问询服务员。

3. 活动与游戏

活动一：还是饺子

阅读以下材料，找出包含本课所学形符的汉字，分析其声符形符，理解文章大意。

材料：

姐夫对我说："好吧，我们明天包饺子。"荷西虽然听不懂中文，可是"饺子"这两个字他是知道的，离开姐夫家以后，他说："怎么又要吃饺子，我吃过三次了。"

荷西这一生，除了太太做的中国菜以外，只去中国家庭吃过三次晚饭：一次是在王家吃饺子；一次是在林家，也吃饺子；那一次到姐夫家去，又是吃饺子。

我听了荷西的话，就对他说："饺子是一种特别的北方食物，做起来也不方便。在国外，为了表示对客人的热情，才愿意做这种麻烦的东西。他们请我们吃饺子，我们要感激才对。"

（根据三毛《背影》改写）

活动二：大家来做菜

教师课前准备词卡，词卡有不同颜色，绿色词卡上写蔬菜，红色词卡上写肉类，蓝色词卡上写鱼类，再用黄色词卡写今天所学的几种烹饪方法“炒”“蒸”“炸”“红烧”。以上绿卡、红卡、蓝卡、黄卡为一套，教师根据班内分组数准备好几套相同词卡。将本班同学分成若干小组，每组3－4人，将词卡分发给每个小组。请每个小组根据本节课课文中法国人说的方法组合出几种中国菜的名字，并上网查找菜的图片，组合越多越好，规定时间内组合越多，且配有相应图片的组获胜。教师可根据学生组成的菜名，制作一份班级菜单，用于以后相关话题的练习。

例：

蔬菜：黄瓜、芹菜、豆角、白菜、西红柿、豆腐、木耳、土豆、蘑菇

肉类：猪肉、牛肉、火腿、鸡肉

鱼类：鲈鱼、黄鱼、鲫鱼、石斑鱼

方法：炒、蒸、炸、红烧

二、示例小结

本示例在汉字声符教学基础上，以汉字形符为重点内容进行教学。教师以复习汉字声符作为铺垫，在学生充分掌握声符后，引导学生对形符进行思考。然后，以上节课已学的四个汉字作为分析形符的切入点，在学生已建立汉字形、音、义联系的基础上激发学生对汉字本义与形符意义的讨论与思考，在此过程中帮助学生了解汉字形符的相关知识，引导学生注意汉字中形符的表意作用。教师在帮助学生建立形符与汉字本义的联系后，结合本节课课文中所涉及的形符，选取有代表性的例字进行解释分析，丰富学生识记汉字的技巧。学生在充分获取形声字形符知识后，教师引导学生将形符猜测字义技能运用到本课课文的学习中，帮助学生快速理解课文关键词及主要内容，提高学生阅读速度和阅读质量。

教师在讲授该技能前，应首先明确什么是形声字以及形声字在汉字中所占的地位。东汉许慎在《说文解字·序》中这样写道：“形声者，以事为名，取譬相成，江河是也。”① 所谓以事为名，即依事类而定其名字。是说在给某个事物定名而造字时，先确定它在万事万物中的属类，属类确定后就用表示这属类的文（或字）来作新造字的主义部分；所谓取譬相成，就是根据口语取一个读音相同或相近的文（或字）来作新造字的标声部分。黄伯荣、廖旭东两位先生认为“由表示字义类属的部件和表示字音的部件组成新字，这种造字法叫形声。用形声法造的字叫形声字。”②

形声字从结构上看，可以被拆分为两个部件，即形符和声符。形符与声符通过相互配

① 许慎. 说文解字（第一册）［M］. 北京：中华书局，1963：3.

② 黄伯荣，廖旭东. 现代汉语［M］. 北京：高等教育出版社，2007：152.

合形成汉字的形与义，但二者又有极大区别，起到互相限制的作用。人们把表意的部分称之为形符；把表声的部分称之为声符。王力（1981）还进一步指出："所谓意义范畴是一个比较广阔的范围，意义范畴不等于词义的本身"，而且"意符（形符）相同并不就意味着词义相同。"①

再从阅读角度看汉字，不同于单纯的语言本体知识教学中汉字知识的获得，阅读课中的汉字教学在教学目标上侧重识记，在教学效果上侧重通过汉字的识别来快速理解课文内容。在阅读过程中，一个字可能就是理解某句话的关键词，虽然在进行阅读过程中，为了阅读的整体速度，不要求学生逐字认读和理解，但是却无法忽视关键字对于课文理解的重要性。大量的形声字的存在，为读者视觉辨认提供了方便，如果我们能够将形声字形符的规律教给学生，那么在阅读教学中，学生猜测生词的能力以至阅读理解能力都将得到提高。

但值得注意的是，本示例中所讲授的通过形符猜字义的阅读技能有其局限性，更适用于较为典型的形声字，即声符与形符区分较为清晰，特点较为明显，且形符与汉字本义之间联系较为密切的形声字。对于现代形声字中一些表音、表义功能不完整的形声字，如"鸡""蛋"等，则需要教师辅助汉字字形演变知识才能使学生真正理解。这些形声字，经过从古至今的字形演变，一部分已不能看出明显的声符与形符了。因此，教师也应仔细思考此类形声字的教学方法，以达到更好的教学效果。

三、任　务

根据以下所给材料，结合本节课所学阅读微技能，设计一堂阅读课。

材料：

麦当劳是 McDonald 的音译。一九二三年我到美国读书时是个穷学生，午饭总是在校园附近一家小吃店吃牛肉饼夹面包，名字叫作"汉堡格尔"（Hamburger），吃饱就可以了。不管其他。汉堡格尔是把一个圆面包（英文叫 bun）分成两片，抹上牛油，再抹上一层蛋黄酱，把一片小小的薄薄的牛肉饼放上去，再加两片酸黄瓜。这样的东西，三口两口就吃掉了。很难填饱中国人的胃，不过只要一角钱 。那个时候还没有什么"麦当劳"。

（根据梁实秋《麦当劳》改写）

① 王力．古代汉语［M］．北京：中华书局，1981.

示例二 瞻前又顾后，词义可猜透

教材信息：《汉语阅读速成——入门篇》，北京语言大学出版社，编者朱子仪、郑蕊，2011 年 1 月第 2 版，2016 年 7 月第 5 次印刷。第 3 课课文 1《春节家庭团聚“246”变成“421”》。
春节家庭团聚“246”变成“421” 以前，中国人过春节时家庭团聚的方式一般是妻子到丈夫的父母家过年，现在却是年轻人接两家老人到自己家团聚。王女士一家七口就是这样过年的：他们把双方的父母都接到了自己家，一起吃年夜饭、包初一饺子。今年有不少年轻夫妻像王女士这样，是和双方父母在一起过年的。他们说，独生子女越来越多，节日亲人团聚的方式也该变了。 以前，最常见的家庭团聚景象是“246”式：一对老夫妻和儿子、儿媳、女儿、女婿，以及五六个小孙子、孙女儿坐在一个大桌子边吃饭。可在近些年，在除夕的餐厅里、在大年初一的庙会上，人们不时可以看见一对年轻夫妻搀扶两对老人，领着一个小孩的景象。家庭团聚方式变为“421”。 王女士告诉记者：“我和我爱人都是最早的那批独生子女。以前节日团聚，大多是女方到男方父母家过年。那时每个家庭的子女多，女儿不在身边也不显得冷清。现在为了让两家老人都能在节日时享受天伦之乐，我们决定和两家老人一起过年。”
生词： 1. 团聚 2. 年夜饭 3. 包 4. 庙会 5. 搀扶 6. 领 7. 独生子女 8. 天伦之乐

一、示例实施

（一）教学目标

1. 了解结合上下文猜测词义的两种方法，即根据句法关系猜测词义和根据上下文线索词句猜测词义；

2. 通过两种结合上下文的方法对词义进行猜测，辅助阅读理解；

3. 引导学生利用本节课所授阅读猜词微技能，提高词语识别速度及课文阅读理解速度。

（二）教学重点、难点

1. 教学重点

在掌握两种结合上下文猜测词义方法的基础上，引导学生准确、快速地理解文章中的生词，积累、丰富汉语词汇。

2. 教学难点

引导学生建立结合上下文理解文章的阅读意识，按照上下文线索提示合理猜测词义，理解词汇，提高阅读速度。

（三）教学前准备

1. 知识准备

学生已经掌握一定量的字词，并且初步具备对阅读篇章中的字词进行猜测的能力。

2. 教学材料准备

PPT 课件、字典。

（四）教学过程

1. 导　入

以复习上节课所学猜词技能导入本节课内容。

（1）复习：猜词——词语互释

教师通过呈现例句引导学生复习通过词语互释猜测词义的技能，教师板书几个句子，一边引导学生猜测，一边稳定教学秩序。

她对人很冷淡，没点儿热情。

这个苹果表面很好，可里面全腐烂了。

他很镇定，遇到什么事都不紧张。

哥哥是出色的音乐家，他弟弟也很优秀。

教师提问学生所给例句中画线词语的意思，猜测出意思后引导学生说出猜词的根据，最后教师总结词语互释有三种情况，即意义相近、意义相对和类比。本环节在复习巩固根据上下文相关词语互释猜词技能的同时，培养学生猜词的意识。

（2）新技能导入

教师对于学生上一环节的复习给予鼓励，并询问学生“在阅读过程中，如果我们在上下文中无法找到意思相近或相反的词语来猜测我们想要知道的词语，那我们还有什么方法能猜出它的意思呢?”

学生可能会回忆起之前学习的猜词技能，回答通过形符来猜（依靠汉字的形符来猜测字义词义已经在初级阶段讲授完成），通过合成词的语素构成方式来猜等，教师应对回答问题的学生给予肯定和鼓励，然后排除这些方法。大部分学生此时会表示不知道，这时教师板书今天所要讲授技能的相应例句，引入新技能的教学。

例句：

中央芭蕾舞剧团的演出精彩极了，昨天晚上我看了一场，现在还想再看一场。

教师板书好以上例句后，请学生猜测“精彩”的词义。大部分学生可能会回答“很好”“好看”等，教师在得到以上答案后应及时肯定学生们的猜测，给出准确词义，然后询问学生猜词的依据，部分学生会给出正确的猜词依据，即“看了一场还想再看一场。”“好看的电影才想看两次。”等。教师先肯定学生们的回答，然后明确本节课的教学内容为根据上下文线索猜测词义。

2. 讲 练

教师再次解释什么是根据上下文线索猜测词义，即在一篇文章中，只要读懂了上下文的意思，再根据上下文所创设的语境就可以猜出生词的意思。

（1）讲解微技能1：根据句法关系猜测词义

教师表明刚刚展示的例句是根据上下文猜测词义的其中一种情况，然后引入根据句法关系猜测词义的讲解。教师板书例句，引导学生猜测词义：

我尝了尝这里的农民吃的窝窝头，不甜又不咸，我不喜欢。

学生根据本句话所呈现出来的上下文语境，可以答出“窝窝头”大概的意思，即“一种可以吃的东西”。教师引导学生找出推测依据：“吃”字。整个猜词过程完成后，教师说明根据上下文猜词的另一种情况是根据句法关系（词语搭配）猜测词义。

教师再板书“我喝__________”“教师骑__________”“__________写字”，通过这样的格式展示，加强学生对根据词语搭配猜词技能的理解。

接下来，教师可引导学生做猜词练习，选择具有可猜性的例句以巩固该项猜词技能，如：

我渴极了，喝了两瓶农夫山泉。

前几天我肚子疼，吃了两天黄连素，现在好了。

张教师每天骑着凤凰去教室上课。

今天很冷，我穿了棉袄，还觉得冷。

如果教师认为直接根据例句猜词对于学生来说过难，可降低练习难度，采取选择题的形式巩固猜词技能，如：

陈晓梅喝着咖啡看电视。

A. 人的名字　　B. 饮料的名字　　C. 杂志的名字　　D. 电视的名字

王先生得了胃癌，住进了医院。

A. 一种水果　　B. 一种书　　C. 一种病　　D. 一种药

晚会上，张文和李芳一起唱了《让我们荡起双桨》。

A. 一首诗的名字　　B. 一首歌的名字　　C. 一支舞的名字　　D. 一个人的名字

鲁迅写了很多非常好的文章，中国人很热爱他。

A. 一个人的名字　　B. 一本书的名字　　C. 一首歌的名字　　D. 一首诗的名字

教师在带领学生做练习时，引导学生猜测词义的同时，也要要求学生说明猜测依据，只有猜测依据准确才能说明学生已经初步掌握了根据句法关系猜测词义的技能。

（3）讲解微技能2：根据上下文线索词句猜测词义

完成上一讲解环节后，学生对于结合上下文语境和句法关系猜测词义技能已经有了一定的了解和感知。此时教师应把学生的注意力转移到根据上下文线索词句猜测词义技能的练习上来。教师再次展示例句，并明确下一环节的教学内容是讲解、巩固根据上下文线索词句猜测词义技能。

中央芭蕾舞剧团的演出精彩极了，昨天晚上我看了一场，现在还想再看一场。

引导学生回忆起该技能后，教师可展示其他例句，引导学生分析，从而巩固该技能。

例句：

林军是个马大哈，上课时常常带错课本，今天下课回宿舍时又忘了把笔拿走。

教师给出上述例句后，请学生根据上下文线索猜测“马大哈”的意思。大部分学生可能会回答“粗心”“不认真”等等，教师应及时鼓励学生们的猜测并询问学生猜词的依据，部分学生会给出正确的猜词依据，即“课本常常不对”“下课把笔忘在教室”等。明确学生确实正确掌握该技能后，教师应给出准确的词义和相关例句以再次巩固所学技能。

讲解完成后，教师可通过练习题帮助学生巩固所学：

练习一：根据前后句的意思推测画线词语的意思。

听到这个噩耗，她饭也吃不下，觉也睡不着，伤心地哭了三天三夜。

邻居家那个三岁的小女孩身体真差劲，上个月才住了一次医院，最近又住院了。

王医生医术精湛，找他看病的人特别多，有的病人天没亮就到医院排队挂号。

他想读中文专业，又想读法律专业，很犹豫。

教师根据学生掌握程度，还可提高练习难度。

练习二：根据句意填写词语。

妈妈的生日快到了，今天我去邮局给她寄去了__________。

我去朋友家，朋友给我倒了一杯__________，喝了以后又凉快又解渴。

非洲国家的药品非常__________，很多病人买不起药。

报纸上都在赞美这部电影，我看完以后却感觉__________。

练习二：参考答案

礼物　可乐　贵　马马虎虎

（4）技能应用

阅读步骤

读前：激活图式

本节课所学课文是《汉语阅读速成——入门篇》第3课，主要内容是了解现今春节团聚的方式，课后所列生词符合根据上下文语境猜词技能，可用于训练该技能。此外，本课所涉及的话题——春节极具中国特色，虽然课文围绕春节展开，但与汉语学习者初期接触到的春节饮食、春节习俗不同，本篇课文展现了中国人春节团聚模式的转变，可以吸引汉语学习者的注意力，我们可以将春节饮食、春节习俗这样的旧有知识作为学生已有的旧图式。教师应在阅读前引导学生激活已有旧图式，激发学生对新图式——团聚模式的兴趣。

在本环节教师可先播放与春节相关的音乐，如《新年好》，告诉学生们这首歌歌词的含义，引导学生回忆已知的关于春节的知识（课程最后环节也可以带领学生学习《新年好》)。围绕春节这一话题询问学生的相关经历及经验，引导学生分享自己关于春节的相关知识和经历，如有在中国过春节经历的学生，可要求学生分享感受。结束关于春节的讨论后，教师可引导他们谈谈自己国家的重要节日，如阳历新年、圣诞节等，包括节日的习俗、饮食和团聚方式，以顺利引入本课学习。激活学生旧图式后，教师可以用提问讨论的方式引入主题，如“大家都分享了很多自己的经历，看来每个国家重要节日的习俗都不太一样，那么今天我们就一起来看看，中国的春节一家人团聚的方式发生了怎样的变化。”

读中：建立新图式

快读全文

在讲解课文具体内容前，教师应引导学生运用本节课所学猜词技能。教师先展示要求学生猜测的所有生词，将学生分成几个阅读小组，每组 3－4 人较为适宜。要求每个小组的学生在限定时间内通读全文，在了解文章大意的基础上，找出教师所给生词。

猜词技能运用：分段阅读，有针对性地猜测词义。

任务一：猜测“团聚”“年夜饭”“包”的词义。

详细阅读第一段，以小组为单位进行讨论，找出可推测出三个词词义的上下文语境。

团聚：“妻子到丈夫家过年。”“年轻人接两家老人到自己家。”根据下文中的语句线索，学生可猜出“团聚”的意思是和家人在一起。

年夜饭：学生由本节课所学根据句法关系猜测词义技能，可找出关键线索“吃”，这样可以猜测出“年夜饭”是一种食物的名称。此时教师可根据语素构词法猜词义技能继续引导学生猜测，“早饭”“午饭”“晚饭”，修饰语素代表着吃饭的时间，“年夜”也是吃饭的时间，即“新年的晚上”，学生最终可猜出新年的晚上吃的饭称为“年夜饭”。教师也可在此环节介绍一些春节的饮食习俗。

包：依然是根据句法关系猜测词义技能猜词，“饺子”一词学生应该较为熟悉，由汉语的基本语法结构“SVO”(主谓宾)，可推测出“包”是一个和食物“饺子”紧密联系的动词。此时教师可解释词语“初一”的意思，引导学生猜测出“包饺子”是“制作饺子”“准备饺子”的过程。

任务二：猜测“庙会”“搀扶”“领”的词义。

详细阅读第二段，以小组为单位进行讨论，找出可推测出三个词词义的上下文语境。

庙会：学生应根据上文“在除夕的餐厅里”一句和“在年初一的庙会上”中的“在……上”推测出“年初一的庙会”应该是一个地方或者场景，在第一段的阅读猜词中，教师已经引入了“初一”这一时间概念，所以学生可进一步猜测出，庙会是“年初一”这个特定时间的一个特殊场合，中国人在过春节时可能都会去。教师引导学生猜测到此程度即可，课前教师可准备与庙会有关的图片和视频，让学生更具体地感知春节中的文化元素。

搀扶：该词的猜测如果仅依靠本节课所学猜词技能猜测较为困难，教师需引导学生从汉字的形符和句法搭配两方面进行猜测。首先，学生根据句法搭配，可猜测出“搀扶”是一个动词，后边跟着名词“老人”，可能是对于老人的某种动作。其次，“搀扶”一词根据形符“扌”，学生可猜测出这个词和手部动作有关系，因此结合上下文，学生可猜测出“搀扶”的意思是“用手轻轻架住对方的手或胳膊。”① 教师引导学生猜出后，可辅助动作展示法，明确把“搀扶”这一动作展示给学生。

领：猜出“搀扶”后，学生对生词“领”意思的猜测应更为容易。首先，“领”后是动态助词“着”，学生可推测出“领”是动词。其次，根据上文所提供语境，“搀扶老人”，下文中“领”后边是“小孩”，学生可推测出“领”是对小孩儿的某种动作，教师直接展示“领”这个动作即可。

任务三：猜测“独生子女”“天伦之乐”的词义。

详细阅读第三段，以小组为单位进行讨论，找出可推测出两个词词义的上下文语境。

独生子女：学生可根据下文线索句“以前节日团聚……那时每个家庭的子女多。”推测出现在子女少，与文中所说的“以前”的情况刚好相反，学生猜测到此程度已经可以理解课文内容。教师可简单介绍中国曾施行的计划生育政策，因与其他国家政策有很大不同，教师应合理把控介绍的内容，不要在课堂上过度讨论。

天伦之乐：学生根据下文所提供的线索句“我们决定和两家老人一起过年。”可猜测出“天伦之乐”中的“乐”可能指的是一家人一起团聚的乐。最后，教师给出教材中所提供的解释，即“家庭成员生活在一起的快乐。”②

猜词技能小结

教师引导学生猜测完所有生词后，需对本节课所运用到的猜词技能进行总结，明晰用到的猜词技能和每一个猜词技能的侧重点。

3. 活动与游戏

活动：猜词技能运用

根据教师所给文章，运用所学猜词技能，猜测画线生词的意思。

课文：

钓鱼的最佳时间

季节和天气对钓鱼有很大影响。从全年看，农历三月至十月是最适合钓鱼的季节。因此，民间说：“阳春三月好钓鱼，霜降前后正捉鳖。”三月以后，天气慢慢变暖，水温不断升高，鱼儿经过冬天的休息以后，开始找食物吃，越来越活跃，所以好钓鱼。

从一天看，夏天和秋天最适合钓鱼的时间是上午六点至九点，下午四点至七点。除阴雨天以外，只有夏初和秋末才能全天钓鱼。冬天能钓鱼的时间，是上午十点以后，下午三点以前。因此，民间说：“夏秋钓早晚，寒冬钓午时。”夏秋两季的夜晚也可以钓鱼，只是鱼儿没有白天活跃，同时要准备好钓灯。

从温度上看，一般温度在15℃－30℃比较好，而且要求温度不要变化太快、太大。夏

① 中国科学院语言研究所．现代汉语词典［M］．北京：商务印书馆，2015：140.

② 朱子仪，郑蕊．汉语阅读速成入门篇［M］．北京：北京语言大学出版社，2011：20.

秋季节，暴雨过后，空气非常新鲜，虽然温度比较高，仍然是钓鱼的好时机。

（选自《中级汉语阅读教程1》第18课阅读2）

二、示例小结

本示例主要讲解了根据上下文语境来猜测词义的阅读微技能。将上下文语境猜词技能分成了两种情况，一是根据句法关系猜测词义，二是根据上下文线索词句猜测词义。首先，教师以典型例句的分析引入课堂，引出本节课所要学习的重点内容，即如何根据上下文语境猜测词义，在学生习得两项技能后，通过课文的分组讨论与猜词来巩固本节课所授猜词技能知识。课堂活动是根据所给文章猜测词义，文中所猜测生词皆能运用猜词技能猜测意思，巩固猜词技能知识的同时，培养学生根据上下文语境理解文章的阅读意识。

通过上下文猜词需要结合文章语境来完成，但语境中难以找到具体的与目标词对应的线索词，而是要通过目标词所在的一个小句或上下文一定范围内的几个句子来猜测，需要阅读者自己来判断、总结。通过上下文猜词的线索范围较大，除了语义上的，还有句法上的。即前文所说：一是通过句法关系线索来推测词义；二是根据上下文线索词句猜测词义。[①] 通过句法线索猜词也包含很多具体的猜测方法，如主谓宾之间的搭配与限制、名词和量词的搭配规律、汉语中的虚词和句式的结构等都可以帮助阅读者推测词语意思。通过上下文线索词句来猜词，主要指同义线索和反义线索猜词。

利用上下文猜词，相较于其他几种猜词方法而言，学生掌握起来较为困难。因为，所涉及的语境已经不仅仅局限于目标词所在的句子，而是要从几个句子或者整个篇章来考虑，由于范围过大，学生感觉困难。因此，教师在讲解这一微技能时，选择例句需谨慎，最好选择含有明显标志词的句子作为切入点，逐步引导。利用上下文猜词所包含的两种情况往往是同时出现的，教师在讲解时虽然将其分开进行，但在实际阅读过程中，应提醒学生注意综合运用，以提高猜词的速度与准确性。教师应注意两点：一是提醒学生寻找关键词；二是注意篇章在语义上的同义或反义关系。

利用上下文语境猜词技能可以解决用造字法、构词法猜词难以解决的问题，学生只要能有效地利用上下文提供的语境，则不难猜出目标词的意义。但利用语境会碰到许多问题，首先，语言水平制约着对语境的理解；其次，学生往往会把语境中的具体因素理解为某种词的固有意义；最后，很多情况下，多种解释在语境中都可能是合情合理的。其实第二点和第一点一样，也是学生语言水平的问题。[②] 但是，不能因此否认上下文语境对于目标词的限制作用，只有不断地去研究、训练，准确地去抓住文章中词、句、段、篇的内在联系，利用各种已知信息，部分目标词是可以准确地推断出其含义的。只有这样才能改变

① 周小兵，张世涛，干红梅．汉语阅读教学理论与方法［M］．北京：北京大学出版社，2008：49.

② 崔希亮．对外汉语读写课课堂教学研究［M］．北京：北京语言大学出版社，2015：20.

汉语学习者一边读一边查字典的阅读习惯，从而提高学生汉语阅读的速度和能力。

三、任　务

任务一：请根据本节课所讲的根据上下文猜词的技能，将其细化分类，并针对每一小类设计阅读微技能练习题。

任务二：收集关于中国传统文化节日的介绍性文章，选择其中一篇，结合猜词技能设计一堂阅读课。

第二节　中高级阅读课技能

示例一　由长变短助理解——压缩句子，提取主干

教材信息：《初级汉语阅读教程 2》，北京大学出版社，编者张世涛、刘若云，2002 年 6 月第 1 版，2016 年 9 月第 16 次印刷。第 11 课补充阅读课文《谈吃》。
谈吃 俗话说得好，只有："两脚的爷娘不吃，四脚的眠床不吃。"中国人什么都吃，中国人除了吃世界上一般的食物之外，还吃其他国家的人不吃的东西：吃鲨鱼的鱼鳍，吃燕子的巢，吃狗，吃乌龟，吃蛇，吃猫，吃小老鼠。如果能的话，连天上的月亮也要挖下来尝尝哩。 至于吃的方法，更是五花八门，有烤，有炖，有蒸，有卤，有炸，有烩，有熏，有醉，有炙，有溜，有炒，有拌，说也说不完。如果中国有一件事可以在全世界人面前自豪，那么并不是历史之久，土地之大，人口之多，是会吃。 在中国，衣服脏一点儿没关系，房子简单一点儿没关系，道路不平没关系。但是关于吃，是一定不能马虎的。衣食住行的四件事之中，食是最重要的。中国的民族文化，可以说是吃的文化。

教材信息：《中级汉语阅读教程 1》，北京大学出版社，编者周小兵、张世涛，1999 年 1 月第 1 版，2011 年 11 月第 12 次印刷。第 23 课课文 3《荷兰人怎样才能种上美丽的郁金香》。
荷兰人怎样才能种上美丽的郁金香 荷兰是个地势很低的国家，它有 1/4 的土地低于海平面，就好像是停泊在海中的一艘半沉半浮的特大船只。荷兰的国土有不少是围海得来的，所以俗话说："上帝造人，荷兰人造陆地。"千百年来，荷兰人用自己的双手建造了一块块新的陆地。依靠着建堤、风车抽水，人们在地势很低的土地上种上了美丽芳香的郁金香。由于荷兰地少人多，所以房屋非常紧张。于是，在鹿特丹、阿姆斯特丹的不少运河边上，停泊着一艘艘船屋，人们就住在里面，他们可说是水上之国中的水上人家。

一、示例实施

（一）教学目标

1. 掌握压缩句子和提取句子主干的方法；
2. 通过两种压缩句子和提取主干的阅读方法，提高长难句理解能力及阅读速度。

（二）教学重点、难点

1. 教学重点

在掌握压缩句子和提取句子主干方法的基础上，引导学生准确、快速地理解长难句，获取文章信息。

2. 教学难点

引导学生建立压缩句子，提取句子主干的阅读意识，帮助其理解长难句，从而提高阅读速度。

（三）教学前准备

1. 知识准备

学生已经掌握一定量的汉字和词，并且初步具备对阅读篇章中信息的理解能力。

2. 教学材料准备

PPT 课件、词语卡片、荷兰概况视频。

（四）教学过程

1. 导　入

通过前期阅读技能的训练，学生积累了一定量的汉字及词汇知识，并且已经掌握了一些实用的阅读方法。本节课的重点在于帮助学生理解长难句，从而提高阅读速度。导入环节，首先教师在黑板上板书两个长难句，例句应具有典型性，可以运用本节课所要讲解的压缩句子和提取主干的方法解析。然后提问学生句子的意思或句子所要说明的内容。由于是较长的句子，一些学生根据教师提出的问题给出若干答案，一些学生可能无法短时间内快速获取句子信息。教师根据学生的回答情况，可给予肯定和安抚，引出并明确本节课教学重点是阅读长难句的相关技能。

板书：

1. 中国人吃的方法更是五花八门，有烤，有炖，有蒸，有卤，有炸，有烩，有熏，有醉，有炙，有溜，有炒，有拌，说也说不完。（选自《初级汉语教程2》第101页）

2. 在北京体育大学国际文化学院学习的留学生特别喜欢课上得很有意思、关心同学学习生活情况、帮助同学们解决各种问题的李教师。

2. 讲　练

（1）讲解微技能1——压缩句子

①去除非关键举例部分

教师根据板书的例句1展开教学。首先，教师可以提问学生是否认识“烤、炖、蒸、卤、炸、烩、熏、醉、炙、溜、炒、拌”等汉字，一些学生可能根据前期所学形符猜字技能说出部分汉字的基本意思，但如“卤、烩、醉、炙、溜、拌”虽然可以猜出基本意思，但在例句中学生可能很难与“吃的方法”这一主题结合起来，部分学生可能无法给出相应答案。教师对于学生给出的正确答案给予肯定，然后提问另一个问题“这句话的主要内容是什么?”有的学生可以说出本句话的主要内容是中国人的吃饭方法，有的学生则无法回答。此时教师可擦除“有烤，有炖，有蒸，有卤，有炸，有烩，有熏，有醉，有炙，有溜，有炒，有拌”部分，只留下“中国人吃的方法更是五花八门，说也说不完”部分，再引导学生理解，由于长句变成了短句，去掉了含有较多生词的部分，大部分学生可快速获取信息，概括出例句1的大意，教师可引导学生通过上下文语义和联合式构词法猜测出成语“五花八门”的意思。既讲解了新技能，又复习了旧知识。

接下来教师可再给出一个与该微技能相关的例句，引导学生利用该技能进行阅读并快速获取信息。如：医生说：“女性最常见的是缺乏维生素和矿物质，如B_6、B_{12}、B_1和锌等，如果缺乏这些营养就会出现性格的改变，如情绪不稳定，脾气急躁、容易激动，喜欢哭，记忆力不好等。”教师应逐步引导学生去除相关举例部分“如B_6、B_{12}、B_1和锌等”“如情绪不稳定，脾气急躁、容易激动，喜欢哭，记忆力不好等”，快速获取剩余主要部分信息，概括出该句含义为“女性最常见的是缺乏维生素和矿物质，这些营养的缺乏会使女性出现性格的改变”。

②去除非关键并列近义词语

上一部分讲练完成后，学生已经初步建立了去除非关键信息部分的意识，教师在此基础上引入压缩句子的另一种情况进行讲解。教师板书含有非关键并列近义词语的例句，引导学生分析，帮助学生快速获取信息，并准确理解句义。

广州的秋天，天气晴朗、阳光灿烂、雨量适中、风景秀丽、空气清新、不冷不热，是一年中最好的季节。（选择《汉语阅读教程中级 1》第 155 页）

首先，教师引导学生分析“天气晴朗、阳光灿烂、雨量适中、风景秀丽、空气清新、不冷不热”等并列词语具体是描述什么的，引导学生说出所给并列词语都是描述天气的，在句中是描述广州秋天的天气。其次，教师再次明确并列词语在例句中的作用是大致相同的，并擦除并列词语部分，展示剩余主要信息部分，引导学生概括该长句的主要意思，即“广州的秋天，是一年中最好的季节。”最后，教师小结此类压缩情况，告知学生阅读中，如遇此类近义词并列出现的情况，可适当略去不读，快速获取关键部分信息，以提高阅读速度。

讲解完成后，教师可再给出一相似情况例句，引导学生分析理解，以巩固该项微技能。如：“这种奶粉具有营养均衡、不热不燥、不加蔗糖、食用方便等优点，是孩子们的理想食品。”（选自《汉语阅读教程中级 1》第 155 页）首先教师引导学生分析例句中奶粉的优点，学生给出答案后，教师引导学生去除关于奶粉优点的并列词语，并要求学生概括该句大意，即“这种奶粉具有多种优点，是孩子们的理想食品”。

③去除与主要意思无关或重复的引言

教师板书与此种情况相关的例句，作为引入环节的例句，应注意例句的选取，例句中引言部分应较难理解，其他部分应浅显易读，以此凸显技能效果。

妈妈最了解她，俗话说“知女莫如母”，妈妈知道女儿喜欢什么、讨厌什么、需要什么。（选择《汉语阅读教程中级 1》第 155 页）

教师可先针对引言“知女莫如母”的意思对学生进行提问，由于例句中引言的文化特殊性，可能大部分学生都无法回答该问题。此时教师可擦去引言部分“俗话说‘知女莫如母’”，引导学生对剩余的关键部分进行分析，帮助学生理解。由于去除引言部分后，剩余部分较为容易理解，也让学生更好地体会到压缩句子的重要性。值得注意的是，教师应告知学生，引言在引入例句时通常使用双引号，或用“俗话说”等标志性语言引入，以便学生在后期的阅读中更快地对引言进行辨识，提高阅读速度。

讲解后教师可再给出相似例句，引导学生分析，从而巩固此项微技能。如：“在他的眼里，娜娜是那么美，连那双不大的眼睛，他也觉得特别明亮，真是‘情人眼里出西施’啊！”教师引导学生根据所学技巧找出引言部分，去除引言部分，分析关键部分，快速获取例句信息。

（2）技能应用1

阅读步骤：

读前：激活图式

本节课所学课文是教材第11课的补充阅读，主要内容是了解中国人的饮食文化，包括中国人的食物种类异常丰富，吃的方法多种多样，以及吃在中国文化中的重要地位。课文中对于压缩句子的几类情况均有涉及，对于训练该技能较为合适。此外，本课所涉及的话题是学生较为感兴趣的饮食，大部分学生都应有一定了解，教师应在阅读前引导学生激活已有旧图式，为本课内容的学习打下基础。

教师可以用提问讨论的方式引入主题，如“在中国你们都吃过什么？有没有在你们的国家没吃过的？”“在你们的国家都有哪些做菜的方法？”根据教师提出的问题，学生会给出不同答案，教师可以以此为切入点进入本课的学习：“下面我们来了解一下中国不同于别的国家的饮食文化。”

读中：建立新图式

快读全文

将学生分成几个阅读小组，对于学生的阅读教师应限定时间，在规定时间内通读全文，了解文章大意，为下一步逐段讲解做好准备。

压缩句子技能运用：

阅读第一段

教师将学生分成小组，每组3－4人，限定学生阅读时间，要求学生在阅读过程中运用所学压缩句子技能略去非关键部分，快速获取剩余关键部分信息，概括段落大意。完成该环节后，学生以小组为单位，阐述第一段的段落大意。教师针对学生所给答案，对于正确答案给予鼓励，错误答案给予引导并纠正。

本环节教师应注意，关注学生答案的同时，更应关注学生获取信息的过程。教师可选择1－2组学生，针对阅读微技能进行提问，询问学生在第一段略去哪一部分可以使段落中的句子由长变短，快速获取信息。教师引导学生总结运用技能的情况，一是略去引言部分“两脚的爷娘不吃，四脚的眠床不吃。”缩短句子，并提示学生注意引言的标志为“俗语说得好”和双引号；二是略去非关键举例部分“吃鲨鱼的鱼鳍，吃燕子的巢，吃狗，吃乌龟，吃蛇，吃猫，吃小老鼠。”压缩句子。最终根据所剩关键信息，教师给出段落大意为中国人什么都吃，或中国人的食物种类异常丰富。

阅读第二段

阅读过程可以与第一段相似，教师也可给小组布置任务，在规定时间内，运用所学技能读懂第二段，概括段落大意。完成该环节后，教师可挑选一组学生，阐述段落大意，并为班内其他学生讲解运用技能的过程。教师应关注该小组学生的讲解过程，引导学生说出相应的微技能。本段微技能的运用共涉及两种情况，一是略去非关键举例部分“有烤，有炖，有蒸，有卤，有炸，有烩，有熏，有醉，有炙，有溜，有炒，有拌”缩短句子；二是略去非关键并列近义词语部分“那么并不是历史之久，土地之大，人口之多”。段落大意为中国人吃的方法多种多样。

阅读第三段

阅读方法及过程与前两段大致相同，教师应引导学生总结本段所涉及的微技能的情况是略去非关键并列近义词语部分，“衣服脏一点儿没关系，房子简单一点儿没关系，道路不平没关系”应略去以缩短句子长度，提高阅读速度。本段大意为吃在中国文化中是极为重要的。

技能小结

阅读完成后，教师应针对课文中所运用的微技能进行小结，并强调压缩句子所涉及的三类情况。

（3）讲解微技能 2——提取主干

①简化定语和状语

教师展示课程导入环节中所给的第二个长难句“在北京体育大学国际文化学院学习的留学生特别喜欢课上得很有意思、关心同学学习生活情况、帮助同学们解决各种问题的李教师。”教师可要求学生先根据之前所学的压缩句子技能对长难句进行压缩，学生根据教师的要求，可发现例句中有非关键近义词语部分，即“课上得很有意思、关心同学学习生活情况、帮助同学们解决各种问题”，教师帮助学生明确这些近义短语都是描述李教师的，可以略去。剩余信息为“在北京体育大学国际文化学院学习的留学生特别喜欢李教师。”经过压缩技能处理后的例句已经变短且更易于学生理解。此时，教师可引导学生进一步分析简化例句，引入本环节要讲解的提取主干技能。

首先，教师询问学生已被压缩的例句“在北京体育大学国际文化学院学习的留学生特别喜欢李教师。”是否还可以更简单，学生根据教师的问题可能会给出不同答案，教师应尊重学生答案的多样性，在此环节不评论学生答案的对错，只鼓励学生尝试着去简化例句。其次，教师在此过程中，可给予一定的引导，如提示学生汉语语法的主干结构为“主语＋谓语＋宾语”，或汉语句子中包含六种成分：主语、谓语、宾语、定语、状语、补语。如学生对语法术语较为陌生，教师可通过语法公式进行展现，更加直观。最后，学生分析出例句的定语部分和状语部分后，教师可进一步要求学生试着略去定语部分和状语部分，提取句子的主干结构，即“留学生喜欢李教师。”

根据以上所讲的提取主干技能，教师可引导学生进行分类练习，一类为简化定语提取句子主干，另一类为简化状语提取主干。

★提取主干——简化定语

教师给出例句，应注意的是所给例句定语应较为复杂，且没有其他成分掺杂其中，选择这样的例句进行分析可有针对性地对简化定语提取主干技能进行巩固。如：“新来的汉语教师是一个圆脸、大眼睛、长头发、声音甜美、热情待客的年轻姑娘。”该句定语有两处，教师应引导学生找出定语部分并简化，提取句子主干“教师是姑娘。”如想更加透彻地进行讲解，教师可逐步将句子扩充回原句来讲解，如教师可提问“教师是一个什么样的姑娘？脸怎么样？眼睛大还是小？头发长吗？年龄大吗？”等问题。这样学生将句子由长变短可快速获取信息并理解句义，由短变长又可以帮助学生丰富句义信息，充分理解该句句义。值得注意的是，教师在带领学生分析例句的过程中，应强调定语标志“的”字的重要性，同时也应提示学生没有“的”字也可能是定语。

★提取主干——简化状语

教师给出例句，复习上一环节所讲简化定语部分，引导学生分析例句中的定语成分，并要求学生略去定语部分提取句子主干。如：“星期六晚上，我和我妈妈在北京展览馆剧场观看了北京舞蹈学院芭蕾舞社团演出的芭蕾舞剧《天鹅湖》。”教师引导学生根据“的”字标志简化定语部分，即“北京舞蹈学院芭蕾舞社团演出”；然后，学生在教师的引导下，找出状语部分，即时间状语“星期六晚上”，地点状语“在北京展览馆剧场”，并将状语略去；最后得出句子主干“我和妈妈观看《天鹅湖》。”

（4）技能应用 2

阅读步骤：

读前：激活图式

本环节所学课文是教材第 23 课的课文 3，课文中包含了较多的定语与状语成分，可以充分地训练提取句子主干技能。此外，本课所涉及的话题是荷兰的国情概况，学生对这一话题内容可能了解较少，教师应在阅读前做好充分准备，以引导学生激活已有旧图式，或帮学生建立相关图式，为本课内容的学习打下基础。教师可对荷兰进行简单的介绍，可准备相关 PPT 或视频，应注意的是资料中尤其要以课文中所涉及的荷兰的地势特点，荷兰的郁金香以及部分荷兰人水上居住的生活方式等内容作为主要介绍内容。

读中：建立新图式

快读全文

将学生分成几个阅读小组，对于学生的阅读教师应限定时间，在规定的时间内通读全文，了解文章大意，并要求学生将课文分层，为下一步逐层讲解做好准备。

提取句子主干技能运用：

教师首先引导学生对本篇课文进行分层，课文共分为四个层次。教师可将学生分为四个小组，每个小组一个层次，要求学生运用本课所学技能分析句子，并概括层意。教师也可将课后的四个问题分配给每一组学生。

问题：

为什么把荷兰叫作“水上之国”？

荷兰人为什么要围海造陆地？

荷兰的风车有什么作用？

荷兰为什么有那么多船屋？

第一层：

第一小组学生，为其他学生讲解如何运用技能缩短长句，并提取关键信息，概括层意。课文的第一层是“荷兰是个地势很低的国家，它有1/4的土地低于海平面，就好像是停泊在海中的一艘半沉半浮的特大船只。”运用技能略去后边重复性解释部分，保留关键信息部分，即“荷兰是个地势很低的国家。”层意也与关键信息相吻合。

第二层：

本层为“荷兰的国土有不少是围海得来的，所以俗话说：‘上帝造人，荷兰人造陆地。’千百年来，荷兰人用自己的双手建造了一块块新的陆地。”微技能涉及去除引言部分压缩句子和简化状语和定语提取句子主干两项，教师应引导第二小组学生根据“俗话说”和双引号找出引言部分“上帝造人，荷兰人造陆地。”并略去，教师再引导学生分析“荷兰人用自己的双手建造了一块块新的陆地。”简化状语部分“用自己的双手”和定语部分“一块块新的”，最终留下句子主干“荷兰人建造陆地。”

第三层：

第三层是“依靠着建堤、风车抽水，人们在地势很低的土地上种上了美丽芳香的郁金香。”本层所用的技能是简化状语和定语提取句子主干。教师引导学生找出定语和状语两个部分，并略去，最后总结句子主干是“人们种上了郁金香。”

第四层：

第四层是“由于荷兰地少人多，所以房屋非常紧张。于是，在鹿特丹、阿姆斯特丹的不少运河边上，停泊着一艘艘船屋，人们就住在里面，他们可以说是水上之国中的水上人家。”共有两句，两句话对于阅读微技能的体现不太明显，教师引导学生略去非关键信息，提取主干即可。

技能小结

阅读完成后，教师应针对课文中所运用的微技能进行小结，并总结本节课所学的压缩句子和提取句子主干两项微技能，及其所涉及的五种情况。

3. 活动与游戏

<u>活动：一个问题看懂长难句</u>

教师提前准备好问题卡，每张问题卡上给出一个长难句和一个问题，注意长难句应针对本节课所学阅读微技能进行设计，所提问题也应针对阅读中运用微技能所略去或提取的部分。

如：春天的公园，到处都开满了鲜花，黄色的迎春花、粉色的桃花、红色的月季、白色的玉兰、紫色的木兰，有的浓，有的淡，真是万紫千红。

问题：公园里有什么？

教师再将班内学生分成若干小组，每个小组3－4人为宜，然后进行抽签，每组学生根据所抽取题目，运用本节课所学技能分析题目，提取关键信息并给出问题答案。回答正确且技能运用正确的小组可再次抽取题目。规定时间内，完成题目多的小组获胜。

二、示例小结

本节从句子这一层面切入，主要讲解了压缩句子和提取句子主干两个阅读微技能。教师通过两个长难句的思考与分析引出本节课所要学习的重点技能。压缩句子微技能主要从去除非关键举例部分、非关键并列词语部分和引言部分三个方面进行讲解。提取句子主干主要从简化定语和简化状语两部分进行展示。教师通过典型例句分析对相应微技能进行讲练，在学生掌握技能后，通过对课文的分组讨论或小组任务式教学引导来巩固本节课所授相关技能。两项微技能旨在帮助学生压缩简化长难句，略去非关键部分信息，使学生快速、准确地获取关键部分信息，从而提高阅读速度。

阅读是学习者获得语言知识的最主要途径，且阅读不是一种学习者完全被动去接收语言信息的技能，相对于其他三种语言技能来说，学习者可以更好地把控阅读的全过程。同时，也正是由于学习者在学习过程中所发挥的主动性，多数学习者往往在初期会将注意力过多地放在对于文章中较难汉字和生词的理解上，而忽视了阅读速度，因此在阅读教学中，教师除了讲授语言知识外，还应培养学生的阅读技能，将本示例置于猜字和猜词技能之后，也是希望学生在解析字、词义的基础上更多地关注汉语语句及段落篇章的掌握，从而真正地提高阅读速度和准确度。压缩句子技能相对于提取句子主干技能来说，需要学生略去的部分较少且较有针对性，因此本示例将压缩句子放在提取句子主干前面讲解。压缩句子技能可将长难句中的非关键部分略去，这样可以一定限度地缩短长难句，凸显句子主干信息，教师还应提示学生注意标志词，如“比如”“例如”“如”等词，标志着列举词语的出现，后面的相关例子可以不看。再如“俗话说”“俗话说得好”等，标志着引言的出现，后面的内容也可以略去不看。提取句子主干技能，旨在略去句子中的修饰、限制或补充部分，从而凸显主干信息，即句子的主语、谓语和宾语。但值得注意的是，学生在运用该技能的初期可能存在过度简化问题，教师在教学过程中要注意提醒学生，提取句子主干时，主干信息并不是越短越好，而是应在保持句子本义的基础上进行提取。如若去掉修饰语后，句子的意思发生了根本性的变化，那么该修饰语应当被保留。

此外，从教学理论层面来看，本示例引入了图式理论相关知识，在此对该理论的概念不多做赘述。根据图式理论将教学过程分为三个阶段，即阅读前阶段、阅读中阶段和阅读后阶段。在阅读前阶段，教师可根据所讲课文主题，运用不同方法技巧唤醒学生已有的背景知识，可称之为旧图式。在阅读中阶段，教师可将学生分成小组，使其进行合作学习，完成教师布置的含有微技能训练的任务，在此阶段教师应注意引导，及时发现学生困难，引导学生发现问题，分析问题，最终解决问题。在阅读后阶段，教师需要验证学生任务成果，并总结相关技能知识，与学生再次进行交流，使学生意识到阅读技能在阅读过程中的重要性，培养学生运用技能进行阅读的意识。

三、任　务

任务一："那些看令人悲伤的书或电影都会掉眼泪的人，在关键时刻比那些'有泪不轻弹的人'要坚强得多。"思考以上所给出的句子，此句是否可以运用本示例所讲的简化定语或状语提取主干微技能进行分析。如果不能，该长难句应运用何种方式提取主干信息，请根据这个方式设计一个完整的教学讲练环节。

任务二：请根据本示例所授阅读技能知识，设计 1－2 个课堂活动，活动须遵循科学性、针对性、趣味性原则。

示例二　"首先""其次"标志词，文章层次梳理清

教材信息：《私语书》，生活书店出版有限公司，编者黎戈，2017 年 8 月第 1 版，2017 年 8 月第 1 次印刷。第一章第二篇《扇子》。
扇子 《东周列国志》里，看到过这样的插图：两个梳双髻的宫女，手执长柄大扇，立在对坐畅谈国事的公侯身后，这样的扇子是表白强权的道具。准确地说，<u>它是礼仪扇。</u> 汉代的扇子，则是用竹篾编成，其形制类似于现在的大号菜刀，扇柄附于一侧而不是居中，且开始落入寻常百姓家。在古画中，常见一人蹲踞扇火，大力使着一把扇子，扇子地位大跌。汉末有一些原理简单的机械扇，诸葛亮同学发明过诸葛扇，悬挂屋内，手拉使之转动生风。穿过千年时光隧道，在关于老上海的电影里，仍然可以看见理发店里有这种手拉的风扇。 魏晋南北朝的扇子是<u>羽扇</u>，不用说是仿生原理的朴素运用，羽扇有十羽和八羽之分，后来进化成比翼扇，即以竹木为骨架上糊以绢绸，只在末端象征性地饰以羽毛。羽扇是男人的物品，显示名士做派的道具。真不能想象，诸葛先生要是丢了他的三件套——羽扇、纶巾、四轮车，会不会风采全无呢？ 隋唐时流行纨扇，又称<u>团扇</u>，早唐时盛行腰圆纨扇，中晚唐为满月式样，纨扇近于现代的绢扇，以竹木为骨，承风面大，手感轻盈，它的使用者转向深闺。隋唐女子都以胖为美，如果是用羽扇来扑蝶，就失了娇羞。 宋元后期开始使用的<u>折扇</u>，轻便，价廉，易携带，袖藏即可。市民图耐用，多用油纸扇，文艺青年大多使用素纸扇，图它可以挥毫泼翰，题诗作画。 扇子还是艺术作品中高频出现的道具。 言情小说中，扇子可煽情，比如李香君血溅桃花扇；可定情，比如西施赠扇给范蠡；可抒情，《桃花扇》就是靠一把扇子来抒情，并且贯穿情节起落的；可绝情，《珍珠令》里，女主角赠男主角折扇一把，即可以示绝交，扇同"散"，和伞一样，是很不祥的赠物。

武侠小说里，儒化的博雅侠客，手持一把小扇，以显其书生性情。江南七怪里那个执扇的妙手书生，还在扇子里面藏暗器、毒针什么的。有的扇子本身就是兵器，比如玉扇真人那把。

西方艺术作品里也常看见扇子的身影。电影里的名媛贵妇手捏一把小折扇，一手牵着裙角。歌剧中的淑女用一种很有趣的面具扇，上面开了两只眼睛一样的小洞，把自己的面孔藏起来，以示畏怯。

一、示例实施

（一）教学目标

1. 通过对技能的讲练，使学生掌握什么是顺序和情况分类标志词及如何寻找顺序和情况分类标志词；

2. 掌握根据顺序和情况分类标志词把握文章层次及逻辑关系的阅读技能；

3. 引导学生通过本节课所讲阅读微技能完成阅读材料及主课文的学习。

（二）教学重点、难点

1. 教学重点

训练查找相关标志词阅读微技能，引导学生在掌握方法基础上，快速查找顺序词和情况分类词，以快速查阅文章信息，从而提高阅读速度。

2. 教学难点

引导学生建立通过标志词把握文章层次和段落间逻辑关系的意识，从而提高学生准确把握文章结构的能力。

（三）教学前准备

1. 知识准备

学生已经基本掌握了初中级大部分词汇及句型，对汉语中的书面语言已具备一定的感知，有一定的汉语阅读能力，在阅读过程中可熟练运用以上章节所教授的阅读微技能。

2. 教学材料准备

PPT 课件、卡片（文章段落）。

（四）教学过程

1. 导　入

首先，教师可以在黑板上提前板书好一些表示顺序的标志词，注意尽量挑选学生已经学过的顺序词，如有学生不熟悉的，教师可简单对其进行讲解，不影响接下来的阅读技能训练即可。确定学生对板书中所展示的顺序词都掌握后，教师可通过话题式导入法引入课堂，与学生进行相关问题的问答，如教师可以问学生："每天早上起床后做什么?"学生根据自己的情况，可能会回答洗澡、刷牙、洗脸、吃早饭、去上课等。教师可以继续提问："要做这么多事情，这些事情哪个先做，哪个后做呢?"学生根据自己的实际情况，将所回答的内容进行排序，并用顺序词将其串联起来。通过这一环节的练习，教师如觉得学生已经对顺序词掌握得较好了，可以进入讲练环节。如觉得导入不够充分，还可以选取一个简单的做菜视频或系列图片，引导学生用顺序词描述做菜过程。本环节结束后，教师可以给出引导性话语，引入新课，如教师说："同学们说得非常好，在生活中很多事情如果不按照顺序来做，就会出现很多问题。那么在阅读文章的时候，我们可能也会看到这样的顺序词，今天我们一起来学习一下，通过顺序词快速把握文章信息。"

2. 讲　练

（1）讲练标志词——顺序词

PPT

> **雪花白菊**
>
> 原料：白菊花瓣 125 克，清油 1500 克（约耗 75 克），白糖 75 克，富强粉 75 克。
>
> 制法：首先把菊花洗干净，再均匀地粘上面粉，然后用大火烧油，油到五成热时，接下来放入菊花花瓣，随后把炸脆的花瓣捞到盘子里，最后撒上白糖即可。（选自《中级汉语阅读教程 2》第 58 页）

教师通过 PPT 给出一篇篇幅较为短小且内容易于学生理解的阅读资料，文章中的内容应具有明显的顺序性，且包含顺序词。首先，教师要求学生在限定时间内阅读第一遍，并快速找出其中所包含的所有顺序词。接下来学生展示自己找出的顺序词，教师予以订正，并公布正确答案是"首先、再、然后、接下来、随后、最后"。其次，教师将学生分成几个小组，2 人一组即可，要求学生再次阅读这篇短文，教师给学生布置的阅读任务是，根据文章中所叙述的步骤，按照顺序词的先后，将制作过程一一进行概括，并制成流程图。学生全部完成后，教师展示答案，学生进行订正。要注意的是，学生所展示的流程图内容上应与答案一致，形式上可多样化。然后，教师将 PPT 上的文字隐藏，只展示流程图，要求学生对课文进行复述。最后，隐藏具体内容，只展示顺序词，要求学生回忆雪花白菊的制作过程。此环节完成后，教师进行小结，除了总结本篇文章的内容外，教师还可要求学生进行"头脑风暴"，总结还有什么顺序词，如第一、第二、第三，首先、其次、再次。教师也可引导学生运用发散思维进行思考，如春天、夏天、秋天、冬天，以前、现在、以后等。本环节教师一定要通过课堂环节的设计和引导，让学生体会到文章中的顺序词对于理解文章内容、掌握文章脉络和层次都有很大的帮助，培养学生寻找标志词进行阅读的意识。

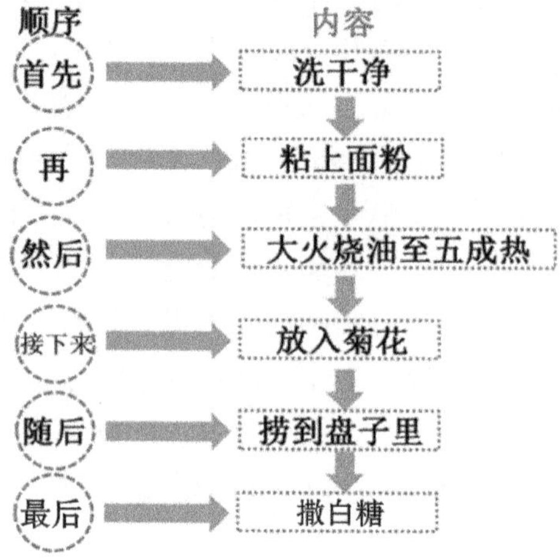

图 4－11　《雪花白菊》文章顺序结构图

（2）讲练标志词——情况分类词

PPT

世界上有三种丈夫：第一种是不闻不问的丈夫。在你把一件衣服穿了两年之后，他总算注意到了："亲爱的，这是件新衣服吧？"第二种是理想的丈夫。对你穿的衣服真正地感兴趣，并会提出建议，他能理解时尚，领会时尚，喜欢谈论时尚，知道什么最适合你。第三种是管得太多的丈夫。他比你自己还清楚你适合穿什么，他决定你现在穿的衣服式样是好还是不好，他决定你应该去哪家商店买衣服。（选自《新 HSK 速成强化教程五级》第 166 页）

教师通过 PPT 展示另一篇阅读材料，要求学生在限定时间内阅读，并将文章分层。学生按照教师要求完成任务后，教师询问学生分层的依据，教师应引导学生发现情况分类词"第一种""第二种"和"第三种"。明确学生已经对这一组标志词有意识后，教师继续提问："文章中的第一种、第二种、第三种是表示事情的顺序吗？如果不是表示顺序是表示什么呢？"学生给出不同答案，教师根据学生的回答对正确答案给予肯定，对错误答案给予适当引导，帮助学生发现文中的这类词是用于将情况分类的。

学生掌握分类词汇后，教师可进一步要求学生根据分类词汇整理文章内容，可采用师生问答形式，也可采用制作流程图形式展示结果。教师可再引导学生总结一些与情况分类相关的标志词，也要提示学生文章中出现的一些结构相同或相似的词组也可用来作为情况分类的依据。最后，教师总结本环节，告知学生文章中可能会出现顺序词和情况分类词，如在阅读过程中发现，应抓住这类标志词，以标志词为切入点，整理文章结构，理清文章叙述逻辑。

（3）讲练主课文

阅读步骤：

读前：激活图式

本环节所学课文选自黎戈《私语书》第一章第二篇文章《扇子》，课文中包含了顺序词及情况分类词，可以引导学生通过本篇课文训练巩固寻找标志词技能。本课所讨论的主题是扇子，学生对于扇子或多或少有所了解，且本国文化中可能含有扇子这一文化元素，教师应在阅读前激活学生已有旧图式，对于具备扇子文化知识的学生，教师应引导学生发现两国间扇子文化的不同之处，对于不具备相关知识的学生，教师应在课前做好充分准备，通过对中国扇子文化的介绍帮学生初步建立图式。教师在本环节可从多种角度引导学生获取相关图式内容，如中国的朝代介绍、中国扇子种类的介绍、扇子的用途以及扇子在文学作品中的作用等，主要以图片展示和简单文字叙述为主。阅读课文重在把握文章脉络与逻辑关系，具体内容可在此基础上另行讲解，或以布置课后任务的形式，要求学生课下进行小组活动。

读中：建立新图式

快读全文

第一遍阅读，教师要求学生在限定时间内快速通读全文，并将整篇文章进行切分，总结每一部分的大概内容。第一遍阅读完成后，教师可通过问答形式检验学生阅读效果，对于学生的答案予以引导和纠正。明确文章的两个层次，第一个层次为文章的第 1 –5 段，内容为中国扇子的发展；第二个层次是第 6 –9 段，主要内容是扇子在中西方文学作品中的作用。

技能运用

第一层：第 1 –5 段

首先，教师应对阅读前所介绍的中国朝代知识再次进行展示，并对中国朝代顺序加以强调，为学生在课文中寻找时间顺序标志词做好铺垫。

其次，教师可将学生按照文章中朝代的展示数量，将学生分成五个小组，并要求各小组学生进行第二遍限时阅读。本次阅读的任务是快速寻找顺序类标志词，并按照顺序将标志词进行排列。阅读完成后，教师检验各组成果，明确答案，标志词是“东周”“汉代”“魏晋南北朝”“隋唐”“早唐”“中晚唐”和“宋元”，且顺序应依照中国朝代的发展顺序进行排列。应注意的是，根据阅读前的介绍，学生对于大部分有关朝代的顺序词有较强的感知，但是对于“早唐”和“中晚唐”可能会忽视，教师应及时讲解“早”和“中晚”两个时间修饰语对于时间词的限制，并明确这两个词也是顺序性标志词。

再次，教师组织五个小组的学生进行抽签，所抽得的数字为对应段落的序号。此时，教师要求各组学生进行第三次阅读，此次阅读是有针对性地任务式阅读，每个小组只阅读本组抽中的段落，并总结该段落的大意。段落大意中应包含朝代、扇子样式及扇子的功能。教师限制时间，完成后要求各小组公布答案，教师订正答案。应注意的是，本环节的任务虽然是要求学生小组合作阅读段落，但教师课前也应做好充分准备，将每个朝代对应的扇子样式及有关扇子功能的图片制成表格等直观的展示形式，辅助学生任务后的订正与文章理解。

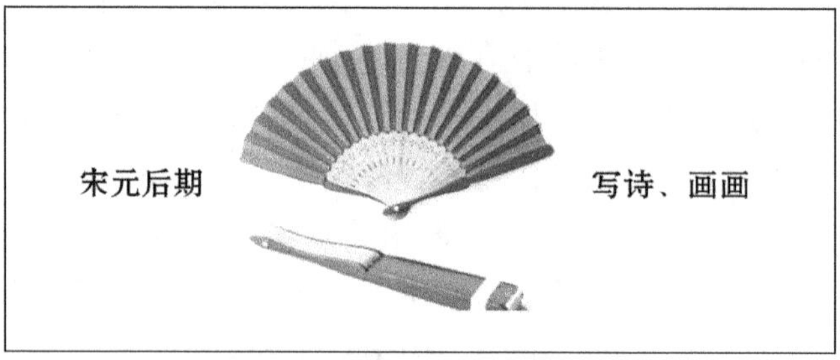

图4－12　课堂任务示范图

本环节教师应引导学生通过寻找顺序类标志词，快速掌握文章第一层的脉络及逻辑关系。让学生意识到，找到相应顺序标志词，以此为切入点，便可按照一定逻辑顺序理解文章，文章脉络也会变得清晰。如本文的第一层便是按照时间顺序说明扇子的样式及功能。教师也可设计一些有针对性的题目，题目中可包含文中所提及的顺序标志词，让学生进行查阅式阅读，提高学生阅读速度。

最后，教师总结顺序标志词技能，并以顺序标志词为切入点，理清第一层的层次结构。

第二层：第6－9段

首先，教师再次展示文章第二层的主要内容，即扇子在中西方文学作品中的作用。要求各组学生阅读第一遍，并在阅读后阐述主要内容的概括依据。

其次，教师检验各组学生答案，询问学生答案中所涉及的标志词组“言情小说中”“武侠小说里”“西方艺术作品里”是否为顺序词，学生应给予否定，并可说出这些词组是情况分类标志词。

再次，教师要求学生按照分类标志词进行阅读，找出在各类情况下扇子的作用。值得注意的是，在第7段中，还包括“可煽情”“可定情”“可绝情”三个情况分类标志词，教师可通过问答的形式引导学生找出。

最后，教师展示全部情况分类标志词和在各类情况下扇子的作用，可制成图表，帮助学生整理文章层次结构。

技能小结

两个层次阅读完成后，教师对本课中所包含的微技能进行整理，并总结本节课所学寻找标志词技能中所涉及的两类情况，引导学生发现抓住顺序标志词或情况分类标志词后，可以快速掌握文章的脉络结构，在此基础上，再按照微技能的两种情况开展具体阅读，这样既掌握了文章的宏观结构及段落逻辑关系，又掌握了文章的细节。该方法对于快速阅读查阅答案或HSK考试中的说明文阅读较为有效。

3. 活动与游戏

活动一：顺序词助排序

教师课前可搜集含有顺序标志词的文章或段落，将其按照顺序词进行切分，并打乱顺序，一篇文章或一个段落的切分卡片为一套题目。活动中，教师将学生分成小组，每组一套卡片，要求学生按照本节课所学微技能重组文章，完成得又快又准确的小组获胜。如想增加题目难度，可将几篇文章混合成一套题目并要求学生重组。教师应注意每套题目的难度应基本相同，以保证活动的公平性。

活动二：A 卡 B 卡来配对

教师准备题卡，一套题卡中包含两个部分：第一部分是 A 卡，为情况分类标志词，第二部分是 B 卡，为根据情况分类标志词切分好的文章段落。教师准备若干套题目，将学生分成若干小组，每一小组一套题目，要求小组学生将 B 卡按照 A 卡进行归类。用时短且归类正确的小组获胜。

二、示例小结

本示例主要讲解了通过寻找标志词把握文章结构及段落逻辑关系的微技能。示例中所展示的技能包含两种情况，一是通过顺序标志词把握文章结构，二是根据情况分类标志词把握文章结构。在讲解中，教师本着由易到难的教学原则，以分析短小的文章材料引入课堂，从而引出本示例所要训练的阅读技能。在学生已经掌握此技能的基础上，教师将分开讲解的两类情况，综合到主课文中，引导学生综合运用，感知标志词对于把握文章结构和逻辑关系的重要性。

中高级阅读教学的目标与初级阅读教学的目标不同，初级阅读更偏重于汉语字、词、句的理解与掌握，中高级阅读在此基础上更加深入，旨在从阅读的各项技能入手，通过阅读大量的汉语书面语材料，培养和提高学生的阅读能力。同时，将理解重点转移至对长难句、段落和篇章的整体结构把控上。对于汉语书面语阅读材料的把握，我们可以从两个方面入手，一是从材料的内容入手；二是从材料的结构和逻辑关系入手。本示例所涉及的标志词往往可以体现文章的结构和逻辑关系，因此掌握寻找标志词这一阅读微技能就显得尤为重要。周小兵、张世涛、干红梅（2008）将标志词分为五类：第一类是重复和补充，第二类是顺序和分类，第三类是原因与来源、依据，第四类是转折与对比，第五类是结论与概括。其中每一类中都包含若干标志词。若文章中包含该五类标志词，学生又具备寻找标志词的意识，即可通过标志词迅速把握文章结构与各段、各层次间的逻辑关系。由于篇幅有限，本示例只选取了其中的第二类——顺序与分类进行展示。

三、任 务

任务一：请根据本示例所展示的内容，从五类标志词中选取一类进行示例设计，要求示例环节完整，所选阅读材料有针对性。

任务二：本示例主课文的第二层次中涉及多篇中国文学作品，请根据中高级学生水平，选取其中一篇，设计一个文学作品展示环节。要求展示环节清晰且难度适中，可凸显扇子在该篇文学作品中的作用，并能激发学生对中国文学作品的兴趣。

示例三　参透主题和结构，把握语篇不发愁

教材信息：《中级汉语阅读教程 2》，北京大学出版社，编者徐霄鹰、周小兵，2009 年 11 月第 1 版，2017 年 2 月第 6 次印刷。第 57 课阅读 1 课文《成功的餐厅》（有删改）。

成功的餐厅

一个餐厅因何而能成功，是让人无法忘怀的美好味道？是细致入微且周到的餐厅饮食管理？还是你所沉迷的优质原料？一个餐厅之所以能够成功的原因，往往比我们所想到的要复杂。

有一个古老的故事，一个国王到一家老餐厅吃饭，餐厅环境差，服务也不好。于是国王在这餐厅边上开了一家漂亮、干净、服务好的新餐厅。开始的时候，顾客都来他的餐厅吃饭。可是不久以后，他们又都回到了那家老餐厅。原来，老餐厅的菜做得比新餐厅好吃多了。

就经营实际来说，餐厅在开业之前，必须先把这个问题想清楚：能否把食物做得好吃？如果对此没有信心，最好就不要开业；如果餐厅已经开张，要做的事则是想办法保持好的食物品质，或是找一个好的厨师。能够找到一位手艺好的厨师，你的餐厅就成功了一半。

但有时，问题也不是那么简单，成功也不是那么容易，食物好不好跟管理也有很大关系。以台湾人爱吃卤肉为例，要做出一锅香喷喷的卤肉并不难，只是肥肉瘦肉的比例、调味料的搭配有所不同，但是要想卤肉在端给客人的时候保持它最好的口味，就不容易了。由于卤肉要花时间，一次只能卤一锅，卤好了马上上桌，口感最好。如果放久了，肉就老了，不好吃了；要是相反，卤的时间不够，则不够入味。然而卤肉店的客人上门，有非常明显的规律性。中午以前人很少，午休时间排大队，午餐过后又没人了，直到傍晚后。普通的卤肉店，人多的时候卖给客人卤得不够时间的卤肉，人少的时候卖给顾客的是卤得太老的卤肉。因此只有准确地估计每一段时间的客人数量，安排合适的卤肉量，才能让所有的客人都享受到最好的卤肉。这不只是厨师的任务，更是管理者的责任，也是不少卤肉店成功的关键。

同样的道理，各种不同的餐厅，都有不同的成功关键：肉质是烤牛排的关键，好厨师加上好牛肉，才有好牛排；新鲜是海鲜的关键，好厨师加上活蹦乱跳的海鲜，才有好吃的海鲜。

成功的因素是复杂的，它与原料有关，与厨师有关，与管理有关，谁掌握得好，谁就成功。

一、示例实施

（一）教学目标

1. 通过本示例的讲练，使学生掌握何为主题句以及何为文章的基本结构；

2. 通过本示例的讲练，使学生掌握查找主题句的方法和通过归纳文章结构把握篇章主要观点的方法；

3. 引导学生通过本节课所讲练的阅读微技能完成相关阅读材料及主课文的学习。

（二）教学重点、难点

1. 教学重点

训练查找篇章主题句和归纳篇章结构的阅读技能，引导学生在掌握该技能的基础上，能够快速查找主题句和归纳篇章结构，以提高阅读速度，帮助学生更准确地掌握文章主要内容。

2. 教学难点

培养学生阅读过程中正确的查找习惯，引导学生建立篇章结构意识。

（三）教学前准备

1. 知识准备

学生已经基本掌握了初中级大部分词汇及句型，对汉语中的书面语言已具备较好的感知，有较强的汉语阅读能力，在阅读过程中可综合运用以上篇章所授字、词、句的阅读微技能，对于篇章结构具有一定意识。

2. 教学材料准备

PPT 课件、卡片（文章段落）。

（四）教学过程

1. 导　入

教师在课前做好准备，选择一篇含有主题句的段落或文章，可选择本课将要讲的语段资料或主课文，要求学生快速阅读所选文章，教师应注意限定时间，所限定时间较正常阅读时间略短，要求学生在短时间内概括段落或篇章的主要内容。阅读完成后，教师可询问学生答案，如学生可通过寻找主题句快速概括出文章主要内容，教师应及时给予肯定，并询问答案获取过程。如学生觉得时间过短无法概括文章主要内容，教师应给予引导，此时可引入课堂。如大部分学生回答出来，教师可以通过询问主题句的位置是否固定或主题句的位置通常在哪儿引入课堂，如大部分学生无法回答，教师可以明确今天的讲练主要内容便是通过寻找一个关键的主题句来帮助阅读者在短时间内快速获知文章的主要叙述内容。

2. 讲　练

（1）主题句在篇尾——分总文章结构

PPT 1

> **早饭吃不吃没关系吗?**
>
> 小王是一家公司的职员。从上大学那一天起，他就把早饭给“戒”了。原因很简单：早饭吃不吃没关系，而且不吃早饭，既节省了钱，又能保持体形，还能节省出时间睡一会儿懒觉。人们常说“不吃早饭有害健康”，这话小王也听说过。但早饭“戒”了快十年了，自己活得好好儿的，看来早饭吃不吃没关系。

PPT 2

> 记者就小王的问题询问了一位营养学家。这位专家认为，中国人的早饭应该来一次革命：我们不仅要吃早饭，而且要吃好早饭。据调查，有四成的年轻人不吃早饭，还有相当多的人早饭结构不合理。这位营养学家给记者分析了吃早饭的重要性。早饭营养一般占全天营养的1/3以上，不吃早饭会造成精力不集中、情绪低落，容易引发胃病和肠炎，影响智力和寿命。真没想到一顿小小的早饭竟然这么重要。总之，早饭关系到人一生的健康。

教师根据本环节所讲文章主题询问学生：“大家每天都吃早饭吗？你们觉得不吃早饭对于身体健康有影响吗?”学生的回答可能不同，有的学生可能觉得不吃早饭对身体不好，有的学生认为不吃早饭没关系。此时，教师可通过PPT展示所选文章的第一段，并引导学生：“看来大家对这个问题有不同的看法，下面我们看一看文章中的小王是怎么想的。”教师要求学生阅读第一段，并概括出第一段的主要内容。阅读结束后，教师可请几位学生发表观点，教师应注意的是，在获得学生答案的同时更要关注学生获取答案的过程或方法，本环节关注过程或方法即关注学生是否可以找到主题句。教师应引导学生发现在第一段的段尾有本段的主题句，即小王对于不吃早饭的看法。教师可将本句标红强调，并告知学生在部分文章中，关键的主题句往往出现在段尾或篇尾，关键句出现前的文章内容往往是对主题句的具体阐述或举例说明等等。

接下来，教师要求学生对小王的看法进行讨论，并告知学生第二段即将给出科学说法，引导学生猜测专家会如何回答小王的疑问。讨论结束后，教师展示PPT 2，并在阅读前要求学生利用寻找主题句的方法迅速概括第二段内容。学生通过第一段的阅读训练对于主题句在段尾位置已经有了一定的意识，第二段学生会根据第一段的讲练迅速找到段尾的主题句“总之，早饭关系到人一生的健康。”从而归纳出文章的中心观点是“早饭关系到人一生的健康，不吃早饭对身体不好。”

最后，教师明确本文的主题句在文章的最后，每段的主题句也在段尾，并总结文章结构为“分—总”，教师可根据文章的具体情况，讲解“分—总”结构的具体含义，也可通过直观的图式结构展示“分—总”结构。

（2）主题句在篇首——总分文章结构

PPT

西班牙语复兴了。在过去的半个世纪里，讲西班牙语的人生活在一个内向的社会里，只是在有限的范围内安排自己的语言生活。而今天西班牙语获得了新的活力，在五大洲开花结果。仅在美国，目前就有2500万到3000万讲西班牙语的人，知道这一事实才可以明白为什么最近美国的两位总统候选人在选举中，不仅用英语，也得用西班牙语。

由于主题句在文章中出现的位置不是固定不变的，因此教师可把几类典型情况依次向学生介绍。教师可询问学生：“刚刚我们讲的这篇文章中，主题句在文章的最后，那是不是所有文章的主题句都在文章的最后呢？下面我们再来看一篇小文章。”教师通过PPT将所选文章展示给学生，并要求学生根据文章内容查找、确定文章的主题句。因文章较短，教师应限定好时间，阅读结束后，教师询问学生答案。在前一环节的基础上，学生应具备一定的寻找意识，教师引导学生找出主题句“西班牙语复兴了。”接下来，教师可询问主题句后面的文章内容说的是什么，学生应答出文章后面的内容为西班牙语复兴的具体情况。此时教师可板书“文章结构：总—分”并帮助学生理解。

（3）主题句首尾呼应——总分总文章结构

本环节进入到主课文的学习中，因此教师所展示的主课文的文章结构应是“总—分—总”结构，主题句在文章首和尾且相互呼应。学生在阅读过程中可进一步提升阅读中的主题句意识和文章结构意识。

读前：激活图式

每个学生一定都具备外出就餐的经历，对于什么样的餐厅可以称之为成功的餐厅有自己的认识，这便是学生已有的旧图式。教师应通过询问学生的就餐经历，尤其是成功的就餐经历引入课文的讲解。教师可询问：“从大家的回答可以知道大家有很多喜欢的餐厅，对于这些餐厅也有很多非常好的记忆。那么你们认为，一家好的餐厅，我们也可以说一家成功的餐厅应该是什么样的呢？”学生根据教师的问题可能会回答出课文中包含的一些观点，如菜品美味、食材新鲜、环境好等。此时，教师可以明确本环节的教学内容“下面我们来看看本节课的课文，课文中对于一家成功的餐厅给出了一些具体的标准，我们一起来阅读一下，看看文章中写的和你认为的是不是一样。”

读中：建立新图式

教师将学生分成若干小组，每组 3－4 人为宜，在阅读过程中基本以小组合作形式来完成教师分配的阅读任务，既减轻了学生的阅读压力，又增强了学生思考的积极性。

任务一：快速通读文章，寻找文章主题句

教师限定阅读时间，要求学生在规定时间内，以小组为单位共同快速阅读文章，阅读结束后小组讨论课文主要内容，并做好记录。同时，尝试总结文章结构。

讨论结束后，教师挑选 2－3 组学生展示小组讨论答案，答案正确给予肯定并询问获取答案过程，答案有误应给予适当引导，如提示学生本节课讲练的阅读技能，即寻找主题句的方法，以及主题句可能出现的位置，直到学生有意识地寻找主题句，并准确找出主题为止。最终教师明确答案，文章的主要内容是“餐厅成功的因素很复杂，可能与原料、厨师和管理有关系。”得出答案的方法是通过寻找文章主题句总结文章主要内容，主题句所在位置在文章的首段和最后一段。教师应要求学生做好标注。接下来，教师引导学生根据之前所学总结文章结构，学生通过上述环节的训练，对于主题句为总观点是有一定意识的，基本上可以总结出“总—分—总”这一文章结构形式，如不能总结出，教师也不应直接给出答案，而应引导学生通过完成后续任务，理解各段段意，逐步总结出文章结构形式。

任务二：文章分层

教师要求学生再次快速阅读文章，并对文章进行分层处理。本环节旨在将学生的注意力从文章的宏观结构逐渐过渡到对文章的细节理解，首先将文章按照内容分成层次，引导学生初步掌握文章内容。文章共分为五个层次：第一层为第 1 段，第二层为第 2－3 段，第三层为第 4 段，第四层为第 5 段，第五层为第 6 段。

任务三：分层次理解文章内容

教师要求学生逐层阅读文章，并快速总结各层次主要内容，应注意的是，本篇课文中的每个层次，均可用到寻找主题句这一阅读技能，教师在学生阅读过程中可以适时进行提醒。

第一层：第一层为文章主题句

第二层：

主题句：在段尾“能够找到一位手艺好的厨师，你的餐厅就成功了一半。”

主要内容：餐厅的成功与厨师有关。

第三层：

主题句：在段首和段尾“但有时，问题也不是那么简单，成功也不是那么容易，食物好不好跟管理也有很大关系。”和“这不只是厨师的任务，更是管理者的责任，也是不少卤肉店成功的关键。”

主要内容：餐厅的成功与管理有关。

本层教师应注意段中卤肉店例子的讲解，以帮助学生更好地理解文章内容。

第四层：

主题句：无主题句，归纳总结主题句。

主要内容：餐厅的成功与原料有关。

第五层：文章主题句

任务四：整理文章结构图

为了让学生更好地把握文章的写作思路及各段间的逻辑关系，教师在任务的最后应要求学生将文章结构整理成图表，引导学生跳出文章细节，从宏观上把握文章结构。

如：

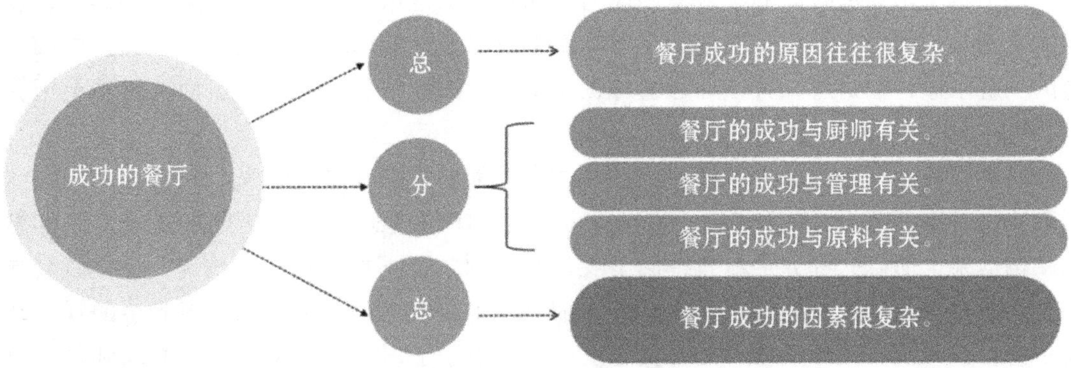

图 4－13　《成功的餐厅》文章结构图

3. 活动与游戏

活动一：主题文章来配对

教师课前准备一些段落和文章，将段落或文章的主题句去掉，主题句位置可画横线，以提示学生。活动前将学生分成小组，教师展示段落或文章，学生在限定时间内进行讨论，并为段落或文章加上主题句。如想降低活动难度，教师可将主题句制成卡片，分发给各组学生，教师展示文章后，小组经过讨论，选取主题句卡片展示给教师即可，答对数量多的小组获胜。

活动二：读写结合练技能

教师根据本节课所学“总—分—总”结构选取一篇难度适宜的文章，留下主题句，去掉其他叙述性文字，要求学生围绕主题句书写其他内容。在书写前，教师应给予适度引导，如提示学生写作角度、格式规范等。

三、示例小结

本示例以寻找主题句和归纳文章基本结构阅读技能为主要讲解内容，将寻找主题句位置和归纳文章基本结构相结合，引导学生综合运用两个微技能，从而全面掌握文章框架结构。示例中所涉及的主题句位置有篇首、篇尾和首尾呼应三种；文章基本结构主要围绕总分、分总和总分总三类进行讲解。在讲解中，教师选取各类情况的典型性文章作为学生的讲练材料，让学生在适量的语段、篇章阅读中感知技能、获得技能、运用技能。主课文主要训练了学生两项微技能的综合运用能力，课堂活动也从技能本身拓展至读写结合，旨在全面提高学生的语言综合运用能力。本示例本着注重技能训练的目的，对于课文中细节内容的理解不做详细讲解，旨在通过讲练训练学生的阅读技能，从而快速地从宏观上把握文章结构。

汉语学习者在进行汉语阅读时，往往注意力都局限在字义、词义、句义上，但在此之上的更高一层的意思经常被学习者忽略，即忽略语段的意思、语段之间的逻辑关系和篇章的结构框架，所以大部分学习者都会出现“只见树木，不见森林”的情况，这样就会导致两个问题：一是学生虽然掌握了文章中的细节内容，但是对于文章主要想表达的观点却模糊不清，且无法真正理解作者的真实态度；二是由于学习者始终将大部分时间和精力放在文章细节上，导致阅读速度无法提高。因此通过训练寻找主题句和归纳文章结构这两类微技能来提高学习者对文章的概括能力显得尤为重要。

周小兵、张世涛、干红梅（2008）提出寻找文章主要观点的三种方法是：抓主题词，抓主题句和归纳文章结构。其中主题句中往往包含了主题词，因此寻找主题句显得更加重要。主题句的位置主要包含五种情况，第一是主题句位于段首，第二是主题句位于段尾，第三是主题句首尾呼应，第四是主题句位于段中，第五是需要阅读者自己归纳主题句。文章结构主要有四种情况，“分—总”结构，“总—分”结构，“总—分—总”结构和流水式结构。本示例选择了最基本的主题句位置和文章结构进行技能训练，旨在从基础入手，引导学生快速获取技能。

三、任　务

任务一：选取一篇流水式结构的文章，设计一堂阅读课，要求教学环节完整，教学方法多样且有层次性。

任务二：请根据本示例所讲内容设计一个课堂教学活动，要求活动适合中高级学生水平，且具有针对性、科学性和趣味性。

第三节　阅读课教案设计

教案示例

<table>
<tr><td>教材信息：《汉语阅读教程——第三册》，北京语言大学出版社，编者彭志平，2010 年 8 月第 2 版，2016 年 2 月第 7 次印刷。第 19 课课文《“吃在中国”——小议食文化》。</td></tr>
<tr><td>“吃”在中国——小议食文化
一说到吃，中国的美食家们就会津津乐道起来。他们从南吃到北，从天上吃到地下。地道的菜要做几天几夜，精致的点心要里三层外三层。
中国的菜是好吃。不管是大的宾馆，还是小的店堂，只要它有特色，一吃就让你忘了自己还有高血压、糖尿病和肥胖症。
中国的食品做起来很复杂。肉要慢炖，鸡汤要温煲，面要缓缓地发。一桌人吃饭，很可能得超过一桌子的人来准备。
于是，宾客到齐后，端菜师傅就会向你报出每一道菜的名称，是川菜的叫得很有“辣”味，是粤菜的叫得很有“生”调，那情景很有点儿唱戏的感觉。文静一点儿的饭桌，主人说“吃呀，吃呀。”一边就开始为客人敬菜了。每人的小碟子很快地就堆得像小山一样高。
要是有客人到家里来做客，说是只吃晚饭，可是天一亮主人就开始忙了。买菜、拣菜、洗菜、切菜、烧菜、上菜、敬菜。客人酒足饭饱后，扔下了一大半剩菜说声感谢，主人欢乐是欢乐，但欢乐里渗透着满身心的劳累。
平时的家常菜，起码要四菜一汤。累了一天下班回到家，结果却比上班还忙，为了吃得舒服，必须要打起精神。
所以，把中国称作“美食国”，是一点儿不过分的。
可是北美人呢？从眼睛睁开用早餐到晚上的正餐，家庭做饭所花的时间比中国妇女上公园打太极的时间还要短。
早餐各人有各人的吃法，你想吃麦片香蕉切片加葡萄干，他想吃黄油面包煎鸡蛋，所以，只要各人吃饱自己的肚子就行了。午餐在外面买着吃。真正需要为做饭忙的，大概也就是晚餐了。
然而这种忙，也还是很有限度的。你可以从食品店里买到快速的包装食品。蔬菜、荤菜，买来已经是煮熟或者半熟的了。晚饭的餐桌上不需要上几道菜肴，最常见的吃法是：一小碗汤、主食、甜点、水果，再喝点儿咖啡或者茶。汤可以用罐头再加水和你所喜欢的食料，主食是炒饭。甜点、水果一概不用煮。一顿饭 30 分钟就可以准备好了。单身汉更是简单随意。餐餐吃汉堡包、三明治也不觉得腻。所以，有的中国人开玩笑说：“不会做饭的。也可以去加拿大和美国的饭馆当厨师。”
这就是北美人的食文化。一代又一代的人就是这么过来的。文化培养了习惯，形成了风俗。他们嫌中国的菜太油、味精多、好放盐。到中国餐馆来吃饭，一家子会点一样款式的四盘菜放在一起吃。他们不懂中国菜的吃法，讲究的只是氛围、情调、方便，而并不在意烹调手艺的好坏。</td></tr>
</table>

结果，这边的文化少了，其他方面的文化补充了上去。省下的时间，他们可以放慢生活的节奏，把家务劳动的时间用来锻炼身体，带着轻松的好心情，度过愉快的业余生活。

所以，北美人的精神文化和东方人的美食文化一样，是居世界领先地位的。

由于历史短，北美没有自己的食文化，但是它却集世界各国之美食作为自己多元的饮食文化，使自己的短处，又摇身一变成了特长。北美人喜欢搞宴会，却很少有人请客，往往是大家聚在一起，各自带上一两盘菜，然后有人带酒，有人带饮料，有人带点心，放在一起吃，热闹欢快，谁也没有累着谁。剩下的食物也一定都打包带回去，名曰“狗食包”（doggiebag），其实都是人吃的。

北美人的食文化，对我们也有一定的借鉴意义。

课程名称	汉语阅读	课程类型	初级汉语阅读课
任课教师	项英	指导教师	×××
授课日期及学时数	20××年×月×日 2学时（90分钟）	授课地点	教学楼×××
使用教材	《汉语阅读教程》第三册（彭志平编著，北京语言大学出版社，2010年8月第2版，2016年2月第7次印刷。）		
本课题目	第19课《“吃”在中国——小议食文化》		
教学对象	北京体育大学国际文化学院初级汉语培训班学生，掌握大概1500个词。全班共16人，来自俄罗斯、印度尼西亚、缅甸、越南、尼泊尔、巴西6个国家。		
教学内容	1. 课文《小议食文化》； 2. 与课文相关的课后练习； 3. 阅读微技能：主要涉及猜字和词、压缩句子提取主干、把握文章结构与层次。		
教学目标	认知领域	通过通读课文、分层阅读、分段阅读，既完成课后相关练习，又要求学生全面掌握文章主要内容，巩固语言知识，扩大词汇量。	
	技能领域	1. 通读速度达到每分钟220字左右，能够初步掌握文章主旨，从宏观上理解文章大意。 2. 在通读文章的基础上，分层次、分段落阅读，运用相关阅读微技能，理解文中主要信息，捕捉文中重要细节。速度每分钟200字左右，正确理解率85%以上。 3. 快速阅读速度每分钟200－400字，能够捕捉文中重要信息，正确理解率在70%以上。	
	情感领域	使学生对中国的饮食文化感兴趣，初步了解中国饮食文化与北美饮食文化的不同之处，有进一步了解中国文化和中西文化差异的愿望。	
	学习策略	培养和提高学生在阅读过程中运用阅读微技能的本领。	

<table>
<tr><td rowspan="2">教学重点与难点</td><td>教学重点</td><td>1. 整体阅读训练，通读文章，掌握文章主要观点和内容。
2. 略读，快速查阅相关信息。
3. 理解掌握地道（dào）、高血压、糖尿病、炖、煲、麦片、煎、腻等词语。</td></tr>
<tr><td>教学难点</td><td>阅读微技能训练：多种阅读微技能的综合运用。</td></tr>
<tr><td>教学方法</td><td colspan="2">1. 教师导读、提问、讲解、答疑与学生默读、回答问题、讨论相结合，突出阅读理解能力的培养与阅读微技能的训练。
2. 以教师为主导、学生为中心的启发式教学：教师通过图片、例句等引导学生理解字、词、句的含义，帮助学生建立图式，切实做到精讲。
3. 结合学生小组活动的任务式教学：课程中的一些题目由学生以小组合作的模式完成，以有效缓解语言水平较低的学习者的焦虑情绪，促进师生和生生间的互动，活跃课堂氛围。
4. 图式理论在教学中的运用：课程中教师引入图式理论，在阅读前引导学生激活旧图式，即学生已有的相关经历，在阅读中帮助学生完善旧图式，形成更加完整的新图式，旨在激发学生学习兴趣，循序渐进获取课文有效信息。</td></tr>
<tr><td>教具</td><td colspan="2">多媒体课件</td></tr>
<tr><td>教学过程</td><td colspan="2">第一学时（45 分钟）
一、组织教学（2 分钟）
（一）问候，宣布上课
（二）查看出勤
【教学说明】
向学生传达上课讯息，使学生注意力集中，进入教学状态。
二、复习旧课，检查作业（5 分钟）
检查第 18 课课外阅读的完成情况。
这是上节课布置的课后作业，要求学生在课下阅读，并完成课后的练习题。教师可以问答的形式，分别让不同学生读题目并说出答案，如果学生回答正确并且其他学生没有异议，可继续进行下一题。如果学生回答错误或其他学生有不同答案，教师再带领学生回答课文中，引导学生思考，最终找出正确答案。
【教学说明】
通过检查作业的方式，复习上节课所学相关内容，督促学生复习。
三、学习新课（35 分钟）
（一）阅读前准备（激活图式）
【教师行为】演示 PPT，引入本课内容。</td></tr>
</table>

第 19 课　小议食文化
猜一猜：看文章题目，猜课文内容。
A. 说说中国饮食文化。
B. 吃一吃中国菜。
C. 谈一谈中国饮食文化与其他饮食文化的不同之处。

【教师引导语】

请同学们看一看我们这节课的课文题目，猜一猜今天的课文会讲什么内容？文章题目的意思是什么？

【学生回答】

教师注意引导学生根据形符“讠”猜测“议”的意思，根据构词法猜测“小议”的意思。并讲解食与“吃饭”“饮食”等词语的联系。

【教学说明】

教师可根据本课内容，与学生进行问答互动或通过多媒体课件展示与课文内容相关的词语图片，引入本课话题。

【导入语】

大家喜欢吃什么菜？

喜欢吃中国菜吗？

你们觉得中国饮食与西方饮食有什么不同？你更喜欢哪个？为什么？

【教师行为】

展示 PPT，引出课文中相关的饮食。先出图片，让学生说出相应菜名，再显示文字，以活跃课堂氛围，增加师生和生生间的互动，自然引入课文话题。

【教学说明】

教师可通过提问互动引入课文的相关话题，了解学生的看法，同时通过多媒体课件展示课文中所涉及菜色的图片，使学生对课文内容有一个初步了解，为后面的阅读做铺垫。

阅读前的各项准备有其目的：一是可以帮助学生回忆、了解相关背景知识和课文中的部分主要内容，激活学生的旧有知识储备，为后期的教学打下基础；二是激发学生的阅读兴趣，集中学生注意力。

（二）根据提示问题，快速通读全文

【教师行为】要求学生默读课文并回答所给出的问题。

全文约1100字，6分钟之内通读完毕。读前可通过多媒体课件展示相关问题，问题应起到提示作用。

阅读问题：
1. 中国人为什么做菜很复杂？
2. 中国人怎样请客人吃饭？
3. 中国人平时怎样吃饭？
4. 北美人一日三餐怎样吃？
5. 北美人的食文化对中国食文化有什么影响？

通读后，学生回答PPT上所展示的问题，如果学生回答正确并且其他学生没有异议，教师在肯定答案后可继续进行下一题。如果学生回答有误或班级中有不同答案，教师可引导学生思考，找出正确答案，如该问题答案是后边的教学重点，教师也可巧妙设疑，暂时不给出明确答案。

【教学说明】

阅读中的首次通读尤为重要，是把握文章主旨和主要内容的好时机。在本环节中，教师不应让学生毫无目的地进行阅读，应为学生设计相应的阅读任务，以达到掌握文章大意的目的。该任务侧重对文章的整体把握，不宜要求学生读得过细，也没必要要求学生深入理解。

（三）第二次快速通读课文，完成课文分层任务

【教师行为】要求学生再次默读课文，并根据上一环节所得答案，将课文进行分层。

第一层：第1－2段——中国菜的现状。

第二层：第3－7段——中国食品做起来很复杂。

第三层：第8－10段——北美人在饮食制作上花费的时间比中国人少得多。

第四层：第11－14段——北美人的饮食文化内容。

第五层：第15段——北美食文化对于中国食文化有借鉴意义。

通读后，学生展示分层结果，如果学生回答正确并且班级内答案统一，教师可引导学生继续归纳层次大意。如果学生回答错误或有不同答案，教师应引导学生返回课文，启发学生进行思考，纠正错误分层，然后归纳层次大意。

在归纳层义过程中，教师注意引导学生在第二层和第三层两个主要层次上运用抓关键句概括层次大意的阅读微技能，帮助学生快速获取主要信息，并建立抓关键信息意识。

【教学说明】

由于文章较长，如在第一次通读后就马上进入分段阅读，会导致学生只重文章细节，不重结构层次，最终无法从宏观掌握文章逻辑关系，不能整体把握文章主旨。如按照层次阅读，学生在掌握细节的同时，也能够从宏观上把握文章主要内容。

（四）阅读课文第一层次，完成练习

默读第一层

任务：猜测词语“地道”“精致”“高血压”“糖尿病”和“肥胖症”的意思。

注意：教师应引导学生运用阅读中的猜词技能进行猜测。

“地道”与“精致”可结合上下文中的“几天几夜”和“里三层外三层”猜测大意，即非常好的，达到一定标准的。

“高血压”“糖尿病”和“肥胖症”可通过综合运用形符猜字义、偏正式构词法猜测出“糖尿病”和“肥胖症”是人类的疾病，再通过“猜测”“高血压”与二者并列，也是某种病症。

（临时板书：“疒”“月”“、”）

【教学说明】

第一层次的两段是文章的开篇，大致介绍了中国食文化的现状，是非重点层次，教师在学生已知层次大意的基础上，应侧重猜词技能的运用，帮助学生跨越障碍，快速理解文章。因是非重点段落，要求学生了解大意，扩充词汇量即可。

（五）阅读课文第二层次，完成练习

默读第二层

提问：

1. 中国的食品制作复杂在哪儿？（第 3 段）

猜测词义：

“炖”“煲”“缓缓地”

注意：

教师引导学生运用相关技能猜测词义，从而理解第三段内容。

“炖”“煲”可通过形符“火”猜测与火有关系，可能是一种烹饪方法。

“缓缓地”可通过“慢”“温”猜测出是“慢慢地”。

猜测词义后，学生自然可以理解中国饮食制作为什么是复杂的。

2. 中国人如何请客人吃饭？

注意：

教师需要引导学生总结第 4 段和第 5 段是中国人请客吃饭的两种情况：一是在外就餐；二是在家宴请。

填写表格：

	地点	复杂的原因
请客吃饭	在外	端菜师傅报菜名、主人招呼客人、主人敬菜
	在家	买菜、拣菜、洗菜、切菜、烧菜、上菜、敬菜

注意：

在第五段中，包含“买菜、拣菜、洗菜、切菜、烧菜、上菜、敬菜”非关键举例部分，教师应引导学生快速略读，且引导学生注意核心语素“菜”，并提示这些词皆采用动宾式构词法。

3. 中国人平时如何吃饭？——四菜一汤

【教学说明】

本环节重在事实和细节的理解，要求学生在通读的基础上，运用相关阅读微技能，理解文中信息，捕捉文章细节，完成练习。

四、总结（3 分钟）

（一）总结第一课时所学词语：“地道”“精致”“高血压”“糖尿病”“肥胖症”“炖”“煲”“缓缓地”。

（二）总结第一课时所运用的阅读微技能。

第二学时（45 分钟）

一、组织教学，宣布上课（2 分钟）

二、讲解新课（40 分钟）

（一）阅读课文第三层次，完成练习

默读第三层

1. 要求学生总结层次结构——总分结构。

2. 提问：第 8 段作为结构中的总起，哪个字最重要？——短

【导入语】“短”字最重要，第 8 段从总体上表述北美人花费在做饭上的时间很短。

3. “短”是如何体现的？

填写表格：

	时间	体现
短	早餐	吃饱就行
	午餐	在外面买
	晚餐	30 分钟就可以准备好

注意：

1. 本层次需要教师引导学生运用相关微技能猜测“麦片”“煎”“荤”“煮”“腻”的词义。

（1）“麦片”：通过基本语法结构 SVO 来推测，可从“吃”这一动词推测出“麦片”是一种食物。

（2）“煎”“煮”：可通过形符猜测出和“火”有关，结合文章主题可推测是烹饪方法。

（3）“荤”：通过“、”（顿号）结合上文“蔬菜”一词，可以推测出是一种食物，再通过同样的核心语素“菜”可猜测出“荤菜”与“蔬菜”是同一类别中的不同食物种类。

（4）“腻”：根据上下文语境可猜出是厌烦的意思。“餐餐吃汉堡包、三明治也不觉得－。”

2. 本层次需要教师引导学生运用相关微技能略去非关键部分，以缩短段落长度，降低理解难度，提高阅读速度。

（1）略去非关键举例部分：一小碗汤、主食、甜点、水果，再喝点儿咖啡或者茶。

（2）略去非关键引言部分：“不会做饭的，也可以去加拿大和美国的饭馆当厨师。”

【教学说明】

本层次中所涉及的阅读微技能较多，教师应适度予以引导。在课程中词语的学习以理解为主，只要理解词义即可，不要求学生会使用，因此，教师不宜过多讲解，也不宜花费过多时间采用造句、替换练习等课题练习方式，而应是引导学生通过阅读微技能猜测词义，旨在快速清除阅读过程中的障碍，提高学生阅读速度。

（二）阅读课文第四层次，完成练习

默读第四层

提问：

第一个问题：北美人的食文化是什么？

【导入语】

这一问题哪一段可以解答？

（答：第 11 段）

第 11 段的主题句是哪一句？

（答：在段尾，“北美人讲究的只是氛围、情调、方便，而并不在意烹调手艺的好坏。”）

注意：教师应引导学生运用寻找主题句这一阅读微技能，以快速获取第 11 段的有效信息。

第二个问题：北美人的精神文化如何？

（答：居世界领先地位。）

【导入语】

为什么居世界领先地位?

(该问题可引导学生全面掌握第 12 段。)

第三个问题:北美人到底有没有自己的食文化?

(答:北美没有自己的食文化。)

注意:该问题教师可通过寻找主题句微技能引导学生理解该段。

(三)阅读课文第五层次,完成练习

默读第五层

提问:北美食文化对于中国食文化有何影响?

(四)完成课后练习

1. 根据课文内容判断正误。

(1)有的中国菜需要花几天时间才能做好。(　)

(2)有高血压、糖尿病和肥胖症的人吃了中国菜病就好了。(　)

(3)中国菜一定要很多人一起做。(　)

(4)在中国餐馆吃饭还可以看戏剧表演。(　)

(5)中国家庭每餐都是四菜一汤。(　)

(6)北美人到中国餐馆吃饭一家人只要一个菜。(　)

(7)北美人的宴会是每个人带来一两盘菜,大家一起吃。(　)

(8)北美人宴会的剩饭带回家喂狗吃。(　)

2. 完成教材《汉语阅读教程》(第三册)书后练习第 201 页第 3 题:选择对下列句子的正确解释。

分别让不同学生读一遍题目,然后做出判断。如果判断正确,可以不讲或者略讲;如果学生判断错误,再带领学生回到课文,引导学生自行改正,并给出依据。

三、布置作业(3 分钟)

布置作业,展示 PPT 辅助说明

(一)教材《汉语阅读教程》(第三册)第 202 页第 5 题限时阅读四篇文章;

(二)请以国籍为分组依据,以小组合作形式完成该任务:

请查阅相关资料,介绍各自国家的饮食文化。下周上课做展示,应有 PPT 课件和文稿两部分。文稿字数在 100 字以上,打印、手写皆可。

【教学说明】

课后的四篇限时阅读都与本课主题相关,对于本课的重点词语和阅读微技能起到巩固和强化的作用。

布置查阅资料、展示成果这样的任务,既督促学生在课后学习,也扩大了学生的课外阅读量。

适当布置写的任务,提高学生的输出能力,一定量的语言输出对于强化所学的语言知识和阅读技能有很大帮助。

<table>
<tr><td>板书</td><td>第 19 课　“吃在中国”
课文：小议饮食文化
知识点板书　第一层：地道、精致
高血压、糖尿病
第二层：炖、煲
缓缓地
第三层：麦片、荤、腻
煎、煮
阅读技能：猜词、主题句、标志词、压缩

PPT 展示　（展示 PPT 内容）
临时板书　顿号</td></tr>
<tr><td>教学后记</td><td>1. 采用以学生为中心，教师为主导的启发式教学方法
在本次教学过程中，教师可通过图片、提示问题等引导学生理解字、词、句的含义，帮助学生独立建立和完善自身知识结构。在阅读过程中，注重引导学生独立思考，在做练习时，注重学生获取答案的依据，引导学生独立寻找做题依据，真正达到“既要知其然，又要知其所以然”的教学目的。
2. 培养学生正确的阅读习惯
教师要求学生在阅读过程中采用默读的方式阅读文章，不用手、笔尖等物体指读，遇到不会的汉字、词语鼓励学生依靠所学阅读技能猜测字义和词义，培养学生正确的阅读习惯。
3. 限定阅读时间
阅读课的一大教学目的即提高学生阅读效率。因此，为了让学生集中精力高效阅读，教师根据所讲课文难度限定阅读时间，要求学生在规定时间内完成教师所布置的教学任务，不能超时，对于阅读过程中遇到的难题，如运用阅读技能依然无法解决，且对阅读进程产生了较大影响，可要求学生做好记录，在阅读结束后提出。
4. 做好阅读前的准备活动
图式理论中，学习者已具备的旧图式对于后期新图式的建立或完善极为重要。阅读前的准备活动就是为了激活学生旧图式而存在的。本课中教师通过丰富的课前准备来激活旧图式，如图片、视频或与课文相关却难度较低的相关资料。阅读前的准备活动，帮助学生了解本节课所学课文的相关背景知识，激活学生的知识储备，为后期学习打下基础；另外，充足的准备活动激发了学生的阅读兴趣，引导学生在阅读过程中积极地进行思考。
不足：本次课程中，学生小组合作的活动较少。在今后的教学实践中，还应调整教学方法以获得更佳的教学效果。</td></tr>
</table>

本章思考与练习

1. 阅读教学经常不被汉语学习者所认识，认为每个人都会阅读，无需在课堂上花费过多时间，你认为应如何改进这种状况，让阅读教学发挥更大的作用？

2. 现今综合课的教学模式及教学过程对汉语技能课教学有着很大影响，汉语阅读课被上成汉语综合课的现象广泛存在，对于这样的现象你如何看待？应怎样转变阅读课的教学现状？

3. 一些汉语学习者在上过阅读课后，总会感觉阅读课上教师总是以完成课后练习题为首要任务，课上除了判断对错，勾选 ABCD 选项就没有别的内容了。你认为问题出在哪里？教师应如何改进自己的教学行为？

4. 部分汉语学习者认为在阅读课上所阅读的文章太具有针对性，不够接近真实的中国社会生活，一些表达方式在现实生活中也不经常被用到，因此即使上了阅读课，对后期的课外阅读也没有任何帮助，你如何看待这个问题？

5. 一些教师在阅读课上经常会布置一些书写作业，有时候学生不太能理解，感觉阅读课只要可以读懂文章就可以了，不用书写文章，这样的作业是浪费时间，对于阅读没有帮助。你觉得教师有必要让学生做此类输出性练习吗？

6. 在初级阅读课教学中，学生经常用手指指着文章中的汉字进行阅读，认为这样可以集中精力，且阅读的准确率更高。你认为这样的阅读习惯正确吗？如何培养学生正确的阅读习惯？

7. 一些汉语学习者认为在阅读课上很无聊，教师总是一直在讲，学生的参与度很低。如果你是汉语教师，应采取怎样的教学方法来改进这样的课堂状态。

本章资料拓展

资料一：阅读教学的目标

语言学习的目标和技能培养的目标在阅读教学中并不是截然对立的。阅读教学的目标，可以概括为：通过强化复现提高阅读理解能力，培养阅读策略和技巧，通过阅读全面提高学生的语言水平。

1. 大量阅读，强化复现，提高阅读理解能力。

阅读理解是一种语言实践能力，是对所学语言知识的实际操练过程。阅读包括识别和理解两个阶段。所谓识别就是对单词、语义和语法信息的辨认和加工，而理解是对这些信息进行处理，从而重建意义。这两个过程互相交叉，并且相互影响。通过阅读，学习者可以提高阅读速度，缩短识别阶段所耗费的时间，使其达到自动化的程度，这样才能快速高效地理解和吸收所读的内容。

2. 训练阅读策略和技巧，提高阅读技能。

阅读能力可以通过技能训练得到提高，阅读理解技能可以分为内容预测、概括要点等更小的微技能。阅读理解的微技能被认为是阅读能力的不可或缺的组成部分。例如，在阅读过程中如果遇到了生词，教师可以引导学生先进行猜测，而这种猜测是有具体方法的，在实在无法猜出词义的情况下再去查字典。当然，有时遇到生词，也可以跳跃这一障碍，只要抓住要点就可以了。这些猜测生词、跳跃障碍的技巧等都可以帮助学生更有效地阅读。有的阅读教材就是专门针对阅读微技能进行训练的。

需要注意的是，我们要处理好阅读技巧在阅读课中的地位。阅读量是提高阅读能力的根本保障，只靠训练阅读技巧而没有足够的阅读量是不行的。（陈贤纯，2008）

3. 巩固和学习语言知识，提高语言综合运用能力。

学生在精读课上学习的语言知识，需要理解、印证、记忆等过程才能真正掌握。阅读文字材料的过程就是加深理解、进行印证的过程，而且在阅读过程中，常用的词语和常见的句式会反复出现，有助于加强记忆，同时，汉语的语篇结构特点也得到了强化。

通过阅读，学习者可以学习到新的语言知识，尤其是新的词语和表达方式。同时，以提高语言综合运用能力为阅读目标的教材在阅读基础上设计了语言点学习和口头及书面表达任务，着眼于通过阅读这种输入方式来学习新知。

——吴中伟．汉语作为第二语言教学——汉语技能教学［M］．北京：外语教学与研究出版社，2014：190－191．（略有删减）

资料二：阅读教学的基本环节

阅读教学可分为读前、读中和读后三个环节。

在读前环节，主要任务是激活图式和明确教学目标。

激活图式的途径包括：围绕文章标题，让学生对课文内容进行预测；教师通过提问的方式，引导学生思考、讨论相关话题；当学生背景知识匮乏时，教师可以作为信息提供者，介绍相关知识。通过这些手段，不仅在背景知识方面帮助学生做好了准备，同时也让学生初步接触文章中的关键词语和表达方式，扫除语言障碍，为顺利理解文章做好了铺垫。有时，还可以针对本次阅读教学的重点技能训练目标，做一些专题性的技能训练，如抓标志词、猜词、划分意群等。

在读中环节，要控制学生的阅读过程。一般来说，对阅读材料内容的理解应从抓住大意到掌握细节，逐步深入。第一遍略读，掌握文章大意；第二遍通过查读掌握主要细节；第三遍重点阅读，解决难点。在每遍阅读之前，教师可事先提出问题，让学生带着问题有针对性地阅读。

读后阶段的任务，包括分析语篇结构、学习新词语、评估阅读过程。重点在于通过多样化的手段，加深学生对于文章中重点词语、结构和表达方式的印象，并结合说和写的输出性活动，强化对新的语言现象的习得。

上述三个环节，第二个环节是核心，第一和第三个环节不是必有的。如前所说，在阅读教学中，对于不同阅读材料的处理，要有主有次，有详有略。有的阅读材料，重在训练阅读速度和掌握文章大意，就不必读得太细，读后也不必有输出性活动。个别特别有教学价值的关键词语，可在阅读中结合内容加以凸显，如，可以让学生读一遍该词所在的句子，或结合学生对于理解性问题的回答加以强调。

——吴中伟．汉语作为第二语言教学——汉语技能教学［M］．北京：外语教学与研究出版社，2014：202－203．（略有删减）

资料三：阅读技巧训练

很多人在谈到阅读训练时，常常强调要训练阅读技巧，认为这对提高阅读能力很重要。

现在人们所说的技巧通常有这样几种：

根据上下文猜测生词的意思

根据上文猜测下文的意思

根据下文猜测上文的意思

通过标题指出文章和段落的主要意思

通过文章的结构图式迅速找到文章的主题

掌握以意群为单位的技巧，迅速分解句子，理解大意

……

阅读课的教师如果心中能想到这些，无疑是非常好的，这样就会在教学中有意地指导学生运用这些技巧。这些技巧有的可以在阅读课文时进行训练，例如遇到不认识的词，教师不要急于讲解，先让学生猜测，如果猜测有困难，教师再引导学生怎么去猜这个词，告诉学生有什么线索，最后才点明这个词的意思；有的可以编写专门的练习，每一个句子中放一个不认识的词，让学生根据上下文猜测这个词的意思，用多项选择的方法做练习。

仔细看看我们周围的人，会发现人们的母语阅读能力也是不同的。有的人读得快，有的人读得慢；有的人理解得好，有的人理解得不好；有的人喜欢阅读，有的人不喜欢阅读。再进一步考察就会发现，读得快、理解得好的人都是喜欢阅读、常常阅读的人。很明显，他们的阅读技巧是在阅读实践中自己发展起来的，并没有人去训练他们的阅读技巧，读多了自然就形成了各种技巧。所以阅读量是提高阅读技巧的根本保证，我们不应该把阅读技巧与阅读量的关系搞颠倒了，以为只要训练了阅读技巧就能形成熟练的阅读能力，实际上只靠训练阅读技巧而没有足够的阅读量是不行的。相反，只要有足够的阅读量，不训练技巧也是可以的。当然，作为阅读教学，对技巧作适当的指点与训练也是必要的，这有利于提高教学效率。

——陈贤纯．对外汉语阅读教学16讲［M］．北京：北京语言大学出版社，2008：96－97．（略有删减）

资料四：阅读课教学中常见的问题

（一）将阅读课上成了综合课

在阅读课上大讲生词或语法；讲完后还要串讲课文；讲完课文后还要有说的操练。与综合课的讲法没什么两样。阅读课应以书面语言和篇章结构知识为重点，还要逐步培养学生快速阅读的能力。

（二）忽视阅读技能的培养

只重视课文内容的理解，不重视阅读技能的训练和培养。学生读完课文后，教师就内容提问，若学生答对了，就算完成任务了。这种阅读教学对培养学生的阅读技能只能是事倍功半。

（三）缺乏必要的读前指导

阅读的语料往往与一定时期的社会文化背景密切相关，尤其是作品写作年代距当代较远的，教师应给予必要的读前指导。

（四）不能及时更新语料中过时的部分

如某些报刊阅读教材是20世纪90年代出版的，其中关于中国旅游业、禁毒、网络、中国经济等方面的数据已发生了巨大的变化。可教师还是用课文中早已过时的数据，而没有及时更新。

——黄晓颖．对外汉语课堂教学艺术［M］．北京：北京语言大学出版社，2008：174.

资料五：汉语阅读技能训练的层次

阅读技能训练有一定的层次性，我们主要从以下几个方面把握。

一、语言理解的层次

学习者理解能力包括对字、词、句、段落、篇章等各个层次的理解。其中理解篇章是阅读的核心。虽然在训练阅读能力的时候，我们可以按照理解字、词、句、段落、语篇的程序来进行单项训练，但理解字、词、句的最终目的是理解篇章。因此，在进行阅读技能训练时，应把训练理解篇章能力放在首位。

二、阅读材料的层次

阅读材料应难度适宜，过难或过易都不利于学生学习。最常见的问题是阅读材料难度过大，学生耗费时间很多，仍然理解不了，这样既影响学习的效果，又打击学生的学习热情。

生词的数量和句子的长度是衡量阅读材料难度的基本指标。一般认为合适的阅读材料，其生词量在2%－5%之间；句子的长度按100个词语中含有多少个句子来判断。句子少，说明句子长，也就是说语法结构相对复杂。文章的文化背景也不能太复杂。

文章的篇幅，初级一般100－120字，然后逐渐增加到400字、800字甚至更多。初级水平的阅读速度，可以从80－100字/分开始，逐渐提高至100－120字/分；中级的起点为100－120字/分，以后逐渐提高至120－150字/分。依此类推、相互衔接，高级水平最后可达到180 – 200字/分，比较接近母语使用者的阅读速度。快速阅读时要求会更高一些。

三、阅读方式的层次

根据不同的阅读目的和速度，阅读方式一般分为精读和泛读两种。精读（也称细读）指细细研读，它是一种综合性的语言能力训练，既要求理解的准确和正确，也要求一定的速度。理解的内容包括材料的主要信息和细节信息两个方面，还肩负一定的学习字、词、句的任务。以上的速度说明也主要是针对精读而言的。泛读主要包括通读、略读（或称粗读、掠读）、查读（或称寻读、查阅）几种形式，主要指快速阅读。通读的目的常常是欣赏小说等文学类作品，我们在课上不多练习，可布置成课外作业。在课上我们主要训练快速略读，要求学生获取主要信息、概括文章大意或中心思想；快速查读，寻找所需要的信息等。

——赵金铭．汉语可以这样教——语言技能篇［M］．北京：商务印书馆，2006：109 – 110.（略有删减）

本章参考文献

[1]崔永华,杨寄洲．汉语课堂教学技巧[M]．北京:北京语言大学出版社,2002.

[2]李晓琪．对外汉语阅读与写作教学研究[M]．北京:商务印书馆,2006.

[3]翟艳,苏英霞,戴悉心．汉语可以这样教(语言技能篇)[M]．北京:商务印书馆,2006.

[4]黄伯荣,廖序东．现代汉语(上册)[M]．北京:高等教育出版社,2007.

[5]黄伯荣,廖序东．现代汉语(下册)[M]．北京:高等教育出版社,2007.

[6]彭志平．汉语阅读课教学法[M]．北京:北京语言大学出版社,2007.

[7]杨惠元．课堂教学理论与实践[M]．北京:北京语言大学出版社,2007.

[8]陈贤纯．对外汉语阅读教学16讲[M]．北京:北京语言大学出版社,2008.

[9]黄晓颖．对外汉语课堂教学艺术[M]．北京:北京语言大学出版社,2008.

[10]周小兵,张世涛,干红梅．汉语阅读教学理论与方法[M]．北京:北京大学出版社,2008.

[11]卢华岩．对外汉语课堂教学行为的理论与实践[M]．北京:北京大学出版社,2011.

[12]徐子亮．欧美学生汉语阅读教学研究[M]．北京:北京大学出版社,2013.

[13]周健．汉语课堂教学技巧325例[M]．北京:商务印书馆,2013.

[14]丁安琪,安然,等．我的课堂活动设计笔记(语言技能篇)[M]．北京:高等教育出版社,2014.

[15]翟艳．国际汉语教学读写教学方法与技巧[M]．北京:北京语言大学出版社,2014.

[16]崔希亮,陈贤纯．对外汉语读写课课堂教学研究[M]．北京:北京语言大学出版社,2015.

[17]中国科学院语言研究所．现代汉语词典[M]．北京:商务印书馆,2015.

[18]中国科学院语言研究所．新华字典[M]．北京:商务印书馆,2016.

[19]吴晓露．阅读技能训练——对外汉语泛读教材的一种模式[J]．语言教学与研究,1991(1).

[20]谢世涯,苏启祯．认字辩词与阅读理解能力[J]．语言教学与研究,1992(4):128 – 140.

[21]刘颂浩,林欢．阅读教学中的若干问题[J]．语言教学与研究,1996(1):108－117.

[22]孔凡富,陈士法．词义猜测理论与实践探讨[J]．外语教学,1998(2):61－65.

[23]刘颂浩．阅读课上的词汇训练[J]．世界汉语教学,1999(4):12－23.

[24]刘颂浩．关于在语境中猜测词义的调查[J]．汉语学习,2001(1),45－49.

[25]赵福利．关于阅读中词义猜测策略的探讨[J]．解放军外国语学院学报,2002(25):74－77.

[26]江新,房艳霞．语境和构词法线索对外国学生汉语词义猜测的作用[J]．心理学报,2012(44):76－86.

[27]周之畅．对外汉语教材中言外之意现象的考察[J]．语言应用研究,2013(9):99－103.

[28]王犹男．任务型教学在留学生中级汉语阅读课程中的应用[J]．语文建设,2015,10(4):17－18.

[29]董如银．韩国留学生汉语阅读猜词所用知识及其使用顺序的考察[D]．北京:北京语言大学,2007.

[30]高杰．从技能训练的角度考察中级对外汉语阅读教材练习的编写[D]．上海:华东师范大学,2010.

[31]刘海兵．基于语篇分析的对韩汉语中级阅读教学设计[D]．济南:山东大学,2011.

[32]黎氏碧红．中级汉语阅读课语篇教学设计[D]．上海:华东师范大学,2011.

[33]王丹丹．初级汉语阅读微技能教学方法研究[D]．武汉:华中师范大学,2011.

[34]白雪．英语国家留学生中级汉语阅读课教学策略研究——以认知心理学为视角[D]．沈阳:沈阳师范大学,2015.

第五章

写作课教学

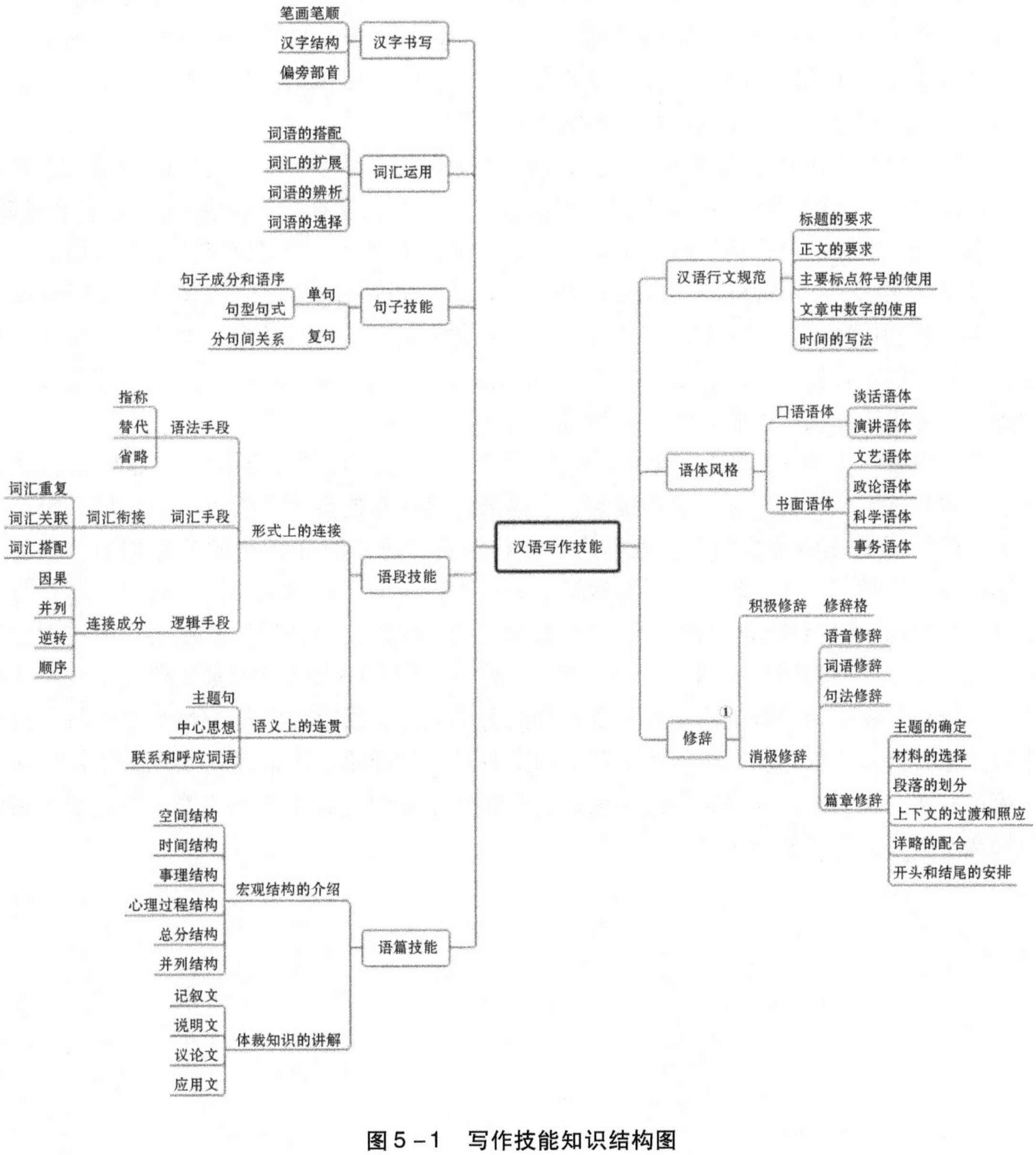

图 5－1　写作技能知识结构图

① 借用了陈望道《修辞学发凡》中有关修辞分类的理论，并且根据汉语学习者写作中常见偏误做了一些补充。

写作课的性质是指导外国留学生（汉语学习者）综合运用汉语的字词句及标点符号等诸方面的知识，提高书面表达能力的实践课。① 相比汉语作为第一语言的写作教学而言，第二语言的写作教学内涵更广泛，主要有以下几个方面的任务：提高学生的书面表达能力，全面提高学生的语言水平，训练学生使用汉语思维。根据语言学习和语言教学的客观规律，现在一般都把第二语言的写作教学过程分为初级、中级和高级三个阶段，每个阶段的训练内容都有一定的侧重点。

在初级阶段，由于学习者在汉字书写、词汇、语法、标点符号的使用等方面都存在较大困难，所以教学活动要以语言的操练为基础，通过写作教学巩固并扩展学习者的语言知识，训练基本写作技能。因此，在初级阶段，写作技能主要包括汉字书写、词语使用、句子写作、标点符号的使用以及简单应用文的写作等。

汉字书写是写作要过的第一关。“对外汉语教学中的汉字教学是指：以外国人为对象的，以现代汉字为内容的、用外语教学方法进行的、旨在掌握汉字运用技能的教学活动。汉字教学的根本目的是讲清现代汉字的形、音、义，帮助学生读写汉字，学习汉语，掌握汉语的书面语。”② 汉字教学不仅帮助学生了解汉字的间架结构，记忆汉字，减轻对汉字的恐惧和抵触情绪，而且为书面表达打下坚实的文字基础，提高学生对汉字乃至汉语的兴趣，因此它的重要性是不能忽视的。《体验汉语·写作教程初级 1》将汉字的笔画、书写规则、偏旁也作为教学内容，纳入写作教学之中。

第二语言写作教学的核心就是培养学生的语篇表达能力。“写作本身产生的就是语篇，而语篇本身并不代表句子和句子的堆砌，它是通过衔接和连贯等手段将语句组成逻辑严密的语言整体。”③ 在中高级阶段，教学内容要将语言操练和写作策略的培养相结合。写作教学围绕词语教学、句子教学和语篇教学三方面进行。词语教学主要针对词语在语篇衔接手段中的应用，包括表示时间的词、表示处所的词、代词、同义词等的使用。这些词在语篇中承担着重要的作用，有利于语篇的衔接与连贯。句子作为语篇的重要单位，在写作教学中比较受重视，句子教学集中在句子之间的各类关系。语篇教学是对整个语篇写作进行指导，主要涉及语篇体裁知识的讲解和语篇宏观结构的介绍。语篇体裁知识主要指如何写一篇记叙文、说明文、议论文、应用文，包含哪些主要内容及文体特点等。语篇宏观结构包括文章的结构安排和行文顺序。

---

① 杨惠元．课堂教学理论与实践［M］．北京：北京语言大学出版社，2015：266.

② 卞觉非．汉字教学：教什么？怎么教？［J］．语言文字应用，1999（1）：71.

③ 濮擎红．对外汉语写作教学中常见问题及对策［J］．中国电力教育，2010（18）：97.

第一节　初级写作课技能

示例一　词语排序有规则

（一）教学目标

1. 掌握汉语基本语法结构；
2. 提高词语组合能力，即语序排列能力。

（二）教学重点、难点

1. 教学重点

掌握汉语基本语法结构；提高词语组合能力，即语序排列能力。

2. 教学难点

根据提供的信息，使用正确的语法结构完成句子。

（三）教学前准备

1. 知识准备

学过简单的疑问句、陈述句、感叹句；掌握了汉语基本语法结构，具备一定的词汇量和表达单句的能力。

2. 教学材料准备

教学 PPT、教学图片，20×20 方格稿纸（学生）。

（四）教学过程

1. 导　入

词语——名词短语练习

教师展示几组词语，要求学生将各组词语排序，形成一个短语。

①书　新的　从图书馆借的　汉语　一本

②手提包　一个　LV　红色的

③运动服　短袖　一件　蓝色　孩子的

教师讲解：在汉语中，如果一个中心语前有多个定语，这些定语并不是可以随便叠加在一起来修饰中心语的。多层定语语序排列基本规则是限制性定语在描写性定语之前，从离中心语最远的词语算起，其一般顺序为：a. 表示领属关系的词语 > b. 表示时间处所的词语 > c. 指示代词或者数量短语 > d. 动词性词语 > e. 形容词性短语 > f. 不带“的”的质料、属性等的形容词、名词等。从逻辑的角度来说，跟中心语关系越密切的定语越靠近中心语。例如：

这是一张从报上剪下来的彩色照片。（c > d > f）

他的那件刚买的羊皮大衣也拿来了。（a > c > d > f）

我有一件非常漂亮的丝绸衬衫。（c > e > f）

他就像木屋后面那条碧玉般清澈的山溪。（b > c > e > f）①

2. 讲　练

教师布置题目，要求学生将打乱顺序的词语重组成一个合乎语法规则且语义完整的句子，这个环节训练学生对汉语语句结构的把握。

①合租了　公寓　那几个年轻人　一套

②小船　上　一　河　条　有

③蛋糕　太　甜　这种　了

④这个月　一万多　块钱　花　了

⑤是　帮助别人　一件　快乐的事情

⑥没有　会议　还　结束　呢

⑦她的　汉语水平　得　很快　提高

⑧详细　设计得　很　方案

教师可以事先展示汉语句子的基本结构，并讲解汉语句子的六种成分，即主语、谓语、宾语、定语、状语、补语。初级阶段书写练习不宜太难，以动词谓语句和形容词谓语句为主，其他特殊句式在中高级阶段涉及。

（定语）主语｜｜［状语］谓语中心语 <补语>（定语）宾语中心语

在学生做完练习之后，教师讲解词语排序技巧：

技巧一：牢记汉语基本结构。

技巧二：确定句子的主干（主谓宾）。

如：合租了　公寓　那几个年轻人　一套

“年轻人”是名词，充当句子主语，“合租”为动词，充当谓语中心语，“公寓”为名词，充当句子宾语中心语。

技巧三：明确定语和中心词的修饰关系。

---

① 资料和例子选自齐沪扬．现代汉语［M］．北京：商务印刷馆，2007：386 – 387.

如：她的　汉语水平　得　很快　提高

“她的”表示领属关系，修饰“汉语水平”这个中心语，“汉语水平”充当句子的主语。

技巧四：通过助词来判断定语、状语、补语，而后确定其位置。

如：详细　设计得　很　方案

“详细”为形容词，充当句子的补语，在动词“设计”的后边，通过助词“得”连接起来。

教师可以教给学生一个口诀帮助学生判断句子成分。

主谓宾，定状补，主干枝叶分清楚。

主干成分主谓宾，枝叶成分定状补。

定语必居主宾前，谓前为状谓后补。

状语有时位主前，逗号分开心有数。

还有助词来区分，的定地状得字补。

技巧五：画句子结构图加深记忆。

主谓句是汉语句子中最简单、最常见的结构形式，要记住一个句子的主谓宾定状补成分，只需记住“谁（什么）做什么”和“怎么做”两个问题。

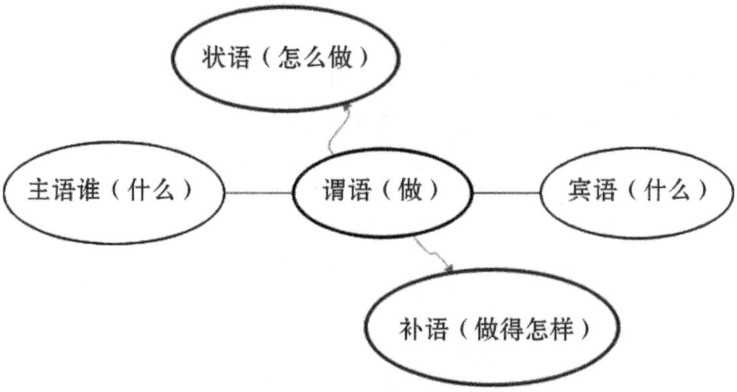

图 5－2　句子结构图

句子练习答案：

	（定语）	主语中心语	［状语］	谓语	<补语>	（定语）	宾语中心语
①	那几个	年轻人		合租了		一套	公寓。
②		河上		有		一条	小船。
③	这种	蛋糕	太	甜了。			
④		这个月		花了			一万多块钱。
⑤		帮助别人		是		一件快乐的	事情。

续表

	（定语）	主语中心语	［状语］	谓语	<补语>	（定语）	宾语中心语
⑥		会议	还	没有结束呢。			
⑦	她的	汉语水平		提高得	很快。		
⑧		方案		设计得	很详细。		

3. 活　动

活动一：对号入座

教师提供一组练习（10个句子为宜），要求学生将句子后括号内词语填在句子中适当的位置，并计时比赛，看谁完成得又快又准确。如：

①她②看③书④。　（在教室　认认真真地）

①他②学习③汉语④。　（努力地）

①我的妹妹②是③一个④孩子。（聪明的）

①大卫②学习③汉语④了。（很长时间）

活动二：看图写话①

教师要求学生根据图片信息写句子，要求句子通顺，语义完整。

（1）看图写疑问句，注意句子末尾的问号（？）

参考句子：

他是谁？

她是张红吗？

现在几点？

你去哪儿？

你几岁了？

你是哪国人？

这个菜好吃不好吃？

你作业做完了吗？

这是谁的书包？

（2）看图写陈述句，注意句子末尾的句号（。）

参考句子

我喜欢喝茶。

他们第一次见面。

① 图片选自邓秀均，陈作宏．体验汉语写作教程（初级1）［M］．北京：高等教育出版社，2007：58－61.

我有一本汉语词典。
公园风景真美。
这个孩子真可爱。
这个商店的衣服真贵。
他正在练习打太极拳。
她正在用电脑工作。
这双女士凉鞋真漂亮。
她非常高兴。
(3) 看图写感叹句，注意句子末尾的感叹号（!）
这条裤子真贵!
这儿的风景真美啊!
这么晚了，他还在学习，真努力啊!
雨下得真大!
这张试卷真难!
这个男人真浪漫!
(4) 看图写句子，注意句中逗号的用法（,）
参考句子
这是我的妹妹，她很可爱。
王静是一个大学生，在北京大学学习。
他们在一起吃饭，聊得很开心。
这件衣服的价钱是880元，比其他衣服贵。
因为喜欢学习汉语，所以他买了一本汉英词典。

二、示例小结

初级阶段的写作侧重于字、词、句的练习，可为语段和篇章的写作打下坚实的基础。本示例从多个定语的排列顺序入手，然后，用连词成句的形式训练学生对汉语句子结构的把握，最后，通过看图写话进一步巩固学生的语言组织和表达能力。本示例参考了HSK考试书写部分看图写话、连词成句的形式，从实战入手，既提高了学生表达能力，又帮助学生巩固了知识点，熟悉了考试题目类型，一举三得。关于句子的考查，中高级阶段还会涉及其他语法点，如双宾语、连动句、祈使句、兼语句、把字句、被字句、比较句、感叹句、是字句、存现句等。

针对句子，还有很多其他练习形式，如模仿造句、扩展句子、句式转换、修改病句等。在综合课和其他课型中，教师也经常采用造句的形式考察学生对词语的掌握和理解情况。在写作课中，造句主要是为了培养学生的书面表达能力。造句实现了语言由词到句的飞跃，但其中包含的内容远不止于此。它在关注了语言形式的同时也对语言的内容提出了一定的要求。学习者利用头脑中已有的语言知识，将词汇按照一定的顺序进行组合排列，同时还需兼顾句子所表达的内容信息以及句子与使用环境的匹配程度，是一项综合性较强的语言练习形式。

三、任　务

任务一：收集学生在日常练习或者写作中常见的句子语序错误，并归类，为以后教学提供语料。

任务二：收集国际汉语写作类教材中有关句子练习的题型供教学使用。

示例二　便条格式要求多

一、示例实施

（一）教学目标

1. 便条的格式规范及语言特点；
2. 会写格式规范的便条，语言表述准确、清晰且有逻辑。

（二）教学重点、难点

1. 教学重点

请假条、留言条的格式规范及语体风格。

2. 教学难点

能够准确表述，建立汉语书面语意识。

（三）教学前准备

1. 知识准备

学生掌握了汉语基本语法结构，具备一定的词汇量和表达单句的能力。

2. 教学材料准备

教学 PPT、教学图片，20×20 方格稿纸（学生）。

（四）教学过程

1. 导　入

教师布置任务：要求学生将下列词语分为“生病”和“有事”两类。

感冒　接朋友　搬家　咳嗽　肚子疼　送人　发烧　办手续 头疼　受伤　陪父母　拉肚子　办签证

学生归类。教师接着提问：你请过假没有？为什么请假？在你们国家，如果不能来上课，应该怎么请假？你会写请假条吗？教师进而引出病假条和事假条这两个文种。

教师可以使用教材[①]“热身练习”的图片或者自行准备一些图片（跟请假的原因有关），然后组织学生用简短的语言表达图中的信息。

2. 讲　练

（1）格式讲解

教师先准备两份格式规范的请假条，逐条讲解请假条的写作规范，提醒学生注意格式要求。

事假条[②] 尊敬的教师： 　　今天我妈妈来上海，我要去机场接她。请假一天，请您批准。 　　此致 敬礼 学生：王小朋 5 月 6 日	第一行居中写请假条的名称。 第二行空一行再写正文。 第三行顶格写收信人的称呼，加冒号。 第四行空两格开始写正文。请假条正文结尾常用“望批准”“批准为盼”等词语。 正文后另起一行空两格写“此致”，另起一行顶格写“敬礼”。 右下方署名 日期写在名字下方。

① 陈钰．拾级汉语写作课本（第 3 级）［M］．北京：北京语言大学出版社，2014：36.
② 陈钰．拾级汉语写作课本（第 3 级）［M］．北京：北京语言大学出版社，2014：40.

<table><tr><td>
请假条[1]

张教师：

您好！对不起，我今天感冒了，身体很不舒服，发烧、咳嗽、嗓子很疼，不能去上课。我想请一天假，希望您批准。

安娜
×年×月×日
</td></tr></table>

（2）“读后写”练习

教师布置任务，要求学生阅读下面留言条，然后根据留言条内容写一则请假条。

乐乐：[2]

今天我妹妹病了，我得带她去医院。下午的写作课我不能去上了，我写了一张请假条，请你帮我转交给教师。上次写作课的作业请你帮我带回来，这次的作业你明天告诉我吧。谢谢！

王小朋
×年×月×日

教师提供一个框架，帮助学生复习格式要求。

<table><tr><td>
请假条

________：

今天，____________，所以，我不能来上课，特请假一天，____________。

此致

____

（署名）____________
（日期）____________
</td></tr></table>

---

① 邓秀均，陈作宏. 体验汉语写作教程（初级 1）［M］. 北京：高等教育出版社，2007：117.

② 陈钰. 拾级汉语写作课本（第 3 级）［M］. 北京：北京语言大学出版社，2014：41.

3. 活动与游戏

活动一：看图写作

教师提供两张图片，要求学生合理想象，模仿例文，写一则请假条。

图 5－3 活动与游戏展示图

活动二：情境写作

教师先朗读一段文字，然后要求学生根据这段文字，写一则留言条。建议用时 15 分。

今天下午 1：30 你要参加学校的运动会，不能陪你的中国朋友小王去超市了，你去找小王，可是小王不在家，电话也关机，请你给他写一则留言条。

活动三：点石成金

教师收到了一个请假条，是这样写的。请你帮忙修改一下。

我嗓子疼死了，能不能不上课？教师，真的很对不起……

二、示例小结

在写作教学中，文化背景知识也是教学内容之一。在提高学生语言运用能力的同时，也要帮助学生了解目的语的表达习惯以及中国人的一般思维方式。我们在教学实践中发现，有的学习者学习汉语多年，词汇量和语法知识都掌握得比较充分，但不会写规范的请假条。所以第二语言写作教学中，教师应引导学生了解文化背景，在思维表达习惯上与目的语及其文化“接轨”，进行得体的书面表达，完成书面交流。

本示例是“交际法”在教学中的体现和应用。“交际法”的宗旨是让学生的语言输出行为具有交际价值，比较关注写作目的和对象。教师设置的写作任务、安排的训练项目，应结合汉语学习者的校园生活，考虑他们的实际需求。特别在初级阶段，因刚刚接触写作，内容不宜过难，以模仿写作为主，学生“依葫芦画瓢”。

三、任　务

应用文的种类很多，请设计“寻物启事”或者“招领启事”的教学示例。

示例三　书面意识要培养

一、示例实施

（一）教学目标

1. 掌握一些表格中常用词汇，快速识别表格传递的信息；
2. 了解表格常用的结构、项目内容及填写注意事项。

（二）教学重点、难点

1. 教学重点

了解汉语表格常用的结构、项目内容及填写注意事项。

2. 教学难点

体会口语和书面语的区别。

（三）教学前准备

1. 知识准备

掌握了汉语基本语法结构，具备一定的词汇量和表达单句的能力。

2. 教学材料准备

一张校园卡，生活中常用表格单据（如申办银行借记卡的申请表、快递单等），教学 PPT。

（四）教学过程

1. 导　入

教师问学生：在中国什么时候要用汉语填写表格？你用汉语填写过哪些表格？

汉语学习者，特别是初学者，在生活中往往会遇到一些困难，如银行申请借记卡，去营业厅办手机卡……因语言积累有限，不太了解书面语和口语的区别，往往看不懂表格或者不会填写。为了扫除这些生活中的“拦路虎”，帮助学生解决实际困难，教师可找一些生活中常用的表格，让学生试着填一下，体会书面语和口语的区别。

2. 讲　练

（1）我问你答

教师用一张校园卡，根据卡片提供的信息，向学生提出一些问题。

这个人叫什么名字？

他是哪个学院的？

他的专业是什么？

他的学号是多少？

教师提供一张快递单，根据单据信息，向学生提出一些问题。

这个包裹寄的是什么东西？

这个包裹是谁寄的？

这个包裹要寄到哪里？

如果我们要找某某，应该打哪个电话？

通过问答练习，让学习者学会从常用表格中提取有用信息，并且熟悉一些表格常用词语：姓名、院系、专业、学号、包裹、收件人、寄件人等。

（2）表格闯关

在教师的引导下，再次回顾表格的写法。教师可为每位学生提供一张表格，让学生根据自己的信息，独立完成表格。（表 5－1）

表 5－1　个人信息表

姓名		性别		出生年月	
国籍		年龄		护照号码	
院系		学号		手机号码	
住址		职业		邮箱地址	
专业		爱好		特长	

教师提问，表格中常常出现一些书面词语，在口语中我们一般怎么问？

例如：

姓名　你叫什么名字？

国籍　你是哪国人？

性别　你是男的还是女的？

住址　你住哪儿？

出生日期　你是哪年哪月哪日出生的？

年龄　你多大了？

职业　你是做什么工作的？

专业　你是学什么的？

爱好　你喜欢玩什么？

通过这个问答练习，让学生体会书面语和口语的区别，更好地掌握应用文的语体风格，建立汉语书面语意识。教师布置任务，要求学生收集常用表格中的词语，制作一个词语汇总表，不明白的词语互相讨论。（表 5－2）

表 5－2　常用表格词语汇总表

学生证	国籍　性别　姓名　年龄　联系方式　出生日期　地址　院系　专业　学号
账单	金额　单价　总额　总计
包裹单	包裹　寄件人　收件人　邮政编码　签字　保价　品名　数量　单位名称 详细地址　快递单号　目的地　始发地　到付
银行单据	开户银行　账号　密码　金额　证件类型　银行卡号　证件号码　（人民币）大写 信用卡　借记卡　零存整取　网上银行　手机银行

3. 活动与游戏

<u>活动一：制作同学录</u>

在教师的组织下，班级每个学生做一段自我介绍，要包含姓名、年龄、国籍、爱好等，要求其他学生在听的同时做好记录，根据同学提供的信息，每人制作一份班级同学录，或者课后写一篇介绍班级同学的小短文。（150 字左右）

<u>活动二：情景模拟</u>

教师提供一张银行借记卡申请表格，两个学生一组，一个模仿银行职员，一个模仿客户，完成一次申领银行借记卡的任务。

二、示例小结

在日常生活和学习中，人们要和各种各样的表格单据打交道，如燃气费账单、手机账单、快递单、学生登记表、银行借记卡申请表等。在处理表格单据时需要掌握一些知识、方法和技巧，还要掌握一些专用词语。专用词语属于书面语。

写作是一种高层次的表达，准确使用书面语也是汉语写作不断追求的目标之一。教师应该引导学生熟悉和掌握书面语体，了解书面语在表达上具有简洁、规范的特点。为了让学生体会口语体和书面语体的区别，教师可以采用两种语体互相转换的方法，培养学生书面语意识。

三、任　务

任务：教师收集学生平时习作中口语化严重的句子，设计一组练习，让学生修改为规范的书面语，并体会其不同的语体风格。通过口语、书面语的转换练习，引导学生体会不同的表达方式会有不同的表达效果。如：

修改前：汽车是一种东西，让我们的生活方便。

修改后：汽车是一种能让我们生活更方便的交通工具。

修改前：杭州是旅游的好地方。

修改后：杭州是旅游胜地。

示例四　叙述有中心，语义才连贯

一、示例实施

（一）教学目标

1. 能够围绕一个主题句或者中心思想写语段；学会省略、替代、指称的语法手段；
2. 提高学习者运用汉语进行成段表达的能力。

（二）教学重点、难点

1. 教学重点

围绕一个中心思想或者主题句展开叙述，做组织书面语言的初步尝试。

2. 教学难点

能够运用指称、替代、省略等语法手段，句子之间有互相呼应的词语，使语段语义连贯。

（三）教学前准备

1. 知识准备

掌握了汉语基本语法结构，具备一定的词汇量和表达单句的能力。

2. 教学材料准备

图片、教学 PPT，20×20 方格稿纸（学生）。

（四）教学过程

1. 导　入

教师准备一组句子，要求学生将句子连起来，写成一个小语段。

①我们上个星期去杭州了。

②我们游览西湖了。

③我们昨天晚上回来了。

参考答案：我们上个星期去杭州了。我们游览了西湖，昨天晚上才回来的。

教师讲解，第一句报告一件事，第二句凸显了该事件背景下的行为对象（西湖），第三句交代了回来的时间，这样就构成了一个完整的、自然的语段。

2. 讲　练

（1）合理增删，形成语段

为了进一步训练学生小语段写作，培养连贯表达的能力，教师可采用连句成段的练习形式。如：教师提供一组内容相关的句子，学生根据自己的理解组织句子，形成语气连贯的语段。

①请大家多多关照。

②我是韩国人。

③来北京以前，我在我们国家学过两年汉语。

④我毕业以后想继续研究中国文化。

⑤我的名字叫李哲学。

⑥我住在留学生宿舍 3 号楼。

⑦我 8 月 20 号到北京。

⑧我现在计划在这里一直学习到毕业。

⑨我爱好体育运动。

⑩我喜欢打网球、踢足球和登山。①

学生根据一定的逻辑规则，把混乱的句子排列成语段，在整理语段的过程中选择或者发现合适的主题句，对一些句子进行合理地增删，最终使得语段表达中心明确，句子连接具有逻辑，更加符合中国人的表达习惯。

参考答案：

我叫李哲学，是韩国人，8 月 20 号到北京，住在留学生宿舍 3 号楼。来北京以前，我在我们国家学过两年汉语，现在计划在这里一直学习到毕业，毕业以后，想继续研究中国文化。我爱好体育运动，喜欢打网球、踢足球和登山。

（2）搭建“脚手架”，叙述有条理

① 赵建华，祝秉耀．汉语写作教材（上编）［M］．北京：北京语言大学出版社，2005：18.

教师围绕“我”提出一系列问题，搭建语段表达的“脚手架”：

你有中文名字吗？你姓什么？你叫什么？

你来自哪个国家？你来中国多长时间了？

你在哪个学校学习汉语？

你学习汉语多久了？

你的家庭有哪些成员？

你今年多大？

你有什么兴趣爱好？周末的时候常常做什么？

毕业后有什么打算？……

学生先逐步回答这些问题，然后整理句子，最后再加上一些连接词，就可以形成一个连贯的语段，在此过程中要注意省略、指称和替代等手法的运用。

3. 活动与游戏

活动一：发散思维来帮忙

教师提供一个句子，如“昨天我们去了上海”，要求每个学生利用发散思维围绕这句话展开联想续写句子，形成一个小语段，活动旨在让学生体会不同的中心思想，句子之间联系和呼应的词语是不同的。如：

学生1：昨天我们去了上海。今天我们又到了天津，明天打算回北京。（句子间联系和呼应的词语是“我们”和时间词。）

学生2：昨天我们去了上海。上海不但繁华而且美丽，每年都有很多人去那儿旅游参观。（句子间联系和呼应的词语是“上海”和代词“那儿”。）

活动二：看图写话

教师提供一幅图，学生观察并描述，注意要按照一定的顺序，200字左右。（教师可提供一些重点词语和句子结构，如：前面/后面/…… + 是/有 + 某物，某物 + 在……上/里。）

图5－4　活动与游戏展示图

附学生习作：

我的房间（越南留学生）

这是我的房间，房间里有一张床、一个衣柜、一个书架、两张桌子和一把椅子。房间墙上挂着一张全家福和一张地图。床旁边的桌子上摆着闹钟和一个漂亮的花瓶。窗户左边是书架，书架上整整齐齐地摆着很多书，最上方还有一个飞机模型。窗户右边是桌子，桌子上放着一台电脑。我的房间很漂亮，我很喜欢我的房间。

活动三：班级故事会

每个学生在自己母语里选择一个短小的故事，然后翻译成汉语。教师帮助学生修改之后组织学生在课堂上讲故事。这种方法可以让学生了解母语和汉语在表达方式上的不同，加深对汉语书面语写作规律的认识。

活动四：你开头，我结尾

教师提供开头或者结尾，再提供若干个词语，要求学生选用 5－7 个词语，围绕这个开头或者结尾完成一个语段的写作。这个活动旨在练习围绕一个中心意思写作语段的能力。

如：有的……有的……、表演、精彩、欢乐、节目、鼓掌、游戏、抽奖、难忘、结束、虽然……但是……

在圣诞节晚会上，我们……

二、示例小结

许多汉语学习者在初级阶段学习了大量的句子和语法，但是在成段表达时会出现“话不连贯”“语无伦次”等现象。很多学者提出，汉语教学必须突破句子界限，延伸至语段。语段也叫“句群”“句段”“句组”“群句”，是由两个或者两个以上的句子构成的大于句子而一般小于段落的语言单位。语段的句子和句子之间在意义上有一定的逻辑关系，在结构上有较为密切的语法联系。在形式上常以一定的语言手段作为组合的标志。① 语段教学的目标是使学生表达更连贯，使语段中的各句紧扣中心，正确使用句际间的联系手段，使句与句衔接。语段教学能较好地解决汉语学习者在使用汉语时出现的逻辑错乱和意思表达不完整等问题，是培养语篇能力的重要环节。

① 涛亚．对外汉语语段教学的重点——衔接［J］．北京：首都师范大学学报，2000（增刊）：66.

本示例是语段形式法（The Paragraph - Pattern Approach）在教学中的具体应用。语段形式法被称为是“关注语篇的教学法”，因为它强调语段、语篇是写作表达的基本单位。“语段形式法”就是体现对这个过渡层次关注的方法。它首先关注的不是语法的准确或是内容流畅，而是句子之间的衔接和段落、文章的组织形式。构成语段的若干句子衔接连贯，共同表达一个完整明确的中心意思。语段训练能够培养和训练学生写作的条理性、逻辑性，便于学生抓住写作主题，提高连贯多个单句的能力。另外，小语段练习，降低了写作的难度，学生心理压力小，写作水平能够得到充分发挥，而且在练习时可以规定相应的句式，加强学生对某句式的掌握。

三、任　务

任务一：HSK - 4 级阅读第二部分是考查组成小语段能力的题目。查阅相关语段衔接理论，针对这种类型的题目设计教学方案，提出教学策略，如：首句的确定、相邻句子关系的确定、连接词的使用等。

任务二：阅读“控制法”（The controlled Approach）的相关理论并参考“控制法”的常用练习类型，设计一个语段教学的方案。

“控制法”也称“指导写作法”，它的基本原则是在训练的过程中，采用控制语言输出的方式，限制语言表达的范围，以求把握语言运用的准确性，循序渐进地培养学生写作能力①。控制法主张先做句子练习，然后再写段落，围绕教材中的不同文体和主题提供一系列的问题，这些内容有关联的问题实际上是对学生做一个语篇表达的引导。这种方法的特点及优势在于：学生写作的内容和形式是由教师提供的，学生更容易避免语言表达的错误，教师批改作业更快更容易。“控制法”的训练形式多样，在具体的教学设计中，一般有 5 个常用类型：（1）段落写作，如改写段落，对一些语法做出比较符合机械规则的变化；（2）提问和回答，教师或教材提供一系列问题，这些内容有关联的问题实际上是为了引导学生作一个语篇表达；（3）引导式写作，这种方式比较直接地对学生的写作过程进行具体指导，使他们在一个表达过程中按照提示逐步完成写作任务；（4）组句、组段练习，这种练习是让学生把一些词语组合成完整的句子，或把一个个单句组合成一个语段；（5）平行写作，这是较宽松的控制写作，它不是用提供的语段或按照给定的句子模式写，而是让学生阅读或者听一些段落，然后运用范例提供的词汇、句型、连接方式和段落组织结构方面的提示，自己写类似的内容，听后写或者读后复述等也属于这一类。

① 罗青松. 对外汉语写作教学研究［M］. 北京：北京语言大学出版社，2002：22.

第二节　中高级写作课技能

示例一　合理联想构筑语段

一、示例实施

（一）教学目标

1. 提高准确使用词语的能力；
2. 运用汉语进行语段表达的能力；
3. 培养学生汉语思维的能力。

（二）教学重点、难点

1. 教学重点

正确理解及使用词语。

2. 教学难点

根据所提供词语，合理发挥想象，确定语段主题，组织句子，合成语段。

（三）教学前准备

1. 知识准备

有一定的汉语语法知识，掌握了一定数量的词汇，具有进行语段、语篇表达的能力。

2. 教学材料准备

词语资料、图片、教学 PPT，20×20 方格稿纸（学生）。

（四）教学过程

1. 导　入

教师提供几组词（每组 5 个词语），让学生展开联想，寻找词语之间的联系。

①年轻、运动、设施、使、精彩

②沙发、搬家、夫妻、终于、累

③宿舍、理解、开心、坦率、帮助

④满足、压力、忽视、健康、放松

⑤辅导、进步、办法、完全、明显

教师可做提示，指导学生如何寻找词语之间的联系。如：①组五个词语间可以存在着这样的联系（答案不唯一）。（图 5 –5）

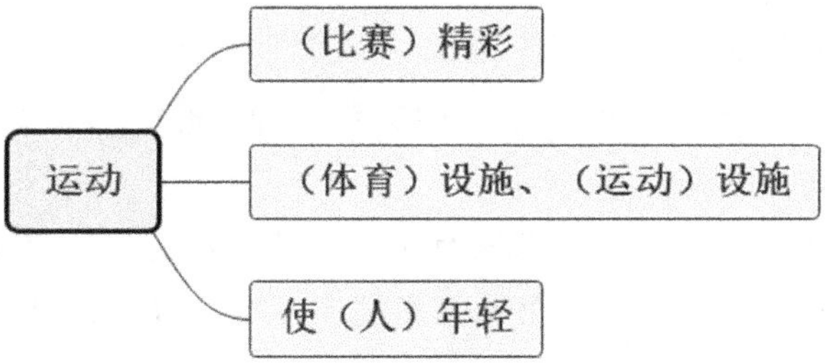

图 5 –5　词语联系思维导图

2. 讲　练

（1）构建语境写语段

教师提供一组词语，要求学生用所列出的词语（要全部使用，顺序不分先后），写一篇 80 字左右的小短文。如：烦恼、灰心、面对、交流、建议。

第一步：理解词语，寻找联系

教师逐个解释词语的意义和用法。

烦恼

常用搭配：令人烦恼、学习的烦恼、工作的烦恼、生活的烦恼、解决烦恼

面对

常用搭配：面对困难、面对挫折、面对困扰、面对困境、面对问题、面对生活、单独面对、面对这种状况

交流

常用搭配：沟通交流、加强交流、交流意见和看法、促进交流

建议

常用搭配：提出建议、采纳建议、接受建议、合理建议、中肯的建议、针对性的建议、建议怎么做

第二步：构建语境，合理造句

教师首先引导学生通过词语建立联系，构建所要描述的语境，然后围绕语境，合理化造句。

考试是每一个学习者都要经历的，可以设定一个语境：汉语考试成绩不理想。学生也可根据自己的汉语水平、喜好来选择适当的语境。围绕设定好的语境，用给定词语造句。在学生完成造句后，教师给出反馈，指出句子中存在的错误或就一些共性的问题进行

指导。

烦恼：汉语考试成绩不太好，我很烦恼。

灰心：我有点儿灰心，不想学汉语了。

面对：面对困难，我不知道该怎么办。

交流：我和汉语教师交流了一下。

建议：汉语教师建议我，要努力学习。

第三步：根据逻辑，衔接语句

教师指导学生按照一定的顺序，如时间顺序、空间顺序或者逻辑顺序，在句子间添加恰当的关联词语或者合并短句。

因为汉语考试成绩不太好，所以我很烦恼。面对这些困难，我不知道该怎么办。我有点儿灰心，不想学习汉语了。我和汉语教师交流了一下，汉语教师建议我课前要预习，课后要复习。

第四步：修饰润色，合理加工

学生可以展开联想和想象，合理增加内容，用一些修饰语扩充句子，使句子生动，内容丰富。

因为上个星期汉语考试成绩不太好，只有60分，我很烦恼。我觉得汉语很难，常常记不住语法和生词。面对这些困难，我不知道该怎么办。因此，我有点儿灰心，不想学习汉语了。今天上课的时候，我迟到了，教师不太高兴。下课后，我和汉语教师交流了一下想法，汉语教师说一次考得不好没关系，还建议我以后要努力学习，课前要预习，课后要复习，不懂的地方可以问教师。

（2）确定主题写故事

教师提供图片《打架风波》，选自《父与子》①，要求学生看图写故事。

第一步：观察画面

教师可以通过提问的方式帮助学生观察图片，图片上都有谁？他们在干什么？把时间、人物、地点、事件连起来描述图片。

第二步：确定主题

通过独立思考和小组讨论确定主题，如孩子的世界和成人的世界不一样，孩子的世界很单纯。这部分尤其重要，文章无论篇幅长短都要围绕一个主旨来阐述，否则就是句子的堆砌，没有逻辑性和连贯性。因每个人观察角度不一样，所以确定的主题也可以不一样。

第三步：看图写话（图5-6）

这部分鼓励学生展开联想，增加合理想象。

①一天放学后，儿子在外边和小伙伴玩耍。开始，两个人玩得很开心，后来，因为意见不合发生了口角打了起来。

②因为打不过小伙伴，儿子哭着跑回家求救。回家后，他把事情的经过都告诉了父

① 卜劳恩绘、张傲飞，叶红婷编译．父与子［M］．沈阳：辽海出版社，2014：4.

图5－6　看图写故事展示图

亲。父亲听了也非常生气，急忙拉起儿子跑去找小伙伴讲理。

③没想到，巧的是，小伙伴的父亲也拉着小伙伴生气地跑来了。

④见面以后，两位父亲也争执起来。两个孩子并排站在各自父亲的背后观战。

⑤这边，因为争执不下，两个父亲动起了拳脚。那边，两个孩子站在了一起等着各自的父亲。

⑥两个父亲依然打得不可开交，不分上下，而两个孩子却在另一边开心地玩起了石子儿游戏。

第四步：整理语句，形成语段

教师指导学生加入一些连接词语（开始、后来、随后、于是、早已、以后、与此同时、接下来、后来……），将上述句子整理成文，要注意语句的连贯性和内容的逻辑性。

参考作文：

一天放学后，儿子在外边和小伙伴玩耍。刚开始两个人玩得很开心，可后来因为意见不合发生了口角打了起来。因为打不过小伙伴，儿子哭着跑回家求救。回家后，他把事情的经过都告诉了父亲。父亲听了也非常生气，于是，急忙拉起儿子跑去找小伙伴讲理。没想到，小伙伴的父亲也拉着小伙伴生气地跑来了。见面以后，两位父亲也争执了起来。两个孩子站在各自父亲的背后观战。因为争执不下，两个父亲也动起了拳脚。与此同时，两个孩子并排站在了另一边等待。很长时间过去了，他们依然打得不可开交，不分上下。两个孩子却因为等得太无聊，早已忘记了先前的不愉快，在另一边开心地玩起了石子儿游戏。

要注意，在写作过程中要尽可能使文章内容充实，条理清晰，语法正确，语言通顺，能使用较复杂的句式和一定的修辞手段，并考虑层次较高的表达方式，还要注意标点符号的正确运用。

3. 活动与游戏

活动一：看图片，讲故事

教师提供图片，学生根据图片信息展开联想，想象故事发生的情境。（图 5 – 7）

图 5 – 7　活动与游戏展示图

游戏一：词语联想大比拼

教师提供词语，学生根据所提供的词语展开联想和想象，比赛看谁想得多。如由词语“绿”，可以想到草、树、森林、军人、环境保护、生态环境、生命、和平、希望、朝气、青春、枯黄、污染、花朵、果实……

二、示例小结

本示例也是语段写作，但是相比初级阶段的语段写作增加了难度，属于中高级阶段的语段写作。在教学中，我们发现学习者往往把注意力放在遣词造句上，对语句之间的衔接和语义的连贯方面不够重视。因此，衔接手段应成为语段教学的重点。

本示例参考了 HSK – 5 级书写部分词语写作题的形式。这种形式的写作具有以下几个特点：（1）具有半命题写作的性质；（2）要求句子间的连贯性；（3）内容要符合逻辑；（4）对学生词汇量有要求。这种作文形式由词语到句子，由句子到语段。不同文化背景的人，思维方式不同，组织文章的方式也不同，所以更能锻炼围绕一个主题组织语言的能力。

语段（句群）由前后连贯且共同表达一个中心意思的几个句子组成。如果一段话缺乏必要的逻辑关系，则会给人留下前言不搭后语的印象，从而影响写作得分。语段训练的第一步从思维习惯入手，训练合理的构思。第二步，训练句际间的组合方法。句际关系包括并列、顺承、解说、选择、递进、条件、假设、因果、目的、转折等。教师可以把关联词的讲解放入这一部分的练习中。学生应当在理解中心思想的基础上把握句与句之间的逻辑联系。语段训练的第三步是句子合并。学生按照自己理解的段意，将顺序零乱的句子整合成一个逻辑清楚的语段。这样的训练形式既能提升学生的逻辑思维能力，也能锻炼关联词的运用能力。语段训练的第四步是扩展语段。扩展语段其实是扩展句子的方法延伸，学生根据所给的语句展开联想，扩充内容。

语段训练并不是写作教学的终点，要写出一篇完整的文章，必须培养学生语篇表达能力。篇章不是字词、句子或者语段的简单堆砌，而是围绕一个中心展开的富有层次结构的完整的内容。篇章训练的目的是让学生自主写出主题明确、结构清晰、表达流畅的文章。

三、任　务

任务一：看图说话写话是介于句子写作和篇章写作之间的过渡形式，有难度上的区分，图片越多，图画越简单，文字信息越多，题目的难度就越低，反之亦然。请就HSK－5级书写部分2看图说话设计一个教学示例。

任务二：查阅一些国际汉语写作教材及相关论文，收集关于语段写作训练的常用方式，如看图写话、扩写、续写、命题写作、组句成段等，供写作课堂教学使用。

示例二　巧妇难为无米之炊

教材信息：《发展汉语中级写作Ⅰ》，北京语言大学出版社，编者蔡永强，2012年6月第2版，2016年6月第7次印刷。第1课课文《我的朋友——李明》。

我的朋友——李明

来中国后，我认识了一个新朋友，他叫李明，来自新加坡。李明今年31岁，已经结婚了，有两个孩子。

李明是一名医生，在一家医院工作。他告诉我，他们医院和中国的医院有不少联系。为了了解中医，加强合作，医院派他来中国学习汉语。他已经在中国学了一年汉语了。虽然他的汉语进步很快，但还不能和中国人——特别是同行，用汉语熟练地交流。

李明说他喜欢阅读和摄影。平时不工作的时候，他喜欢去图书馆看书，常常在图书馆待一天，有时连吃饭都忘了。看书看累的时候，他就拿着照相机到处走走看看，拍一些有意思的照片。在中国，李明也有这些兴趣和爱好，每个周末他都去图书馆看书，看累的时候就去拍照片。

我周末没事儿的时候，常跟他一起去图书馆、逛书店，也去一些好看、好玩儿的地方，这时，他都要拍一些照片。

生词：

1. 加强　2. 合作　3. 特别是　4. 同行　5. 摄影　6. 待

一、示例实施

（一）教学目标

1. 通过学习课文，掌握描写人物语篇的思路和角度；
2. 掌握描写人物基本情况、性格、爱好等的常用句式；
3. 通过话题练习，扩展学生词汇量。

（二）教学重点、难点

1. 教学重点

能够用正确的句式、词语对人物进行描绘。

2. 教学难点

词语运用准确，句式有变化，文章思路清晰，段落衔接自然，篇章结构完整。

（三）教学前准备

1. 知识准备

有一定的汉语语法知识，掌握了一定数量的词汇，具有语段、语篇表达的能力。

2. 教学材料准备

各种人物图片、表格、教学 PPT，20×20 方格稿纸（学生）。

（四）教学过程

1. 导　入

教师课前布置作业：预习课文并思考下列问题。

（1）“我”的新朋友叫什么名字？来自哪个国家？今年多大？有没有结婚？家里都有哪些人？

（2）他以前做什么工作？为什么来中国学习汉语？

（3）他的业余爱好有哪些？

通过阅读课文，学生积累较为丰富的汉语语料，特别是在中级阶段，学生汉语水平还不是很高的时候，这个环节尤其重要。

2. 讲　练

（1）仿写练习

学生结合下列提示描述一位朋友。（展示 PPT 1）

______叫______，来自______，今年______岁了。 他/她是一名______，在______工作。 为了______，他/她______。他/她已经______。虽然______，但是______。 他/她喜欢______和______。平时不工作的时候，他/他常常____________________，有时______。

（2）半命题作文

第一步：学生选择一个感兴趣的描写对象。（展示 PPT 2）

□一个同学　□一个教师　□一个朋友　□一个邻居……

第二步：师生共同思考问题，描写一个人物可以从哪些方面入手，并简单画出一个思维导图。（图 5－8）

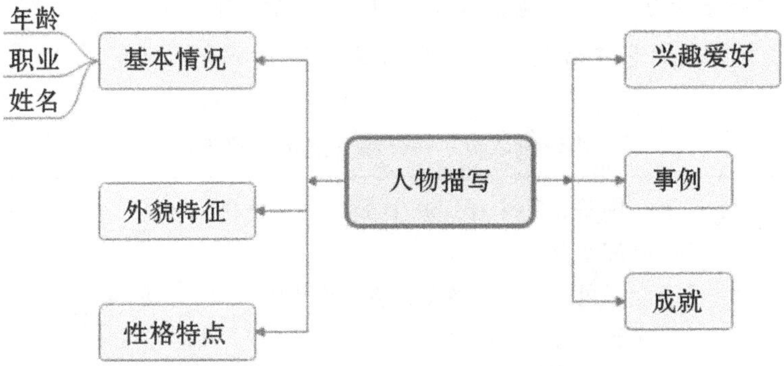

图 5－8　人物描写思维导图

第三步：学生整理写作思路。（展示 PPT 3）

他/她的基本情况。 他/她的相貌。 他/她的爱好。 他/她的品质和特点。 特点 1，能说明这个特点的一件事情。 特点 2，能说明这个特点的一件事情。

写人的记叙文通常是以人物为中心，写人和叙事是联系起来的，可以通过一件事写人，也可以通过几件事写人。有了写作思路后，教师引导学生逐步展开练习。

第四步：分项练习。

在每一项练习时，教师可为学生提供一个小词库（学生有不认识的词可以查阅电子词典）。

小语段练习——基本情况（展示 PPT 4）

小词库	姓名、出生、就读、毕业、来自、就职、担任、职务、参与、项目、结婚、单身
参考表述	……+时间+出生于+地点；……来自……；……就读于/毕业于+学校；……就职于……；……担任……职务；……参与……项目

学生小语段练习，可以参考 PPT 中展示的词汇和表述，注意句与句之间的衔接和连贯。

学生作业

我有一个很好的朋友。他的名字是……，他姓……。他 1998 年出生于德国，我认识他 10 年了。我们一起上了中学。现在我们常常一起喝啤酒、看漂亮姑娘，还有一起聚会。他可能明年来北京。我们想去青岛旅行，喝青岛啤酒，还有吃宫保鸡丁。

小语段练习——外貌（展示 PPT 5）

小词库	身材：苗条、中等、高个子、矮个子、中等身材、丰满、性感、瘦小、强壮、胖乎乎、高高瘦瘦 头发：金色、黑色、棕色、乌黑、整齐的刘海、长发、短发、披肩、直发、卷发、光头、满头白发、长辫、粗辫 皮肤：皮肤白净、黝黑、白里透红 眉毛：浓眉（大眼）、弯弯的眉毛（又细又长）、细眉、淡眉 眼睛：黑眼睛、蓝眼睛、水灵灵的大眼睛、圆溜溜的大眼睛、明亮的眼睛 鼻子：鼻子很挺，高高的鼻子、塌鼻子 嘴巴：小巧的嘴巴、大嘴巴、樱桃小嘴、厚嘴唇 脸：圆脸、长脸、鹅蛋脸、瓜子脸、酒窝、雀斑、笑容满面、愁容满面 胡子：大胡子、八字胡 牙齿：整齐的牙齿
参考表述	他/她+长着+…… 他/她+有+……

外貌描写可以让读者对描写的人物有直观、形象的感受，也可以为人物性格和行为做铺垫（注意外貌描写的顺序及常用句式）。

小语段练习——爱好、习惯、性格（展示 PPT 6）

小词库	爱好：兴趣广泛、业余爱好、酷爱、下棋、打篮球、踢足球、唱歌、运动、上网、钓鱼、弹吉他、弹钢琴、玩游戏、听音乐、跳舞、摄影、阅读、旅游 性格：负责、耐心、好奇，热情、开朗、活泼、风趣、浪漫、幽默、随和、认真、稳重、善良、温柔、大方、忠实、体贴、可爱、文静、聪明、内向、外向、独立、积极、精明、狡猾、严肃、和蔼、害羞、勤快、懒惰、单纯
参考表述	他/她对……感兴趣。 他/她喜欢……和……。 他/她的爱好是……。

学生作业

我的好朋友是挪威人。她很漂亮，喜欢爱尔兰舞蹈。她现在就读于卑尔根大学。她常常很纠结，本来她也想来北京，可是因为她做决定很慢，所以错过了这次机会。

第五步：整理成文

学生整理上述步骤写成的小语段，形成一篇 300 字左右的作文，注意语篇的连贯和衔接。

3. 活动与游戏

<u>游戏一：你写我猜</u>

教师要求学生在纸上用几句话描述班上的某位同学，然后读出来让大家猜是谁。如果学生描写的内容能够让大家猜出来就会得到奖励。教师可以提示一些描述人物外貌、性格、穿着的词语。

游戏和写作相结合，可以调动课堂气氛，增加趣味性，同时，教师给出一定数量的类聚词汇或者短语，解决了学生词汇量匮乏的困难，让人物描写更加生动，增加感染力。

<u>活动一：人物拼图</u>

教师提供一些词语，学生选用词语描写一个人的性格特点，至少选用 5 个（不认识的词语可以查阅电子词典）。

内向、外向、开朗、积极、紧张、勇气、独立、害怕、挑战、友好、凶恶、卑鄙、善良、淘气、有趣、害羞、安静、风趣、幽默

活动二：眼力大闯关

教师依次展示两组图片，要求学生观察每组图片，并用简洁准确的语言描述图片。（图 5 –9）

图 5 –9　活动与游戏展示图

服饰小词库	T 恤、吊带、衬衫、皮衣、背心、毛衣、西服、大衣、夹克、长裙、短裙、连衣裙、旗袍、唐装、沙滩裤、长裤、凉鞋、拖鞋、皮鞋、运动鞋、长靴、短靴、雪地靴、高跟鞋、太阳镜、项链、手链、耳环、脚链、戒指、帽子、提包、挎包、书包、背包
参考表述	他/她身上穿着……，脖子上戴着……，手里拿着……。

活动三：词语总动员

教师将学生分组（2 –4 人一组），布置一个话题，如介绍一个国家，要求学生画出一个思维导图，并思考相应的词语。

行政划分：省、市、县、郡、自治市、州…… 地理位置：东部、西部、南部、北部、中部、江、河、湖、海、山、岛…… 地理环境：火山、沙漠、草原、森林、陆地、高原、平原、热带、温带、寒带…… 季节气候：春季、夏季、秋季、冬季、冰、雪、阳光、雨、暴风雨、洪水、台风、干旱、干燥、冷、热、温和、晴朗、潮湿、阴冷…… 旅游景点：略 名胜古迹：略

二、示例小结

本示例将任务型教学法、语块教学法、过程教学法结合在一起，环环相扣，共同服务于写作课教学。本示例教学流程按照“范文学习—分项练习—综合写作”的顺序，循序渐进。在分项练习阶段，将整个语篇划分成若干个语段，逐个练习。针对词语缺乏，内容单一这一难题，设计了一些练习，精讲多练，讲练结合，锻炼了学生语段写作能力，提高了写作积极性。

“巧妇难为无米之炊”，词汇量不足是留学生汉语写作面临的一大困境。学生知道要写什么，但是却不知道如何下笔，常常在同一篇文章中重复使用一个词语，这样写出来的作文比较单调和乏味。为了解决这个问题，教师在布置好作文题目之后，可以适当地提供一个词库或者常用句型。词库最好按照用途分类，供学生选择使用。拓展了词汇量，学生写出来的作文才能内容丰富，否则就会“千篇一律”“千人一面”。本示例运用各种手段，扩大学生词汇量，训练学生选用正确的词语描绘人物。有了话题词汇，又有了针对性的句型，就能比较自如地描写人物，帮助学生找到适当的语言形式进行表达。

话题和词汇教学结合是个行之有效的教学方法。除了示例所涉及的人物介绍，还有“介绍一个国家”“介绍教育制度”“介绍工作”“电影介绍”“环境保护”等话题，这个方法都适用。教师提供一个词语范围，对学生书面表达很有帮助。词汇是语言教学中没有终点的项目，在写作过程中，学生词汇量和词语运用能力可以得到充分的体现；另一方面，表达的需要也促使学生不断提升对目的语词汇的掌握层次。

三、任　务

任务一：收集学生平时写作或者课堂练习中在词语使用方面常见的共性错误，并归类分析，以便在教学中对学生作针对性的指导。

任务二：教学中，教师经常会发现某些留学生在写作时遇到不会表达的词语会借助于电子词典。曾有一个越南留学生在描写颐和园的美景时用了“镜花水月”这个词。“镜花水月”比喻空幻缥缈，在感情色彩和搭配习惯方面用来形容美景极为不妥。请思考教师应该如何帮助学生辨析这类词语。

示例三　会用连接词，叙事更连贯

教材信息：《发展汉语中级写作Ⅰ》，北京语言大学出版社，编者蔡永强，2012 年 6 月第 2 版，2016 年 6 月第 7 次印刷。第 3 课课文《上班族的一天》。

上班族的一天

王华在一家大公司工作，每天早上 9 点上班，下午 5 点下班。

早上 7 点，闹钟响了，可王华真不想起床，已经 7:10 了，他还躺在床上，心里说：真想再多睡会儿。

王华起床后，很快洗了脸，刷了牙，吃完早饭，然后去坐地铁。地铁上人很多，很多人都站着。王华坐在那儿，闭上眼睛，心想，我再睡会儿。

出了地铁站，王华赶快向公司走去。很多人都在一楼等电梯。王华看了看表，决定跑上五层。等他跑进办公室时，已经 8：55 了，差点儿就迟到了。

王华打开电脑，开始准备工作。今天他有很多事情要做。首先要看看邮箱，给客户和朋友回电子邮件；第二要和客户联系见面的事，中午陪客户一起吃饭；第三要帮助经理订两张去广州的飞机票；最后，还有一些电话要打，一些传真要发。

忙了一天，终于到下班时间了。王华站在地铁上，给朋友发短信，他们打算一起去吃饭。虽然每天都很忙，有很多事情要做，但王华觉得这样的生活很有意思。

生词：

1. 闹钟　2. 打开　3. 邮箱　4. 客户　5. 传真　6. 发短信

一、示例实施

（一）教学目标

1. 能够按照时间顺序叙述一件事情；
2. 掌握表示时间关系、逻辑关系的连接成分及句型。

（二）教学重点、难点

1. 教学重点

了解叙述性文体中，时间的转换，动作前后的连接，事件的发生、发展顺序的排列组合。

2. 教学难点

在写作中能够恰当地使用时间词，表达时间的推移和转换，使语段语篇更连贯。

（三）教学前准备

1. 知识准备

有一定的汉语语法知识，掌握了一定数量的词汇，具有进行语段、语篇表达的能力。

2. 教学材料准备

练习材料、寓言故事、漫画图片、两份表格，20×20 方格稿纸（学生）。

（四）教学过程

1. 导　入

教师展示五幅图片①。

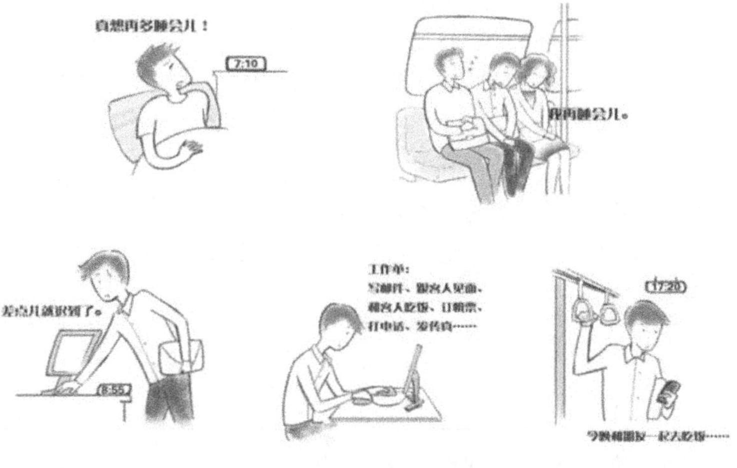

图 5－10　课件展示图

学生根据五幅图及文字提示，按时间顺序简要介绍上班族王华一天的生活。

家——7：10“真想再睡会儿”

地铁上——“我再睡会儿”

公司——8：55“差点就迟到了”

公司——工作单：写邮件，跟客户见面，和客户吃饭，订机票，打电话，发传真……

地铁——17：20 今晚和朋友们一起去吃饭。

① 图片选自蔡永强. 发展汉语中级写作Ⅰ［M］. 北京：北京语言大学出版社，2012：20.

热身活动之后，教师导入课文《上班族的一天》的学习。

2. 讲　练

（一）范文讲解

教师提出几个问题，学生阅读范文并独立思考。

王华几点起床？起床以后做了什么？怎么去上班？几点到公司？几点下班？王华今天在公司做了哪些工作？

学生回答问题。教师根据学生回答重点讲解三点。（展示 PPT 1—3，提醒学生注意画线部分的词语）

PPT 1

> （1）单句中时间表达方式，表示时间的词语，如：
> 每天早上 9 点上班，下午 5 点下班。
> 早上 7 点，闹钟响了，可王华真不想起床。
> 已经7:10 了，他还躺在床上。

PPT 2

> （2）为了表示时间的推移、转换，句子中使用的一些连接成分，如：
> 王华起床后，很快洗了脸，刷了牙，吃完早饭，然后去坐地铁。等他跑进办公室时，已经 8：55 了，差点儿就要迟到了。

PPT 3

> （3）为了表示逻辑顺序，句子中使用的一些连接成分，如：
> 今天他有很多事情要做。首先要看看邮箱，给客户和朋友回电子邮件；第二要和客户联系见面的事，中午陪客户一起吃饭；第三要帮助经理订两张去广州的飞机票；最后，还有一些电话要打，一些传真要发。

教师讲解：表示时间以及逻辑顺序的词语常常在语段和篇章中起到衔接和连贯的作用。

（二）寻找连接词

为了进一步练习使用时间词和短语，让语篇衔接更连贯，教师准备一个文本和一个表格。第一步要求学生边听边记，可以听 2－3 遍；第二步要求学生根据表格记录的内容，复述故事，注意要使用一些表示时间的连接词，要求故事内容完整，标点符号使用准确，

200－300 字即可。

表 5－3　学生练习用表

	表时间的词/短语	涉及人物	对应行动
1			
2			
3			
4			
5			

故事文本：

父子抬驴（寓言故事）

从前，有一个老人和他的儿子赶着一头驴到集市上去卖，没走多久，就遇到一群姑娘。其中一个姑娘说："看，这两个人真傻，有驴不骑，倒要走路。"老人听到这句话，就让儿子骑在驴上。过了一会儿，遇到一位老大爷，老大爷说："这个年轻人，对老人太不尊敬了，老人走路，而年轻人却骑驴！"于是，父亲又叫儿子下来，自己骑驴向前走去。又走了一会儿，前面来了一个妇女，她说："你这个爸爸真过分，自己骑在驴上，而让这个可怜的孩子跟在驴后面走路。"老人只好把他儿子也拉上了驴，两人一起骑在驴上。后来，走不远，路人说："两个人骑在一头驴上，它怎么受得了？"这下老人可傻眼了，他只好把驴腿捆起来，跟儿子一起抬着驴。驴子可不干了。他们走过一座桥的时候，正好驴子挣脱了缰绳，父子俩和驴一起掉到河里去了。

表 5－4　学生练习用表参考答案

	表时间的词/短语	涉及人物	对应行动
1	从前	老人和儿子	赶驴
2	没走多久	一群姑娘	儿子骑驴
3	过了一会儿	老大爷	老人骑驴
4	又过了一会儿	妇女	两人一起骑驴
5	后来	路人	抬着驴

3. 活动与游戏

活动一：看连环画，完成作文

教师提供连环画［选自《体验汉语写作教程初级 1》第 93 页］，要求学生根据图片信息按照时间先后顺序完成口头作文《我的星期六》。

活动二：填词语，读故事

教师准备两段文本，把其中的时间连接词去掉，用括号代替，去掉的连接词打乱顺序后放入文本上方的表格中，学生根据文本内容选词语填空，将文本补充完整。

……的时候　有一天　每天　后来　以后

（　），一个农民正在锄地（　），看见一只飞奔的兔子撞上了地边的一棵大树，折断了脖子，死在了树下。他没费一点儿力气就把兔子带回了家。

这个农民自从捡到了兔子（　），就放下了手里的锄头，（　）坐在那棵大树底下等兔子来撞树，可是（　）他再也没有等到兔子。

一天　听着听着　才　于是　过了将近半个小时

（　），我陪一位朋友去看病，朋友把病历和挂号单交给护士后我们就在长椅上候诊。（　），听到护士大声叫号："18 号，马六发，去第二诊室。"见没人答应，护士又提高了嗓门："18 号，马六发，去第二诊室，有人没有？"……（　），我猛然想起，我的这位朋友也姓马，（　）赶紧对他说："哎！是不是叫你呢？"这个朋友这（　）慢慢站起来，走过去说："喂！别叫了，什么马六发，干脆喊马八发得了。"我们凑到挂号单前仔细一看，原来，他的字写得太潦草，把"马云发"的"云"写成了"六"。我和护士看了都笑个不停，而我那位病人朋友却始终绷着脸，进屋看病去了。——《名字》①

活动三：加词衔接

教师准备若干个语段，要求学生在适当的地方加入时间连接词，使语段更连贯。

①刚来中国不久的一天，我在马路的左边骑自行车，把一个人给撞了，给人家看病花了很多钱。我骑自行车注意走右边了。

②有一天，我去五福商场买洋葱，挑了半天，终于找到了两个比较新鲜的。我把洋葱用刀切开，天哪！里面已经全烂了。我坐在床头生了半天气。

---

① 赵建，祝秉耀．汉语写作教材（下编）［M］．北京：北京语言大学出版社，2005：99.

二、示例小结

如何表达时间的推移和转换往往是学生写作中的难点，句子之间的衔接显得比较生硬。“时间”指的是事情发生的时间，可以是具体的年、月、日，也可以是比较模糊的时间概念，如：上午、中午、下午、晚上、夜晚、第一天、第二天、以前、过去、现在、以后、……之前、……之后、……期间、后来、……的时候、很久以前、有一天、前几日、最近等。表示时间的词语常常在句子中起到衔接和连贯的作用。

为了进一步练习时间连接词在语篇中的应用，本示例在讲练部分采用了“听后写”的形式。教师朗读故事文本，学生听懂故事大意后，自己重新组织语言，写出一篇和原文基本相同的故事来。这是听和写的配合训练，首先学生要听清楚故事内容，其次要将听到的内容再写出来。写的过程是重新组织语言的过程，要注意基本内容、主要情节不能改变，故事发生的时间、地点、人物及事件的发生、发展、结果都要和原文一致。至于选择哪些词语，句子怎么组织，采用什么叙事方法，则取决于写学生个人的书面表达能力。这是汉语写作课常用的练习方法，这种方法能使学生适应汉语思维和相应的表达形式，提高学生有逻辑地组织书面语的能力。“听后写”要注意，学生听的材料要难度适中，材料中的语法和词语都是学过的，每次听的时间不宜过长，以多数学生能够记住为准。

当然，除了表示时间的连接成分，还有连词、副词等充当连接成分。连接成分既可具有句际连接功能，更可体现句与句或段与段之间的语义逻辑关系。

三、任　务

任务一：语篇、语段中的语义关系复杂多样，有时间顺序、事情发展顺序、空间顺序、动作先后顺序等。请设计一个写作课教学示例，教学任务是写一篇介绍做中国菜的文章，教学重点是按照动作的先后顺序说明做一件事的程序。

任务二：设计一个关于空间顺序推移和转换的写作教学示例，话题可采用介绍处所，描写环境等。

示例四　标点格式总关情

一、示例实施

（一）教学目标

1. 写作中正确使用标点符号，了解规范书写的注意事项；

2. 对自身写作水平有全面和客观的认识，有针对性地改善写作中的缺点，促进写作水平的提高；

3. 培养学生良好的汉语言文字修养和写作兴趣，运用汉语书面语来传情达意，学会汉语写作思维和表达方式。

（二）教学重点、难点

1. 教学重点

汉语中标点符号的使用规则及写作的行文规范。

2. 教学难点

有针对性地改善写作中的缺点，促进写作水平的提高。

（三）教学前准备

1. 知识准备

有一定的汉语语法知识，掌握了一定数量的词汇，具有进行语段、语篇表达的能力。

2. 教学材料准备

学生习作、图片、教学 PPT，20 ×20 方格稿纸（学生）。

（四）教学过程

1. 导　入

教师提供一个关于标点符号的小故事：

古时候，有个秀才要招收学生，他对穷子弟不收费对富家子弟却要很多报酬。他出了一则告示，这样写道："无米面也可无鸡鸭也可无鱼肉也可无银钱也可。"

穷家子弟来，他是一种读法，富家子弟来，他又是一种读法。

教师要求学生思考两种不同的读法，可分组讨论。

教师公布答案。

对穷人：无米面也可，无鸡鸭也可，无鱼肉也可，无银钱也可。

对富人：无米，面也可；无鸡，鸭也可；无鱼，肉也可；无银，钱也可。

教师讲解：标点符号的使用对于意义的确定有着非常重要的作用。

2. 讲　练

练习（1）

教师要求学生在横线处填上合适的标点符号（?。!,），注意标点符号的正确写法。

这是我的朋友________叫玛丽________

这个公园太漂亮了________我很喜欢________

今天是他的生日________他今年二十三岁________

我是留学生________你呢________

这件衣服真好看________你买吗________

这不是我的词典________那是我的词典________

他学习汉语________我也学习汉语________

我有一个妹妹________她是学生________

她的汉语真好________你的汉语怎么样________

他不是日本人________是韩国人________

教师讲解：

标点符号是文章的有机组成部分，能表示句中或者句子与句子之间的时间停顿，帮助读者准确地体会作者的思想感情。标点符号是辅助文字记录语言的符号，其正确与否直接影响着意义的表达，是写作教学中很重要的组成部分。

常见的标点符号有两类，标号和点号。点号的作用是表示语言中的种种停顿和语气，标号的作用是标明词语或句子的性质和作用。常用点号有七种：顿号、逗号、分号、句号、问号、感叹号、冒号；常用标号有五种：引号、括号、书名号、省略号、破折号。（表5－5）

表5－5 常用标点符号

符号	书写形式	作用
顿号	、	表示并列的词或短语之间的停顿。
逗号	，	表示单句中一般性停顿或复句中分句之间的停顿。
分号	；	表示复句内部几组句子之间的停顿。
句号	。	表示句子结束的停顿，陈述语气。
问号	？	表示句子结束的停顿，疑问语气。
感叹号	！	表示句子结束的停顿，感叹语气。
冒号	：	表示发言、总结上文或总括下文。
引号	“”	表示直接引用、强调、否定、特定称谓等。
括号	（）	表示注释或补充说明。
书名号	《》	表示书籍、篇章、报刊、歌曲等的名称。
省略号	……	表示省略、语言断续等。
破折号	——	表示解释、递进、转折、语音延长等。

练习（2）

教师提供练习文本，请学生在下面短文的空格处加上合适的标点符号，并说明这些标点符号的作用。

①人的性格不同________想法不同________对待一件事情的态度就不同。比如

________有人不愿意去管别人________也不愿意别人来管自己________有人喜欢活动________不愿意静下心来阅读资料________有些人不愿意在人多的时候说话________有些人不愿意写文章等等。①

②这个周末________我想去杭州旅行。听说杭州是一个非常美丽的地方，那里有龙井茶________丝绸________西湖醋鱼等。中国有很多古诗都写了杭州，比如苏轼写的________饮湖上初晴后雨________，里面就有一句：________欲把西湖比西子，淡妆浓抹总相宜。________②

我打算坐周六早上8点上海至杭州的火车去那儿，你想和我一起去吗________

参考答案：

人的性格不同、想法不同，对待一件事情的态度就不同。比如：有人不愿意去管别人，也不愿意别人来管自己；有人喜欢活动，不愿意静下心来阅读资料；有些人不愿意在人多的时候说话；有些人不愿意写文章等等。

这个周末，我想去杭州旅行。听说杭州是一个非常美丽的地方，那里有龙井茶、丝绸、西湖醋鱼等。中国有很多古诗都写了杭州，如苏轼写的《饮湖上初晴后雨》，里面就有一句："欲把西湖比西子，淡妆浓抹总相宜。"

我打算坐周六早上8点上海至杭州的火车去那儿，你想和我一起去吗？

教师讲解：

汉字是表意文字，书写格式有一定的规范和要求，那人们在写文章的时候需要注意哪些格式要求呢？

汉语正确的书写格式：

作文的题目写在第一行的中间。第二行的右侧写作者的名字。作者下方空一行。

每一自然段的开头要空两格，从第三个格开始写。用稿纸写作时，标点符号也要占用一格，不要和汉字写在一格内。

文章的内容需要根据意思来分层次，划分成若干个自然段。一个自然段结束，就要另起一行空两格开始写下一自然段。

如果一句话的最后一个字正好写在一行的最后一个格里，那么点号也要写在这最后一格里，因为行首不能是点号，但标号可以写在行首一格内。

练习（3）

教师用PPT展示句子和短文，要求学生抄写到稿纸上，注意标点符号、标题的位置等行文格式。

①姐姐家有好多花，红的、白的、粉的……五颜六色，美极了！

① 赵建，祝秉耀．汉语写作教材（下编）［M］．北京：北京语言大学出版社，2005：7.

② 吴中伟，高顺全．拾级汉语第3级［M］．北京：北京语言大学出版社，2007：69.

		姐	姐	家	有	好	多	花	，	红	的	、	白	的	、	粉	的	…	…
五	颜	六	色	，	美	极	了	！											

②我的朋友

我有一个中国朋友，叫小力。他跟我一样高，但是比我胖多了。他的汉语说得比我好得多。我们每周末都出去踢足球。原来我比他踢得好。后来，每次踢足球，他都非常努力，所以他现在踢得越来越好。今天晚上，他请我去他家吃饭。他的房子比我的大多了。

								我	的	朋	友								
																	作	者	
		我	有	一	个	中	国	朋	友	，	叫	小	力	。	他	跟	我	一	样
高	，	但	是	比	我	胖	多	了	。	他	的	汉	语	说	得	比	我	好	得
多	。	我	们	每	周	末	都	出	去	踢	足	球	。	原	来	我	比	他	踢
得	好	。	后	来	，	每	次	踢	足	球	，	他	都	非	常	努	力	，	所
以	他	现	在	踢	得	越	来	越	好	。	今	天	晚	上	，	他	请	我	去
他	家	吃	饭	。	他	的	房	子	比	我	的	大	多	了	。				

3. 活动与游戏

活动一：我会断句

教师要求学生，给下列句子加上标点符号。学生填好之后与同伴比较，看看意思有什么不同。

我爸爸买了苹果我想吃爸爸说要先洗干净才能吃

看电视时间长了对眼睛不好

妈妈喜欢我买的东西都是甜的。

活动二：火眼金睛

教师提供一份学生习作，学生分组讨论习作中存在问题（错别字、标点符号错误、格式错误、语法错误等），并修改。

学生原作：

我的中国梦想

学习汉语以前我对中国没有兴趣，因为我一点儿知识也没有．可是开始学习以后，越学越兴趣了．高中二及的时候我开始学习汉语，就发现了不太难，我的家人，朋友不明白为什么我要学习那口外语．他们都经常告诉我<你不用学习那么奇怪的语言，是特别难，还有你已经会说一口流利地英语>．我发现了学习汉语特别有意思，还发现了中国的历史又长又有很多特点，快感兴趣了。

高中毕业以后空子学院给我个一年在北京学习的奖学金，我决定去北京．那的时候我的中国梦想就是学一口流利地汉语，可以跟中国人做朋友，了解中国的文化什么的．来北京以前我一字也不能手写，大部分的汉字看不懂．来北京以后我汉语一天比一天好，我汉语水平就提高的．我还认识了从世界各个地方来的人。

现在我有个日本的朋友，她不会说英语，所以我们俩在一起聊天儿的时候当然用汉语。

下个学期我打算去丹麦是为了上大学，学习经济法，然后去德国或中国当硕士生。我要一个国际的教育，工作，要去别的国家出差。

我的梦想是在工作的时候可以用汉语，跟中国的公司做买卖。

我的国家跟中国非常不一样，人口，面积什么的都不一样．最重要的分别就是社会，文化．我们挪威人了解中国的特点以前可能觉得你们中国人都很奇怪．三年以前我没有中国梦想，现在我的梦想就是更了解中国的社会，我想明白为什么中国人很<奇怪>，从哪儿你们的特点本来的。

修改后的参考作文：

我的梦想与中国

北京体育大学国际文化学院留学生

挪威　××（C班）

学习汉语以前我对汉语没有什么兴趣，因为我一点儿汉语知识也没有。后来我学习汉语，觉得汉语很有意思，现在越学越有兴趣了。

到现在为止，我学习汉语已经三年了。我从高中二年级的时候开始学习，发现了汉语其实并不太难。那个时候我的家人和朋友都不明白我为什么要学习这门外语。他们都经常告诉我："你不用学习那么奇怪的语言，而且它特别难，况且你已经会说一口流利的英语。"但是我发现学习汉语特别有意思，还发现了中国的历史又长又有很多特点，就感兴趣了。

高中毕业以后孔子学院给了我在北京学习一年的奖学金，我决定去北京。那个时候我的梦想就是学一口流利的汉语，可以跟中国人做朋友，了解中国的文化什么的。

在挪威学习时，我只会用拼音在电脑上打汉字，连一个汉字也不会手写，而且大部分的汉字看不懂。来北京以后我的汉语一天比一天好，汉语水平提高得很快。而且我还认识了很多从世界各个地方来的人。现在我有个日本的朋友，她不会说英语，所以我们俩在一起聊天儿的时候当然用汉语。

下个学期我打算去丹麦上大学，学习经济法，然后去德国或中国读硕士。毕业以后我希望找到一个这样的工作，可以常常去别的国家出差，工作的时候可以用汉语，跟中国的公司做生意。

学习汉语以来，我发现我的国家跟中国非常不一样，人口、面积什么的都不一样，其中最重要的差别就是社会、文化。我们挪威人以前不了解中国的特点，可能觉得中国人都很奇怪。三年以前我还没有中国梦想，现在我的梦想就是更多地了解中国社会，我想弄明白为什么中国人很“奇怪”，这些“奇怪”的特点是怎么来的。

二、示例小结

在中高级阶段写作中，学生表达的内容越来越丰富，在基本格式和标点符号这两个方面存在的问题也就日益凸显。标点符号是文章的有机组成部分，以其不可或缺的地位在汉语表达中凸显了语篇的内在张力。课堂上教师强调的往往是词汇、语法，而忽视标点符号的教学。学生习作中存在的问题包括：使用标点符号时套用母语形式；没有使用标点符号的习惯，喜欢“一逗到底”或者“一点到底”；标点符号书写的位置不正确，字和标点写在同一格内，省略号写在格子的最下面等。教师有必要将汉语文章中所使用的标点符号介绍给学生，在对学生作文进行批阅的时候严格要求，及时纠正。

每个国家都有自己独特的书写格式。汉语的标点符号独具特色，和其他语言相比差别很大，如汉语的“。”在英语中是“.”；汉语的“……”，在英语中为“…”。还有一些符号是汉语中独有的，如“、”“《》”。

三、任　务

任务一：将汉语标点符号和其他语言中的标点符号做比较，分析用法差异，了解书写区别。

任务二：收集学生在习作中常见标点符号方面的错误，并按学生所属国家分类，以便在今后的教学中有针对性地指导学生。

第三节　写作课教案设计

教案示例

教材信息：《发展汉语中级写作Ⅱ》，北京语言大学出版社，编者蔡永强，2012 年 6 月第 1 版，2016 年 10 月第 6 次印刷。第 29 课课文《给朋友的一封信》。

给朋友的一封信

亲爱的汤姆：

你好！

好久没有联系了，最近怎么样？你还是不打算来中国留学吗？真不知道你是怎么想的。

前段时间，我给你寄了一些照片，很漂亮吧。你说你这半年过得很忙碌，除了读语言学专业，还在为律师资格考试做准备。但我觉得这才是真正的大学生活，我不喜欢整天懒懒散散的。

最近我已经把教师布置的期末论文、作业都写完了，一个星期后还有一个考试，趁着现在有时间，就跟你说说这一年来我的生活吧。

我所在的云南大学一共有 17 个学院，我在留学生院学习。留学生院有来自世界各国的 500 多名留学生，可以说是一个小联合国。我们每星期一到五上午上课，下午只是一些选修课，如果没有兴趣可以不去听。教师很严格，开始时绝对不让我们说英语，弄得我们很难受，因为有时候想用汉语说一件事，可能会憋得满脸通红也说不出来。不过，三个月以后，我们发现不用母语也能找到合适的汉语表达。到现在，无论和中国人还是外国人谈话，我一般都不再用英语，所以进步还是挺大的。除了正常的学习，我还参加一些活动，如球类比赛、语言互助学习、英语教学志愿者活动（帮助山区的孩子学习英语）等，这既提高了我的语言水平，也让我目睹了中国农村的真实生活，真是一举两得。

除了学校生活，我还常常在周末的时候四处逛逛。昆明是云南的省会城市，年平均气温在 15 度左右，冬无严寒，夏无酷暑，四季如春，被称为“春城”。昆明有一道非常值得看的风景就是冬季的红嘴鸥。每年 11 月前后，总会有成千上万的红嘴鸥飞到昆明，在宽阔的水面上飞舞，场面非常漂亮。

不知不觉说了很多，总之昆明有很多特色，这些特色也是我选择昆明而不选择北京、上海等大城市的原因。如果你有机会来昆明，我一定会带你好好儿玩玩儿。

最后，祝你每天都开心！

玛　丽

7 月 7 日

生词：

1. 忙碌　2. 资格　3. 懒懒散散　4. 憋　5. 志愿者　6. 目睹　7. 一举两得　8. 酷暑

<table>
<tr><td>课程名称</td><td>汉语写作</td><td>课程类型</td><td>中级汉语写作课</td></tr>
<tr><td>任课教师</td><td>杜丽</td><td>指导教师</td><td>×××</td></tr>
<tr><td>授课日期
及学时数</td><td>20××年×月×日
2学时（90分钟）</td><td>授课地点</td><td>教学楼×××</td></tr>
<tr><td>使用教材</td><td colspan="3">《发展汉语中级写作Ⅱ》（编者蔡永强，北京语言大学出版社，2012年版。）</td></tr>
<tr><td>本课题目</td><td colspan="3">第29课《给朋友的一封信》</td></tr>
<tr><td>教学对象</td><td colspan="3">汉语水平中级（有一定的汉语语法知识，掌握了一定数量的词汇，具备一定语段、语篇表达能力。相当于HSK－4级）
学生共14人，母语背景较复杂，来自巴西、缅甸、越南、印度尼西亚、摩洛哥、孟加拉、俄罗斯等国家。</td></tr>
<tr><td>教学内容</td><td colspan="3">1. 学习课文《给朋友的一封信》及汉语书信的书写格式和写作规范。
2. 用汉语写一封电子邮件。</td></tr>
<tr><td rowspan="4">教学目标</td><td>认知领域</td><td colspan="2">（1）学习汉语书信的行文格式和写作规范，熟悉汉语表达习惯和中国人的一般思维方式；
（2）能用汉语写简单的电子邮件。</td></tr>
<tr><td>技能领域</td><td colspan="2">（1）了解书信体写作的表达方式、写作方法和语体风格；
（2）能够用汉语给亲友写一封电子邮件。</td></tr>
<tr><td>情感领域</td><td colspan="2">（1）学生有了解中国传统思想文化的愿望；
（2）培养学生良好的汉语言文字修养，培养写作兴趣；
（3）学生有运用汉语书面语来传情达意的愿望。</td></tr>
<tr><td>学习策略</td><td colspan="2">帮助学生自觉运用比较、分析等学习策略，培养学生自主学习意识，通过小组讨论体会合作学习的优势。</td></tr>
<tr><td rowspan="2">教学重点
与难点</td><td>教学重点</td><td colspan="2">汉语书信写作的规范格式。</td></tr>
<tr><td>教学难点</td><td colspan="2">书信体的语体风格。</td></tr>
<tr><td>教学方法</td><td colspan="3">1. 使用多媒体辅助教学。
2. 讲练结合，精讲多练，加强学生语段、语篇写作的能力。</td></tr>
<tr><td>教具</td><td colspan="3">信封若干、图片、信纸、表格、多媒体课件。</td></tr>
</table>

教学过程	**1. 课堂导入（5 分钟）** 教师展示空白信封并提问，如果写一封信给同班同学，信封应该怎么填写？学生讨论。然后教师发给学生每人一个信封，让学生填写。 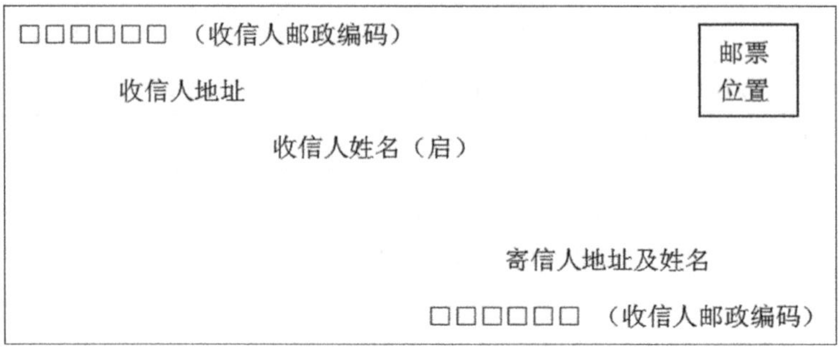 学生完成之后，教师总结信封的书写格式。中文信封和英文信封在格式上是有区别的，具体表现为：中文收信人的邮编和地址写在信封上部，把收信人写在中间，把寄信人地址和邮编写在底部；收信人和寄信人的地址顺序均为由大到小，即省—市—县（镇）—街道—门牌号码；收信人和寄信人都是先写姓，后写名。收信人姓名后还可以加括号，括号里写“启”或“收”。 **2. 课堂讲练（80 分钟）** 教师提问：你一般什么时候给家人或朋友写信？如果现在给他们写一封信，你会写些什么？中国的书信如何书写？在你们国家写信，有哪些内容必不可少？ 解读范文（20 分钟） 教师带领学生阅读范文并提出若干问题： （1）找出汤姆不来中国留学的语句。 （2）找出描写汤姆学习和生活的语句。 （3）找出说明玛丽对大学生活的认识的语句。 （4）找出描写玛丽最近情况的语句。 （5）找出描写关于玛丽说英语的情况的语句。 （6）找出介绍玛丽参加一些活动的语句。 （7）找出说明玛丽参加活动得到的收获的语句。 （8）找出介绍昆明气候的语句。 （9）找出描写昆明红嘴鸥的语句。 （10）找出说明玛丽选择昆明留学的原因的语句。 （11）总结在书信中，玛丽具体说了哪些内容？

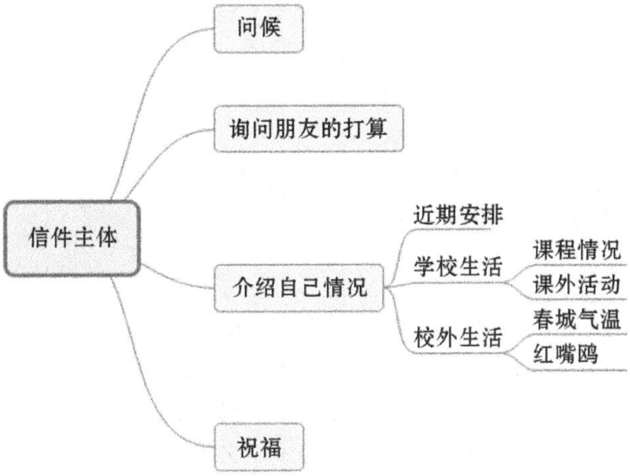

格式总结（20 分钟）

教师让学生观察这封信的结构、格式、特定用语等。为了给学生更直观的印象，教师可以总结汉语书信写作的规范格式，见下图：

尊敬的/亲爱的×××：（称呼）

　　你好！（问候语）

　　________________________________

____

____

________________________（正文）

　　祝身体健康，一切顺利！（祝福语）

　　此致（空两格）

敬礼！（顶格）（结束语）

×××（署名）

×年×月×日（日期）

教师强调注意事项：

①称呼要顶格写，后面要有冒号。

②问候语。在书面语中，常用“你好”“您好”这样的问候语。由于双方不常见面，有时还可以写一些表示想念的内容，如“好久不见，近况如何”“近来一切可好”“久未通信，甚念”等，要另起一行，空两格。

③然后写正文，正文的最后写祝福语。

④结束语通常为“此致”“敬礼”“此致”空两格，“敬礼”另起一行顶格写。

⑤右下方署名和写日期。

提纲草拟（40 分钟）

教师布置作文题目——一封给朋友的电子邮件，要求学生思考想对朋友说的话，并大致列出一封电子邮件的写作提纲。如：

中心思想：向朋友讲述自己的留学生活，问候并祝福他。
开头段：讲述自己在中国的留学生活；
中间段：谈谈自己最近的生活和学习情况；
向朋友简单介绍中国文化；
表达对朋友的思念之情；
结尾段：送上对朋友的祝福。

3. 布置作业并宣布下课。（5 分钟）

教师要求学生课后根据写作提纲，将信件补写完整，以便下节课教师讲评。

4. 课后延伸活动

活动一：文化对对碰

教师准备表格，发给学生，学生可将汉语书信的写法与自己国家书信的写法进行对比，找出异同，并互相讨论。

	中国	你的国家
1		
2		
3		
4		

活动二：祝福语大集合

祝福语是向别人表示祝愿的话语，书信中常常含有祝福语。在汉语中多用四字结构，如“春节愉快”“生日快乐”“身体健康”“万事如意”“心想事成”。祝福语通常用“祝＋你”或“祝”开头，如“祝你节日快乐”，也可直接说“节日快乐”。在不同的情况下要使用不同的祝福语。学生通过查阅网络或者询问中国朋友收集一些常用的祝福语，并根据使用的情境分类。如：

<table>
<tr><td></td><td>
常用的祝福语
<table>
<tr><td>节日</td><td>恭贺新禧、新年好、春节快乐、圣诞快乐、节日快乐</td></tr>
<tr><td>婚礼</td><td>百年好合、白头偕老、美满幸福、早生贵子</td></tr>
<tr><td>健康</td><td>身体健康、健康长寿</td></tr>
<tr><td>财富</td><td>生意兴隆、财源滚滚</td></tr>
<tr><td>送别</td><td>一帆风顺、旅途顺利、一路平安</td></tr>
<tr><td>其他</td><td>好运连连、万事如意、生日快乐、家庭幸福、心想事成、美梦成真</td></tr>
</table>
</td></tr>
<tr><td>板书</td><td>信封学问的探究
书信文本的分析
格式规范的巩固
书信提纲的拟写</td></tr>
<tr><td>教学后记</td><td>
书信在国际贸易的沟通、生活学习的交流、情感的表达等方面仍然占有重要地位。随着时代的发展，科技的进步，现在逐渐被电子邮件所取代，但是一些格式规范还是延续和保留下来了。
在书面表达中，格式正确与否会影响到意思的表达和交际效果，所以写作格式也是教学的一个重要内容。格式是应用文体的特征之一，是区别于其他文体的标志。所谓格式，包括书写、排印、行文格式、结构环节、习惯用语、称谓、签署等。这些约定俗成的格式，使不同的文种清晰醒目，便于写作、阅读、承办、归卷、查询。有了这些格式，应用文的文体才算规范。书信由信封和信件两部分组成。信封是显示于外的东西，信件则是信的正文。除了其中的祝福语，书信还包括：称呼、正文、落款。
在教学实践中，在多重因素的影响下，诸如母语的负迁移，教师重视不够等，很多学生在行文格式方面存在着明显的问题。如果不注意这一点，就有可能影响社交效果。本示例通过范文的展示，让学生可以借助一些直观性材料进行模仿，是比较有效的指导方式。只要教师注意强调其重要性，并严格要求，学生掌握起来难度不大。应用文文体中的假条、表格、简历、书信都可以采用这种教学方法。
同时，本示例是任务型教学法在课堂中的具体应用。教师通过合理的设计和安排，师生共同完成一些指定的任务，从而习得写作书信的技能。
任务型教学法，这是近年来交际教学思想的一种发展，它把语言应用的基本理念转化为具有实践意义的课堂教学方式。在第二语言习得领域受到广泛的关注。这里的“任务”是指教师在课堂上布置学生完成的语言活动。任务型教学法主张在交际的环境中，通过前期准备、后期巩固等步骤，在一定程度上强调某些语言形式，弥补交际教学法的缺点，兼顾语言使用的流利性、准确性和复杂性，从而使语言得到持续而平衡的发展。在具体的国际汉语写作课教学实践中，任务型教学模式可以划分为以下三个阶段。
</td></tr>
</table>

	写作前期阶段：主要是写作前的准备活动。首先，教师要进行任务选择，确定并解释任务，一般选择与学生现实生活有密切关系，能激发他们写作兴趣的任务，任务的选择可以根据学生的兴趣进行调整。在这个阶段，可以设置一些任务类型：如描述类，比如根据画面编故事；比较类，对两组材料进行比较，比较两幅画的异同，比较两件事等；解决问题类，对一些实际生活问题进行思考，找出解决方案；个人经验类；观点陈述类；摘要类。其次，选好任务并强调重要性后，教师要提供一些真实的例文，简要分析其语言风格和结构，引起学生的注意，从而保证学生在写作时语言的准确性。最后，通过分析范文或范文讲解，强化学生对语言形式的认识。 写作中期阶段，可分两个时期：第一时期要求学生按写作前期中的例文和教师的提示讲解，在规定时间内独立完成作文初稿，同时要注意语言的形式。第二时期是学生在执行写作任务时进行协商、讨论的活动。在规定时间里，可将学生分组，互相合作，交换评估他们的作文初稿，把认为有问题的句子、词、标点符号等都标出来。 评价和巩固期阶段：教师根据学生报告，提出作文评判标准，学生根据评判标准修改初稿。教师根据修改的初稿进行最后的修改。此外，教师还可针对学生出现的问题，进行一些专门的实训。

本章思考与练习

1. 影响汉语学习者书面写作水平提高的因素有哪些？

2. 针对汉语学习者汉语词汇掌握不足、语法基础不扎实、思维方式单一、口语倾向严重等问题，你可以采取哪些针对性的措施？

3. 写作课被认为是最沉闷和最难学的课程之一，写作教师如何克服这些困难？

4. 有人认为写作技能是自己练出来的，而不是教师教出来的，你如何看待这种观点？

5. 写作测试的命题要求和原则有哪些？

本章资料拓展

资料一：话语的起点

深层结构在语言心理中实际上只是一个中间层次，有些心理语言学家认为深层结构还不够深，在深层结构下面还有一个“思想的起点”，他们把这个起点叫作“话语动机”。由话语动机产生语义初迹，再从语义初迹到深层结构（卢利亚 1987）。人们能够感觉到的是想说什么，然后是说出来了：想说什么就是思想的起点，在动机与意向产生的时候，表述的客体就已经存在，接下来的转换是自动的无意识的。例如，一个人在一条小胡同里骑车，前面有一个人挡了道，他想叫那个人让路，这就是话语动机，思想的起点，接下来他就说：“劳驾，请你让一让”。日常口语交际中，从思想起点到话语表层之间的转换过程是自动的，感觉不出来的。但是在书面表达的时候情况却不太相同。最明显的是想写什么却写不出来。既然有了话语动机，为什么不能自动地转换到表层形式？这是因为日常口语交际通常是非常简单的一两个句子，而书面表达要形成篇章。就是说在深层结构中不是简单的几个命题，而是要有一棵比较完整的命题树，才能根据命题之间的关系一一转换到表层来。如果命题树已经存在，那么要考虑的只是怎样表述更恰当、更确切，写出来以后可能会有修改，但通常不会写不出来。要是写不出来，那是因为脑子里还没有形成命题树。换一句话来说，从命题到表层形式的转换，对于母语表达来说虽然有优劣之分，但一般并没有多大困难。困难在于从话语动机到命题树的发展，话语动机已经有了，但是没有发展成命题树，因此就不知道写什么。这样我们把话语形成的心理过程分成两个阶段。第一个阶段是从话语动机发展到命题树即深层结构，第二个阶段是从命题树（深层结构）转换到表层形式。

不管是书面表达还是口头表达都存在这样的心理过程。表达能力问题存在于第二个阶段，语法修辞问题也存在于第二个阶段。对外汉语教学的听说读写训练都发生在第二阶段。说写是训练从意义转换到汉语的表层形式，听读是训练从汉语的表层形式转换到意义。按照这样的理论探索下去，就会发现第一阶段的心理过程不存在语言之间的差异，但却存在着人类个体之间的差异。也就是说从思想起点到命题树的发展，人与人的情况非常不同，从同一个思想起点出发，人类不同的个体可能发展出不同的命题树。这牵涉到一个人的经验、理论积累、文化修养、知识水平以及才能，等等，其中的差异可能非常巨大。所以有的人是思想深刻的哲学家、思想家，有的人是笨头笨脑的粗汉。这种差别主要是在心理过程的第一阶段。造成这种差异的原因非常复杂，目前我们还说不清。但是很明显，语言表达心理过程中的第一阶段跟对外汉语教学关系不大，因为说外语的人跟说母语的人面临着同样的问题，所以，它应该是母语教育内容的一部分。对外汉语教学初中级阶段写作课要做的是使学生在书面表达时语言上符合汉语的习惯。这实际上只涉及到第二阶段的转换过程，因此，我们不需要把第一阶段的发展过程也纳入写作课，否则就加重了写作课的负担，降低了写作课的效率。

——陈贤纯．对外汉语教学写作课初探［J］．语言教学与研究，2003，(9)．

资料二：写作技能训练的重要内容

写作教学不能违背语言教学的宗旨，写作训练的过程也是不断培养和提高学生语言技能的过程，写作技能训练应该包括以下重要内容：

(1) 语言系统知识的掌握和训练

写作是组词成句、组句成篇的程序结果，组词造句能力是最基本的需要。写作课上的词语和句式教学，不是偏重教授新词，而是侧重于教授用法。用法就是讲解选择的条件，比如词语，由于义项的不同决定了可搭配的词语的不同，词语的感情色彩、文化色彩不同，也会影响语言表达的准确，那么根据文体、语体来选择合适的词语就成为教授的重点。再比如句式，文体不同，叙述环境不同，对句式的取舍也有影响。如在以事物为叙述主体的表达中，句式的选择多为主谓语句、主题句、被动句等，体现出中国人的汉语思维……

(2) 语篇构造知识的掌握和训练

一个个单句是靠一定的逻辑关系组织起来的，有内在联系的一个个单句又组成了一个语义连贯的语篇。在学生作文中常出现这样的问题：一个句子单看不存在问题，但是连起来看，就感觉别扭，原因就在于从语篇的角度，句与句的连接出现问题。写作训练中，教师应加强语篇构造知识的讲授和训练，首先要注意文章段与段、句与句之间的内在逻辑关系，看其语义上的衔接是否自然、恰当，顺理成章。采用阅读范文的形式，可以有效地帮助学生分析和掌握各种文章的结构，熟悉其写法。教学中还要注意归纳、总结语篇构造的各种形式，如"首先……、其次……、再次……"等。其次，还要教授一定的语篇衔接知识，如省略、照应、替代的方法、关联词语的运用、词汇的同现等。语篇构造知识的讲解与实践，是写作教学的一项重要任务，目的在于融会贯通、灵活运用、得体表达。

(3) 写作基础知识的掌握和训练

正确使用标点符号，也是写作的基本功之一，它能够准确表达文章的意思，还能增加文章的感染力。如"省略号……""破折号——"这类学生最不会使用的表达符号，在文章中往往具有意犹未尽，含义丰富，感情延伸、简洁、直观等作用，是增加文章表达力的好方法。还没学会使用标点符号的学生，往往采用一逗到底或者逐句画句号的方法，从形式上来看，就缺乏了这种表现力和感染力。另外，各种文体的格式、起首和结束的方法、语言修辞的方法等，也是学生写作中需要了解和掌握的方面。

——翟艳、苏英霞．汉语作为第二语言技能教学［M］．北京：北京大学出版社，2010：236－237.

资料三：写作教学的模式

写作教学模式主要分为三大类。

产品式写作重视写作的最终产品（包括学生作品和范文），在教学中一般围绕范文或者学生作品的分析展开教学。在这个教学模式中，课堂讲练围绕语言知识展开，范文既给学生的写作提供模板，又是当课所讲的语言知识的集中体现。教师给学生布置的作业一般从话题、内容、语言等方面提出要求，而对如何写的过程则没有具体要求。在写作讲评环节，教师也将较多的时间用在语病修改和分析上。

过程式写作强调写作的过程，Campbell（2006：12）将写作过程比喻成弹球游戏，具体列举了25个步骤；被认为是对写作过程最清楚最实用的介绍之一（转引自Nunan，2009：237）。尽管不同的研究者对写作过程的步骤有不同的看法，但他们都有一个共同点，就是强调写作过程是非线性的，是一个构思、写作、反馈、修改等环节不断循环的过程，写作教学的目的就是要教学习者如何完成这一过程。因此教师重视学生参与整个写作的过程，而不是最终上交的一篇作文。与产品式写作的教学模式不同，范文在教学中并不是必需的。虽然有时在教学过程中也使用一些作品，但这些作品不一定是范文，它们的作用也大多不是表示范例与模板，而是启发作者思考的某种材料。

产品—过程结合的写作教学认为，有效的写作者不仅需要习惯于草拟与再草拟的写作过程，也需要大量的书面语知识以及可供模仿的范文。因此分析范文、操练语言与训练构思、拟草稿、修改等过程中的策略都是写作教学中的有机组成部分。

——吴中伟．汉语作为第二语言教学——汉语技能教学［M］．北京：外语教学与研究出版社，2014：254.

资料四：写作教学的主要阶段及阶段训练项目

<table>
<tr><th>写作训练形式
及适用等级</th><th>题目、题材范围</th><th>语言运用提示</th></tr>
<tr><td>初级：听后写</td><td>寓言、成语故事</td><td rowspan="5">汉语句子结构、主要成分语序等。
句子之间的连接，按时间顺序连接，按事情发展顺序衔接等，例如：以前、不久前、接下来、原先、过了不久、毕业以后等。</td></tr>
<tr><td>初级：看系列画
写故事</td><td>幽默故事</td></tr>
<tr><td>初级：组句成段</td><td>小故事、小笑话</td></tr>
<tr><td>初级：组段成篇</td><td>结构比较完整的短文</td></tr>
<tr><td>初级：语段
短文</td><td>梦、小故事，自己的生活片段：起床、讨价还价、找借口、等电话、寄信</td></tr>
</table>

写作训练形式 及适用等级	题目、题材范围	语言运用提示
初级：简单应用文	请假条	了解应用文的格式和语言特点。量词的运用。
	便条	
	填表（申请表、包裹单等）	
	各类启事	
	海报	
初级—中级： 记叙文： 口头作文—书面表达	我和读书/写作/网球（等个人爱好）	句子之间的衔接，按时间顺序叙事，表示时间以及时间转换词语的运用。如含时量补语的句型。
	难忘的一件事/后悔的事	
	到校第一天/生日	
	愉快的旅行	
初级—中级： 说明文： 环境处所的描述等简单的说明	我的宿舍/我的校园/家乡的四季	学习运用一些存现句等描写环境的句型。 学习一些空间转换变化的语句。从东门进门，可以看见……；绕过花园，就到了……
	熟悉的一条街/一家商店	
	家乡的导游/北京一日游	
中级—高级： 说明与表述 对过程的说明	介绍一种本国的风俗/一个本国传统节日	清楚地交代某个过程。使用一些表示列举和次第的连接成分，如：首先、然后，……以后，……就……，第一，最后等连接词语。运用一些特殊句型，如“把”字句。
	一种菜的做法/便捷的购物方式	
	如何申请签证/租房	
	某种运动或游戏的规则（太极拳、相扑、网球、跆拳道、橄榄球等）	
	本国的入学/办理签证/订阅报刊/办理银行账号的过程	
中级—高级： 说明文	介绍一本书	被动句。 指代、省略等语篇连接方式的训练。
	介绍一首歌	
	介绍一篇好文章	
	介绍喜欢的课程	

<table>
<tr><th>写作训练形式
及适用等级</th><th>题目、题材范围</th><th>语言运用提示</th></tr>
<tr><td rowspan="4">中级—高级：
记叙文</td><td>我的朋友/亲人/教师……（自己周围现实生活中的人）</td><td rowspan="4">描写人物外貌、性格的词语，如：浓眉大眼、温柔、开朗等。
用存现句描写人物神态、衣着、举止，如：“上身穿着”“脸上带着微笑”等。
表示职业生平的词语：长期从事……；毕生为……尽力等。
描述人物动作的句型，连动句等。</td></tr>
<tr><td>我喜欢的公众人物（歌星、影星、运动员、作家、历史人物……）</td></tr>
<tr><td>我最佩服的一个人</td></tr>
<tr><td>某个名人的生平简介</td></tr>
<tr><td>中级：
一般书信：
描写
叙事
抒情</td><td>给亲人、朋友的信，介绍自己的学习生活、旅行见闻；
写信安慰遇到困难和烦恼的人；
写信问候生病的亲友；
写信祝贺学习、事业取得成功</td><td>书信格式。
常用书信语言（问候、祝愿等）。</td></tr>
<tr><td rowspan="4">中级—高级：
记叙文：
记叙、抒情、议论结合</td><td>难忘的打工经历</td><td rowspan="4">表达内心感受的词语。
各种补语。
复杂句式，如带程度补语、情态补语的句型。
表达真相的连接成分：其实，实际上，说句心里话，不瞒你说等。</td></tr>
<tr><td>打工记</td></tr>
<tr><td>旅途经历</td></tr>
<tr><td>生活经历和感悟</td></tr>
<tr><td rowspan="2">中级—高级：
翻译介绍</td><td>文学作品（诗歌、歌词、散文、小说等）</td><td rowspan="2">与母语对照比较明显的句型，如被动句，趋向补语、介词结构，“把”字句等。</td></tr>
<tr><td>报刊文章（社会新闻、广告等）</td></tr>
<tr><td rowspan="6">中级—高级
摘要、概述、
评论等</td><td>小说内容介绍</td><td rowspan="6">以“是……的”强调时间、地点、方式等的句型。
常用的表述追述过去事情的语句，如：事情发生在……，本世纪初等。
直接引语和间接引语的表示。如：拿……的话说，正如……所指出的……，……曾经说过……</td></tr>
<tr><td>电影故事/戏剧故事</td></tr>
<tr><td>读后感、观后感</td></tr>
<tr><td>书评</td></tr>
<tr><td>报刊摘要</td></tr>
<tr><td>历史或现实事件</td></tr>
</table>

写作训练形式及适用等级	题目、题材范围	语言运用提示
中级—高级： 议论文： 根据提供的材料或事实发表看法	看书报还是看电视 家庭代沟问题 择偶观或求职观 对东西方文化的认识 谈互联网	表示比较的各类句型：A 比 B……/A 没比 B 那么……/A 比 B 更（还）……等。 表示强调的句型："是……的" 表示对比的连接成分：相比之下，与此相比，与此相反，反之等。
中级—高级： 说明文 陈述事实、状况和发表议论结合	中国的交通/环境 我国的教育体制 我国的医疗体制 我国的新闻媒体	数据的表达，如表示概述、百分比、递增、递减等的用法。 被动句（不指出施事的）。
高级 小型社会调查报告	中国的成人教育调查 北京农贸市场管理调查 留学生学习汉语目的调查 我国的/中国的残疾人生活 就业状况/社会治安状况 大学生使用互联网的调查	设计问卷调查表。 调查统计结果的表达：据统计……，数据表明……，调查对象包括…… 因果复句、假设复句。 表示原因、结果的连接成分：终于、果然、因而、结果、所以等。
高级 议论文： 对社会问题、大学生活的议论、评价	中国的未来 世界范围的就业问题 毒品的危害 网络时代的人际交流 经济发展与社会文明 当代大学生职业选择趋势	反问、设问等修辞手法的运用。 常用论证方法的语言表达（如引用、驳斥、列举事实）。 表示推论、归纳的连接成分：由此可见，毫无疑问，这说明，这意味着，综上所述等。
高级 说明文	介绍一种人类活动或文化传统的发展过程：烟草、茶叶、戏剧表演	被动句。 省略、指代的运用。 表示举例、补充、推论的连接成分：以……为例，顺便提一下，另外，显然，不用说，可以肯定。
高级 应用文	广告 合同 事务信函	常见的广告语言。 公文的基本格式。 合同常用词语句式：甲方、乙方，贵公司，责任人等。 表示列举的词语。

写作训练形式及适用等级	题目、题材范围	语言运用提示
高级 论文： 毕业论文、 学年论文	英语和汉语的被动句	论文格式（摘要与正文、参考文献的列举）。 举例、对比、推论、总结等语义关系的连接成分：例如、比如说、同样、对比而言、相形之下、相反等。
	汉语和韩语的同形词语比较	
	汉语和日语四字格的比较	
	留学生汉语学习目的分析	
	加入 WTO 对中国教育的影响	
	中国的外企对国企的影响	

——李晓琪．对外汉语阅读与写作教学研究［M］．北京：商务印书馆，2006：226－230.

资料五：搭建“脚手架”，有控制地引导表述

听和读是理解性技能，说和写是表达性技能。无论是理解还是表达，活动或任务前的准备和活动或任务后的反馈都是十分重要的两个环节。对于理解性活动或任务，之前的准备活动激活了相关知识，为顺利理解打好基础，之后的反馈深化了对于输入的理解，并从中吸收新的语言知识。对于表达性活动或任务来说，之前的准备为表达搭建了“脚手架”，之后的反馈为进一步完善语言输出提供了机会。

从语言技能来说，理解性任务和表达性任务各有自己的重点微技能需要培养，从语言综合能力的发展来说，可以把理解性任务看作输入，把表达性任务看作输出，前者为后者打下了基础，发展学习者的综合能力。在实际的教学过程中，理解性任务离不开表达，表达性任务也离不开理解。听说读写各技能在教学中不可能截然分开，输入和输出更是互相交融在一起的。

第一，激活已有知识，为顺利完成理解性任务打下基础。（略）

第二，搭建“脚手架”，有控制地引导表述。

现在的写作教学和口语教学，特别是在初中级阶段，往往走向两个极端：一个做法是由教材提供范例，教师在课堂上详细讲解范例——学习新词语、学习新语法点、学习课文，等等，只在最后一个环节让学生进行口语或者书面语表达，这样口语课和写作课就变成了精读课，而且最后的表达阶段的内容跟前面学习范本阶段的内容往往是脱节的，学生说的、写的东西往往不是课文里所教的，而课文（作为范本）要教的东西，学生又不愿意用，或者根本用不上。另外一个做法是不用教材，完全根据学生的兴趣点选择话题来说或写，教师几乎不做指导，只是事后讲评，这样又走向了放任自流，学生较难有收获和进步。如果我们能采用有控制地引导表达的教学模式，注重“过程”，处理好输入和输出的平衡，那么对于提高口语教学和写作教学的质量是非常有益的。

第三，在训练语言技能的同时关注语言形式，引导学生学习新的语言表达方式，提高语言综合能力。（略）

第四，重视语体风格差异，加强技能训练的针对性。（略）

——吴勇毅．对外汉语教学法［M］．北京：商务印书馆，2012：269.

本章参考文献

[1]罗青松．对外汉语写作教学研究[M]．北京:北京社会科学出版社,2002.

[2]翟艳,苏英霞．汉语作为第二语言技能教学[M]．北京:北京大学出版社,2010.

[3]吴中伟．汉语作为第二语言教学——汉语技能教学[M]．北京:外语教学和研究出版社,2014.

[4]李晓琪．对外汉语阅读与写作教学研究[M]．北京:商务印书馆,2006.

[5]丛媛媛．浅析对外汉语写作课教学环节[J]．文化与探索,2016,(7).

[6]冯晟．写作教学法在对外汉语写作课中的具体应用[J]．新西部,2009(22).

[7]冯乐乐．对外汉语中级阶段写作测试题型设计[J]．现代语文,2012(11).

[8]王峰．对外汉语阅读与写作课堂教学探讨[J]．大学教学,2013(7).

[9]魏悦．对外汉语教学初级班写作课程教学反思与建议[J]．安康学院学报,2013(10).

[10]孙燕．对外汉语写作教学中的语块运用[J]．现代语文(语言研究版),2015(5).

[11]罗青松．对外汉语写作教学研究述评[J]．语言教学与研究,2011(5).

[12]杨敬慈．关于对外汉语教学中书信写作教学的探究——以 HSK 数据库中日本籍考生作文为研究案例[J]．辽宁教育行政学院学报,2011(9).

[13]王星繁．对外汉语教学中记叙文写作技能训练的方法与测试[J]．北方文学,2017(8).

[14]江敏,尉亮．新 HSK 五级考试写作试题题型分析和教学启示[J]．前沿,2013(24).

[15]孙荔．对外汉语写作教学的原则与模式[J]．教育与职业,2011(4).

[16]涛亚．对外汉语语段教学的重点——衔接[J]．首都师范大学学报,2000(增刊).

[17]于宏梅．对外汉语写作教学中的修辞教学[J]．乐山师范学院学报,2004(6).

[18]汪环．留学生初级汉语读写课中写作教学设计[D]．上海:上海外国语大学,2014.

[19]韦靓．基于新 HSK 五级书写题型的语言测试分析及教学建议[D]．锦州:渤海大学,2016.

汉

第六章

特色课程教学

第一节　体育汉语课程

“体育汉语”课程，属于特殊用途的汉语课，也是教育性专用汉语课。“专用汉语可以分为两类。一类是职业性专用汉语，为了让学习者从事某一个特定职业，……另一类是教育性专用汉语，为了让学习者用汉语学习某个专业。”① 因此，本教材给体育汉语课程定义为：为来华攻读体育专业本、硕、博的外国留学生开设的汉语课。目的是满足学习者跟中国学生一起用汉语学习专项知识和技能的需求。

初级体育汉语教材，如《体验汉语——体育篇》（2007），凸显体育词语、体育知识、体育文化等，其对话中的体育内容紧密结合日常生活，由浅入深。该课程以语言知识的学习为突破口，为汉语学习者较快进入体育专业学习打下一定基础。中高级体育汉语偏重专业内容的学习，主要培养留学生逐步可以跟班听课、看中文专业书等能力。目前尚未出版中高级体育汉语教材，教师只编写了少量讲义，这方面还有待开发。

① 周小兵．对外汉语教学入门（第二版）［M］．广州：中山大学出版社，2014：146.

示例一　冬练三九，夏练三伏（初级体育汉语）

教材信息：《体验汉语——体育篇》（英语版），高等教育出版社，编者程红、吴志强、谢卫，2007 年 3 月第 1 版，2009 年 7 月第 3 次印刷。第 8 课课文 2《下雪天练功》。
下雪天练功 山姆：北京的冬天冷不冷？ 伊娜：冷，可是屋子里有暖气。 山姆：冬天会下雪吗？ 伊娜：会！ 山姆：下雪的时候你早上还训练吗？ 伊娜：当然！教师说，冬练三九，夏练三伏。 山姆：你的基本功越来越好了！我们以后能不能参加通级考试？① 伊娜：我听说可以。 山姆：我想回国以前通过考试。 伊娜：你一定行！
生词： 1. 屋子　2. 暖气　3. 会　4. 冬练三九，夏练三伏　5. 通级考试　6. 听说 7. 以前　8. 一定　9. 行

一、示例实施

说明：教材《体验汉语——体育篇》，侧重初级汉语的听、说训练。针对本示例，已完成生词、句式的教学，准备进入课文教学。

教学对象以武术专业的汉语学习者为主。

（一）教学目标

1. 理解课文 2 的内容，并能简要复述课文；
2. 能够听、说二十四式太极拳的动作名称和口令语；
3. 能够了解拓展的体育文化元素。

① 留学生可以参加中国武术管理中心组织的武术段位考试，也叫通段考试。与武术通级考试不同，中国的专业武术运动员才可以参加通级考试，这里留学生把通级考试与通段考试搞混了。目前针对留学生有不同规格的武术赛事。

（二）教学重点、难点

1. 教学重点

发音标准、语法准确、语义连贯地复述课文2；能说出二十四式太极拳的动作名称。

2. 教学难点

复述课文时能注意初级语篇的衔接与连贯；体会中国武术的丰富内涵。

（三）教学前准备

1. 知识准备

能够完成基本句子。

2. 教学材料准备

课文2录音，PPT课件，练功小视频和小故事，二十四式太极拳的动作名称词语卡片和汇总表。

（四）教学过程

1. 导　入

教师："昨天我们学习了课文2的生词和句式。"

教师举起本课重点生词卡片"基本功""通级考试""冬练三九，夏练三伏"等，分别请学生读出来。反复朗读几遍后，教师提问："三九和三伏是什么意思?"学生回忆昨天教学内容。学生回答："三九是冬天最冷的天，三伏是夏天最热的天。"教师接着展示三九下雪天和三伏天学生练功的图片，开始进入课文学习。

2. 讲　练

（1）课文教学：先听后说、听说结合

步骤一：第1遍听课文，回答选择题。

教师要突出训练学生抓关键信息的听力技能。

根据课文内容选择正确答案

①伊娜的屋里______。

A. 冷　　B. 有暖气　　C. 没暖气　　D. 很凉快

②下雪的时候伊娜______。

A. 继续练　　B. 不练　　C. 少练　　D. 不清楚

③伊娜的基本功______。

A. 还可以　　B. 越来越差　　C. 一般　　D. 越来越好

④山姆练武术想______。

A. 参加比赛　　B. 练乒乓球　　C. 玩一玩　　D. 回国前通级

步骤二：第2遍听课文，以听带说。

第一，组词成句

①会　冬天　下　吗　雪

②你　越来越　基本功　好　了　的

③能不能　以后　通级　参加　我们　考试

④想　回国　通过　以前　考试　我

第二，以山姆为叙述人称，简要复述课文

教师要提示学生，复述时注意人称的变化，注意时间差，有现在，有将来。

参考答案：山姆问伊娜北京的冬天冷不冷？会下雪吗？伊娜说很冷，也会下雪，但是屋子里不冷，因为有暖气。下雪的时候早上也练功，要冬练三九，夏练三伏。山姆认为伊娜的基本功越来越好了，山姆想回国前参加武术通级考试。伊娜说山姆一定能通过。

（2）武术词语聚焦

教师根据课文中的武术内容，为武术专业汉语学习者拓展梳理“二十四式太极拳”的动作词语。（表6－1）

表6－1　“二十四式太极拳”动作名称

太极拳图片	1	起势	2	左右野马分鬃	3	白鹤亮翅	4	左右搂膝拗步
	5	手挥琵琶	6	左右倒卷肱	7	左揽雀尾	8	右揽雀尾
	9	单鞭	10	云手	11	单鞭	12	高探马
	13	右蹬脚	14	双峰贯耳	15	转身左蹬脚	16	左下势独立
	17	右下势独立	18	左右穿梭	19	海底针	20	闪通背
左揽雀尾	21	转身搬拦捶	22	如封似闭	23	十字手	24	收势

教师准备了武术词语卡片，一面是24个动作名称的汉字，一面是汉语拼音。

第1遍：教师领读卡片汉字，学生集体跟读。

第2遍：教师按顺序指示表格中的武术动作词语，带学生集体朗读。

第3－4遍：学生两人一组，先对照汉语拼音卡片读，然后再结合表6－1读汉字，忘记的可使用拼音卡片来提示。

第5遍：教师播放一段二十四式太极拳的小视频，教师领读词语，学生边跟读边对应视频中的武术动作。通过视频的动作情境、言语情境的方式，强化学生记忆武术词语。

（3）武术教学口令语

在武术教学中，口令是组织学生、指挥学生的重要手段。通常包括：常用口令，间有分解动作的口令，提示语口令，综合性口令。长拳的口令一般声音洪亮、短促有力，太极拳的口令则较柔和、缓慢。① 本示例针对留学生的实际情况，重点介绍常用口令和提示性口令。

常用口令

也称为数字口令，即一个动作一个呼号。在武术教学基本功阶段，教师可以采用此口令指导学生训练，10，20，30，40……（口令1为第一动，1后面的0为休止号），口令不要拉长，节拍基本相等。如《初级长拳第一路》每段8个动作，教师可以带学生从1喊到8。

注意：一般数字口令都是四八拍，就是从1喊到8，然后再重复喊下去直到结束，全部动作结束时要喊收势。口令是根据武术动作的分解步骤进行的，一个动作分解几步就喊几个口令，可以喊12、123、1234等，动作分解不宜超过8个步骤，所以武术口令最多只能喊到8。

提示性口令

一种是先提示再喊口令，提示内容一般是动作名称，前面的动作名称是预令，后面的呼号是动令，如“野马分鬃——10”；另一种是先喊口令再提示，前面的呼号是动令，后面为提示内容，“10——野马分鬃”。有时也可以只提示动作不呼口令。

二十四式太极拳的动作名称术语，都可以喊成提示性口令。教学时，先喊出预备，从第一式“起势”开始喊，接着喊“野马分鬃”“白鹤亮翅”，一个接一个喊下去，直到结束“收势”。

武术词语聚焦环节，学生已学习了相关词语。这时，教师可带着学生大声喊出来24个太极拳动作口令，为活跃课堂气氛，找一位学生到教室前边，配合大家喊的口令做出相应的武术动作。这种口令，既提示了动作的步型，又提示了动作的手型及手法，能强化学生对动作名称与动作结构的理解，便于学生尽快记住动作名称、掌握动作。

当然，还可根据动作的关键点，运用提示性语言来描述动作的过程和细节，帮助学生完成动作，使学生始终跟着教师的思路进行练习，便于提高学生的学习效率。例如：二十四式太极拳左揽雀尾，口令就是4个字：掤—捋—挤—按。

实际武术教学中，几种口令常常综合使用。学生学习了武术口令的汉语规范表达以后，武术教、学效果会更加明显。

（4）拓展体育文化元素

教师可通过网络等途径查找杨氏太极宗师杨福魁（字露禅）“苦练成师”的小故事，简要给学生介绍。让学生进一步领悟“冬练三九，夏练三伏”的内涵，并引出汉语里表示刻苦训练的其他表达方式。

台上一分钟，台下十年功。

解释：在台上表演的时间往往只有短短的一分钟，但为此需要付出十年的艰辛努力。

① 中国武术教程编委会．中国武术教程（上册）［M］．北京：人民体育出版社，2010：509.

从台上与台下、一分钟与十年功的对比中明白其意思。

宝剑锋从磨砺出，梅花香自苦寒来。

解释：宝剑的锐利刃锋是从不断的磨砺中得到的，梅花飘香来自它度过了寒冷的冬季。抓住宝剑与磨砺、梅花与苦寒的关系，学生更容易理解。

请学生从母语中找一找“冬练三九，夏练三伏”的对应词语，每人说一说。

如果学生接受能力较强，还可以再给学生找几个关于体育养生的谚语。如：

饭后百步走，活到九十九。

要想身体好，常洗冷水澡。

春捂秋冻，少生杂病。

笑一笑，十年少；愁一愁，白了头。

踢踢腿、弯弯腰，病魔吓了逃；打打拳、练练操，寿星见了笑。

3. 活动与游戏

游戏一：说一说 做一做

请每位学生说出自己国家的传统体育项目。如果可以，再表演一下。

游戏二：你做我喊 你喊我做

分组活动，由一位同学做太极拳基本动作，二十四式顺序可以打乱，小组其他同学猜一猜是什么动作，并快速说出名称；或根据教室条件，小组一位同学喊提示性口令动作名称，其他同学（有一定武术基础）做出相应动作。

二、示例小结

初级体育汉语课程是听说课型，采用听说一体化教学法。以情景为主线，将听力技能和口语技能训练置于同一个背景中，先听后说，以听促说，听说结合。听是手段，说是目的，以说检验听的效果。本节运用了克拉申（Krashen，1982）“可懂性输入”和斯万（Swain，1985）“可懂性输出”的相关理论，结合教学实践考察，听说训练都是提高语言表达与交际能力的有效途径。课文涉及一些武术词语，教师演示了二十四式太极拳的小视频，在学生具备一定武术基础的情况下，通过“视、听”带动武术常用口令、提示性口令“说”的训练。这样既达到了初级视听说的融合，也贯彻了“可懂性输入”“可懂性输出”的理论。此时段能听懂并模仿说出来即可，不强调会写。

体育汉语课堂教学还要突出体育文化元素。本课结合“冬练三九，夏练三伏”，介绍了杨氏太极拳宗师“苦练成师”的小故事，拓展了体育养生方面的谚语，如“笑一笑，十年少；愁一愁，白了头”等。

教师要构建“开放式初级听说”体育汉语课堂。因为每个体育专项的术语都不同，可以通过师生、生生互动互助，汇总班上学生所学体育专项的词语，培养学生自主学习习惯，强化学生的主体性、参与性与合作性，快速提升其“可懂性输入”与“可懂性输出”，为体育各专业学习做准备。

三、任　务

任务一：请查阅文献，解释克拉申（Krashen，1982）的“输入假说”理论，并举例说明。

任务二：请查阅文献，解释斯万（Swain，1985）的“输出假说”理论，并举例说明。

任务三：请根据你所学的武术课程，分类列出太极拳、长拳、导引养生，以及武德、武礼等中国武术常用语50个，并标注出汉语拼音，为今后的体育汉语教学储备素材。

示例二　为什么说田径运动是各项运动的基础？（中高级体育汉语）

教材信息：中高级体育汉语阅读材料，撰写者自编。

为什么说田径运动是各项运动的基础？

田径运动不仅跟其他运动项目有密切的关系，而且是各项运动的基础。田径项目多，内容丰富，是发展各种身体素质的好项目。例如：练短跑和跨栏，可以发展速度和灵敏性；练中长跑和竞走，可以发展耐力和柔韧性；练跳跃项目，可以发展力量和协调性……通过田径运动的训练，运动员能全面地发展力量、速度、耐力、柔韧、灵敏等身体素质，有效地锻炼和提高走、跑、跳、投等基本活动能力。

身体素质好，赛场上竞技状态就好。你看，一场精彩的篮球赛正在激烈地进行着，双方队员在场上不停地奔跑，突然一个长传，只见一个队员像离弦之箭一样切到篮下，不迟不早地把球稳稳接住，紧接着闪开对方的防守，轻巧地把球投入篮筐。顿时，观众为运动员精湛的球艺鼓起掌来。那持续不停地来回奔跑，时高时远地快速跳跃，又稳又准地传球投篮……哪一样不需要大量的身体素质训练？篮球如此，其他运动项目也不例外。就连在比赛时静坐不动的棋类运动员，平时也应经常进行田径训练，如长跑和短跑，可以更好地培养和锻炼长时间坚持的耐久力和快速的反应能力。因此，结合专项特点，有计划地进行田径训练，可以为运动员打下坚实的身体素质基础，这对掌握和提升专项技术水平很有帮助。

综上所述，田径运动是各项运动的基础。在身体素质训练中田径运动是不可缺少的重要内容，任何一项运动项目的发展和提高，都跟田径运动有直接或间接的关系。

生词：

1. 项目　2. 丰富　3. 素质　4. 速度　5. 灵敏　6. 耐力　7. 柔韧　8. 跳跃　9. 协调　10. 激烈
11. 离弦之箭　12. 防守　13. 轻巧　14. 投　15. 精湛　16. 培养　17. 反应　18. 掌握　19. 专项
20. 综上所述　21. 直接　22. 间接

一、示例实施

说明：中高级体育汉语阅读材料，侧重读、写等综合训练。

（一）教学目标

1. 掌握本课的重点词语，对词语涉及的体育背景、体育知识有所了解；
2. 较为准确地理解课文中结构复杂的句子；
3. 能分析段落大意、段与段之间的关系，能概括全文观点。

（二）教学重点、难点

1. 教学重点

材料中的语言知识（重点词语和句子）；体育背景知识；文章的结构特点。

2. 教学难点

理解及识记与体育内容相关的词语。

（三）教学前准备

1. 知识准备

汉语水平达到 HSK 5 级。

2. 教学材料准备

田径比赛的小视频和相关图片，PPT 课件。

（四）教学过程

1. 导　入

播放田径比赛小视频，教师针对视频提问题：
（1）这是什么比赛？
（2）穿“黄、黑、绿”三色运动服的是哪国运动员？
（3）这位运动员跑得怎么样？
（4）他有什么特点？（描述运动员）
参考答案：
（1）这是男子 100 米短跑比赛。
（2）牙买加（博尔特）。
（3）这位运动员跑得快极了。
（4）他个子高高的，大长腿，……（描述运动员）。

2. 讲 练

(1) 讲练结合法处理词语

体育词语——项目、速度、灵敏(性)、耐力、柔韧(性)、跳跃、协调(性)、轻巧、防守、投、专项

词语搭配举例:

项目——名词

游泳项目/田径项目/冰雪项目……(学生可以结合自己的专项进行扩展)

速度——名词

发展速度/跑步速度/阅读速度……

投——动词

投篮/投球/投标枪……

-性(灵敏性/柔韧性/协调性)——后缀

科学性/合理性/教育性……

常用词语——素质、丰富、状态、激烈、精湛、培养、反应、掌握、直接、间接

素质——名词

教师素质/心理素质/文化素质/个人素质……

培养——动词

培养能力/培养感情/培养人才/培养习惯……

激烈——形容词

作定语:激烈的比赛/激烈的运动/激烈的场面/激烈的竞争……

作谓语:竞争很激烈/比赛很激烈/辩论很激烈……

学生如有需要解释的词语再提出来,教师通过例句解释说明。

(2) 串讲课文:精读

教学方法:串讲不能只是教师讲解,而要以问答、质疑的方式进行。首先,学生读一遍课文,教师纠音。教师让学生通过上下小句关系,抓句子主干或焦点信息,使长句变短句。目的是让学生较快地理解全文内容。下面分段进行串讲。

第一段

第1句:田径运动不仅跟其他运动项目有密切的关系,而且是各项运动的基础。

抓焦点信息:田径运动是各项运动的基础。

本句是个递进复句,后面分句比前面分句的意思更进一层,所以也是整个句子的焦点信息,表明了观点。

句式"跟……有关系"举例练习:

他的病可能跟吸烟有很大的关系。

第2句:田径项目多,内容丰富,是发展各种身体素质的好项目。

PPT 1

项目多、内容丰富……　　发展各种身体素质

第 3 句：练短跑和跨栏，可以发展速度和灵敏性；练中长跑和竞走，可以发展耐力和柔韧性；练跳跃项目，可以发展力量和协调性……

PPT 2

短跑和跨栏	→	速度和灵敏性
中长跑和竞走	→	耐力和柔韧性
跳跃项目	→	力量和协调性

第 2 句和第 3 句一起分析，第 2 句是概述内容，第 3 句是列举内容，前后对应，逻辑关系很清晰。

第 3 句可以找标点符号，3 个小分句间是分号，表示并列关系。而且句子都省略了人，句式一致。“练……，可以发展……”。

PPT 3

	短跑和跨栏	→	速度和灵敏性	
项目多、内容丰富	中长跑和竞走	→	耐力和柔韧性	} 发展各种身体素质
	跳跃项目	→	力量和协调性	

第 4 句：通过田径运动的训练，运动员能全面地发展力量、耐力、速度、协调、柔韧、灵敏等身体素质，有效地锻炼和提高走、跑、跳、投等基本活动能力。

第 4 句是总结句，梳理上述内容。快速阅读时，可抓句子主干：通过……的训练，运动员能……发展……身体素质，……锻炼和提高……活动能力。

本句可以简化列举的词语，如走、跑、跳、投等，阅读教学章节已有相关技能训练。

句式“通过……能发展（提高）……”举例练习：

通过太极拳的训练，人们能发展身体的柔韧性。

通过读写课的训练，留学生能提高汉语书写能力。

最后，请学生总结段意：田径运动不仅跟其他运动项目有密切的关系，而且是各项运动的基础。

第二段

第一步：朗读与分析句子

学生读，教师纠音。让学生按照第一段的做法，自己来分析句子。第二段的句子多是描述句，还有一个比喻句，句子更复杂。

教师找出本段第一个句子，让学生在括号内填连接词语：

（　）身体素质好，赛场上竞技状态就好。

学生答：（因为）身体素质好，赛场上竞技状态就好。

教师问：这是什么关系的复句？

学生答：因果关系复句，“所以”可以不说。

教师提示：有没有别的答案？

学生答：（只要）身体素质好，赛场上竞技状态就好。

教师问：这是什么关系的复句？

学生答：条件关系复句，“只要……就……”。

教师提示学生，第一个句子是主题句，是信息点，下文是具体例证。

教师让学生读：“你看，……哪一样不需要大量的身体素质训练？”

“你看”是个话语标记，有提示话题之用，引出下文的篮球赛场景。这时教师可带着学生复习“话语标记”的旧知识。

教师让学生解释：“一个队员像离弦之箭一样切到篮下。”

学生答：这是一个比喻句，表示非常快。

教师可带着学生复习比喻句，例如：好像、像、如……等句式。

接着，由篮球赛内容引出四字词语。教师板书：

不迟不早——
时高时远——
又稳又准——

让学生模仿“不……不……”“时……时……”“又……又……”说出其他词语，教师进行动态板书：

不迟不早——不早不晚/不冷不热/不咸不淡……
时高时远——时好时坏/时远时近/时冷时热……
又稳又准——又高又大/又瘦又小/又忙又累……

教师领读板书相关词语，学生跟读，目的是快速识记。还可以运用发散性思维方式，激发学生的联想能力，让学生进行近义词、反义词的练习。

第二步：动词和短语

开始本段细节学习，让学生找出描述篮球赛的动词：进行、奔跑、长传、切到、接住、闪开、投入。

提示：可以播放一段篮球比赛的小视频，让学生重点观察队员的场上活动，并对应上述动词。

让学生找三个联合短语：“那持续不停的来回奔跑，时高时远的快速跳跃，又稳又准的传球投篮……”

让学生找反问句：“哪一样不需要大量的身体素质训练？”

提示学生注意标点“？”，反问句“哪一样不……”，用否定来表示肯定。

第三步：过渡句和下文内容

让学生找过渡句：“篮球如此，其他运动项目也不例外。”从篮球内容到其他项目——棋类。句式举例练习：

……如此，……也不例外：这个孩子每天跑步，周末如此，就是春节也不例外。

连……也（都）……：他忙得连周末也不能休息。

“因此，结合专项特点……”，其中“因此”可以连接句子或段落，通常表示结果或结论。其他类似词语，如总之、总而言之、所以、总的来说、综上所述等。

句式举例练习：

为……打下……基础：学好汉语为以后学习体育专业打下良好基础。

对……有帮助：学好汉语对以后学习体育专业有帮助。

第四步：请学生总结段意

本段结构：主题句—例证（篮球、棋类及其他项目）—本段结尾句（再次强化主题句的观点）

段意：因此，结合专项特点，有计划地进行田径训练，可以为运动员打下坚实的身体素质基础，这对掌握和提升专项技术水平很有帮助。

第三段

前面已阅读，直接让学生总结段意：田径运动是各项运动的基础。

再解释一下“综上所述”，该词语一般表示其后的内容是文章的观点。

可以由本段反义词“直接——间接”，复习反义词知识。

（3）分析文章结构（总—分—总）（图6－1）

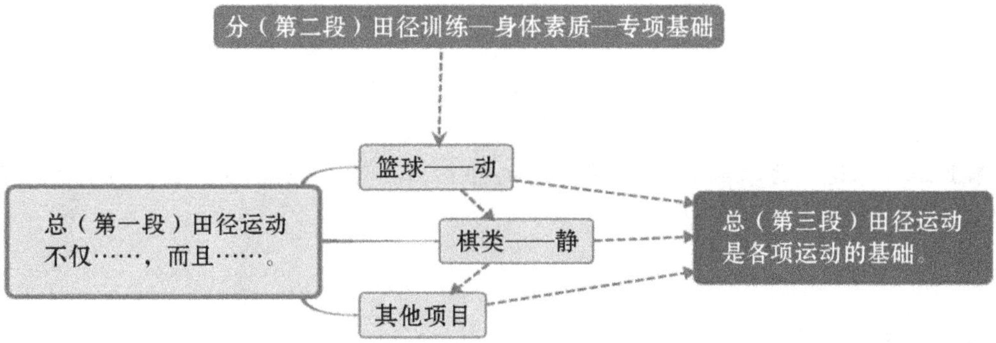

图6－1　课文结构图：总—分—总

第一段：开头段提出问题，表明全文观点。

第二段：主体部分分析问题，支持观点的理由是什么（事实或道理）？论证过程是怎样的？

论证过程——例证与对比。例证——篮球项目、棋类项目，对比——二者一动一静，从不同方面阐述同一个观点，增强说服力。并依此推及其他运动项目，层层推进。

第三段：结尾段总结概括，重申观点。

文章结构分析后，布置学生再默读一遍课文。提出不懂之处，教师解答。

（4）以读带写，联系专项改写

“你看，一场精彩的篮球赛正在激烈地进行着，双方队员在场上不停地奔跑，突然一个长传，只见一个队员像离弦之箭一样切到篮下，不迟不早地把球稳稳接住，紧接着闪开对方的防守，轻巧地把球投入篮筐。顿时，观众为运动员精湛的球艺鼓起掌来。那持续不停地来回奔跑，时高时远地快速跳跃，又稳又准地传球投篮……哪一样不需要大量的身体素质训练？”

请学生根据自己所学的体育专项，改写上面的阅读材料文本。例如：学足球专项，就把篮球内容改写为足球内容。

3. 活动与游戏

<u>活动一：建立体育小词库</u>

请学生总结本课的体育词语，并查找自己所学体育专项的词语，越多越好，进而建立体育方面的小词库。

<u>活动二：找新闻 读新闻</u>

分组用手机从网上找体育新闻，每组读一则。全班分享后，教师可以就一两个重要话题，组织全班展开讨论。

<u>活动三：我看田径运动</u>

联系所学课文话题，进行写作训练的拓展：我看田径运动

观点：我认为田径运动……

理由1：

理由2：

理由3：

综上所述，……

课上分组讨论，力求画出一个写作思维导图，课下根据此图完成个人写作，200－300字。

二、示例小结

体育汉语属于教育性专用汉语，中高级教学突出阅读与写作技能。本示例作为以阅读为主、写作为辅的技能训练课，要把握和突出课型特点。以语言知识传授为基础，以阅读技能训练为核心，以读带写，读写适当结合。尤其写作训练中，安排了既结合本材料，又结合个人体育专项的写作题目，能够凸显体育汉语特色。

本示例运用精读法学习，也叫细读法，是速度较慢、理解程度要求比较精确的阅读形式。阅读技能，主要包括词语学习（根据多种线索理解生词的意义）、句子理解（难句理解）、篇章把握（准确找出主题句、根据连接词等明确逻辑关系）、快速阅读等内容。①

阅读教学中，要提倡以学生为中心。学生的学——阅读是主动的、独立的活动，不能由教师替代。教师的“讲”要与学生的“读”结合起来。教学中体育背景和体育知识的讲解要促进语言知识和阅读技能的掌握。主要体现三方面的教学内容和方法：一是词语教学。这些体育相关词语，要让学生在阅读材料中识记和理解，积累体育词汇靠的是大量阅读实践。二是句子教学。抓住阅读材料中常用的、特有的固定句型，要让学生较好地掌握这些句式、句型。材料中的比喻句、描写句有一定难度，要训练学生能把长句、难句、复杂的句子进行简化，弄清句子结构和语义关系，能提炼出句子主干或焦点信息。三是语段篇章教学。语段教学要注意寻找段落主题句，运用连接词来理解语段内句子间的语义关系和语法关系，理解上下段之间的联系。然后再来把握全篇结构的思路与特点，以及全文的观点。

本示例是一篇议论性小文章，用课文结构图的方式带着学生一起分析全文，目的是让学生简明而直观地掌握全文观点与主要内容，也为写作的顺利开展打下一定基础。

三、任　务

任务一：请根据你感兴趣的运动项目，为汉语学生者（HSK－4级水平）编写一段体

① 周小兵，张世涛，干红梅．汉语阅读教学理论与方法［M］．北京：北京大学出版社，2008：24.

育汉语的阅读材料。要求：叙述性文体，300 字。

任务二：本示例材料中“激烈”的近义词有“剧烈、猛烈、强烈”，请为汉语学习者高级班设计一个讲解这几个近义词的教学方案。

第二节　中国概况课程

“中国概况”课程，对于来华汉语学习者来说，是奠定中国基础知识的需要，是较为系统和全面地了解中国社会及文化的需要，是在中国攻读各类专业学位的一门公共必修课程。同时，“中国概况”课程也为来华汉语学习者提供了一个了解中国的窗口，以及跨文化对话和交流的平台。该课程涉及中国的社会、历史、文化、生活等各方面，本示例选取了中国文化习俗的相关内容。

示例　茶饮天地宽

教材信息：《中国概况》，北京大学出版社，王洪顺编著，2015 年 1 月第 4 版，2017 年 4 月第 3 次印刷。第十二章第三节《饭菜酒茶——茶》。

茶

①说起喝茶，在中国人中，比饮酒更为普遍。中国是世界上第一个生产茶叶的国家，尔后传到日本、东南亚及世界其他地区，因此，中国被称为“茶叶的故乡”。唐朝陆羽写的《茶经》一书，是世界上最早的关于茶的专著。

②茶有四个作用，一是作为饮料解渴，二是帮助肠胃消化，三是用来招待客人，四是作为馈赠礼品。中国人喝茶，一般是在饭后或聊天的时候，而且普遍喝热茶，不喝凉茶，一边喝一边聊天，一碗接着一碗。

③中国地广人多，地区差别大，茶的种类有一百多种，各地方的人，喝茶的品种和习惯不太一样。从茶的种类来看，大体分为五大类：花茶、绿茶、红茶、乌龙茶、紧压茶。茶的主要产地有：浙江、江苏、安徽、河南、福建、贵州、云南等。常说的“十大名茶”是：龙井茶（杭州）、庐山云雾茶（江西庐山）、碧螺春（太湖洞庭山）、铁观音（福建安溪）、黄山毛峰（安徽黄山）、武夷岩茶（福建武夷山）、祁（qí）门红茶（安徽祁门）、信阳毛尖（河南信阳）、君山银叶（湖南君山）、六安瓜片（安徽齐云山）。

④从喝茶的习惯看，北方人喜欢喝花茶，特别是茉莉花茶。江浙、上海人喜欢喝绿茶，特别是龙井、碧螺春、毛峰。广州人喜欢喝红茶，特别是祁门红茶。有的地方还把茶捣（dǎo）碎，加点盐，喝咸茶。内蒙古、西北地方牧民多，吃肉、喝奶多，喜欢喝砖茶，用大碗喝。四川、贵州、云南等高山地区，蔬菜少，常以喝茶代替蔬菜，几乎每家都有茶罐（guàn），每天至少喝三次茶。他们有句谚语："早茶一盅，一天威风；午茶一盅，劳动轻松；晚茶一盅，提神去痛。"在西南地区，如重庆、成都、贵州等，到处都是茶摊（tān），人们坐在竹椅上，喝着茶，抽着烟，悠闲自在。福建的铁观音等乌龙茶，不仅气味芳香浓郁，而且可以减肥，很受外国人欢迎，成了国际市场的热门货。中国人与外国人交朋友，常常把乌龙茶及其他名茶作为中国特产、礼物送给友人。 ⑤中国人不仅喜欢喝茶，而且还喜欢茶具。许多家庭，把漂亮的茶具放在屋里显眼的地方，作为房间的一种装饰。不少中国人常常选购一套漂亮的茶具，作为礼物送给新婚夫妇，有时也送给外国朋友。中国的茶具，一般是一个茶壶（hú）、四个茶碗和一个茶盘，称为"一套"。江西景德镇的瓷器，河北邯郸磁州窑（yáo）的陶器，还有江苏宜兴的紫砂壶，作为茶具最有名，深受国内外欢迎。 ⑥国外流行喝咖啡，中国尚不普遍。但近三十多年来，来中国的外国人迅速增加，出去的中国人也多了。他们把国外的饮食习惯带到了中国，喜欢喝咖啡、吃西餐的中国人也慢慢多起来了。这说明，世界各个国家、各个民族的饮食习惯，既各有特点，又互相影响。饮食文化作为世界文化的一部分，应该进行比较研究。
生词：无生词表

一、示例实施

（一）教学目标

了解中国茶文化，喝茶的习俗，茶的作用及分类、产地等。

（二）教学重点、难点

1. 教学重点

中国茶文化，茶的作用及分类、产地等。

2. 教学难点

中国茶文化的内涵，比较茶与咖啡的异同。

（三）教学前准备

1. 知识准备

学生汉语水平已达到 HSK－4 级。

2. 教学材料准备

注水器，绿茶、花茶、普洱等几种茶叶，小纸杯，中式小甜点，PPT 课件，茶艺视频及图片，小贴纸，两张纸质中国地图挂在教室墙上。

（四）教学过程

1. 导　入

教师课前用小纸杯给每位学生沏好一杯茶。开始上课后，让学生喝一口茶，提问："你喝的是什么茶?"可能有学生能回答出"绿茶"什么的。

接着还可以让学生说说茶的味道、茶的颜色。并继续提问："你喜欢喝茶吗?"应该有一部分学生喜欢。随后，教师引导学生关注本课话题，"今天我们一起聊聊中国茶和茶文化"。

2. 讲　练

拆拆看——请学生拆茶字：PPT 展示

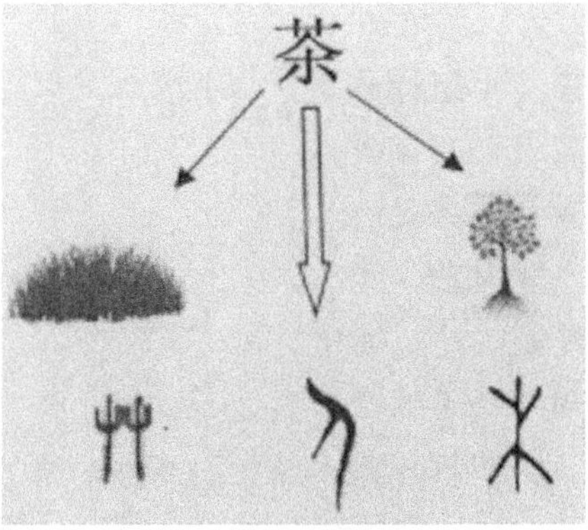

茶由上、中、下三部分组成，学生很快可以说出："草、人、木"。这时，教师说出："人在草木间"，并提示学生思考人与自然的关系。

为让学生进一步体会茶之意，此时可安排一个小游戏，"茶"字接龙。如：茶叶、茶树……只要词语中有"茶"字即可。

梳理全文，总结各段段意

教师先带着学生浏览课文，全文共分 6 段。接着让学生默读教材内容，教师通过提问题，带着学生总结各段大意。学生可使用略读法，边读边根据问题找出每段的段意。问题如下：

第 1 段：中国人喝茶普遍吗？为什么?

第 2 段：茶有什么作用?

第 3 段：中国茶的品种主要分几类？具体是什么?

第 4 段：不同地区喝茶习惯和方式一样吗?

第 5 段：中国的茶具有什么特点和作用？有什么著名的茶器?

第 6 段：每个国家或民族的饮食习惯一样吗?

参考答案（表6－2）

表6－2　课文段意及关键词

序号	段意	关键词
第①段	中国人喝茶很普遍。	普遍、《茶经》
第②段	茶的四个作用及中国人喝茶的习惯。	作用、习惯
第③段	中国茶大体分五类：花茶、绿茶、红茶、乌龙茶、紧压茶。	种类、名茶
第④段	不同地区的人喝茶习惯不同。	习惯、方式、地区
第⑤段	中国的茶具一般是“一套”，而且作用多样。	茶具、茶器
第⑥段	世界各个国家、各个民族的饮食习惯，既各有特点，又互相影响。	特点、影响、比较

学习活动一

读①②段，进行知识竞答（小组计分）

（1）世界上第一个生产茶叶的国家是______。

（2）世界上最早的关于茶的专著是______。

（3）中国被称为“______的故乡”。

（4）《茶经》的作者陆羽是______朝人。

（5）中国人饭后或聊天时普遍喜欢喝______茶。

（6）茶有______个作用，其中可以用来______客人，也可作为馈赠______。

（7）在中国人中，喝茶比______更普遍。

学生完成了知识竞答题，①②段的基本内容就能掌握了。哪个小组答得好，教师可奖励茶叶。

学习活动二

读③段，看地图找名茶

分组活动。发给每组小贴纸，在贴纸上让学生写好“十大名茶”的汉字，例如，龙井茶的产地在杭州，小贴纸上写“龙井茶”，铁观音的产地在福建安溪，小贴纸上写“铁观音”，写好后，由两个组分别粘贴在墙上两张中国地图杭州、福建的位置。安排两组比赛来完成更好，这样寓教于乐，学生既学习了茶的知识，又复习了以前所学的中国地理常识，新旧知识有了融合。

学习活动三

读④段，小组喝茶体验

教师再次给学生分发茶叶和纸杯，用注水器煮水让学生沏茶。这一次，告诉学生一小口一小口地喝，体验品茶的魅力。同时，准备一些小甜点，体验效果更佳。

之后，安排学生一边品茶一边观看 PPT 展示，根据不同地区的喝茶习惯，让学生填

表：（表6－3－1）

表6－3－1　不同地区的喝茶习惯

地区（人）	喝茶习惯	备注内容
北方		
上海		
广州		
西北地区、内蒙古		
高山地区		
西南地区		

参考答案（表6－3－2）

表6－3－2　不同地区的喝茶习惯

地区（人）	喝茶习惯	备注内容
北方	花茶	茉莉花茶
上海	绿茶	龙井、碧螺春、毛峰
广州	红茶	祁门红茶
西北地区、内蒙古	砖茶	吃肉、喝奶多
高山地区	每天三次茶	茶代蔬菜（谚语）
西南地区	茶摊多	悠闲自在（竹椅）

高山地区有句谚语："早茶一盅，一天威风；午茶一盅，劳动轻松；晚茶一盅，提神去痛。"请学生解释谚语的意思。并让学生说说他们国家的人喜欢喝茶吗？自己有没有喝茶习惯？喝茶时有什么感受？

学习活动四

读⑤段，观看茶艺小视频

教师提问：

中国的茶具，一般都包括什么？

学生答：一个茶壶（hú）、四个茶碗和一个茶盘，称为"一套"。

什么地方的茶器最有名？

学生答：江西景德镇的瓷器，河北邯郸磁州窑（yáo）的陶器，江苏宜兴的紫砂壶。

你认为茶具有什么用处？

学生答：装饰，礼物等。

结合 PPT 图片，带着学生说出茶艺表演所用的主要茶具名称。（图 6－2）

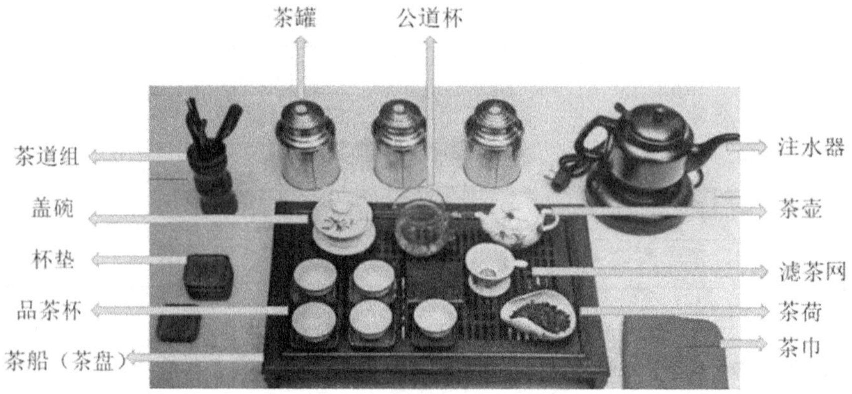

图 6－2　茶具图片及名称①

通过观看茶艺小视频并结合前面的品茶活动，增强了学生关于茶的全方位感受。

学习活动五

读⑥段，比较茶与咖啡

课文结尾句："饮食文化作为世界文化的一部分，应该进行比较研究。"众所周知，世界上最著名的饮品就是茶和咖啡，因此让外国学生比较这二者的异同，很能凸显跨文化意义，激发学生的兴趣。（表 6－4）

表 6－4　茶文化与咖啡文化

	茶	咖啡	备注
相同处	饮料 促进社交 营造舒适 历史长 茶品及茶艺	饮料 促进社交 营造舒适 历史长 咖啡质量及咖啡师的技术	喝茶、喝咖啡是人们的生活方式之一

① 图片来源：中国茶文化国示交流协会．体验中国茶文化［M］．北京：五洲传播出版社，2011：17.（本章编者进行了整理加工。）

续表

	茶	咖啡	备注
不同处	提神、放松	兴奋	饮食文化是世界文化的一部分，各个国家、民族的饮食习惯既有特点，又相互影响。现在很多中国人尤其是年轻人也很喜欢喝咖啡。
	茶道仪式（悠闲、慢）	快餐式（即时能量）	
	品茶（重过程）	喝咖啡（重结果）	
	环境（茶具、中国传统家具和音乐为主、摆放的植物如竹子等）	环境（汉语学习者讨论后再填写）……	

提示：表格内容只供授课教师参考。实际授课时，可组织汉语学习者讨论，结合他们所在国的实际情况填写。

学习活动六

讨论：谈谈中国茶文化的内涵

通过前面几个学习活动，学生对全文内容有了更进一步的理解。但全文阅读完毕不是学习的结束。教师又设计了讨论题，讨论内容已由表层到深层，提升了理解的难度，思维也更加发散与开放，并让学生多角度、更自由地表达。让学生感受、了解中国，理解中国文化的快乐，体验跨文化交流的魅力，这才是学习中国概况课程的真正目的。

讨论方式：先分小组讨论，再由小组派代表到讲台前口头报告。报告时，不用面面俱到，只就某个要点谈谈即可。

在教师的引导下，关于中国茶文化的内涵，学生的讨论结果有可能包括如下内容，仅供授课教师参考。

生活方式之一（每天喝茶）

以茶会友（和朋友一起喝茶，也是放松休闲，中国有茶馆、茶摊）

以茶寄情（喝茶可以寄托情感）

修身养性（喝茶能让人心静养神，对身体有益）

人与自然的和谐（茶有自然的味道，人在草木间）

讲究茶具（品茶讲究很多，茶具是其一，同时茶具也有装饰等作用）

审美情趣（品茶吟诗，品茶抚琴等）

3. 活动与游戏

活动一：说地名 找特色

分组讨论并回答，哪个小组答得又多又准确，奖励茶叶。

例如：中国北京，对应的特色——长城、京剧、烤鸭等。

可以让学生先联系自己的国家，说出地名，再找特色。

如果知道其他国家或地区，也可以说出来。

活动二：朗读饮茶诗，体会其含义

教师带着朗读，简单解释大意，学生课下可以通过网络继续学习。

（1）饮茶歌诮崔石使君 （唐）皎然

一饮涤昏寐，情思朗爽满天地。
再饮清我神，忽如飞雨洒轻尘。
三饮便得道，何须苦心破烦恼。

（2）走笔谢孟谏议寄新茶 （唐）卢仝（tóng）

一碗喉吻润，二碗破孤闷。
三碗搜枯肠，惟有文字五千卷。
四碗发轻汗，平生不平事，尽向毛孔散。
五碗肌骨清，六碗通仙灵。
七碗吃不得也，唯觉两腋习习清风生。

（3）寒夜 （宋）杜小山（杜耒）

寒夜客来茶当酒，竹炉汤沸火初红。
寻常一样窗前月，才有梅花便不同。

二、示例小结

本示例的学习内容是关于“中国的茶”。虽然有千余字，但教材是说明性文体，偏重知识介绍，内容简明概括，条理清晰，通俗易懂。因此，采用了略读法让学生边读边查找要解答的问题并总结段意。“略读是指以尽可能快的速度阅读，迅速获取文章的中心思想和段落大意。换句话说，就是要求读者将文章粗略地读一遍。”① 目的是了解阅读材料的主要意思。但如果问题的解答需要较具体的信息时，就要插入其他阅读方式，比如需要找具体地名解答问题时，“查读”就很实用，“查读指在较多的材料中迅速准确地查找出某些有用的信息。”①阅读时，一旦发现相关信息，视线就要稍稍停留，将其记住或画出来，这种阅读方式目的性和实用性都很强。

除了阅读方法，本示例还运用了沟通式教学法。即教师根据教学目标设计一个个学习活动，在生生互动、师生互动中把汉语课堂变成充满着汉语与中国文化的真实场景，让学习成为快乐的“活动”。曾妙芬提出：“沟通式教学法强调表达（expression）、诠释（interpertation）和语义协商（negotiation）三个要素。”② 沟通式教学法的精神与特色是“跨越语言死记硬背的障碍，强调语言整体性的运用和沟通，着重在语言功能点的发挥和实践，结合语言、心理、文化和社会因素，语言能力的培养扩大至沟通策略、学习策略、抽

① 周小兵，张世涛，干红梅．汉语阅读教学理论与方法［M］．北京：北京大学出版社，2008：5.

② 曾妙芬．推动专业化的 AP 中文教学［M］．北京：北京语言大学出版社，2013：137.

象思维能力、认知能力、文化理解和运用、科技与语言的综合应用等方面。”①

本示例的语言知识较易把握，教材中难字已标注拼音，句子都不太长，教师在讲练中对重点句式和词语也进行了提示。但让学生真正理解中国茶文化的深层内涵才是本课教学的重难点。“人们常说语言是文化的基石，没有语言就没有文化。事实上，文化更是语言的灵魂，没有文化，就没有‘有灵魂’的语言。”② 为了增强学生的直观感受、体验和理解，学习过程中，结合课文各段落，运用沟通式教学法安排了6个学习活动，包括：知识竞赛，看地图找地名，喝茶体验，茶艺视频演示，跨文化比较（茶与咖啡），最后关于中国茶的内涵的讨论活动已由表层到深层，目的是让学生领悟中国茶文化的意蕴。这些活动的设计比较贴近外国学生，可以激发学习兴趣，让每位学生都能参与，文化不同，但乐在其中。除了口尝、眼观、耳听、嘴说，还有“看地图找地名”的动手贴的游戏体验，既加强与教材内容的关联，又有一定的创意，使新旧知识建立了联系，把中国地理知识和茶文化有机融合，开发了思维，激活了想象。活动和游戏环节也兼顾了中国传统文化与现代文化。本示例突出了沟通式教学法的特质，力求活动的真实性，让学生不仅“懂语言”，还要“会用语言”，因为语言是文化的凝聚体（杜道明，2018）。

总之，中国概况课程要力避单纯以教师为主的“填鸭式”的文化知识讲授，教学过程可多样化，生动有趣为宜。例如：教师可以提供相关视频、网址、书目等，安排学生课下查找资料、准备读书报告，课上展开各种学习活动，读解、描述、讨论相关话题，引导学生主动地融会贯通所学文化内容，打通新旧知识的关联，提升认知和理解、沟通和实践的能力。这既是“学”者的活动，也是“教”者的活动，对学生和教师的知识体系都有“活化”与“建构”意义。

三、任　务

任务一：请查阅文献，解释外显学习与内隐学习的区别，举例说明《中国概况》课程如何运用这两个学习方式开展教学活动。

任务二：根据《中国概况》教材“十二属相”的内容，请设计一学时的课堂教学过程。

---

① 曾妙芬．推动专业化的AP中文教学［M］．北京：北京语言大学出版社，2013：137－138.

② 王立新，冉启斌．汉语国际教育本科专业学科建设论［M］．天津：南开大学出版社，2016：162.

教材信息：《中国概况》，北京语言大学出版社，主编宁继鸣，2013 年 8 月第 1 版，2014 年 10 月第 2 次印刷。第十四章第三节《其他习俗——十二属相》。
十二属相 十二属相是中国民间传统习俗中的一个组成部分。作为一种古老的民间文化，至今仍在影响着现代人的生活。十二属相也被称为“十二生肖”，由鼠、牛、虎、兔、龙、蛇、马、羊、猴、鸡、狗、猪等 12 种动物组成，它与中国传统的“干支纪年法”一起构成了中国民间传统的纪年和计算年龄的方法。 生肖信仰中非常重要的一部分是中国人本命年的观念。汉民族的本命年是按照十二生肖循环往复推算出来的，每过 12 年，人们就要遇到自己的本命年，也就是说人生本命年为 12 岁、24 岁、36 岁、48 岁、60 岁……民间认为本命年为凶年，需要趋吉避凶，消灾免祸。汉族北方各地每到本命年时，人们会系红腰带，穿红内衣，认为这样能消灾免祸。一般认为第 5 个本命年也就是 60 岁的时候是很重要的，这是干支纪年的一个轮回。老人的 60 岁生日被称为“花甲”。人们比较重视 60 大寿，会为老人庆祝。在这一天，老人要吃长寿面，蛋糕上面一般会有桃子、松树、仙鹤等图案，都象征着长寿、健康、吉祥。
生词：无生词表

第三节　汉语视听说课程

“汉语视听说”课程，就是利用现代传播媒介，主要以视频、音频等为载体进行汉语语言及文化教学的课程。它是将声音、图像、文字等表达手段融为一体，将学习的语言材料与丰富多彩的文化背景恰当地结合在一起的综合性、立体化的教学模式。克拉申认为：在非语法的环境中提供大量的可理解的语言输入是语言习得的关键。与单一的文字语料相比，视听说课程能够提高语言输入的质量，并能拓展语言的输出。① 因此，该课程能够增强学生对汉语的全方位感知，提高汉语听说及交际技能，从而了解并理解中国人的生活、思维方式和文化习俗。其教学与语用学、心理学、教育学、文化学等理论密切相关。

① 杨毅．以《看电影 学汉语》为主要研究对象的影视视听说教材研究［D］．西安：陕西师范大学，2010：11.

示例　澡堂里的人、事、情——电影《洗澡》

电影第一部分学习文本

教材信息：《中国电影欣赏——洗澡》，北京语言大学出版社，编著张莉、陈天序，2008 年 12 月第 1 版，2010 年 6 月第 2 次印刷。《洗澡》学习文本（Annotated Text of SHOWER）：开篇及大明回家。
《洗澡》电影开篇 **澡堂里** 何　正：真的，哎，您说我这主意怎么样？这不是吹呀，就光这主意，值 100 万。您也不信，跟您说老爷子，现在的生活节奏这么快，谁有那么多闲工夫老跟您这儿泡啊？您瞅外面那快餐店，开一个火一个。为什么呀？快呀，图的就是一个快呀。真的，谁要听了我的主意，肯定发。 老　刘：你别在我这儿瞎侃了。你有那工夫，你把我那霓虹灯给我修一修。 何　正：跟您说了嘛，绝对负责到底啊，老爷子。 老　刘：仨月了，你还要拖到什么时候？ 何　正：您不知道，现在它那材料费又涨了。不是我不仗义，老爷子，您可能多少还得加点儿钱。 老　刘：你给我躺下。 **澡堂里** 老　林：我跟你说哎，我说，你那大腿都快掉啦！ 老　吴：哎，它跑哪儿去了？哪去了？哎，别动啦，别动啦，别动啦！哪儿去了呢？跑哪儿去了？那儿，哦，没有啊，这儿。 **大明进澡堂门** 二　明：哥！ 大　明：爸呢？ **澡堂里** 二　明：爸！ 大　明：爸。 老　刘：噢。 **澡堂里** 二　明：喂！二明！二明！（注：二明模仿哥哥打电话） 大　明：二明，你这画什么意思？ 二　明：爸睡觉，我。 大　明：你干吗寄给我？ 二　明：想你了。 大　明：吓我一跳，我还以为爸……

澡堂外

老　林：怎么样，服不服？不服明儿再来。

老　吴：来就来！我还不信这个邪。明天哪，我带青嘴大来。

老　林：行！我说，慢走您哪。

老　吴：哎，没错儿。

生词：

1. 吹　2. 光　3. 值　4. 老爷子　5. 节奏　6. 闲　7. 跟　8. 泡　9. 瞅　10. 快餐　11. 火　12. 图　13. 发　14. 瞎　15. 侃　16. 霓虹灯　17. 绝对　18. 到底　19. 仨　20. 拖　21. 材料　22. 涨　23. 仗义　24. 大腿　25. 干吗　26. 服　27. 明儿（个）　28. 不信邪　29. 慢走　30. 没错儿

《洗澡》大明回家

饭桌上

老　刘：出差啊？

大　明：嗯，啊不，回来看看。

老　刘：还吃得惯吧？

大　明：还好，挺香的。

老　刘：不常吃吧，那边？

大　明：偶尔也吃，不过没这么好的酱。您身体还好吧？

老　刘：嗯，还好。能吃能睡，能干活儿。

二　明：我寄的。

（画外音）刘师傅！刘师傅！

老　刘：你能回来看弟弟，我挺高兴。

家里

老　刘：没事儿、没事儿、放松。你别，别较劲啊。

张金浩：哎哟！

老　刘：来来来，你再试试。

张金浩：嘿，好像没事儿了，哎。

老　刘：嘿，我说你们俩呀，一天不掐就闷得慌，是不是？

张金浩：嗨，没法弄。您说我这让她一回吧，真下毒手啊。

　　　　哟，这不是大明吗？哎，什么时候回来的？

大　明：今儿刚到。

张金浩：咱俩可有好几年没见了吧？怎么回来啦？

大　明：回来看看。

张金浩：那什么，我就不跟这儿打搅你们了，咱们改天再聊。刘师傅，谢谢您了啊。走了啊。

老　刘：走，换衣裳去。

家里

大 明：(打电话) 喂，是我。没什么事儿。挺好的。是我误会了。过两天我就回去啊。嗯，好，再见！

胡同里

二 明：比不比？

老 刘：比！

老 刘：一、二——

二 明：三！

老 刘：哎呀，二明，你快，你看这儿……我赢了！

二 明：不算！

老 刘：走，走！

澡堂里

老 刘：你就这么洗了？

大 明：啊。

老 刘：要不要我给你放点水，泡一泡？

大 明：不用了，在南方淋浴习惯了。

生词：

1. 出差 2. 惯 3. 偶尔 4. 酱 5. 放松 6. 较劲 7. 哎哟 8. 掐 9. 闷 10. 得慌
11. 没法弄 12. 让 13. 回（量词） 14. 下毒手 15. 今儿（个） 16. 打搅 17. 改天
18. 衣裳 19. 误会 20. 淋浴

电影第二部分学习文本

教材信息：《中国电影欣赏——洗澡》，北京语言大学出版社，编著张莉、陈天序，2008 年 12 月第 1 版，2010 年 6 月第 2 次印刷。《洗澡》学习文本（Annotated Text of SHOWER）：《洗澡》大明顶班 。

《洗澡》大明顶班

早晨，雷雨过后，澡堂房顶上

大 明：跟我小时候一样，一点儿都没变。

老 刘：旧多了！一下雨啊，没几家不漏的。

大 明：那应该好好修修啊。

老 刘：这房子跟人一样啊，老了，你再修也就这样。不管怎么说，这也是住了一辈子的地方。哎！快快快，回去换件衣裳，回头冻着了。你看你！

大 明：您慢点。

老 刘：行，没事儿。

澡堂里

服务员甲：师傅！

服务员甲、乙：师傅！师傅！师傅！

家里

大　明：爸，药熬好了。

老　刘：哎，哎呀。

大　明：您还是去医院看看吧。

老　刘：不用，没事儿。就着点儿凉，吃点儿药就顶过去了。

大　明：那今儿还开业吗？

老　刘：开呀，开，我马上就过去。

大　明：爸，您还是歇着吧，我和二明盯着就行了。

老　刘：啊？

澡堂里

大　明：哟，您来了！

老　林：顶你爸爸班哪？

大　明：没有，他有点儿不舒服。

老　林：怎么了？

大　明：昨晚不小心有点儿受凉了。

老　林：哎哟，可得让他当心哪。这岁数不能病。

大　明：哎。您还上您这儿。

客　人：您来了。

生词：

1. 漏　2. 不管　3. 回头　4. 冻　5. 熬　6. 着凉　7. 顶　8. 开业　9. 盯　10. 顶班　11. 受凉　12. 当心

一、示例实施

（一）教学目标

通过观看电影《洗澡》的片段，使学生掌握电影中出现的生词及语法项目的使用规则，能够理解看到与听到的电影内容，了解中国（北方）当代澡堂里的文化习俗及中国人的家庭生活情况，尤其老刘父子间的新旧观念冲突，从而提升汉语听说与交际能力。

（二）教学重点、难点

1. 教学重点

学习文本，观看电影，了解当代中国人的生活与澡堂文化习俗。

2. 教学难点

听懂影片中真实地道的日常生活语言，理解中国人的生活习俗与父子间的情感。

（三）教学前准备

1. 知识准备

学生汉语水平已达到 HSK－4 级。

2. 教学材料准备

电影《洗澡》片段、《洗澡》学习文本、PPT 课件、相关图片等。

（四）教学过程

1. 导　入

教师问：在你们国家一般在哪儿洗澡？引出中国（北方）的澡堂。

教师 PPT 演示：澡堂的图片、电影《洗澡》相关图片。

《洗澡》背景介绍

这部电影里的故事发生在 20 世纪 90 年代的北京，是中国快速发展与变化的年代。中国经济的快速发展，带来了城市面貌的很多变化，同时，人们的观念也在改变。传统生活与观念虽美好，但受到了时代的冲击。所以，不管人们愿意不愿意，都要面对现实。

《洗澡》主要人物

老刘：澡堂老板

大明：老刘的大儿子

二明：老刘的二儿子

何正：大明的老朋友

老林、老吴：两位老澡客

张金浩、王芳：夫妻俩

苗壮：澡堂唱歌的年轻人

2. 讲　练

步骤一：观看《洗澡》第一部分片段（电影开篇和大明回家）（第 1 遍）

教师布置思考题，让学生带着问题观看。

（1）电影中的澡堂叫什么名字？里面人多吗？

（2）澡堂周围环境是什么样的？

（3）澡堂老板姓什么？他家都有谁？

（4）电影片段里两个老头儿在干什么？

看完，教师先带着学生一起回忆电影开头的内容：一个年轻人正在使用自动化的洗澡机洗澡，紧接着是自动化的洗车。这时，可以插入一个问题问学生："看到这个洗澡场面你们会联想到什么？"也许有学生回答："有点儿像洗车。"等。这个画面是那个洗澡的年轻人何正想出来的创业点子——全自动洗澡机。

之后画面就转切到公共澡堂。热闹的澡堂让同学们看到了 20 世纪 90 年代中国北方澡堂的样貌与场面：泡澡的、搓背的、洗完睡觉的、斗蛐蛐的、下棋的、喝茶的、看报的、听收音机唱京剧的……场景很热闹。接着出现了几个主要人物。这时教师引导学生开始回答问题：

参考答案

（1）澡堂叫清水池，人比较多。（公共空间）

（2）周围都是平房。

（3）老板姓刘，他家有两个儿子，大明和二明。

（4）斗蛐蛐。

提示：如果有的学生不明白"斗蛐蛐"其意，应该解释一下。

步骤二：学习《洗澡》第一部分生词

电影中的语言有很多方言土语，多见于口语。教材解释不多，所以，有必要先给学生补充解释，举例练习，这样有助于理解电影内容与文化内涵，也为课堂"游戏与活动"环节的配音做准备。

大明回家 1——重点生词讲练

光：副词，只，单。用于动词、形容词、名词前面。

例句：我们学校的留学生来自很多国家，光我们班就有 8 个国家的留学生。

吹：动词，多用于口语，夸大或无根据地说自己或某事某物等的优点。

例句：他总是吹他们的产品多么多么好。

老爷子：名词，尊称年老的男子。也可以称自己的或对方的父亲、公公、岳父。

泡：动词，消磨时间。泡澡指较长时间地在热水池里。

词语搭配：泡温泉、泡茶馆、泡（酒/网）吧

例句：今天这孩子在网吧泡了一整天。

火：形容词，多用于口语，受欢迎的，兴旺的。

例句：这是今年最火的一部电影。

图：动词，希望取得、达到。

例句：我嫁给他，只图他是个读书人。

侃：动词，多用于口语，聊天。瞎侃，就是随意地随便地聊天。

例句：昨天我俩在咖啡厅侃了一个晚上。

拖：动词，延长时间，不快速办理。

例句：这件事儿不能拖得太久了。

仗义：形容词，讲义气，乐于助人。

例句：学体育的都很仗义。

服：动词，相信并佩服，同意或接受。

例句：人家足球水平就是高，你不服不行。

练习一：选择与画线部分意思最接近的词语

（1）就光这主意，值 100 万。

A. 明亮　　B. 只　　C. 没有

（2）您瞅外面那快餐店，开一个火一个。

A. 着火了　　B. 受欢迎　　C. 很生气

（3）快呀，图的就是一个快呀。

A. 计划、意图　　B. 希望取得　　C. 想办法实现

（4）你别在我这儿瞎侃了。

A. 瞎了眼　　B. 瞎扯　　C. 瞎胡闹

（5）不是我不仗义，老爷子，您可能多少还得加点儿钱。

A. 打胜仗　　B. 依靠　　C. 喜欢帮助人

（6）怎么样，服不服？不服明儿再来。

A. 服气不服气　　B. 服务不服务　　C. 舒服不舒服

大明回家 2——重点生词讲练

……得惯：常用于口语，表示能习惯，否定形式“……不惯”，就是不能接受。

例句：中国菜我吃得惯，但馒头吃不惯。

较劲：动词，用力气。

例句：护士给你打针时，身体不要较劲，要放松。

掐：动词，本意是用拇指和另一个手指用力，如掐花儿。电影中指吵架、打架。

例句：这两口子每天掐，怎么回事儿？

……得慌：常用于口语，放在表示不好的感觉的形容词后面，到达一定程度。如闷得慌、累得慌等。

例句：今天我们爬长城，真累得慌。

下毒手：做出伤害人的狠毒手段，电影中指打人打得狠。

例句：这个人下毒手把警察杀害了。

练习二：选择与画线部分意思最接近的词语

（1）吓我一跳，我还以为爸……

A. 让我跳起来　　B. 让我很害怕　　C. 让我很奇怪

（2）还吃得惯吗？

A. 吃得习惯　　B. 吃得下去　　C. 能吃很多

（3）你别较劲啊。

A. 比力气　　B. 用力　　C. 不使劲

（4）一天不掐就闷得慌，是不是？

A. 觉得很闷热　　B. 觉得很着急　　C. 觉得很无聊

（5）我这让她一回吧，真下毒手啊。

A. 用手打　　B. 打得狠　　C. 用毒药

（6）咱们改天再聊。

A. 换一天再聊　　B. 第二天再聊　　C. 过一天再聊

学完生词，可分组让学生朗读文本，加深对情节、细节的印象。

步骤三：观看《洗澡》第一部分片段（电影开篇和大明回家）（第2遍）

教师提出要求，再次观看时，请学生注意情节、细节，并深入思考以下问题：

（1）澡堂里有哪些服务项目？

（2）老刘见到大明时是什么表情？

（3）大明对二明说："我还以为爸……"，大明没说出来的话是什么？

（4）晚饭吃什么？老刘为什么问大明"还吃得惯吗？"

（5）老刘对大明说："你能回来看弟弟，我很高兴"，你认为大明回来看谁的？

（6）你看到了中国人什么样的锻炼方式？

（7）老刘家里的墙上有什么？

（8）邻居张金浩来老刘家干什么？他为什么说"不打搅了"？

（9）大明离开家多久了？

（10）老刘和二明跑步时穿着什么？老刘和二明是真的比赛吗？

（11）大明看到父亲和二明在澡堂里干什么？

（12）老刘让大明泡澡，大明为什么说不用了？他去了什么地方工作？

先分组讨论，然后按小组顺序回答问题。

参考答案

（1）搓背、按摩、拔火罐、修脚、剃须、理发等。

（2）吃惊，疑惑。

（3）以为爸爸死了。

（4）吃炸酱面，搭配着黄瓜；因为大明一直不在家，吃饭的习惯也有变化，所以老刘问大明。

（5）大明回来看爸爸的。

（6）跳舞、跑步、做广播体操等。

（7）有画儿、照片、奖状等。

（8）张金浩又和老婆打架了，他的手臂弄脱臼了（胳膊受伤了），他赶紧找老刘给他治伤；张金浩看到了大明，知道大明刚回家，他希望老刘一家人好好聚在一起。

（9）张金浩说他和大明好几年没见了，所以大明离开家好几年了。

（10）蓝色运动衣；不是真的比赛，是他们父子间的游戏。

（11）父亲打扫澡堂，二明帮着父亲，父子俩其乐融融。这场面引起了大明的思考。

（12）因为大明在南方都是用淋浴；所以观众可以知道他去了南方工作。

在学生了解了第一部分的主要内容后，教师引导学生用几个词语概括主要人物的特点。

板书：

老刘：年老、传统、爱澡堂、仗义（乐于助人）、善良、朴实 大明：年轻、现代、看不起澡堂、聪明、时尚 二明：痴傻可爱、朴实、无忧无虑（快乐）、明事理

小组讨论：

讨论题1：通过观看第一部分的电影片段，你觉得在澡堂泡澡和淋浴有什么不一样？泡澡有什么好处？

参考答案

澡堂是个公共空间，也是一个小社会。淋浴的目的性很强，仅仅为了洗净身体。而泡澡有很多好处：可以享受，放松治病（按摩、拔罐、修脚等）；可以社交，聊天娱乐，增强老朋友、老街坊的情谊，比如两位老大爷之间斗蛐蛐就是很生动的例子。最重要的是泡澡已成为人们的一种生活方式，慢生活的体现，就像每天的一日三餐，也是精神的需要。洗的不仅是身体，洗的更是灵魂。

讨论题2：老刘和大明的父子关系有什么奇怪的地方？为什么？

参考答案

电影里有两个细节很重要：一是大明刚回来时，老刘见到他很吃惊；二是吃饭时，二明拿出给大明的明信片，老刘有点尴尬，脸色不太好看。

老刘和大明的生活方式、生活观念不同。大明不喜欢澡堂，而老刘热爱澡堂，新旧文化冲突，所以他们互相不理解，有矛盾。大明现在是个商人，从南方刚回来，穿着西装走进澡堂，与那些用浴巾包裹着的人们形成鲜明对比；他脚下的皮鞋声在充满传统文化的澡堂里显得格外刺耳；别人都在热水池里泡澡，只有大明自己用淋浴……

步骤四：观看《洗澡》第二部分片段（大明顶班）（第1遍）

提问题，请学生回答：

（1）天亮的时候，老刘和大明为什么在屋顶上？

（2）和大明离家之前相比，澡堂附近变化大不大？

（3）老刘在这里住多久了？

（4）发现大明穿得少，老刘让大明干什么？

（5）老刘为什么生病了？

（6）老刘吃的是中药还是西药？你是怎么知道的？

（7）澡堂这一天还开业吗？谁去上班？

（8）大明决定留在澡堂工作了吗？

参考答案：

（1）因为下雨，去房顶修房子。

（2）不大。

（3）一辈子。

（4）下去换件衣服。

（5）年纪大，淋雨受凉了。

（6）中药；“药熬好了”，中药可以“熬”。

（7）开业，大明和二明去上班。

（8）没有决定。

补充练习：选择与画线部分意思最接近的词语

（1）一下雨啊，没几家不漏的。

A. 好几家漏雨　　B. 几乎家家漏雨　　C. 只有几家漏雨

（2）快回去换件衣裳，回头冻着了。

A. 受凉　　B. 被冻　　C. 凉快

（3）吃点儿药就顶过去了。

A. 冲过去　　B. 跳过去　　C. 坚持下去

（4）我和二明盯着就行了。

A. 我和二明照顾着　　B. 我和二明互相看着　　C. 我照顾着二明

（5）顶你爸爸班哪？

A. 代你爸爸上班　　B. 陪你爸爸上班　　C. 接你爸爸的班

步骤五：观看《洗澡》第二部分片段（大明顶班）（第 2 遍）

提问题，学生回答：

（1）听大明说要帮他（老刘）盯着澡堂子，老刘有什么反应？为什么？

（2）你觉得大明熟悉澡堂工作吗？为什么？

（3）大明这时候的表现和刚回来比较，有什么变化没有？你预想一下他们的父子关系最后会怎么样？

参考答案：

1. 老刘又惊又喜。他没有想到，但心里对大明有了新的认识。

2. 熟悉，他以前一直生活在这里，每天耳闻目睹，应该也帮老刘做过澡堂的事情。

3. 有变化，开始回来时，感觉他看不起澡堂，对爸爸的工作不感兴趣；现在能理解一点儿爸爸，帮爸爸修房子，盯着澡堂。

预想：《洗澡》的题目很有象征意义，洗的不仅是人的身体，更是人的灵魂。由题目猜想，老刘和大明的关系应该有很大变化，大明会从心理上接受父亲，接受澡堂，并回归传统文化。

步骤六：找出电影故事线索，讨论电影深层意义

首先，教师引导学生说出故事线索就是“洗澡”，并让学生关注影片中体现的中国人的生活方式与中国文化内容。

生活方式：（教师可提示动词）

板书：

吃——晚饭吃面条，家里日常吃的
穿——老刘和二明的穿着与大明对比
住——平房（北京老建筑），小胡同
锻炼——跑步、跳舞、做广播操等

文化内容：（教师可提示相关条目）

板书：

澡堂文化——公共性，休闲娱乐、聊天解闷、放松治病（拔罐、修脚等）
门上对联——“敦厚宜崇礼，善余总致祥”（传统文化的内容）
新旧观念——老刘与大明（包括老刘与何正——自动洗澡机）
说话方式——人物含蓄的表达方式（老刘与大明父子之间）

其次，在上述问题一一解答以后，教师根据学生汉语水平，组织学生讨论电影的深层意义，可以自由表达，讨论难度灵活掌握。以下内容仅供授课教师参考。

电影围绕“洗澡”的主线，凸显了两个主题：一是父与子之间的隔阂与理解，二是新旧文化之间的交汇与冲突。

电影使用线性叙事结构展示父子亲情：（1）大明刚回家时——父子俩简短的对话，传达出父子关系的疏远。（2）二明丢了时——大明买飞机票弄丢了二明，父子俩夜晚在找二明的小胡同中，多年的父子矛盾爆发了。（3）下雨修房子时——夜里大明帮父亲修屋顶，父子俩话不多，但互相协作，大明开始体会到父亲的感受。（4）父亲生病时——大明给父亲端药喝，送父亲按摩仪，父子间的矛盾有了些许化解。（5）帮父亲盯澡堂时——大明和二明让澡堂恢复了原来的生机与热闹。并通过父亲帮助何正等几件事，让大明看到了父亲的价值，慢慢走入父亲与二明的心理世界并融入他们。（6）父亲死时，照顾弟弟的责任与义务落在了大明身上。他代父亲与二明一起跑步，在澡堂玩闹。（7）澡堂拆迁时——大明对二明说“我们今后一定会在一起的”，围绕大明与父亲之间的矛盾终于化解。父子兄弟的亲情也跃然纸上。

新旧文化的对比：男青年何正在路边自动洗澡机洗澡的场景，折射出当下社会流行的快餐式洗浴文化；而澡堂子是慢节奏的、老北京传统文化的代表，它是一个放松心灵的公共空间。澡堂里可以围坐着下象棋，可以争吵着斗蛐蛐，甚至可以在里面顺带解决债务、家庭情感、老年人娱乐生活等很多问题。但是，两者终归存在着冲突，正如（何正）对老刘说的："老爷子，如今生活节奏这么快，谁还有闲工夫来你这儿泡澡啊？"因此，才会产生像大明一样到深圳发展的商人，也由此带来了大明的生活方式、习惯与父亲所代表的传统的老一辈人的不同，这也是父子间产生矛盾的根源。

南北方文化、新旧文化之间的差异，同样影响到了老北京的社会风貌。为了建商业区，包括澡堂在内的许多老居民区被拆除。"洗澡"这件小事体现在文化层面上，就是新与旧、现代与传统文化之间的冲突。澡堂被拆除时，这个可以产生情感、心灵沟通的多功能场所，才会有人用相机记录下它的一切。就像二明，在他心中，澡堂在，父亲就在。说明传统的生活方式在新时代还是要发生改变。只不过，电影传递出的信息是，澡堂没有了，但传统文化的精神与情怀还是应该传承，这是电影留给人们的思考。

由此，教师带着学生梳理电影的人物动态关系图，强化对电影从表层到深层意义的把握。

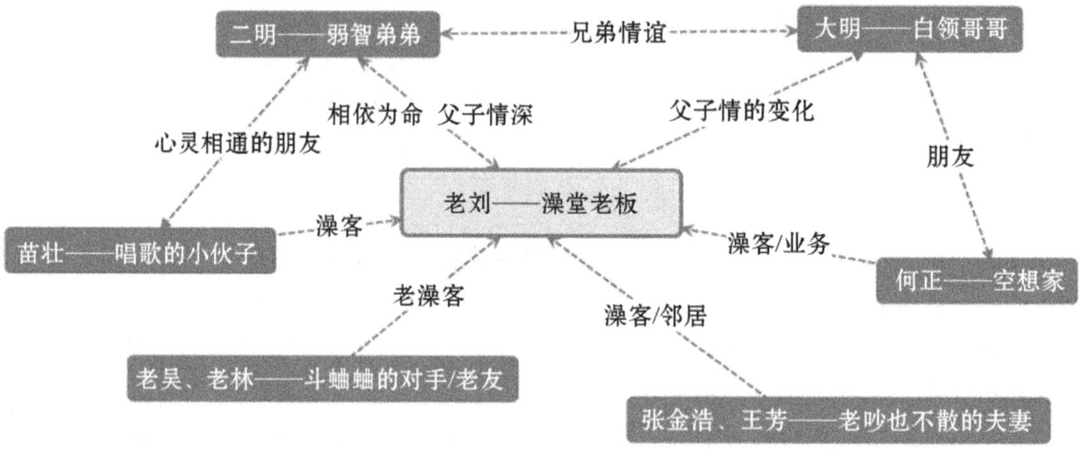

图6-3 《洗澡》人物动态关系图

拓展题：你们国家父子间（或其他家庭成员之间）的关系是什么样的？以你自己为例说一说。

3. 活动与游戏

<u>活动一：看电影 学配音</u>

由学生分别扮演老刘、大明、二明。边看电影片段，边配音（影片声音调小）。

还可以增加难度，放映无声电影片段，学生分角色配音。

活动二：看画面 说故事

要求：学生根据电影画面和前面介绍的总体故事内容，用自己的语言把前后对比画面的故事描述出来。（图6-4）

图6-4 电影情节前后对比

活动三：他是谁？

首先，分组讨论，描述出老刘、大明、二明的样貌；其次，课下完成一篇短文，题目：老刘的故事/大明的故事/二明的故事，三选其一，300字。

二、示例小结

"汉语视听说"课程，以现代传播媒介为学习载体，能够让汉语学习者身临其境地了解中国，体验并理解中国文化。对学生来说，有一定难度。因此，本示例运用了建构主义理论指导下的支架式教学模式。苏联著名心理学家维果斯基（Vygotskyde）的"最近发展区"理论，对正确理解教育与发展的关系有着极其重要的意义。一些新维果斯基派的学者在此基础上，又提出了"支架"式教学理论。该理论认为，支架式教学应为学习者建构知识提供一种概念框架，这种框架中的概念是为学习者进一步理解问题所需要的。所以，事先要把复杂的学习任务加以分解，以便把学习者的理解逐步引向深入。①

在课堂实施中，采用师生、生生互为支架的合作交互式的教学方法，有效搭建支架，通过共同协作完成视听说任务。这样，能充分激发学习者的主动性，使其积极参与到课堂

① 毛悦．新教学法实验报告集［M］．北京：北京语言大学出版社，2015：188-189.

活动中，充分调动一切旧经验以实现新知识的建构。在眼看耳听和灵活模仿的基础上“活学活用”，达到理解、表达、交流的目的，是为汉语学习者创设语言环境、提高语言交际与表达能力的好方法。

第一，观看影片前，先提出洗澡的话题。借助《洗澡》背景，以主要人物和相关图片为支架，激活学生头脑中有关洗澡的图式。

第二，第一遍观看第一部分《洗澡》片段，使学生进入真实地道的生活图景。教师可以布置几个简单的思考题，这是问题支架，让学习者通过互助来回答问题。

第三，增强实用性。学生有了感性认识后，再引入电影文本的生词、句式，针对重点进行讲练。

第四，强化学习效果。第二遍观看第一部分《洗澡》片段，教师要布置更为深入的思考题，如影片相关情节、细节，这样把复杂任务进行分解。观看后，安排小组讨论思考题，协作学习，可以共享学习成果，也是生生互为支架。

第五，对比学习。观看第二部分电影片段，与前面内容进行比较，尤其是老刘与大明父子间关系的发展变化。让学生预想后面的情节，激活思维。

第六，语言与文化手拉手。人们说话的方式表明了自己的身份。换言之，语言的使用是社会结盟和认同的一种形式，当你加入或认同某个群体，你就会用语言传递这样的信息，“我是你们的一分子”，你每天都在表演文化。而语言和现实生活又是相互影响、不可分割的。[①] 看电影学汉语，最为重要的是了解电影体现出的深层意义，《洗澡》将语言、文化和生活实际紧密结合，因此，教师要引导学生通过电影尤其是人物的语言，关注中国的文化习俗，中国人的家庭观念与生活方式等。这也是师生交互阶段，教师带着学生讨论中国澡堂文化、家庭父子关系、新旧思想观念、中国社会变化等，由浅入深，并梳理电影人物关系动态图，加深学生对电影的理解。还可让学生联系自己国家的情况，与中国对比，拓展原有的知识与经验，建构新的知识与意义。

第七，效果评价。通过游戏与活动、课下写短文，教师对学生的课堂活动表现与写作情况进行评判，以检验学习效果。

总之，“汉语视听说”课程运用支架教学理论，能让学生在眼看耳听的过程中，更主动地接受信息，这也兼顾了教学功能与文化的结合，既有趣味性，又有实用性。不过，根据学生实际汉语水平，要注意把握教学难度、进度和节奏，搭建好相关支架内容。

三、任　务

任务一：请结合电影《不见不散》的一个片段，设计两学时汉语视听说课程的教案。要求：根据电影写出其对话文本，列出文本的生词表，教案设计要完整。

---

① 斯蒂芬·李特约翰，凯伦·福斯．人类传播理论［M］．史安斌，译．北京：清华大学出版社，2009：414－415.

任务二：请查阅文献，解释维果斯基（Vygotskyde）的“最近发展区”理论。

任务三：观看《洗澡》全部电影，注意其中澡堂中斗蛐蛐的几场戏，或出现苗壮唱《我的太阳》的几场戏，如果让你结合这两条副线之一进行教学，请谈谈你的教学理念、教学原则和教学方法。

本章思考与练习

1. 请研读《体验汉语——体育篇》这套专用汉语教材，根据教材编写体例及相关体育内容，谈谈本教材需要改进的方面，并举例说明。

2. 请把任务型教学法引入《中国概况》课程的教学实践中，根据所给材料“网络虚拟文化”，谈谈任务前、任务中、任务后等几个阶段的总体教学设想。

网络虚拟文化

当喜欢热闹的人们在公共空间寻找快乐的时候，新一代的年轻人似乎更喜欢“宅”在家里。随着80后、90后的成长，“待在家里不出门”“一切事情通过网络解决”成了一种普遍的现象，被称作“宅”。“宅”一度成为一种休闲娱乐的方式。“宅”现象的出现和网络的普及密切相关，网络几乎成了“宅男”“宅女”们不出门时与外界唯一的联系。网络和电脑还为他们提供了几乎所有的娱乐休闲活动，他们可以在网络上玩游戏、看电影、看电视，可以聊天、交友、写博客、转微博、发帖子，此外还可以炒股票、买基金、购物等。

选自《中国概况》第九章，郭鹏等编著，高等教育出版社，2011年出版.

3. 请思考“汉语视听说”课程的视频与音频等载体的选编原则是什么？如果请你给汉语学习者推荐几部中国电影，你会推荐哪几部？

4. 请查阅文献，思考关于中国传统体育文化以电影为媒介的国际传播策略。

本章资料拓展

资料一：课程设置

（一）课程设置

课程设置可分为技能类和知识类，这是教材分类的基本依据。教材也可分为这两大类，前者主要培养交际技能，后者主要教授系统知识。

1. 技能类课程

汉语交际技能一般包括通用汉语技能和专用汉语技能，相应的课程为通用汉语和专用汉语。

（1）通用汉语。通用汉语技能包括听、说、读、写、译。听和读是输入性的，说和写是输出性的，译是综合性的。听、说和现场翻译（同声翻译）是有声语言的输入输出，读、写和字面翻译是书面语言的输入输出。教材编写通常分为两大类：综合技能训练和专项技能训练。

（2）专用汉语。专用汉语又叫“特殊用途汉语”（Chinese for specific purposes）。顾名思义，它是为满足某种专门需求而出现的汉语教学类别。当通用汉语发展到一定阶段，专用汉语就必然会产生。它目标明确，针对性强，跟实际应用密切相关，使用价值高。

专用汉语可以分为两类：一类是职业性专用汉语，为了让学习者从事某一个特定职业，教学类别如商务汉语、酒店汉语、旅游汉语、法律汉语、空中服务汉语等；另一类是教育性专用汉语，为了让学习者用汉语学习某个专业（自然科学、人文科学、医学等），教学类别如科技汉语、医科汉语、经贸汉语、人文汉语、社科汉语等。此类教学在基础汉语教学基本完成或进行到某一阶段时进行。

专用汉语教材收录了大量跟专门用途密切相关的词汇。无论是职业性教材还是教育性教材，收录的专门词汇大多在通用汉语教材中不出现。教材中还有大量包含这些词汇的句式，以及使用这些词汇和句式的交际语境和交际场景。

职业性教材跟教育性教材也有区别：教育性专用汉语教材更重视输入性的听力、阅读技能训练，以方便学习者跟中国学生一起用汉语学习某个专业（主要是听课、看专业书）。职业性专用汉语教材则要求听说读写多项技能的训练，以方便学习者用汉语从事某个职业。

职业性专用汉语可以分为经验前课程和经验后课程：前者的教学对象没有从事过相关职业，一边学习汉语，一边学习相关的职业知识；后者的教学对象已经从事或正在从事相关职业，只需学习跟职业相关的汉语，提高汉语交际能力。

2. 知识类课程

知识类课程也可以分为两大类：语言知识课程和其他相关知识课程。

（1）语言知识课程。在一般的汉语教学中，语音、词汇、语法、汉字等知识通常融于听说读写等教材中。（2）其他知识课程。其他知识课程可以分为文化知识课程和专门知识课程两大类。

文化知识课程有3类教材：第一，概况性的教材；第二，分类的文化知识教材；第三，文化对比与跨文化交际教材，等等。

专门知识课程主要教授专业知识和职业知识。前者是为了学习某个专业（如文学、哲学、历史、管理、计算机科学、临床医学等）并获取相关证书，后者是为了从事某个职业、某项工作（如经贸、导游、文秘、律师等）。

——周小兵．对外汉语教学入门［M］．广州：中山大学出版社，2009：145－147.

（有删减）

资料二：专门用途汉语教材编写研究

专门用途汉语教材编写的基本问题研究

1. 专门用途汉语教材与通用汉语教材的共性为何？专门用途汉语教材的主要特征何在？等等。

2. 专门用途汉语教材的类型、教材构成及体例设计研究，等等。

3. 不同类型专门用途汉语教材的编写目标、编写原则、内容取向（汉语教学为主取向，专业教学为主取向）和呈现方式、评估标准研究，等等。

4. 所谓专业知识内容包括哪些，仅限于常用专业汉语词汇体现出的比较零散的知识，还是也包括该专业的基本理论、系统的知识体系，等等。

5. 如何呈现专业知识（如专业词汇）？在教材中所占多大比重为宜，理据是什么？等等。

毫无疑问，上述问题同样不可能涵盖专门用途汉语教材研究的所有内容，但是这些问题，却是专门用途汉语教材编写必然要涉及的理论与实践问题。对这些问题进行广泛而深入的讨论和研究，是教材编写的基础和前提，否则教材编写就会无所依从或各行其是。

——李泉．对外汉语教材通论［M］．北京：商务印书馆，2012：175.

资料三：文化内容的呈现心态

1. 文化内容呈现心态回顾

以往我们对文化内容的呈现，虽然不少教材前言中都表示“尽可能全面、客观地介绍中国文化”，但从实际内容选择和表述来看，从字里行间流露出的“神情”来看，实际上存在着“展示”和“弘扬”中国文化这两种心态。

（1）展示心态。内容的选择和呈现意在向学习者展示中国特有的文明，独特的文化。所以，许多教材文化内容的选取角度和目标是找中国特色、找代表性的元素。……

（2）弘扬心态。内容的选择和呈现意在向世界宣传中国悠久的历史、灿烂的文明、独特的文化，乃至秀美的山川。……但是，从跨文化教学的角度看，这种强烈的弘扬色彩就不一定合适，至少效果未必尽如人愿。因此，不是说不能介绍这些内容，而是强调要注意介绍的“心态”和“笔法”。……

2. 文化能否被接受决定于是否需要

一种文化观念、现象、行为等，不大可能一宣传就被理解，一介绍就被接受，更不可能轻而易举就被认同。某种文化是否被理解和认同，取决于异文化族群是否需要。……一种文化是否被认同取决于对方是否需要，是否是对方所无而又是对方所需，当然也还有时机、机遇等其他条件。……近些年来汉语之所以有些“热”，那也是外国人自身有需求，是他们认识到了汉语在当今和未来的价值（求职就业、观光旅游、了解中国、研究中国文化，等等）。说白了，是外国人自己想学汉语（当然也包括中国文化），所以我们才可能教汉语传播中国文化。假如外国人不想学汉语，不用说展示和弘扬中国文化了，连汉语也教不成。因此，我们当然要抓住"外国人想学汉语"这种千载难逢的机遇，积极促进汉语教学及其学科建设的发展，更好地满足各国汉语学习者的需要。而在汉语传播的同时，中国文化自然就得到了传播，人家觉得有用、有意思、有价值，自然就接受了。

3. 文化内容的呈现心态思考

在全球政治多极化、经济一体化、文化多元化的背景下，我们应该进一步明确不同文明、不同文化、不同价值观多样并存是文化发展的规律，是人类共生共存的必要条件；不可能也不应该用一种文化统一世界，或要求所有国家都接受一种价值体系。因此，我们主张在汉语教学过程中，对中国文化内容、中国文化元素的选择和介绍，应取"平和的心态""务实的心态""超然的心态"。

平和的心态，既把文化呈现的心态放平和些，平视人家的文化，也平视自己的文化，而切不可居高临下。亦无需仰视他种文化。

务实的心态，即明确语言课和语言教材中文化介绍和阐释的目的，主要是为了学习者更好地理解和运用汉语，是为汉语教学服务的；文化课和文化教材中的文化介绍和阐释的目的，是为了学习者较系统地了解和认知中国文化，便于学习者更好地学习语言和了解中国。

超然的心态，即把文化介绍的目的定位在使学习者了解进而能理解中国文化，而不是一定让人家认同和接受中国文化；人家认同与否宜顺其自然，不可强求；当然外国学习者喜欢、认同和愿意接受中国文化，那也是我们"固所愿也"；同时不必把汉语教学的文化传播功能看得太重，不必寄予过多和过高的期望，因为外语教学的文化传播功能是客观存在的，但是也是受限和有限的。

——李泉．文化内容呈现方式与呈现心态［J］．世界汉语教学，2011，25（3）：395－397.（略有删改）

资料四：电影课程设置

教学建议

1. 对教师的建议

教师在教学中充当着组织者的角色。

2. 对组织课堂的建议

首先，教师要尽量为学生营造一个轻松舒适的学习氛围。其次，教师一定要把握好教学的节奏。

3. 对放映电影的建议

（1）完全放映

就是将整个电影放映一遍，让学生从总体上把握电影情节和电影内容。放映前教师可先带领学生学习生词，然后提出全影片的问题。旨在让学生从总体上把握要学习的电影材料。

（2）选段放映

教师可以一边讲解词汇以及语法点，一边播放相关的电影段，类似于传统教学中的精读部分。目的是让学生进一步理解知识点。

（3）无图放映

学生无法看到画面只能听到声音。教师控制播放机，让学生集中精力听电影对话，然后让学生逐一说出听到的内容，关键词可写在黑板上。旨在进一步训练学生的听力技能。

（4）无声放映

学生无法听到声音只能看到画面。可以让学生回忆刚才的电影内容，更加熟悉电影情节。

（5）定格放映

定格在一段电影上。如可在一个关键时刻或是一句话没有完成的时候暂停放映，让学生补充接下来的台词和情节。

技能训练

听的技能

1. 听写或复合式听写

听写，让学习者写出听到的内容。复合式听写就是用大段经典的对白或独白作为听写材料，听写时间以 3 分钟左右为宜，听写时先让学生将电影中的人物对白或独白观看三遍，而后去掉图像，让学生听写。

2. 判断对错

教师播放相关的电影段，让学生对句子的真假做出判断。

3. 排列顺序

教师播放剪辑好的片段，或将主要情节打乱写在纸上，由学生排序。

说的技能

1. 练习说话

播放电影中的一个场景，让学生跟着演员练习说话。

2. 回答问题

边播放电影边回答问题。

3. 复述

（1）播放一段电影，让学生描述看到的剧情。在观看前要求学生先学会剧中的一些关键词。

（2）学完一课后，在复习总结阶段，可以让学生用自己的话复述电影的主要内容和情节。

4. 小组讨论

将学生分为若干小组，给每个小组一定的题目让其进行讨论。最后由一位组员代表本组回答问题。

5. 配音练习

选取电影片段，反复播放，然后采取无音播放形式，让学生为画面配音。

6. 角色扮演

学生扮演剧中的人物，模仿人物的语言和行为。这样，既可熟悉人物台词，也为以后创造性地表达打下基础。

读的技能

1. 阅读字幕

播放带字幕的电影，让学生朗读电影字幕，学生的声音可以低于电影，待熟练掌握后关掉原声。在此过程中，教师也可纠正学生发音，规范学生的发音方式。

2. 阅读剧本

分为快速阅读和默读两种。字幕阅读侧重于速度，而剧本阅读将重点放在精读上，让学生仔细研究剧本的写作方法和文字的使用规律，从而提高其文字表达能力，扩大词汇量。

3. 阅读主题曲

电影主题曲的歌词一般都是较优美的文字。学生熟练阅读歌词后，还可学唱主题曲，从而更好地掌握词语的意思，把握语音语调和情感。

写的技能

1. 汉语语序

2. 翻译

3. 缩写

4. 续写

5. 写影评

——俞小霞．看电影学汉语——论对外汉语教学中电影课程的设置［D］．兰州：兰州大学，2012.（有删改）

资料五：影视视听说教材在二语习得中取得的效果

1. 教学内容直观，创设真实自然的汉语学习氛围

电影里的语言是真实的生活语言。影视剧作品中富有时代特征的主题内容和丰富多样的语言形式都是语言教学中生动而鲜活的素材，这些生活的素材在被搬上“银幕”的一刻便从沉寂的文字活脱脱生成为了可触可感的生活实像。

2. 影视作品语体的兼容性能提高学习者交际中的语体意识

影视视听说教学能借由人们在日常生活交际中对语句的停顿、语气、语调、语速等表达，提高汉语学习者在实际生活中正确使用语言进行交际表达的能力。培养在实际交往中针对不同对象和场景使用语言的语用、语体意识。

3. 影视作品是传播中国文化、学习语言的有效载体和媒介

电影是文化的记录者和传播者，是了解民族、文化的最佳媒介。教学实践中，通过观赏影视作品，教与学的对象都可摆脱字、词、句、段的语言学习模式，而上升到切合时代背景和文化环境的真实生动的语言表达和交流中来，把课堂变成活跃的语言交际场。

4. 提供自由灵活的学习方式，开拓了语言教学的平台

学习者可以结合自身文化背景、教育水平自主地选择对影视片的学习和话题的探讨，而不用拘泥于纸本教材的内容，这使其在课程容量和深度上更具竞争力。

…………

影片是生活的浓缩，它所提供的信息量较大，在动画、图像、声音和文字教学的共同作用下，学习者所接收的信息材料最为形象生动，灵活自由，那些需要理解并记忆的重难点语言知识经过影视材料的形象化展示后，便会更加利于刺激感官，在学习者的大脑中留下深刻印象。从质和量双方面提高可理解的语言输入，达到听、说、读、写四项言语技能和文化技能的共同提高。

——杨毅．以《看电影 学汉语》为主要研究对象的影视视听说教材研究［D］．西安：陕西师范大学，2010.（有删改）

本章参考文献

[1]周小兵．对外汉语教学入门[M]．广州:中山大学出版社,2009.

[2]杨惠元．课堂教学理论与实践[M]．北京:北京语言大学出版社,2010.

[3]周小兵,张世涛,干红梅．汉语阅读教学理论与方法[M]．北京:北京大学出版社,2008.

[4]王立新,冉启斌．汉语国际教育本科专业学科建设论[M]．天津:南开大学出版社,2016.

[5]毛悦．国际汉语教学新教学法实验报告集[M]．北京:北京语言大学出版社,2015.

[6]翟艳．国际汉语教学读写教学方法与技巧[M]．北京:北京语言大学出版社,2017.

[7]翟艳．国际汉语教学听说教学方法与技巧[M]．北京:北京语言大学出版社,2016.

[8][美]斯蒂芬·李特约翰,凯伦·福斯．人类传播理论[M]．史安斌,译．北京:清华大学出版社,2009.

[9]彭志平．汉语阅读课教学法[M]．北京:北京语言大学出版社,2007.

[10]李泉．对外汉语教材通论[M]．北京:商务印书馆,2012.

[11]曾妙芬．推动专业化的 AP 中文教学[M]．北京:北京语言大学出版社,2013.

[12]杨毅．以《看电影 学汉语》为主要研究对象的影视视听说教材研究[D]．西安:陕西师范大学,2010.